刘伯奎◉著

汉语交际一本通

——对外汉语教学高级读本

Chinese Communication All in One

Advanced Reader for TCSL

暨南大学出版社
JINAN UNIVERSITY PRESS

中国·广州

图书在版编目（CIP）数据

汉语交际一本通：对外汉语教学高级读本／刘伯奎著. —广州：暨南大学出版社，2014.7
ISBN 978 - 7 - 5668 - 1007 - 6

Ⅰ.①汉…　Ⅱ.①刘…　Ⅲ.①汉语—口语—对外汉语教学—自学参考资料　Ⅳ.①H195.4

中国版本图书馆 CIP 数据核字（2014）第 086726 号

出版发行：暨南大学出版社

地　址：	中国广州暨南大学
电　话：	总编室（8620）85221601
	营销部（8620）85225284　85228291　85228292（邮购）
传　真：	（8620）85221583（办公室）　85223774（营销部）
邮　编：	510630
网　址：	http：//www.jnupress.com　http：//press.jnu.edu.cn

排　版：	广州良弓广告有限公司
印　刷：	湛江日报社印刷厂

开　本：	787mm×960mm　1/16
印　张：	20
字　数：	362 千
版　次：	2014 年 7 月第 1 版
印　次：	2014 年 7 月第 1 次
印　数：	1—3000 册

定　价：	45.00 元

汉语交际的三个学习层次（代序）

　　所谓汉语交际，对于以汉语为母语的人来说，几乎可以说是一种与生俱来的本能。生活中我们可以看到，即使是一个从未进入学校接受系统学习的人，甚至一个发声器官有功能障碍的人，也常常能创造出自己的表达方法与技巧，与身边的人（用汉语）顺利地进行交流沟通。这一点，也许应当视为以不同语种为母语的人类所共有的本能。

　　然而对于母语不是汉语的人来说，要想用汉语与他人顺畅无阻地交流，显然就需要通过目标明确的后天学习了。

　　从一般意义上理解汉语交际的后天学习，大致可以将其分为三个层次。第一层次，就像中国人学习英语一样，对于母语不是汉语的人来说，首先应当认读汉语的字、词，进而掌握汉语连词成句的构成规则（即语法），再进而学会组句成篇。这种学习可称为学校学习层次或规范学习层次。这种学习能使学生具备运用汉语规范地表情达意的能力。

　　必须指出的是，即使一个人的汉语能力达到了这一水平，也并不意味着他就已经具备了运用汉语与他人进行交际的能力。因为语言交际是一个与交际对象运用话语或文字进行"双向交流"的过程，是一个与外部世界进行"信息发送、接收与破译"的过程。在这个"发送与接收"的过程中，不仅始终需要准确理解语言信息的字面意义，还需要精准把握附加在字面意义上的"言外之意"、"弦外之音"等，否则在交际过程中就难免产生误解、冲突，导致沟通失败。

　　这就需要接受第二层次的学习，这一层次不妨称为生活模拟层次或贴近应用层次。

　　有一些在汉语环境中已经把英语学到相当高等级的人初次进入英语世界时，依然会使用"洋泾浜"英语，出现用语不当的情况。这就涉及英语学习的第二层次的要求，因为任何语言种类无不是在具体的生活绵延中形成的。其在长期的流传过程中，很自然地会逐步形成一些约定

1

俗成的、格式固定的习惯用语，这种用语源自生活却往往随生活的发展而有所改变，因而往往对语法规则的遵守并不严格，如果单从字面中规中矩地进行理解，可能与其在实践应用中的含义差别很大甚至南辕北辙。

汉语交际学习与此同理。这一原理告诉我们，光是规范地学习汉语的组词造句、连句成篇，有时能使自己用汉语表情达意的能力达到相当高的水平，但要想在实践中达到应用自如的水平，还需要养成一种习惯，即把"中规中矩的规范表达"转化为"不固守规则地贴近日常生活应用"的表述，从相对单一的"表情达意"拓展延伸到"叙事、状物、抒情"的多种应用。这就需要在"学校系统化学习"的同时，"贴近生活实践学习应用"，这样才能具备用汉语与他人进行顺畅交流的能力。

语言交际的第三层次是最高的要求，这一层次可以称为应用实践层次或者用语文化层次。它要求一个人不但能够规范地进行语言表达，熟练地进行语言表述，而且能够贴切无误地运用该语种与他人进行交流沟通（即语言交际）。这就需要在汉语交际中能够精准地把握交际场合，把握交际语境，以及把握交际对象在其长期生活中形成的精神文化背景的个性化特点。通俗地说，就是训练一个不是以汉语为母语的人（包括常年生活在国外，已经不太能够熟练使用汉语的中国人），在汉语交际中所用的话语能够达到以汉语为母语的人遣词造句的水平，也就是指导一个人，使其交际话语在他人听来，就和一个土生土长的中国人在用自己的母语进行汉语交际一样。

有一则非常有趣的实例可以非常形象地说明，对于一个不是以汉语为母语的人来说，什么叫作把中国话说得像一个土生土长的中国人在进行汉语交际。

2014 年 3 月 13 日，在全国两会期间，李克强总理在对外记者招待会上夸赞直接用中文提问的英国《金融时报》记者吉密欧时说："你的中文说得很流利，也很标准，我听懂了。"吉密欧也学会了中国人的谦虚，总理称赞他时，他笑着向总理摆摆手，说道："哪里哪里。"

我们不妨从不同角度来认知这段对话。

从一般语义角度来理解，吉密欧的回答可以说是莫名其妙。对方夸你中文说得好，你可以接受夸赞并婉转地表达谢意，或者谦虚地说自己中文说得还不够好，回答"哪里哪里"是什么意思？是不知道自己"说得好"好在哪里吗？

如果从一般语法角度来理解，就更费劲了。"哪里哪里"的语法成

分怎么分析？哪个是主语、谓语、宾语？哪个又是定语、状语、补语？

但是，一旦转到文化用语层次，可以说，随便问一个以汉语为母语的人，甚至问一个目不识丁的文盲，他们都能心领神会。

这就是语言应用所具有的民族精神文化特点，对于以汉语为母语的人来说，这一特点几乎不需要特别关注并专门去学习，但对于母语不是汉语的人来说，这就成了汉语学习的最高层次——用语文化。

据报道，这位能够随口说出"哪里哪里"的英国《金融时报》记者吉密欧先生，已经在中国工作 9 年了。

《汉语交际一本通》的副标题之所以命名为"对外汉语教学高级读本"，是因为其目标着重于探讨汉语学习第三层次——用语文化。本书的读者对象为：汉语不是其母语但已经基本掌握汉语的语法和词汇，想进一步提高自己的汉语交际能力的人。

刘伯奎

2014 年 3 月 12 日于上海嘉定寓所

目　录

第一章　汉语是"会导致智力混沌"的语言吗
——汉语构成的文化特点研究

一百多年前，有一位名叫亚瑟·亨·史密斯的美国传教士在他的《中国人气质》一书中，在对汉语作了一番认真的分析研究之后，得出了"汉语会导致智力混沌"[①] 的结论。

值得注意的是，100多年来，他的观点对于中国文化界一直有着相当大的影响。例如，致力于"改造中国国民性"的鲁迅先生在其逝世前14天发表的《立此存照（三）》一文的结尾这样写道："我至今还在希望有人翻出斯密斯的《支那人气质》来。看了这些，而自省、分析，明白哪几点说得对，变革、挣扎，自做工夫，却不求别人的原谅和称赞，来证明究竟怎样的是中国人。"这样的影响在汉语研究界同样持续存在，时至今日，仍然有人在不断地重复着史密斯对汉语的批评观点。

本章试从汉语构成与传统精神文化、语境要素合成的对应关系的角度，对汉语交际的应用特点进行重新思考，并以反驳史密斯的"汉语会导致智力混沌"的观点为出发点，研究汉语交际的特点。

汉语作为世界民族语言之林中的一个分支，其在应用实践过程中，总体上表现出一种与其他民族语言在交际运用方面的共性特点，同时又在交际形式等方面表现出其他民族语言交际所不具备的个性特点。

长期以来，由于国内外对于汉语构成体系的本质认知在某些方面始终存在着一些偏颇之处，同时也由于在汉语交际研究的切入角度方面至今还存在着某种不够贴切的情况，因此，要把握汉语交际的特点，就必须对"怎样贴切评价汉语语言构成方式及如何调整其评价角度"的问题进行思考。

---

① ［美］亚瑟·亨·史密斯. 中国人气质. 张梦阳，王丽娟译. 兰州：敦煌文艺出版社，1995. 57.

第一节 汉语构成方式及其认知角度的把握

汉语的构成，是以单个的方块汉字所记录的音节和逐一对应的四声声调为其基本形式，注重词序排列，由字组词，再组句，再成段，再成篇。这种构成方式在使用过程中具有两大特点。

一、汉语构成的两大基本特点

汉语发展的历史，是一个由单音节词向双音节词发展和过渡的漫长历程。甲骨文时代几乎全都是单音节词；至西周时，金文中开始出现一定数量的双音节词；再至《诗经》、《左传》、《史记》时，双音节词显著增加；唐、宋以后，汉语逐渐以双音节词为主。

（一）通过词序以及单词字序排列变化来调整语义

时至今日，尽管双音节词在现代汉语中已经占有绝对的优势地位，但汉语中单音节词的运用仍很频繁。例如：

你有病吗？

宝宝饿了。

当时我已身无分文。

除单音节词和双音节词以外，三音节词、多音节词在汉语中基本可以分为两类：一类是成语、俗语、歇后语等，如狐假虎威、众人拾柴火焰高、孔夫子搬家——尽是书（输）等；另一类是外来词，如摩托罗拉、麦当劳等。

汉语中，由三个及三个以上单字组成的词，基本上表现为固定搭配，其语义与语用均趋向明确稳定，在汉语交际过程中，一般无须过多地关注其结构内部的变化。

因此，以双音节词为主，同时仍大量使用单音节词，并通过词序的变动以及字序排列的变化使词组成具有不同意义的句子。这是汉民族语言的第一个特点。

（二）汉语缺少句型构建的诸多语法规则

关于汉语的这一特点，美国传教士亚瑟·亨·史密斯在他的《中国人气质》一书中作了总结。在该书第十章中，他曾特地举例说明汉语没有文法规则的缺点。

2001 年 7 月 4 日，《中华读书报》第 8 版在"读者看法"栏中，有人发表署名文章，复述了史密斯对汉语的批评并表示认同。文中写道：

"……著者以英语的文法标准批评汉语道，汉语没有形态变化，没有性别之分，没有主宾格，形容词没有比较级，动词不受语态、语气、时态、数和人称的限制。名词、形容词、动词没有可以辨认的区别。"

不仅如此，这位作者还抄录了史密斯的原著中所举的例子：

"……单音节的 Ta，从整体意义上足可以看作一个关系代词，一个指示代词和一个指示形容词。在这样的情况下，一个中国人的谈话，就像英国法庭上的证人出示证词一样，按以下方式描述一场殴斗（说明：《中华读书报》上的引文中，以上文字没有抄录，本文作者在转引时补充加入。以下为《中华读书报》上的引文）："

'Ta（他）有一根棍子，Ta 也有一根棍子。Ta 狠命地打 Ta，Ta 也狠命地打 Ta。如果 Ta 打 Ta 像 Ta 打 Ta 一样的狠命，Ta 就杀了 Ta，而不是 Ta 杀了 Ta。'"

引文还引用了史密斯的一句评价：

"简直不知所云。"

汉语的单词在使用中，没有主宾格、比较级等语法方面的变化规则，这是其构成方式的第二个特点。应当看到，从某种意义上说，上述两大特点比较客观地描述了汉语应用的基本状态。而正因为这两大特点的存在，汉语在使用中确实显得缺少系统化的规则以供精准把握，所以尤其是对于以汉语为外语的人来说，掌握汉语的应用特点，有时就成了一个很大的困难。困难之大，可以以俄语中的一则成语为证：

КИТАЙСКАЯ ГРАМОТА

其中，"КИТАЙСКАЯ"意为"中国的、中国人的、汉人的"，"ГРАМОТА"意为"识字、常识、基础知识"；然而，当这两个单词搭配在一起时，就构成了一则成语，其表达的意思即"很难懂的东西；不可解的东西；莫名其妙的东西"①。

汉语以单音节词和双音节词为意义的基本单位、注重通过词序排列来明确语义的特点，有时确实使得汉语在运用时略加变动就会导致语义改变，甚至语义大变。下面这则典故是一个典型案例：据传太平天国时期，曾国藩率领湘军围剿太平军，曾因屡吃败仗，在向朝廷的报告中沮丧地写下了"臣屡败屡战，但屡战屡败……"的文字，被其师爷看到了，用笔一勾，改换成了"臣屡战屡败，但屡败屡战"。未见增减一字，只是词序略加变动，语义便大变了。

在现代汉语应用中，这种一个词序颠倒就导致含义发生重大改变的

---

① 刘泽荣. 俄汉大辞典. 北京：商务印书馆，1960.354.

情况也不鲜见。以"语言"和"言语"为例，在英语里，语言（language）和言语（speech）是两个内涵不同而且界限分明的单词，但转移到汉语里，就出现了麻烦，究竟什么是语言，什么是言语，汉语语言学界对此一直争论不休。

麻烦倒还不在于这种词序变化会导致意义变化，而在于这种词序变化和意义变化之间，几乎没有规律可循。具体地说就是：有时是词序变化而语义大变；有时词序变化了而语义并不发生变化，或者即使有变化，却未必值得研究。例如，"演讲"和"讲演"，"辩论"和"论辩"，就是比较明显的词序颠倒，但是我们很难说这当中的语义已经发生了多么重大的变化。

如此观之，汉语被西方人认为是"很难懂的东西；不可解的东西；莫名其妙的东西"，被挑剔出种种不足与缺陷，确实可以理解。因此，我们同样不难理解，仅从其应用形式的角度来考察，在交际实践中，汉语显然有着和拼音文字不同的应用规律和语用规则。

二、关于汉语构成的两大特点的再思考

同样值得注意的是，无论谁总结出多少条"汉语的不足与缺点"，他都无法否定汉语绵延数千年，时至今日仍然具有充满活力的适应能力、表现能力和蓬勃旺盛的生命力这一事实。就以那位一百多年前批评汉语的史密斯先生而言，他在对汉语作出上述的批评之后，随即也写下了非常客观的评价："我们并不是抱怨中文不能传达人类的思想，也不是说，人类的一大部分思想，很难或不可能用中文阐述清楚……"①

很显然，史密斯对汉语的批评，似乎只是被局限在语法理论的范围内，而对于汉语的交际功能，他不但没有提出什么具体的批评意见，甚至可以说，他从语法角度对汉语提出的批评，又从交际角度（包括语义角度）进行了淡化。

这就不得不推动我们更深一步地思考：汉语既然从语法理论的角度来检查，有着如此之多的"不足与缺点"，但是，为什么在"表达人类的思想"的适应能力、表现能力方面，即语言的实际使用方面，却又没有无法表现的遗憾呢？这样一种语言，在使用过程中"会导致智力混沌"吗？

诸如此类的问题实际上早就存在了。例如，汉语的诸多不足与缺

---

① ［美］亚瑟·亨·史密斯. 中国人气质. 张梦阳，王丽娟译. 兰州：敦煌文艺出版社，1995.57.

点，在实际使用中，是如何得到补偿或完善的？以上文字中谈及的汉语两大使用特点，是否属于"不足与缺点"？国内学者其实也一直在寻求这些问题的答案。

例如，季羡林先生就说过："最近几年，我才豁然顿悟，西方印欧语系的语言同中国的汉语不是一码事，西方的基本思维模式是分析的，而东方的，其中当然包括中国的基本的思维模式是综合的。表现在语言上，就形成了西方与中国的语言差异，在中国首先是汉语。"①

应当看到，季羡林先生的这一"顿悟"是非常深刻的，也达到了一定高度的理论水平。但是，更值得思考的，恐怕还是产生这种差异的内在原因。有一位哲人说得好："不是人们的意识决定人们的存在，而是人们的存在决定人们的意识。"同理，一个民族的语言构成必然以适应该民族生存特点的最佳方式为原则。

以一百多年前的中国与西方世界进行比较，我们至少可以看到两点明显的差异：

第一，当时的西方世界，蒸汽机和电力的使用给它带来了现代化的变革，这一变革给日常话语带来的明显变化之一，就是在时间刻度和空间距离等诸多方面表达上的精确化。例如，当时西方人在时间表达上已经精确到"秒"，华夏帝国却还在古老文明中昏睡，以 12 个时辰来分割一天就已经足够应付日常交际；此外，西方在空间距离表达上已经精确到"厘米"，甚至更小的计算单位，但是在古老的中国，尤其是农村，仍然在用"里"作为距离的计算单位，而在不同人的心目中，每一里的实际长度又是不同的。以这两个方面和西方相比，汉语交际在表达方面显得模糊混沌，也确实是一个不争的事实。

当"分"、"秒"等时间单位或"米"、"厘米"等长度单位以其高精准度进入国人的日常生活，以至国人的用语也随之发生变化时，我们究竟应当认定是汉语本身发生了从"模糊混沌"到"明晰精确"的革命性变化，还是应当认定是中国人的生存方式进行了根本的变化，而汉语只是及时跟着进行了适应性调整呢？显然，答案只能是后者。

17 世纪英国作家丹尼尔·笛福在其代表作《鲁滨逊漂流记》中写到，鲁滨逊因海上落难，一个人在荒岛上过了多年的"在木头上刻一道痕"来代表一天的孤单生活。虽然后来他救了一个土人当仆人，但初期交流也只局限于手势动作，即使到后来也多为单词、简单句。我们看到，鲁滨逊原本也是来自文明世界的人，他置身于荒岛二十多年，语言

① 钱冠连. 汉语文化语用学·季羡林序. 北京：清华大学出版社，1997.10.

能力迅速退化（与其个人生活的文明程度相适应），但是，我们能根据身处荒岛的鲁滨逊的英语使用情况，嘲笑英语"会导致智力混沌"吗？当然不能。

因此，史密斯先生根据东西方由于科技水平方面的差异而导致的日常生活方面的表达差异，认定汉语"会导致智力混沌"这一结论显然是有失准确的。

第二，西方世界起步较早的商品经济生产方式，决定了人们选择流动较大的生活方式。因而在西方的语言构成中，显然比较重视个人与社会的关系（尤其是在与原本陌生的人群的关系）的调整，在这一方面，其语言表现及语法规则是清晰明确的（例如，非常强调话语行为中的主宾关系）。而中国是一个宗法制度渊源深远的社会，尤其是在占中国人口绝大多数的农村基层，有着家族、宗族等聚族而居的传统，与其相应的汉语交际，很自然地就会重视显现人际关系中的亲情度及其判定依据。

各民族的语言其实是各有所长又各有所短的。在西方语言中，某些至关重要的语法规则在汉语中没有或者显现得相当模糊，而在汉语中显现得相当明确的人际关系中的亲情度，在西方语言中同样也存在着"模糊"甚至"混沌"的情况。

我们不妨举两个表现亲情关系的用词：一个是"外婆家的表姑奶奶的侄孙女婿"，另一个是"奶奶的娘家侄媳妇的二舅妈"。不难想象，在使用汉语的人群中，即使是农村的文盲老太太，也能够把此类关系排列得明明白白。但是，如果将这一类的例子转到西方语言中，让欧美人士用其本土语言进行表达，不仅要大伤脑筋，只怕最后还是难免"一脑门子糨糊"。那么，我们有没有必要，又是不是应该因此就认为某个民族语言连如此简单的人际关系都不能表达清楚，于是就用"这样一种文字，这样的语言结构，就像夏季的炽热要引起午后的昏睡一样，会导致智力混沌……"的言论对该语种反唇相讥呢？

顺应这一思考方式，不难想到，我们原本就不应当简单地以某一种民族语言的使用规则去评价另一种早已发展成熟的民族语言，而且，评价一种民族语言的构成与应用也不应当以单一的语法为标准。

对于如何评价某一种民族的语言特点，在某种意义上，其实也与如何评价某一个人的个性特点一样，有一个如何切入评价角度的问题。例如评价一个人，在某一场合中，我们认为他表现出的是"果敢、有决断"，但是换一个场合，同样的表现很可能就会受到"固执、不虚心"的批评；在某一场合中受到的"平易、随和"的夸赞，换一个场合，

很可能就会让人觉得是"没有主见、软耳朵根子"。对于语言（包括言语）的评价，其实也是一样，从某一角度来看是缺点，可是转换到另一个角度，缺点很可能就成了优点。

多年来，拼音文字比方块汉字在认读和书写方面显得更为简便快捷，这似乎早已成定论。然而，从计算机的应用输入角度来评价，方块汉字的输入速度比拼音文字快捷，这也是一个不争的事实。

因此，钱冠连先生在其《汉语文化语用学》中提出的"对语言进行多角度评价"的观点非常重要。他在书中写道："胡裕树先生所指出的：'必须区别三种不同的语序：语义的、语用的、语法的。'又有胡附、文练认为'语序所表达的，有的属于语义，有的属于语法，有的属于语用。'他们还指出：'必须认识到造句手段（如语序、虚词等）所表达的内容有语义的，有句法的，还有语用的。''必须区分一般主语（陈述对象）与话题主语（脱离句法控制的说话焦点）。'"①

这告诉我们，对于汉语的评价，至少应当通过"语义的、语法的、语用的"这三个角度的综合考察。如果我们将上文所谈及的第一个特点，即"通过词序以及单词内部字序排列的变化来调整语义"看作从语义角度得出的结论，将第二个特点，即"汉语的单词在使用中，没有主宾格、比较级等语法方面的变化规则"看作从语法角度得出的结论，那么，我们还应当再从语用角度对汉语进行一番考察。

如果经过综合考察，所得结论与上述两点没有冲突，那么这个"不足与缺点"就是无可争议的了。但是，如果转换考察角度后，原结论也随之发生变化，那么这个"不足与缺点"可能不再是不足与缺点，而应称之为"特点"。这个"特点"甚至还可能被看作优点。

第二节　汉语交际研究首先应当选准切入角度

汉语之所以在语法方面有很多不足，却仍能充分显现出适应能力、表现能力和绵延数千年的蓬勃旺盛的生命力，成为一种优秀的语言，很重要的一点就在于汉语在使用中与语境紧密贴近，并时时注意从语境中吸取信息补偿。

---

① 钱冠连. 汉语文化语用学. 北京：清华大学出版社，1997. 249～250.

7

一、切入角度改变，研究结论也就随之改变

要想在汉语被历数如此之多"不足"的背景下，论证汉语是一种"优秀的语言"，就需要调整考察角度、选准切入角度。

关于这一点，我们仍不妨顺应史密斯《中国人气质》一书中所举的"Ta打Ta"的那一则例证，再举一个相类似但更为经典的例证。

我国古典名著《红楼梦》第二十七回中，曾写到这样一件事情：

宝玉房里有一个小丫鬟，名叫小红。有一次，在大观园里，她迎面碰上王熙凤，王熙凤恰逢身边无人，就随口叫小红替自己去向平儿传个话。不一会儿，小红回来了，向王熙凤汇报时说了这么一番话："平姐姐说：'我们奶奶问这里奶奶好。我们二爷没在家。虽然迟了两天，只管请奶奶放心。等五奶奶好些，我们奶奶还会了五奶奶来瞧奶奶呢。五奶奶前儿打发了人来说：舅奶奶带了信来了，问奶奶好，还要和这里的姑奶奶寻几丸延年神验万金丹；若有了，奶奶打发人来，只管送在我们奶奶这里——明儿有人去，就顺路给那边奶奶带了去。'"小红在向王熙凤说这一番话时，王熙凤身边多了一个对原先情况不了解的李纨。李纨当场就被小红的这一番话弄糊涂了，笑道："哎哟，这话我就不懂了，什么'奶奶'、'爷爷'的一大堆。"

如果说上面史密斯先生的那则"Ta打Ta"的话语实例，是外国人依据汉语的应用特点"虚构"出来的，那么，上面这段来自汉语经典作品、经过作家精心加工后的话语就是汉语语法规则"缺这少那"的如山铁证了。何况现场就有没有听懂这番话的人证——李纨！

但是，重要的问题其实在于，小红的这段话原本是对王熙凤说的，作为交际对象的王熙凤是不是也同样糊涂了呢？事实是，王熙凤听得清清楚楚、明明白白。

小说中写到，见李纨听不明白小红的话，"凤姐笑道：'怨不得你不懂，这是四五门子的话呢。'说着，又向小红笑道：'好孩子，难为你说得齐全，不像他们扭扭捏捏蚊子似的。'"接着，又当着小红的面向李纨夸赞小红："这个丫头就是好。刚才这两遭说话虽不多，口角儿就很剪断。"随即王熙凤又转向小红："明儿你服侍我吧，我认你做干女儿。我一调理，你就出息了。"果然第二天，王熙凤就去向宝玉要来了小红，而小红仅仅因为向偶尔使唤自己的王熙凤在回话时说了这么一番话而受到赞赏，就从原先在宝玉房里烧烧水、浇浇花，连宝玉的房间都不可以进去的地位最低的小丫鬟，一跃而至王熙凤的身边，受到了重用。显然，王熙凤不但认为小红的这番话说得非常清楚明白，而且有此

能力的丫鬟还确实不可多得，才以"爱才"之心对小红加以提拔。如果我们就以小红的此段话语为例来认识、评价汉语的语言构成与应用特点。

毫无疑问，从语法的角度来进行检查，那位一百多年前的史密斯先生关于汉语特点的评价，我们不能指责为污蔑，何况对照史密斯的结论，小红的这段话确实也有着多方面的不足。但是，当我们转而从汉语交际的角度（也就是语言文字应用的角度）来检查时，结论就发生了改变。

西方的语用学研究发展至今，已经不仅有了格赖斯的"合作原则"、利奇的"礼貌原则"，还有了列文森的由"量原则、信息原则、方式原则"合成的"三原则"。这些都可以作为我们审视汉语的理论武器。

信息原则的"说话人准则：最小极限化（也可以叫作降量准则）"中，就提出了说话人应当把话"说得尽量少，即提供最低限度的语言信息，达到交际目的即可"。而其"听话人推论：增量准则"则认为，在说话人按照"最小极限化"准则说出话后，听话人自会"通过找出更加具体的解释来增大说话人话语的信息内容，直至达到对说话人交际意图的认定"①。

运用信息原则来分析小红与王熙凤的这一段对话，我们不难看到，小红的话语恰好比较符合"降量准则"，正因为她提供的语言信息属于"最低限度"水平（比如，几位奶奶各自姓甚名谁，就完全没有提及），以致身在现场的李纨听得稀里糊涂。但是，她提供的语言信息量虽然偏少，却足够完成她与王熙凤的语言交际，因为王熙凤可以毫不费力地利用两人的共知信息，"找出更加具体的解释来增大说话人话语的信息内容，直至达到对说话人交际意图的认定"。

这样一来，对于小红的这一番话，客观上就存在着两个评价标准：一个是交际对象标准（如王熙凤，我们不妨称其为"直接听话人"），一个是非交际对象标准（如李纨，我们不妨称其为"间接听话人"）。按照"直接听话人"王熙凤的标准，小红的话语表述非常令人满意，而按照"间接听话人"李纨的标准，小红的话语表述难以令人满意，因为她完全没有听明白是怎么回事。

在汉语交际中，一个人的话语运用是否得当，究竟应当以哪一个为标准？显然，从具体的交际角度而言，大家都会认同"直接听话人"标准。例如在此案例中，只要王熙凤在理解上不出现误解，小红的话语

---

① 钱冠连. 汉语文化语用学. 北京：清华大学出版社，1997.147.

就可以说取得了成功，而她实际上也确实取得了成功，甚至给自己的人生带来了很大的飞跃。

但是，从较为抽象的语言研究角度而言，实际情况却未必如此。因为在理论研究中，人们选取的恰恰是类似李纨角度的"间接听话人"标准，而不是类似王熙凤的"直接听话人"标准。这种从非当事人的第三者角度分析评价语言交际现象的做法，其实源自国外。我们不妨再回到一百多年前那位美国传教士对汉语的评价上来。在他以自己仿造的"Ta 打 Ta"的那段话为例数落汉语的种种不足与缺点时，他就完全没有谈及正在直接听取此番话的交际对象是否认同他的这番评价。也就是说，在他假定一个中国人在法庭上作出"Ta 打 Ta"的证言时，就几乎没有提及当庭的法官与相关人员（直接听话人）是否已经完全听明白了这一番话（他们拥有更多的关于此话题的了解，或者叫作共知成分，而在法庭上要求证人发言，只不过是对已经了解的情况加以核实罢了）。向法庭证实已知情况，这才是说话人的说话目的，至于当时旁观旁听的"间接听话人"史密斯等人听不听得明白，就如同小红在"向直接听话人"王熙凤汇报时，李纨是否也听明白了一样，与说话人（小红）的说话目的并无太大关系，甚至是没有关系。

显然，如果我们以史密斯（间接听话人）对此番话的理解为标准，那么这个中国人说的"Ta 打 Ta"的证词，在某种意义上，确实可以认定为"简直是不知所云"。但是，如果我们以法官为代表的当事人（直接听话人）为标准，恐怕未必会觉得"不知所云"，恐怕还会"清楚明白"得很呢。如此观之，我们应当放弃史密斯从语法角度、间接听话人角度作出的对汉语的评价，以及由此评价而得出的结论。

然而令人遗憾的是，时至今日，在语用学的理论研究中，人们并没有摆脱传统研究方法中沿袭已久的、以间接听话人的感受为标准对语料展开剖析的研究理念。

例如，钱冠连先生在他的《汉语文化语用学》中，就曾这样分析一个案例：

"语境：某家正谈论着换液化气瓶的工人答应三点钟上门来。门铃响。

丈夫：来了。

（妻子连忙进厨房。）"

关于这个例子，钱先生分析道：

"始发语和应答语在意义的联系上暂时中断，第三者无法用想象来填补鸿沟……例如上例中丈夫的话'来了'，如让第三者听，那简直成

了谜语。话间环节缺漏太大了。"①

从"第三者"的角度来分析夫妻之间的这段日常谈话是否有缺漏，似乎有点没有道理。因为既然这只不过是夫妻之间的交流话语，那么只要双方理解明白就行了，至于别人听起来"是不是谜语"，实际上已经与交际目的没有什么关系。为什么非要把夫妻间的日常谈话也要说得能够使"第三者听来不是谜语"，也要明确到"第三者可以用想象来填补鸿沟"的程度，才能算是"话间环节无缺漏"呢？在现实生活中，又有谁会这样说话呢？

显然，只要我们放弃沿袭已久的、以间接听话人的角度为评价标准的研究方式，汉语交际研究就可能会出现一个全新的面貌。对于汉语从语法角度总结出来的种种不足与缺点，在交际过程中其实已经得到了很好的补偿（当然，这种补偿主要是由语境提供的，或者说，是交际双方对话题的共知成分提供的）。因此，我们不难理解，就像英语与俄语相比，英语中的名词只有主格和宾格，俄语中的名词则有单、复数各 6 个共计 12 个格，但是人们将英语中的"名词只有主格和宾格"的现象视为英语的特点，并没有将其视为英语的"不足与缺点"。同样，当年史密斯先生对汉语作出的总结，本质上应当视为对汉语特点的总结，而不应是对汉语的"不足与缺点"的批评。

二、汉语不是"会导致智力混沌"的语言

综上所述，我们已经不难理解，为什么从语法等角度来检查，汉语的构成具有那么多的不足与缺点，但仍能适用广泛、表现鲜明且具有蓬勃旺盛的生命力。其原因可以从两个方面来讨论：

第一，汉语从语法角度总结出来的种种不足与缺点，在应用中实际上几乎都获得了相应的补偿。例如，汉语语法中虽然没有主宾格的区别，但是有"把"字句、"被"字句的功能辅佐，使得话语中"主宾"意义的显现实际上是明晰准确的；汉语中，动词虽然没有"语态、语气、时态"的变化，但是，缀之以"着、了、过"，语态、语气、时态显现分明；汉语中，数和人称的限制虽然"没有形态变化"，但是，例如，单独一个"我"和加上"们"字以后的"我们"，即使是外国人，在理解上也绝不会感到困难；形容词虽然没有比较级，但是，汉语在状物抒情时，却有着远比单纯的比较级、最高级更为贴切的细微变化……

第二，汉语在使用中非常注重紧密贴近语境，并从语境中寻求关

---

① 钱冠连．汉语文化语用学．北京：清华大学出版社，1999．190～192．

联。也就是说，汉语在运用时，往往表现出很强的从语境中吸取信息补偿的功能。

如果说，以双音节词为主，同时在使用中仍大量地保留着单音节词，通过词序，以及单词内部字序排列的变化来调整语义，是汉民族语言的第一个特点（语义角度）；汉语的单词在使用中，没有主宾格、比较级等语法方面的一系列变化规则，是其在使用中的第二个特点（语法角度）；那么，汉语在使用中非常注重紧密贴近语境，以及话语信息与语境假设之间的关联，而且非常注重从语境中吸取信息补偿的功能，则应视为其第三个特点（语用角度）。

需要指出的是，汉语在与其他民族语言相比较时，虽然显得在语法规则等方面有一些不足，但是，由于有第三个特点的存在，这些不足在交际过程中不仅均能得到很好的补偿，还使得汉民族语言显示出了更为丰富多彩的神奇魅力。

因此，史密斯批评汉语是"会导致智力混沌"的语言，其实不但犯了从语法、语义角度评价汉语应用的错误，而且也没有关注汉民族当时的生存生活方式和精神文化特点对汉语构成的影响，其方法有欠妥当，其结论有失准确。

第二章　中国人为什么那么喜欢"套亲情近乎"
——汉语交际的大文化背景研究

在对汉语交际与汉民族精神文化的对应关系展开思考分析前，我们不妨先回顾一下鲁迅先生的一篇小说——《阿Q正传》。

鲁迅先生"哀其不幸、怒其不争"的典型代表人物阿Q，如果转换一个角度来考察，其实不难发现，他在日常生活中并没有什么"不幸"，而且也不是"不争"的。首先，作为一个农民，在生产劳动方面，他是一把好手，农活方面没有他不会干的事情，未庄人对他的劳动技能水平的评价也不低。因而，作为一个短工，他完全能够自食其力。其次，他的"自我评价"也并不低，严格地说，他在心理上并不自卑。例如在未庄，尽管他生活在底层，但是未庄的人，从赵老太爷到假洋鬼子，从王胡到小D，他其实是从不放在眼里的。尤其是从他对革命的向往和做过的一场梦中，不难看出他甚至还有点"心比天高"。例如，他对自己身份的理想定位是："（对于财产）我喜欢什么就是什么，（对于女人）我喜欢谁就是谁。"正因为如此，他不仅敢当街调戏小尼姑，还巧舌如簧，在尼姑庵偷萝卜被当场抓住后，居然也能搅出几句歪理，如果不是怕狗咬，他大概还不会手忙脚乱地翻墙而出呢。

但是，当他被误当作抢劫犯抓上大堂时，他就好像变了一个人似的，先是主动下跪，已经叫他不要跪了他还要跪，而且问一句才回答一句，不敢多作辩解，更不敢喊冤，后来稀里糊涂地在供状上画了押，结果就这么掉了脑袋。

将阿Q在尼姑庵偷萝卜时的"无理也能搅三分"，与他在大堂上服服帖帖，有冤也不敢申辩作一番对比，便不难看出，被抓上大堂的阿Q在被审问时的答话，已经很难运用"前言后语"的形式逻辑方式进行分析判断了，而且运用"内、外语境"的理论也不容易解释清楚。因为阿Q所受到的其实是来自他自身的一种精神力量的控制。

问题在于怎样认识这一股内在的精神控制力。

这一股内在的精神控制力，也就是中华民族的精神文化。民族精神文化是一个民族的精神结晶，是其在千百年的繁衍生息、成长发展过程中逐代积累并融聚形成的，涵盖生存发展与社会交往等方方面面的内容，同时对全民族成员的思想、言行具有规范、制约性质的行为规则与思想指导体系。

需要指出的是，对于全民族成员的思想、言行具有规范、制约作用的，还有法律法规制度与道德思想体系。只是，两相比较，法律法规制度与道德思想体系不但较多地形诸文字，被广为宣传，而且往往辅之以某种带有强制性的保证手段，但却不能保证本民族成员的始终自觉遵守（任何国家、任何地区都不同程度地存在着违反法律、违反道德的现象）。而民族精神文化却几乎不需要任何宣传，它注重于在该民族成员的灵魂深处留下烙印，几乎不需要借助任何强制手段，甚至在无意识的状态下，该民族成员也能主动、严格地自觉遵守其言行规则。

民族精神文化的制控意义，不但是全民意义的，而且是全方位意义的。也就是说，只要你是这个民族的成员，并且接受过这个民族精神文化的熏陶，那么，无论什么时候，也无论你身处何地，你都会自觉或不自觉地遵守这一套行为规则与指导体系。转而论之，无论你作为个人已经发生了多么大的改变，哪怕你已经旅居海外多年，甚至改变了国籍，人们也还是不难从你无意中显露出的对某种行为规则与指导体系的下意识的遵守和服从，就可以判定你的民族文化归属。与之相比，法律法规制度与思想道德体系所具有的制控力，显然要弱得多。

从汉语交际的研究角度来分析，阿 Q 这个案例应当有助于我们开展对"汉语交际与民族精神文化的关系"的思考，同时也可以看出民族精神文化对于该民族的语言交际所具有的强制能力。

第一节　中国人喜欢"套亲情近乎"的原因剖析

回顾几千年来的华夏文明史，具有亲情血缘关系的人聚族、聚村而居，曾经是一种比较普遍的客观存在。时至今日，在中国内地的农村，人们一听到"王家村"、"李家庄"等诸如此类的名字，不但可以立即判断出这里曾经是"王"姓、"李"姓等家族长期群居之地，而且可以仅凭村庄名称就确认某村民究竟是"当地土著"还是"外来移民"。

一、"套亲情近乎"的功能价值分析

对于这种具有亲情血缘关系的人聚族、聚村而居并代代相传的理想化描写,最典型的莫过于中国农业社会的理想国——陶渊明《桃花源记》里的桃花源。在桃花源里,有那么一小群人,为了躲避战争,竟然能够在与世隔绝的一个小天地里代代繁衍,尽管生产力毫无发展,但也能其乐融融。不难想象,经过漫长的岁月以后,桃花源里的人,即使原先没有亲缘关系的,恐怕也早就建立亲缘关系了。

透过这样一种在亲缘关系基础上构筑的生存环境,以及在这样的生存环境中一代一代地绵延凝结而成的精神文化体系,我们便不难理解以"自然经济"为基础的宗法制社会的文明特点。生活在这一种精神文化体系下的人们,由于物质上满足于"自给自足"的生产和生存方式,很容易"自我封闭",并且由于外部世界的非亲情关系与自己的生活与生存没有太大的关系,因此他们本质上并不关注外部世界的另一面,而只关注与自己有着亲情关系的一面。

中国传统的精神文化特点主要表现为一种在长期的宗法制社会体系中形成的"家族亲情文化"。千百年来,从古代的"二十四孝图"、"孟母三迁"和"养不教,父之过",到"忤逆不孝为十恶不赦之首"等一系列以亲情人伦道德为基础的亲情文化的逐步形成,使得中华民族的精神文明在"亲情文明"这一点上,处于世界上其他民族只能"叹为观止"的顶峰位置。

这一特点导致了古人的一言一行都必须严格遵从"伦理亲情"原则,要求"父慈子孝"、"兄友弟恭",以及子女即使已经成年也应当"父母在,不远游"。甚至当今时代,现实社会中还在继续演绎着"举家负债供孩子读书"、"背着父亲去上学"等诸如此类催人泪下的伦理亲情故事。尤其是在农村,这一点仍然有着非常突出的表现。

由此我们不难理解,"操汉语的人"在汉语交际中,为什么喜欢"套亲情近乎"了。正是这一声声"叔叔、阿姨,爷爷、奶奶"的亲情类称呼,表明说话人发出的是自己愿意将对方置于"叔叔、阿姨,爷爷、奶奶"一样的亲情位置上的文明友好相处的信息;反之,如果人们在汉语交际中,没有或者不愿意对交际对象使用"叔叔、阿姨,爷爷、奶奶"等诸如此类的亲情类称呼,在某种意义上也就意味着说话人或者无意于与该交际对象进一步建立更为密切友好的关系,或者根本无意于建立什么关系。

这就是"操汉语"的中国人在汉语交际中喜欢借助亲情类称呼语

来"套近乎"的原因所在。亲情文化的思维定式在面对"需要讲文明"的非亲情关系时，总是会自觉或不自觉地设法将其转化为亲情关系或者是"仿亲情关系"，并且只有转化为这种关系后，双方（或多方）之间的相处才能进入友好关系与文明礼让的高水平与稳定状态。在这一点上，最有代表性的莫过于流传久远的"刘、关、张桃园三结义"的故事。刘备、关羽、张飞三人经过了兄弟结拜（结成"仿亲情关系"）的仪式后，不但从此真的亲如兄弟，而且胜似兄弟。以关羽为例，在被曹操俘虏后，曹操对他不但宽宏大度、任其所为，而且关怀备至、礼遇有加。曹操本人当时无论是政治实力还是胸怀气魄方面，都远比刘备更具有交往的魅力，对关羽而言，当然也就更具有个人发展前途。但是，当初在桃园的一个简单的结拜仪式所构成的"仿亲情关系"，使得关羽根本就不在意曹操对自己多么友好，多么求贤若渴，而是"身在曹营心在汉"，一旦时机成熟，他就对曹操"过五关、斩六将"，来了一场"以怨报德"的大砍大杀。"亲情文化"只关注"亲情关系网内的文明"，而对"亲情关系网的外部则不予关注或不讲文明"。在这方面关羽堪称一个典型代表。当然，这也从另一个方面说明了"操汉语"的人在语言交际中喜欢"套亲情近乎"的一个历史文化原因。

二、"贬低自己"也是一种"套亲情近乎"的形式

在汉语交际中，还存在着一种现象：说话人往往"抑己尊人"，即借助于一些"谦辞"来有意无意地贬低自己，同时抬高交际对象。例如，在生活中，我们常听到"阁下大驾光临，顿使蓬荜（说话人自己的家）生辉"等诸如此类的带有贬低自己色彩的用语。

"贬低自己"其实是"套亲情近乎"的另一种表现形式，这一点仍然和传统的民族精神文化有关。

回顾中国社会，自古以来，人际关系中就一直存在着一种鲜明的"等级观念"，即使发展到了 21 世纪的今天，在中国现代社会生活中，人际关系仍然带着"等级观念"的色彩。

中国人的语言交际风格与其生存环境、生存状态有着很大的关系。中华民族历来以拥有五千年文明为豪，早在秦汉时期，中国就已针对大至国家、小至家庭的方方面面的交际往来整理出了完整的礼仪等级和明确的规范程序，并通过《礼记》一书予以翔实编汇。而此时的大千世界，尤其是在西方，还几乎是一片文明蛮荒。进一步分析又可知，华夏文明上下五千年中的一大半时间，尤其是与近、现代相连的这一大半时间，中国社会始终是注重"君君臣臣父父子子"、等级秩序森严的封建

社会。

　　根据历史考察等级观念在中国的形成，其实是有其合理性的。就中国宗族群居的农村而言，族长往往不仅是德高望重、见多识广者，同时也是族中辈分最高、最具权威者，因而族长处于族中最高等级，众望所归，理所当然。而"君臣父子"观念之所以能"稳固统治"中国社会数千年，其实也是有其合理性的一面的。因为这一观念体系并不只是强调"君大于臣，臣小于君；父高于子，子低于父"，同时它也非常强调"君（要像）君、臣（要像）臣、父（要像）父、子（要像）子"。也就是说，这一制控原则不仅对当好臣子、儿子（下属）提出了明确的要求，还对当好君主、父亲（上级）提出了要求。

　　正因为如此，等级观念实际上也就成了以亲情观念为基础的一种思想延伸。例如为官者，可以自称为"父母官"，而他们的行为道德法则是应当"爱民如子"。这样一来，为民者当然只能是自称为"子民"了，又因为父与子原本就有着长幼等级之别，于是等级观念很自然就形成了。在这样一个系统完备的等级划分上，级别愈高者不仅权力愈大，有时还暗含着某种人格很崇高的意味。例如，中国国民意识中至今仍有表现鲜明的"清官"情结，就已经同时包含了对于清官"人格崇高"的认定。

　　显然，"操汉语"的人在语言交际中，有时候会"贬低自己"，其目的并不是拉开与对方的心理距离，而是借此将交际对象抬高，以传递自己意在将对方置于一个更高的级别层次上从而表达自己的敬意的信息。

第二节　中国人喜欢"表示谦虚"的原因剖析

　　以汉语为母语的人在交际中往往比较注意显现自己的"谦虚"，这一点似乎已经成为汉语交际研究者的共识。

　　例如，熊学亮在《认知语用学概论》中写道：

　　"中国和日本文化比较注重谦虚准则；英美文化（特别是英国文化）比较强调得体准则；而地中海文化却多半以慷慨准则为主，谦虚准则为次……比如赞扬某人的外貌或成就，中国人可能会以"不"、"哪里哪里"等话来作出反应，而西方人则可能用"谢谢"来回答。说

"不"，牺牲的是"一致准则"；说"谢谢"，忽视的是"谦虚准则"。"①

再如，何兆熊在《语用学概要》中写道：

"虽然讲求礼貌是人类社会的文明标志，但不同文化背景的社会具有不同的礼貌规范。最明显的例子莫过于东方人（中国人、日本人）和英美人对"谦虚"的不同态度。虽然准备了丰盛的饭菜请别人吃饭，中国主人会说"没什么菜招待"、"不会烧菜"之类的客套话，真正把对自身的贬损夸大到了最大限度，以此来表示礼貌。因此，中国人是十分严格地遵守谦虚准则的。"②

一、中国人为什么注重于显现自己的"谦虚"

各个民族的人对于本民族的语言运用都不但有着各自不同的风格表现，而且即使在风格表现相同的部分，也会在具体的内涵理解上显现出差异性。例如，没有哪一个民族在交际过程中会排斥"礼貌"，而值得关注的问题在于，在"讲究礼貌"的一致意识下，和其他民族相比，中国人为什么显得更为注重显现自己的"谦虚"呢？答案仍然存在于传统的精神文化体系中。

在中华民族绵延数千年的以"等级观念"为基础的礼仪系统中，无论是国家还是家庭，除了处于最高等级者外，其他人无论地位多高，哪怕仅次于最高等级者，其如何说话都与地位、权势以及利害关系紧密相关。因而，能否严格按照自己的身份和级别地位说话就成了一个非常敏感的问题。司马迁在《史记·项羽本纪》中写到，项羽在看到出巡的秦始皇时，脱口对叔父项梁说："我可以取代那个人当皇帝！"一句话吓得项梁赶紧捂住他的嘴，警告说："可不能胡说，这可是要灭九族的啊！"《史记·陈涉世家》中写到，当陈胜喊出"王侯将相宁有种乎"时，他已经是志在推翻秦王朝的造反领头人了。

正因为在"人分三六九等"的社会里，所述话语一旦超越了说话人自身所处的地位，超越了其所拥有的权限，往往就会随之产生"话语之外"的"不同含义"，而且很可能会立即引发不良后果，甚至遭受到打击。所以，汉民族精神文化传统时时在提醒国人，所说话语必须注意符合自己的身份地位，"君叫臣死，臣不得不死；父叫子亡，子不得不亡"。君主要砍大臣的脑袋，大臣还要跪下叩首"谢主隆恩"；做子女的在言语方面顶撞了父母，叫作"忤逆"，严重的则是"不赦"之罪。

① 熊学亮. 认知语用学概论. 上海：上海外语教育出版社，1999.48.
② 何兆熊. 语用学概要. 上海：上海外语教育出版社，1989.180.

　　由此，我们不难明白，本章一开始，从鲁迅先生的小说中选取的阿Q这个还算精明、平时也比较能够自我保护的人物，为什么在"死到临头"的关键时刻会突然接受明显不利于自己的结果了。在这一过程中处于绝对主控地位的，是民族精神文化在他思想深处留下的刻痕（或者借用心理学方面的术语，叫作"集体无意识"）。

　　一个民族的精神文化对该民族成员的制控不仅是绝对权威的，还是一视同仁的。例如，在封建文化背景下，我们看到，在皇宫里，前朝老臣无论多么年迈，见了刚刚登基的小皇帝，都必须俯首下跪；在家庭里，儿女即使年事已高，但是在长辈面前，仍然只能是唯唯诺诺，否则可能招致"犯上不敬"、"忤逆不孝"的责难。诸如此类代代相传的精神制约，使人们为了避免"犯上"、"越权"情况的出现，尤其是在当众说话，并且在场的人中有地位高的或者资格老的、辈分高的人时，一般来说，总是会自觉或不自觉地避免把话说足、说满，总是要力求表现出低于甚至是大大低于自己地位、身份的最高界限，以免稍有不慎，惹出麻烦。更何况社会生活中还有那些突然降临的，甚至可能招致满门抄斩的"文字狱"、"口舌灾"，叫人实在"不能不谦虚"，也"不敢不谦虚"。至于像阿Q这样的平民百姓，见了高高在上的大官小吏们，立刻丧失了自我辩护的说话能力，也就不难理解了。

　　东汉时，学者许慎想将自己所著的《说文解字》一书呈献给皇帝，但当时他已经久病不起，于是命儿子许冲来做这件事。许冲在建光元年（121年）九月给汉安帝上了一道表，即《上〈说文解字〉表》。许冲在表中表达完献书的意思后，末尾加了这么几句："臣冲诚惶诚恐，顿首顿首，死罪死罪，稽首再拜，以闻皇帝陛下。"

　　许慎的《说文解字》在中国文化史上有着举足轻重的地位和价值。问题在于，向皇帝献书，无疑是好事一件，且其立意与内容亦可谓顺风顺旨，何从谈起"惶恐、顿首、死罪、再拜"？由此可以看出，献书人在当时的文化背景下，在尚未知晓最后结果时的忐忑心情，唯恐因为献书干犯天听，扰乱圣恭，以致引来大祸，只好先请罪以免遭不测。而皇帝倒好像显得比较平和，答复道："召上书者汝南许冲诣左掖门外会合，并赍所上书。"中黄门饶喜以诏书赐召陵公乘许冲布四十匹，命其即日受诏朱雀掖门，而且"敕勿谢"，即命令许冲不必再谢恩。

　　这个例子的典型意义在于，它鲜明地显现了在等级制森严的封建社会里，人们在"以下对上"的关系中进行话语交流时的普遍心理状态。正是在这样长达数千年的"一方高高在上，一方俯伏在地"的等级制环境里，中国人逐渐形成了"夹着尾巴做人"的一种文化观念，以避免"枪打出头鸟"、"出头的椽子先烂"的不良后果。就这样，在代复一代的潜移默化之中形成了一种"集体无意识"。这种"集体无意识"反复地告诫人们"谦受益，满招损"。进而使人们在语言交际中，即使在没有压力与威胁的情况下，也很自然地非常"谦虚"，不仅连"我"字都不敢坦然自称（除了"天、地、君、亲、师"以外），甚至连和"我"有关的人和物都要以中国文字特有的"愚"、"贱"、"窃"、"鄙"、"寒舍"、"犬子"、"拙荆"等代之，更不用说能够像英语一样将"我"字大写了。

新中国成立以后，国家政治体制的改变使得汉语交际的特点也发生了很大的变化。但是，几十年计划经济体制下形成的国家治理方式，使得整个社会被划成了一个个排列有序、大小有别的单位，而在单位内部，每个人又被分别安置在界限分明的不同等级上。这种源自封建社会的现实生活中"该谁说话谁才能说话，该谁说什么怎么说，谁就得说什么怎么说"的总体限定，仍在有形无形地制约着中国人说话的语用特点，而其中，不能把话说足的"谦虚"似乎仍然排在第一重要的位置上。

从历史背景的角度来考察则应不难明白，并不是中国人天生偏好谦虚，而是社会生存环境制约着国人不能不谦虚，不敢不谦虚，以至最终形成一种独特的文化现象：中国人在语言交际中，比其他民族的人显得尤为谦虚。

需要指出的是，中国人在语言交际中，固然比较注意显现谦虚，但是，"怀有谦虚的心态"其实与"在语言交际中显现自己的谦虚"并不完全是一回事。仔细分析会发现，两者之间实际上只具有部分同一性关系，而并非完全同一性关系。

我们看到，在语言交际过程中，中国人确实比较注重运用谦辞客套，但这充其量只是其言行的一个方面，而与此对立并存的，还有一番"非谦虚"的言行规则或者指导理论，如当仁不让、针锋相对、兵来将挡、水来土掩、卧榻之旁岂容他人酣睡、天生我材必有用等。两相比较，谦辞客套在语言交际过程中多处于内容主体的外沿，或者说，往往并不涉及如何与对方交往的主题，而"当仁不让"等诸如此类"非谦虚"的言行规则则直接对如何与他人交往，也即对说话人的目的意图产生影响。

遵循谦虚准则与显现谦虚心态，有时也不是一回事。例如，怀有谦虚的心态，应当是心口如一的（心口不一的谦虚，则可能是虚伪）。谦虚的心态常常并不在言行中明显表露。而"在语言交际中显现自己的谦

虚",则心口未必如一（"当仁不让"者在当仁不让时，很可能言行上仍然是谦卑的）。

例如，《史记·廉颇蔺相如列传》中有一则很有名的"将相和"的故事，其中写到，蔺相如凭借自己的能力，在外交斗争中捍卫了国家主权，于是从原先身份低下的门客一跃成为赵国的上卿，结果引起了赵国大将军廉颇的心理不平衡，扬言要当众羞辱蔺相如。蔺相如得知后，不仅一次次地避免与其正面冲撞，甚至在路上看见他的车子过来，就赶忙将自己的车子拐入岔路。蔺相如的苦心终于得到了廉颇的理解，胸襟坦荡的廉颇"负荆请罪"，将相两人终于言和。应当看到，蔺相如在此过程中，其实就是在言行方面注意显现了自己的谦虚，而且在某种意义上，这种谦虚还可能是"心口不一"的，因为在他的心里，他并不认为自己就应当处处回避廉颇，但是为了大局，他采取了谦卑低调的姿态，对廉颇处处谦让，并最终成功地达到了自己的目的。

二、中国人在语言交际中"显现谦虚"的目的思考

有一点目前似乎已经成为语用学界的公论：中国人在语言交际中对于"谦虚"的表现，已经到了足以和西方人注重"得体"表现相对应的程度。然而，笔者认为，中国人在语言交际中的种种"谦虚"表现，其实只是为了使自己的话语更加"得体"。

世界各民族的人们，在其民族语言交际中，其实无不遵循着"谦虚、礼貌、得体"等方面的礼仪与规则，只是就其具体表现来说，其各自的程序与程度要求是有所不同的。如果就"谦虚、礼貌、得体"在各民族语言交际中的变化差异进行比较，我们不难发现这样一个似乎至今还没有被引起足够注意的事实——对于"得体"一词的内涵理解，其实是变化差异最大的。这种变化差异无论从宏观角度进行考察，还是从微观角度进行考察，都可以获得证实。

我们不妨先从宏观角度进行考察。所谓宏观角度，是指从不同民族文化、不同政治体制的角度展开的对比考察。

有一件著名的历史轶事是不应该忽视的："1942 年宋美龄访美，罗斯福在与宋美龄的一次谈话中谈到了美国著名的'好斗'工会领袖约翰·L·刘易斯，他当时正威胁要举行煤矿工人罢工。罗斯福问，如果碰上这种情况，在中国会怎样处理？这位'天可挑剔'的中国第一夫人表情丰富，伸出她的纤纤玉手在脖子上一抹，罗斯福目瞪口呆。"①

----

① 李庆余主编. 一个美国人与现代中国. 合肥：安徽大学出版社，1998. 74 ~ 75.

应当看到，宋美龄与罗斯福的这一段对话，恰恰向我们揭示了一个至关重要的问题。何为"得体"？得体其实是一个内涵多变的概念。它不仅会因语境与场合的不同而变化，更会因民族文化传统、国家政治制度的不同而变化。例如，对于刘易斯的言行，在实行两党制的美国总统罗斯福眼中，未必是不得体的，或者至少并非是严重不得体的，但是在来自一个专制政权的宋美龄听来，就属于不得体的"顶级行为"，其后果够得上杀头了。同样，宋美龄自认为是风度优雅的得体回答（"纤纤玉手在脖子上一抹"），竟然将罗斯福惊得"目瞪口呆"，其言行在罗斯福看来是不得体的，显然也就不难理解了。

再从微观角度进行考察。所谓微观角度，是指从交际对象之间的人际关系，听、说双方所持立场与理解的角度展开的对比考察。例如，一番话语，从说话人的角度看是得体的（如果连自己也认为"不得体"，他可能就不说了），可是在听话人听来，却不得体甚至是很不得体。有时，同一番话，同一个人听，当时他可能觉得很不得体，但事后又觉得是很得体的，或者当时他可能觉得是得体的，但事后却觉得是很不得体的。

有一个例子也是很典型的。魏征曾屡屡在宫殿上当面直言批评唐太宗，从说话人的角度而言，魏征显然认为自己说的话是得体的。但是，他说的话唐太宗究竟认为是不是得体呢？似乎很难得出一个简单的结论。因为如果唐太宗认为得体，为什么会因为被魏征当众弄得脸面无光而不止一次气得要杀他？如果认为不得体，为什么在魏征死后，唐太宗会痛心地说出这样一段名言："以铜为镜，可以正衣冠；以古为镜，可以知兴替；以人为镜，可以明得失！"魏征的死，竟使得唐太宗觉得自己失去了一面"可以明得失"的"人镜"。

为了说话的得体，中国人面对着等级森严的社会体制，不惜以生命为代价，也要说出自己认为应当说出的话的做法，甚至发展成为一种传统。仍以唐朝的魏征为例，我们不难看到，他所坚持的是要说出符合自己特定身份（宰相）的话语，并且他坚持认为，只有这样说话才是得体的，于是甘冒以生命为代价的风险坦然进言。

当然，我们必须看到，古代的魏征毕竟只能算是汉语交际中特定历史条件下的特例。对于绝大多数人来说，语言交际并不必然与生死祸福有关。但与此同时，我们也可以看到，在汉语交际中，更多的人既要得体地如实相告，又要避免因为对方可能觉得不得体而给自己带来的种种不利。因而，种种保证说话得体的手段便被中国人发明了（这些手段，从语言交际自身的实践研究角度，有时候被人们称为"策略"或"对

策")。而这些极为丰富的保证说话得体的手段，也就很自然地成为汉语文化语用理论研究的对象。

三、汉语交际与西方语言交际的差异根源思考

对于话语是否"得体"的理解，之所以会在说话人与听话人之间（微观角度）出现巨大的差异，其根本原因之一，在于交际参与者在语言交际中同时拥有的多种角色身份对于听、说双方分别提出了不同的要求。

在语言交际中，交际双方（或多方）同时具有的多重角色关系主要可以分为两大类别。这两大类别是：

第一，社会角色。所谓社会角色，就是交际者个人的身份由说话人的社会地位决定。它是客观的、外在的。社会角色包括职业地位、政治面貌、行政职务等，它们可以同时共存并显现于一身。

第二，交际角色。所谓交际角色，就是交际双方在具体的话题交流过程中显现的特定角色关系，它包括：亲情类关系，如父子、母女、兄妹、姐弟等；友情类关系，如朋友、情人、仇人等；职务类关系，如医生与病人、营业员与顾客等。交际角色关系的显现往往具有一种排他性，即每一种角色关系的显现可能意味着对其他角色关系的压抑。

社会角色与交际角色在语言交际中有时会产生一种内在的矛盾性，这种矛盾性导致"得体"在这两层关系中的具体显现有时会产生一种评价角度的"不一致性"。也就是说，有时候，从社会角色的角度来看，某些话语可以认为是得体的，但是转而从交际角色的角度来看，却又是不得体的（例如，说话人坚持了某种原则立场，但是显得有点不近人情）；有时候，从交际角色的角度来看，话语是得体的，但是转而从社会地位的角度来看，却又是不得体的（例如某些不拘小节的言行）；还有时，说话人应当选择交际角色身份说话，他却突出了自己的社会角色身份（例如某些"打官腔"之类的言行）；再有时，说话人应当注意保持自己的社会角色身份，他却选择了交际角色身份（例如某些人未能坚持原则立场的言行），这些都可能导致说话的"不得体"。

由说话人的社会角色与交际角色之间的这种内在的矛盾性而产生的种种"不得体"现象，在各个民族的语言交际中是普遍存在的。但是，面对有些"不得体"的话语现象，在其他民族的语言交际中，很可能是可以一笑置之的；而在汉语交际中，有时人们却要为此付出巨大的代价，甚至身家性命。这一方面的例子从古至今，俯拾即是。

汉语交际与西方诸国的语言交际相比，必然会表现出较为明显的差

异。综合分析，除了以上"社会角色"与"交际角色"在交际中产生的一种内在的矛盾性，并由此导致一种评价角度的"不一致性"之外，汉语交际的语用还有其独特的形成原因。这一成因至少可以归纳为以下两个方面：第一，方块汉字的构成特点和使用规则在实践应用中所形成的新的影响；第二，汉民族独特的精神文化体系对汉语交际的影响。

在这里，注意东西方的精神文化特点之间的差异恐怕还是有必要的。

西方的精神文化特点，首先起源于西方的生活方式与政治制度。西方早在古希腊的伯利克里执政的"民主"时代，就已经建立了"公民大会"、"五百人行政会"、"执政官"和"十位将军"的体制。其中，"五百人行政会"的委员由全民抽签的方式产生，并且伯利克里还向当选委员发放薪金，以保证比较贫穷的人当选以后，从事政务时没有经济压力之忧。不仅如此，西方的精神文化又借助文学艺术的种种手段进行了发扬光大。以英国文学中流传久远的"亚瑟王和他的12位圆桌骑士"的传奇故事为例，其中，12位骑士之所以只要聚在一起就围着圆桌而坐，就是为了显现他们互相之间地位平等，没有名次之分。

这种从政治体制到文学艺术的代代相传、代代渗透，必然导致西方人在语言交际中形成与之相适应的特点。

而汉民族不但在政治体制上长期处于"人分三六九等"的封建社会，而且在文学艺术中也传承着这种"等级制文化"。以中国古典文学名著《水浒全传》为例，一百单八将的故事固然生动感人，但他们齐聚梁山，其实也是"走投无路"、"被逼无奈"之举。他们齐聚梁山后，首先被当作一件大事来完成的，竟然是"梁山泊英雄排座次"，明确各人之间的级别差异。汉民族这种同样是从政治体制到文学艺术的代代相传、代代渗透，使得民族精神文化体系中，注重等级差异、讲究排名顺序的传统，时至今日仍然是一个非常活跃的观念形态。

"有什么样的压抑，就会有什么样的反压抑。"面对着中国数千年之久的、至今也没有完全消散的等级体制的压抑，人们既不希望时时处处为了说话而付出巨大代价，又不可能不说话，于是设想出种种手段、方法与策略，将可能会显得"不得体"的话语转变成"得体"的形式说出来，以至代代相传，进而发展为种种不言而喻的用语规则，这就成了汉语交际的又一重要特色。

仍举一个与唐太宗有关的例子。据说，唐太宗有一次被魏征的当众批评激怒了，回到后宫，仍怒气难消，愤愤说道："总有一天，我要杀了这个乡巴佬！"长孙皇后一听，立即穿起了皇后的盛装，向唐太宗行

跪拜大礼表示祝贺，唐太宗觉得奇怪。长孙皇后答道："妾与陛下结发为夫妻，尚不敢轻犯陛下威严，魏征一个做臣子的竟敢这样直言，真是社稷之臣啊！皇上能得到这样的忠臣辅佐，真乃幸事！"唐太宗顿时醒悟，怒气遂消。从这个例子中，我们不难设想，如果长孙皇后面对怒气未消的夫君唐太宗，没有作出这般近乎表演的言行，而是当即进行一番尽管是语重心长的，但含有批评之意的诸如"君王应当心胸开阔"之类的"直言相告"，其结果将会如何？只怕不仅难保魏征，自己也难免被训斥。但是，她的一番盛装、大礼，以及借助"夸赞话语"婉转表达的意图，就表现为一种策略，使她的话语成了有利于唐太宗接受的"得体"外衣。

如果说，长孙皇后运用了一种策略，才使得自己的话语从可能的不得体转而变成了得体，那么，诸如此类的例子，在当今的汉语交际中也是随时可以听到的。例如，话及正题之前，先说一句："我有一言，不知该不该说……"（此类的话语在中国古代，则可能是"儿（臣）有言，不知当讲不当讲……"）听话人回答一句："说吧（但说无妨、恕你无罪）……"于是，得到允许后再说出来，即使可能确实是有几分不得体，但在交际中，这种"不得体"被淡化、瓦解了。

汉语文化的独特性使得汉语交际具有了特别丰富的色彩变化，同时也给汉语交际研究提供了特别丰富生动的材料。

第三章　学习语言交际可以只关注日常交际吗
——汉语交际的内涵及其主干项目研究

第一节　汉语交际的内涵界定与把握

要想准确地把握汉语交际的内涵与外延，就应当准确全面地把握汉语交际本身（我们暂时放下以书面文字形式进行的语言交际）。汉语交际从其运用的形式角度来考察，可以分为"单向表述"与"双向交流"两大应用类别。

所谓"单向表述"，是指在语言交际过程中，"说、听"双方一般都有着明确的身份限定，"说"方以"自己说"为主，"听"方以"听人说"为主，双方的这种既定身份，一般不作改换，或不宜多作改换。而所谓"双向交流"，是指交流双方一般不作"听"与"说"的身份限定，双方既是"听"也是"说"，不但身份可以互换，而且这种互换有时还是即时的、快捷的。

应当指出的是，这是对汉语交际进行的一种静态划分。在现实生活中，"单向表述"与"双向交流"两者之间虽有区别，但无法截然分开，"双向交流"必然以"单向表述"为有机构成，没有"单向表述"，"双向交流"也就不存在了；"单向表述"又必然以"双向交流"为应用目标，失去交流目标的表述，也就失去了现实的存在价值。这就告诉我们，"朗读、演讲"与"交谈、辩论"在语言交际的实践应用中，其实常常是"交叉互容"的。

单向表述语言交际的形式，包括朗读（含朗诵）、演讲（含说话）；双向交流语言交际的形式，则包括交谈（含聊天）、辩论（含争吵）。

单向表述语言交际中的"朗读、演讲"，说话人不仅可以脱离某一语境场合，还可以事先做好准备后再应用于具体的语境场合。而双向交流语言交际中的"辩论",不但可以事先准备,而且在其运用时一般较少受制于语境,甚至可以说,辩论时所关注的重点之一,就是如何主控语境而不是被语境所控制,并且辩论时双方所依赖的基本上都是话语的一般意义,而较少甚至不太可能依赖其特殊意义。

双向交流进行的汉语交际,从其功能、性质的角度,又可将其分为两大部分:日常语言交际和职业语言交际。如下图所示:

$$汉语交际\begin{cases}日常语言交际\\职业语言交际\end{cases}$$

之所以将汉语交际如此分割,是因为职业语言交际与日常语言交际相比,不但自有其职业道德方面的要求,而且不同职业的语言交际又分别构成不同的职业语言交际的语境,同时又随之形成不同的语用特点。

第二节 汉语交际主干项目的特点分析

顺应上一小节的阐述,汉语交际的主干项目可以分为日常语言交际与职业语言交际两大板块。

一、日常语言交际

日常语言交际包括全部的非职业语言交际的方方面面,如下图所示:

$$日常语言交际\begin{cases}陌生结识语言交际\\家庭生活语言交际\\社交礼仪语言交际\\……\end{cases}$$

不难看出,日常语言交际研究是一个没有穷尽的、开放性的体系性研究。这里试对三个日常语言交际主干分支略作阐释如下:

(一)陌生结识语言交际

语言交际是文明人类必有的社会活动之一,而陌生结识语言交际,则是最具个性特点的语言交际类型之一。因为当人们置身于一个陌生的交际环境时,出于"自我保护"的目的需求,往往会形成一种"对人只说三分话,不可全抛一片心"的心理定式(或称思维定式),这种"定式"又因为权益、情感以及观点认识、政治立场等多方面因素的纵横交错而日益复杂化,进而形成一种面对"陌生"即会下意识地"自我封闭"的心态。

陌生结识语言交际的基本特点是，交际过程基本上在"对对方有陌生感觉"的情境中进行。这就使得交际双方必然比较注重向对方显示自己的礼貌和敬意，借此来推进语言交际的成功进行。有时为了淡化和消除对方的"戒备感"，还需要对方将交际目的先作一定的隐蔽和改变。因而，陌生结识语言交际往往显现出以下特点：

（1）在陌生结识语言交际过程中，敬词（对对方）和谦词（对自己）的使用，明显多于其他类型的语言交际，这不但是其基本特点之一，而且也对交际的具体展开产生直接的影响。有时敬词和谦词的使用不足还会直接影响交际的成功。

（2）在陌生结识语言交际过程中，寒暄类的客套话明显多于其他类型的语言交际，尤其是在交际的初始阶段。随着陌生感的逐步淡化，客套话也逐步减少，渐渐转入正题。在此类语言交际过程中，对寒暄话语的量的把握是一个重要的关键点。此类话语量的过多或过少，如是无意为之，则可能对语言交际形成干扰；如是有意为之，则可能产生"言外之意"。

（3）在陌生结识语言交际过程中，由于交际对象之间客观存在"陌生感"和"戒备感"，因而话语中的冗余信息（可有可无的话语）明显多于其他类型的语言交际，而听话人对于冗余信息的可接受程度也明显高于其他类型的语言交际。

（二）家庭生活语言交际

所谓家庭生活语言交际，是指以家庭所在位置与成员构成为中心，由内部成员之间以及各成员与外部所进行的、与日常生活发生密切联系的语言交际。这一方面的交际言行，多数看似话题琐碎，然而，正是在这些日常言行中"一句话逗人笑，一句话惹人跳"的强烈对比，常常导致令人意想不到的后果。所以，家庭生活语言交际也应当是一项不可或缺的内容。尽管此类言行多围绕日常生活产生，但其作用实在是不可低估的。

由于家庭成员之间的亲情关系，相互之间高度熟识，语言交际中双方在诸多话题上有着较多的共知成分。这些因素使得家庭生活语言交际具有以下基本特点：

（1）一般情况下，在家庭生活语言交际中，谦词和敬词的使用频率总体上偏低，而情感类称呼（如爱称和昵称）的使用频率较高；反之，在家庭生活语言交际中，一旦相互之间开始较多地使用谦词和敬词，往往就可能是情感方面出现了问题，或者是说话人要表达自己的"言外之意"了。

（2）在家庭生活语言交际中，往往是一开口说话，话语就直奔目的意图（开门见山），而无须在寒暄和客套中兜圈子；反之，一旦家庭成员之间开始在寒暄和客套中兜圈子，出现了原本不该出现的"冗余话语"，往往就可能预示着即将展开比较重大的话题，或者是说话人另有"言外之意"要表达了。

（3）在家庭生活语言交际中，由于家庭成员之间互相了解的程度较高，对话题往往有着较多的共知成分，其话语常常因为句式结构有残缺、单句话语信息量不足，以致出现外人难以理解的情况。而这正是家庭生活语言交际的基本特点之一，此类情况并不必然产生"言外之意"。

（三）社交礼仪语言交际

社交是指社会上人与人之间的交际往来，也可以说，是由人们的语言、行为以及相关的非语言因素综合构成的社会交际活动。而礼仪，则是指礼节和仪式，也可以说，是指某种活动或过程所特有的仪式程序和礼节规范，有时也指这类活动。

社交礼仪语言交际，特指与相熟识的（少数是陌生的）人进行的、非职业性质的，而且在大多数情况下，只是为了密切交往、联络情感的语言交际行为。这一类交际的范围很广，至少可以包括谈天、闲聊、评论、判断等多种行为。在这其中，谈天、闲聊话题的内容应当与交际双方自身均无关系，评论话题的内容往往也应当与交际双方无关（例如国际国内形势、街头传闻轶事等）。尽管如此，在此类语言交际中，虽然对于说话人的具体要求比较宽松，但也绝不是说人人都可以想说什么就说什么，想怎么说就怎么说。

社交礼仪语言交际在具体展开的过程中，往往显现出以下特点：

（1）与陌生结识语言交际相比，社交礼仪语言交际显然少了一份陌生人之间常有的戒备心理，话题的选定更宽泛和轻松；即使社交礼仪语言交际的双方是陌生的，但是与陌生结识语言交际的不期而遇相比，社交礼仪语言交际的双方更多的是有备而来，戒备心理的显现也就淡得多了。

（2）与家庭生活语言交际相比，社交礼仪语言交际显然又达不到亲情之间所特有的那种无所顾忌，话题的选定不仅多了一层约束（例如不宜以涉及某人的隐私为话题），同时还需注意与交际对象之间身份的尊卑差异、辈分的长幼等。

（3）社交礼仪语言交际与其他类型的语言交际相比，显得尤其注重礼节、礼貌，谦词、敬词的使用有时还会扩大到与交际双方相关的

人、事、物。而且，即使有时已经到了"不欢而散"的程度，双方仍会频频使用谦词、敬词，并且以礼相待。

二、职业语言交际

职业语言交际研究，是以其职业特点对语言交际运用的规范和制约为基准，划分出种种不同的职业需求。如下图所示：

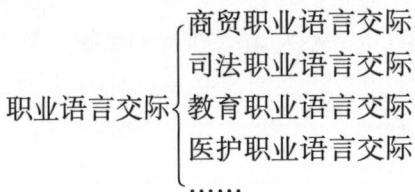

$$\text{职业语言交际} \begin{cases} \text{商贸职业语言交际} \\ \text{司法职业语言交际} \\ \text{教育职业语言交际} \\ \text{医护职业语言交际} \\ \cdots\cdots \end{cases}$$

职业语言交际研究也是一个没有穷尽的、开放性的体系性研究。需要指出的是，与日常语言交际相比，职业语言交际更多地受到其职业特点（包括职业道德）的制约。因此，在显现"礼貌、谦虚、得体"等诸多方面，也就随之出现了与日常语言交际不同甚至相对立的情况。有些研究者甚至认为，某些语用原则（例如格赖斯的"合作原则"、利奇的"礼貌原则"）在职业语言交际中并不适用。

这样一来，问题就凸现出来了：从日常语言交际中总结出来的语用原则是不是在职业语言交际中遭到了否定？如果确实存在着被否定的现象，那么，语用原则应当如何加以调整，并且在新的基础上重新确立自己的哲学地位？

这正是语用研究不但不能抛开"职业语言交际"，反而应当对其加以特别关注的原因。这里试对几个职业语言交际主干分支略作阐释如下：

（一）商贸职业语言交际

"商贸职业语言交际"这八个字，包括了丰富的内容，诸如围绕着门市营业、上门推销、合作谈判等方面所进行的谈话交流，都可以划入商贸职业语言交际的范畴。此类职业行为的多样化显现，使得其职业语言交际的语言运用也显现了多样化的特点。

具体分析，无论是门市营业、上门推销，还是合作谈判，它们都有一个共同的目的，那就是要求对方与自己合作，或者是通过买卖成交使双方各取所需，或者是通过买卖合作使双方共同得利。这就使得此类交际往往显现出以下语用特点：

（1）由于商贸行为难免要较多地和陌生人打交道，因此此类语言交际在某种意义上又和陌生结识语言交际有相近之处，即都要把如何消除对方的"陌生感"和"戒备感"置于首位。又因为商贸职业语言交际非常注重"先通情后达理"，所以尤其注重礼貌（"抑己尊人"）。所谓"在家靠父母，出门靠朋友"、"买卖不成仁义在"等俗话，都是这一行业特点具体化的标志。

（2）商贸职业语言交际在其进行过程中有一个自始至终都不会改变的基本目的，那就是"捍卫本方的基本利益"。除非发生意外情况，或者是迫于某种压力，否则没有人会愿意做赔本买卖的。与此同时，他的语言运用也始终是围绕着这一基本立场展开的。所谓"先小人后君子"、"丑话说在前面"，在某种意义上，也可以看作这一特点具体化的语用标志。而说话人借助"先小人后君子"、"丑话说在前面"等诸如此类的言语向对方传递的信息，并不是自己真的准备"先当小人然后再当君子"或"先说丑话然后再说好听的话"，而是要求先定好规矩，以便双方进行长期友好合作的意思。

（3）在进行商贸职业语言交际的过程中，说话人往往非常注重显现自己一方的"诚信"。需要指出的是，在这里，"诚信"并不仅仅为了显现自己的道德水平，还有着较为明确的功利追求，即通过"诚信"的显现，取得对方的好感，进而获取更大的利益。所谓"一诺千金"、"货真价实"、"童叟无欺"等俗语，正是这一特点的标志。

（二）司法职业语言交际

司法职业语言交际的内涵也相当丰富，仅从口语角度而言，不仅包括法庭辩论，还包括调查取证、调解盘问等诸多方面。

纵观各类司法诉讼，不论是自诉案件还是公诉案件，也不论是民事案件、刑事案件还是行政案件，原、被告双方都表现为一种观点立场方面的公开对抗，而审理方（法官）则表现为对原、被告双方的主张的质疑（同样还是一种观点立场方面的公开对抗）。正因为在法庭上各方所表现出的公开对立，以及伴随着这种对立而使用的尖刻言辞，有的研究者认为，在司法职业语言交际中，是排斥礼貌原则的。

但值得注意的是，这种"观点、立场的对抗"又同样是在各方"对法律的遵守和服从"的前提下展开的，这种"既有对立又有统一"构成了司法诉讼语言交际的独特风格。

司法职业语言交际的总体风格表现为"以事实为依据，以法律为准绳"，在具体应用中往往显现出以下特点：

（1）在此类职业语言交际过程中，"以事实为依据"的要求，使得人们对于所说话语"是否真实"尤为重视。不但对自己认为是真实的话要努力去取得旁证材料并将其作为佐证，而且对对方的话语可能持

"以是为非"的态度。具体地说,也就是对对方所说的错误话语持否定态度("以非为非"),对方所说的话语即使"事实如此"(即"以是为非"中的"是"),只要其未能获得足够的证据支持,也可以持否定态度("以是为非")。因此,在司法职业语言交际过程中,人们往往有意识地拒绝向对方显现礼貌。例如,称呼对方时,不称呼其姓名、职衔,而一律以"原告"、"被告"、"证人"等缺乏情感色彩的词语代替,这就是此类职业语言交际特点的具体体现。

(2)在此类职业交际过程中,"以法律为准绳"的要求,使人们有时不得不放弃一般的道德评价标准,转而以法律标准来进行评价(尤其是当道德标准与法律规定有所冲突时)。甚至有时从话语内容的角度来分析,当法律对某一事实材料没有明确的判断标准时,司法职业语言交际甚至可以拒绝对此事实材料进行评断。"法律无情"可以作为这一职业特点的具体体现。

(3)由于法律只能支持被证据证实的观点,无法支持缺乏证据证实的观点,因此,无论是在法庭辩论,还是在调查取证、盘问调解等具体环节中,往往既出现"以是为非"的结局,又出现"以非为是"的结局。这就使得司法职业语言交际在作出认定时常常难免出现"假作真时真亦假"的尴尬,同时也使得交际研究中的"说真话"的要求在此类职业语言交际中具有了一种特别的含义。

(三)教育职业语言交际

教育职业语言交际,从根本上说,就是教育工作者向被教育者进行具有特定内容的教育,以帮助、推动其向理想的方面转化的过程。

由于教育工作者不仅要向教育对象传授知识、真理,更重要的是,他还应当教给他们总结知识、发现真理的方法,以推动他们最终成为社会所需要的人才。这一系统教育的终极目标和教育行为具体目标的结合,使得教育职业语言交际,尤其是现代的教育职业语言交际显现出独有的语用风格。

教育职业语言交际以"教书育人"为主旨,其在具体的应用中往往显现出以下语用特点:

(1)教育职业语言交际的对象目标是人,在被教育者中,有聪慧敏锐者,有愚钝木讷者,有循规守矩者,有随心所欲者,这种人的多样化的客观存在使得因材施教具有了特别丰富的内涵。教育者应当坚持"不同的钥匙开不同的锁"、"对不同的人用不同的方式说话",而不宜"以不变应万变"地照本宣科。

(2)教育职业语言交际注重"因教育对象而异"的原则,这使得

教育者的评价性语言及其标准随之发生了相应的变化，"是非标准"在教育者的措辞中，也随之表现为"宏观上不变而微观上多变"的特点。在与被教育对象进行交流时，教育者有时候要把问题说得更严重一点，以推动其警醒并迅速转变；有时候，又要把问题的性质说得偏轻一点，以有利于其自我认识、自觉纠偏。但是，有的被教育对象自我约束力不够，需要教育者时时叮咛、刻刻嘱咐。还有的被教育对象由于个性方面的原因，"即使知错，也不愿改正"，这就需要教育者苦口婆心地进行劝导，有时甚至需要达到"嘴巴都讲干了"的啰唆程度。

（3）教育职业语言交际的具体展开过程，总是表现为一方在要求另一方发生改变。从这一总体角度来看，教育者与被教育者之间的地位关系是不平等的。但是，这并不意味着教育者就拥有了可以对被教育者"颐指气使"的权力。而且，教育者只有使被教育者真正明白了自己应当追求的目标所在，才能真正有效地调动起被教育者的主观能动性，使他全力追求自己的目标。因而，"以地位不平等的双方关系进行人格平等的话语交流"，是成功的教育职业语言交际应有的风格。

（四）医护职业语言交际

医护职业语言交际，是指医护人员与病人之间发生的职业语言交际行为。从医护人员的职业行为角度来分析，他们为病人服务的基本手段是医术，而不是口头语言。但是，医护人员的职业语言对于病人的重大影响，人们早已有所认识。医护职业语言交际主要发生在医生、护士与病人之间。此类语言交际的内容主体应当是病症，并且主要是病人自己所患的病症。但是，有限的疾病种类与无限的各具特点的病人"合二为一"，极大地丰富了医护职业语言交际的多样化色彩。其在具体的应用中往往显现出以下特点：

（1）每一个病人的个性、气质、文化素质各有不同，这种多层次性导致了医护人员对待不同的病人要使用不同的话语。例如，即使所患是同一种病症，医护人员与病人甲交流，可能就应当注意话语简洁；与病人乙交流，可能就要注意多次重复；与病人丙交流，可能还要注意言而有据；与病人丁交流，可能还要显现专业知识水平……由此形成了医护职业语言交际"因人而异"的语用风格。

（2）这种"因人而异"的语用风格，甚至可以构成医护人员职业语言交际的另一特点——"真假相济"，即直截了当地如实相告与避重就轻地含蓄说明的辩证统一。例如，出于对病人心理承受能力的考虑，医护人员对重症病人往往支吾其词，或是重病轻说，以"避重就轻"的方式来减轻病人的心理负担。"说谎"与"讲道德"之间达到有机统

一，就成为医护职业语言交际的语用风格之一。但也并非一律如此，有时也需要因人而异。例如，对于自身就是内行专家的病人，恐怕如实相告的效果会更好一些。

（3）无论人类的医学发展到了什么样的高水平，面对形形色色的、已经确定的和有待确定的病症，总是难免出现束手无策的困窘。再加上病人个人因素的影响，无论什么样的医学专家，都不宜过于频繁地运用绝对性的话语与病人进行交流，其职业交际特点应当是：既有助于病人树立战胜病魔的信心，进而推动其积极配合治疗，又不失却辩证把握，留有余地。这也是成功的医护职业语言交际应有的风格。

三、结语

通过本章"日常语言交际"和"职业语言交际"主干项目的分析对比，我们不难看出，两者之间确实存在着比较明显的差异。

在日常语言交际过程中，交际对象之间一般没有目标追求方面的尖锐对立，所以人们除了有言外之意需要显现的情况之外，对于格赖斯的"合作原则"和利奇的"礼貌原则"，严格遵守的难度不大。也就是说，"合作原则"和"礼貌原则"在以"日常交际"为对象的研究中比较容易确立。

但是，当研究转向职业语言交际时，各种各样的现象便出现了。在这其中，仅就说话人而言，不仅存在着"社会角色"和"交际角色"的身份冲突因素，还存在着"社会公德"和"职业道德"之间相对立的因素，更有说话人因为目标追求差异背后的政治观念、利益立场，以及精神文化因素方面的主控，这些因素都可能导致对交际原则的不遵守甚至违反。

此外，就职业语言交际而言，不同的职业也有着不同的具体要求。例如，商贸职业语言交际"和气生财"的本质特点，不仅要求严格遵守礼貌原则，还要求说话人努力做到"买卖不成仁义在"，即使语言交际失败，也要对对方以礼相待。反之，在司法职业语言交际中，双方利益立场的尖锐对立，往往导致漠视甚至排斥礼貌原则，而且对合作原则的遵守，也会采取"实用主义"的态度。当说真话、说量足的话、说有关联的话可能对自己一方不利时，就可能多说无关的话来回避，甚至少说话、说假话来引导对方产生误解，进而维护本方利益。

同样的情况在教育职业语言交际和医护职业语言交际中，也有着明显的表现。此两类职业语言交际对礼貌原则的遵守几乎是一致的，但是，对于合作原则，即使在并无"言外之意"要表达时，也会有意识

地违反某一准则。如教师在批评学生时，会根据学生具体情况的差异，有意识地对其错误从严定性，或偏轻评价（司法人员在与犯罪嫌疑人谈话时，有时也有这种情况）；而医生在向病人告知病情时，有时会如实相告，有时又会有所隐瞒，这些都属于虽违反了"真准则"但没有产生言外之意的实例。此外，在医护职业语言交际中，医护人员即使将病情病状，以及如何治疗、如何护理养息如实相告以后，病人出自对自己健康的担心，仍难免一次又一次地重复询问，此时，医护人员耐心地"百答不厌"，以至"过量"，不仅不能视为"违反量准则"，反而应当视为"严守职业道德"的标志。这一点，不仅在教育职业语言交际中有此表现（例如教师的苦口婆心），在司法职业语言交际等其他职业语言交际中，也有同样的表现。

以上为本书从"日常语言交际"和"职业语言交际"两大类别的角度，以汉语交际为主要研究目标，从交流形式角度到交流风格角度、目的意图角度所作出的总结性思考。本书力图借助这种思考，通过以点带面、以类拓面的剖析，尽可能地展现汉语语言交际的全貌及其多样化的应用特点。

第四章　汉语交际中的话语是如何"轧制"而成的

——汉语交际的过程控制把握

　　所谓"话语轧制"，在这里是一个借用。它是指人们在交际过程中，按照自己的交际目标和需求来组织与制控语言构成形式的过程。要了解这一过程，首先需要明确语言交际的主要类型，然后根据不同的类型需求思考其话语构成的基本规律。

　　美国哲学家赛尔将话语行为分为五大类，英国语言学家利奇把话语行为分为四大类，中国学者钱冠连先生对于话语行为同样作了多方面的总结思考。笔者对话语行为的分类有着自我的见解，依据的相关因素有：

　　第一，目的意图。人们的语言交际行为，其实自始至终都是受"目的意图"的严密制控。正如恩格斯在《费尔巴哈和德国古典哲学的终结》中说："任何事情的发生都不是没有自觉的意图，没有预期的目的的。"在语言交际过程中，"目的意图"不但无处不在，而且无时不对话语发挥着强烈的制控作用。说话人的目的意图不同，必然导致语言交际的表现形式不同，故而本书以目的意图作为话语行为分类的标准。

　　第二，交际对象。语言交际的唯一目标是人。人们在交际行为中所寄予的目的意图，只能是通过寻求交际对象的合作来实现，并且，只能是通过成功的交际才能实现与交际对象的合作。因此，本书始终关注如何通过话语实现与交际对象的合作，并力求通过不同目的意图的语言交际在不同的交际对象身上出现的不同反应的总结归纳，制定出行之有效的交际规则。

　　第三，概念的确定。从国外引进的理论中，"原则"已经是一个为大家所接受的概念。本书所提出的"规则"其意义何在？"合作原则"

等原则的确立，是从宏观角度、哲学的意义上设定的，而本书提出的"规则"，是从行为规范的角度设定的。从研究的角度来看，"规则"应当是原则研究的基础，不同目的意图的语言交际遵守不同的用语规则，只有在所有的规则中都得到确认的"原则"，才能宣称是具有"哲学意义"的原则；反之，原则是规则的统领，规则只有在不违背原则的指导下，才具有"行为规范"的意义。"语言交际"，用汉语来说，由四个单字组成。然而在实际生活中展开时，却有着丰富多彩的内容和千变万化的形式，而每一种内容与形式的排列组合又各有其特点，它们在理论上相对独立，而在应用中又交叉互容，共同融聚成了语言交际那令人神往的独特魅力。

针对语言交际中人们由于目的意图不同而导致话语表现不同的种种现象，我们总结出四大类共计 12 种用语规则，逐一阐释如下。

第一节 语言交际中告知、论证、鼓动对方的用语规则

人们进行语言交际的主要目的之一就是信息传递。但是，同为信息传递，又可以细分为告知、论证、鼓动三种话语类型，三者之间因目的意图的不同而存在着"同中有异"的区别。例如告知，关注的是说话人如何将自己需要表述的内容准确无误地，而且是适度地传递给对方；而论证所关注的则不仅是说话人如何告知，同时更关注如何使听话人确信；至于鼓动，其要求又有所不同，它关注的是如何使得听话人在确信的基础上，将接受的信息转化为自己的观点理念。这三种话语类型在语言交际过程中分别遵循不同的用语规则。

一、如何告知对方

人们进行语言交际的主要目的之一就是信息传递，告知即属于其中的一种类型。而告知规则的确立，意在提醒人们注意。所谓告知，并非简单如同竹筒倒豆子，倾倒数出就完事，而是应当"具体内容具体分析"，尤其是事关重大的信息告知，还应结合多方面的因素加以综合思考，以选定最为适中的告知形式。

告知规则一般应用于两类情况：一类是向不知者告知，即对方原本不知道某事或某情，现在需要向其告知；另一类是在对方已经知晓或部分知晓的情况下，向其告知本方的观点、立场。需要说明的是，第二类

告知既不同于辩论，需竭尽全力去驳斥对方；又不同于说服，追求的是对方对本方观点、立场的支持。在某种意义上，此类告知近似于辩解，它要求对立面双方暂时淡化双方在情感与理智上的对立，使对方以较为冷静、客观的态度倾听自己的陈述。

告知的形式一般可以归纳为两种类型：一种是直言相告，即如实相告，正面坦言陈述；另一种是曲告，即侧面暗示，借助某种提醒或点拨进行告知。在语言交际中，究竟是直告还是曲告，常常要依据多方面因素来综合考虑，诸如话题内容的性质、交际双方的关系以及语境要求等。有时是直告效果为佳，而有时曲告更显现出独特的魅力。

告知规则在具体应用中可以派生出两条准则：一是合作准则；二是接受限度准则。两条准则又各有两条次准则。

关于合作准则的界定，可以理解为近似于格赖斯所提出的"合作原则"，但又不完全相同。格赖斯认为："人们的语言交际总是互相合作的，谈话双方都怀着一个共同的愿望，双方话语都能互相理解，共同配合。"并由此提出了他的"合作原则"。人们在语言交际中的心态，其实有着各种各样的表现。例如，仅以听众方来说，就还存在着：虽然想听，但因手头正有要事在忙而无暇去听；虽然想听，但因心里正在考虑某事而难以分心；虽然想听，但因对说话人怀有某种情绪或不佳印象，以及观点、立场等对立因素的阻隔而不愿意听等多种情况。因而，格赖斯所认定的，"人们……总是互相合作……双方……都能互相理解，共同配合"，充其量只能是其中的情况之一，而非语言交际中的唯一情况。

因此，合作准则的第一条次准则是创造合作前提。其意思是说，说话人在运用告知原则时，首先应考虑的是如何排除种种不利于"告知"的因素，努力创造有利于告知的合作前提。

《战国策·赵策四》中有一则"触龙说赵太后"的故事，就是一个在正式谈话以前先努力创造合作前提的成功实例。当时，赵太后刚刚上台执政，因为遭到秦国的发兵围攻而被迫向齐国求援，齐国要求以赵太后的儿子长安君做人质为条件，赵太后不仅不肯同意，反而对极力劝谏她接受这一条件的众大臣恶语相向。就在这种无法再谈下去的情况下，触龙去求见赵太后，一番劝说就让赵太后改变了主意，同意长安君去齐国做人质。仔细分析触龙与赵太后的这场谈话，我们会发现成功地创造了合作前提在其中起到了很大的作用。触龙去见赵太后时，先是慢慢地、一步步地走到太后面前，边赔着不是边开始解释，因为自己的脚有病，所以走不快，以致很久没有来拜见太后了，可是又很惦记太后的身体。接着，他开始问候太后的饮食起居。因为触龙没有谈到长安君的

事，太后的脸色显得有些温和了。触龙至此才向前再进一步，向太后谈起，自己有一个小儿子，才十五岁，只是因为自己年纪大了，又很疼爱这个小儿子，所以希望太后能答应自己的请求，给他提早安排一个职位。这一话题挑起了两人之间的一场"究竟是男人还是妇人更疼爱自己的孩子"的谈话。然后顺应着这一话题，触龙慢慢地把话题引到了长安君身上，并且不露声色地劝告赵太后，如果真的爱自己的儿子就应当为他长远考虑，让他早日为国立功。否则，只是让他坐享其成，将来这个王位他是不可能稳坐的。至此，赵太后终于听进了他的劝告，同意长安君前去充当人质，齐国果然发兵，消除了赵国的危机。

不难想象，如果触龙不是先绕了那么一个大圈子，而是一见面就劝赵太后应当如何如何，只怕除了被她唾一脸再被赶出来之外，不会再有别的什么结局了。

合作准则的第二条次准则是逐步探知。告知的基本目标是使对方获知欲告知的信息并且理解准确无误。因而，说话人应当既不多说，以免啰唆，也不少说，以免听不明白；既不蔓生枝叶，以免难以把握，又要注意对方的反应，以便有针对性地随时调整告知内容。

19世纪俄国作家果戈里在其小说《死魂灵》中，曾写到乞乞科夫向女地主科罗嶾契加收买死亡农奴户口的过程。当乞乞科夫套了一番近乎，终于说出自己前来拜访的目的时，没想到却遭到对方的一番刨根问底："您想把他们从土里刨出来吗？""您拿他们做什么用呢？"乞乞科夫左弯右绕，好不容易将她的思路转到谈生意方面之后，没想到她又开始竭力将自己庄园里的农产品向乞乞科夫兜售，但就是不愿意卖出死亡农奴的户口，因为庄园里的农产品，她知道行情，而死亡农奴的户口，她不知道市场行情，怕吃亏，想等别的买主来，将价钱作一番比较后再作决定。她的固执竟然把极善于随机应变的乞乞科夫也弄得满头大汗。但是，乞乞科夫毕竟更高一筹，他终于看出眼前的老太婆的贪财本性，于是掉转话题，借着自己刚进门时，曾将自己装扮成政府部门采购人员的"预设条件"，许诺下一次再来专程采购她的农产品，终于从她的手中买到了死亡农奴的户口。

接受限度准则的第一条次准则是把握理解限度。意思是说，告知规则既然以对方获知且理解准确无误为目标，就不能不在告知过程中注意对方的理解限度，即一般文化水准与专业知识水准的实际状况。对于在对方理解限度内的话语，该次准则则要求注意，即使不过是一句幽默、一个讽刺，也应力求能使对方即时明白，这样才有助于说话人实现其目标追求。对于需要附加解释对方才能正确理解的话语，就要力求事先有

所准备。对于即使详加解释，对方也难以理解、把握的话题，则不必去白费口舌了。中国有一则成语叫作"对牛弹琴"，在这则成语中，牛对琴音含义的无知当然是确凿无疑的，但是，弹琴人对此完全不予关注，当然就免不了贻笑大方了。

接受限度准则的第二条次准则是把握情感限度。这项次准则主要应用于如何告知具有"大喜大悲"色彩的话题内容。生活实践告诉我们，每个人的心理承受能力虽然各不相同，但都各有其承受的极限，一旦超越了极限，无论是喜悦还是悲伤，都会出现难以承受的反应。我国古典名著《儒林外史》里写到了"范进中举"的故事。范进时年五十余岁，数十次进考场，连个秀才也没考上。后来巧遇同样也是老年才取得功名的周学道担任考官，才得了个秀才。后来他又去参加乡试，待考试结束，家中已经断了两三天的粮了。至发榜那天，范进就抱着家中唯一的生蛋母鸡到集上去卖。不料范进刚出门，那边报喜的人就到了家门口，原来范进中了举人。于是好心的邻居跑到集上，告诉他中了举人，又夺去了他抱在怀里的鸡扔在地上，把他拖回家中，让他看已经挂起来了的喜报。谁知已经饿了几天的范进，竟因为自己中举的意外惊喜来得太突然，精神上一时难以承受而精神错乱——显然，这场精神病的发作，根本原因是"大喜"的刺激超过了范进的情感限度。

二、如何向对方论证

如前所述，论证规则用以指导人们在语言交际中如何对某种观点或理论进行准确的介绍或推导，以充分显现其科学性、准确性，进而实现使对方接受该观点或理论的目标追求。

该规则在具体应用时，显现出以下三个特点：

第一，强有力的辩服性。论证规则的应用，多数不在该观点或理论的信仰者中进行，而是在不尽了解者，甚至是在反对者中进行的。例如，无神论者面对无神论的信仰者，则无须再进行论证，只有当无神论者面对"究竟有神无神"的困惑者，或是有神论的信仰者时，才需要对自己宣传的观点加以论证。无论是困惑者或有神论者，其观点的确立都来源于自有的思考方式与论证方式，因而，无神论者的论证必须具有强辩服力，才有可能征服困惑的中间者或坚定的有神论者。

第二，论证的严密性。论证规则的应用，多是面对观点、理论的对立方或既不赞成也不反对的第三方，而他们之所以是对立方或第三方，自有其独有的思考与论证方式，也就是说，他们聆听不同于自己观点、理论的介绍或论证过程，往往也是运用自己原先的思考与论证方式对该观点、理论进行批判性思考的过程。论证原则务求其严密性。因为如果论证出现疏漏，往往就会成为对方发现破绽并发起反击的突破口。这种突破口的存在，即使对方不加以利用，也往往会削弱自己的辩服力，还可能最终导致失败。

第三，论证的应变性。正如上文所述，对立方或第三方的听取论证，往往也是运用自己的思考与论证方式在进行批判。这就是说，论证规则的运用，其实随时都会面对不同观点的挑战，这就要求论证在运用中必须具有应变性。兵来将挡，水来土掩，以不变应万变，只有有备而谈方能成功。如果只能照本宣科，不会应变，是很难谈得上什么成功的。

论证规则有两项应用准则：一是聚焦散点准则；二是借鉴类比准则。这两条准则又可以分别派生出两条次准则。

聚焦散点准则的第一条次准则是分论点构建。一种观点或理论的确立，犹如一座建筑物的立起，往往是由多种局部结构按照一定的框架有机组合而成的，从构建的角度来说，其每一局部结构都必须有助于建筑的总体矗立，一旦缺少将有损于该建筑物总体矗立的稳定，这样，该局部结构才有存在的意义。分论点构建也正是借鉴了这一原理，其意为：在论证准备阶段，应当尽可能多地搜集各种观点，从中优选有助于确立中心论点的分论点，通过有机组合，完成构建论证。

聚焦散点准则的第二条次准则是中心环绕。其意为：论证，不但从其内部结构形式上看犹如建筑物的构建，而且从外部形态上看也如同建筑物的构建。也就是说，要想立论扎实，就必须使论证形成下大上小的结构。"上"是指中心论点；"下"是指分论点和相关的论据材料。分论点和相关材料越多（即"下"越大），中心论点就立得越稳。但是，这些分论点和相关材料，只有在各自都对中心论点具有论证价值时，其组合才有意义。使这些分论点和相关材料以有机统一的序列从各自的角度对中心论点发挥其论证力，就是中心环绕这一次准则的要求。

古典文学名著《三国演义》中有这样一个故事。曹操欲伐袁绍，但又恐寡不敌众，正在举棋不定之际，谋士郭嘉前来劝曹操伐袁绍，他从十个方面展开了"胜败对比"分析。郭嘉说道："今绍有十败，公有十胜，绍兵虽强，不足惧也。绍繁礼多仪，公体任自然，此道胜也；绍以逆动，公以顺率，此义胜也；桓、灵以来，政失以宽，绍以宽济，公以猛纠，此治胜也；绍外宽内忌，所任多亲戚，公外简内明，用人唯才，此度胜也；绍多谋少决，公得策则行，此谋胜也；绍专收名誉，公以至诚待人，此德胜也；绍恤近忽远，公虑无不周，此人胜也；绍听谗

惑乱，公浸润不行，此明胜也；绍是非混淆，公法度严明，此文胜也；绍好为虚势，不知兵要，公以少克众，用兵如神，此武胜也。公有此十胜，于以败绍无难矣。"曹操听了郭嘉的对比分析，信心大增，决计出兵伐袁绍，结果大获全胜。

不难看出，郭嘉之所以能说服曹操，很重要的一个原因就是，他所说的这一番话既有足够的分论点构建（即"十胜十败"的排比句式），又有鲜明的中心突出（即所有的分论点都对中心论点具有论证价值），正是凭借这种强大的辩服力，郭嘉最终说服了曹操。

借鉴类比准则是为适应语言交际的口语特点而设立的。口语应用不像书面文字，读者一遍没看明白，还可以看第二遍、第三遍，而口语交际中的听话，常常只能是一次性的。因此，语言交际中的论证务求见解明确，而借鉴类比准则省时省力的特点，正好适应了这一需求。

借鉴类比准则的第一条次准则是借鉴已有体验。有些观点、理论的把握，要求具有很强的抽象思维能力，而借鉴已有的感性体验则可以变抽象为形象，使原本难以把握的抽象理论变得具体清晰。例如，据报载，有人因为读不懂爱因斯坦的相对论而去向他讨教。爱因斯坦随口打了一个比方："如果让你去和一个美丽的姑娘聊5分钟，你会觉得，5分钟怎么那么快就过去了；再让你在一个炽热的火炉边坐上5分钟，你就会觉得，5分钟的时间怎么这么长。同样是5分钟时间，你为什么在这里觉得快，在那里就觉得慢，这就是相对论要研究的内容。"

借鉴类比准则的第二条次准则是借鉴已知事理，即通过对已知事理的把握去感知、理解未知的观点、道理。例如，西汉刘向所著《说苑》中记载，战国时有个叫惠子的人，他颇善言辞。一天，他去求见梁王，梁王知道他爱用寓言作比，于是预先警告他讲话不必拐弯抹角。惠子被刁难，却一点不露声色。隔了一会儿，他若无其事地说："当有人问弩像什么样子时，若说弩就像弩，这能叫人明白吗？"梁王摇头："不能。"惠子接着说："若说弩的形状像弓，它不仅有竹弦，还有扳机和瞄准器，这样解释大概就易懂一些了吧？"梁王听了连连称是。这时，惠子才一语点破自己的真意："谈话者要使听众明白自己的意思，就得用已知的事物来比喻未知的事物，而大王却叫我讲话不要打比方，那怎么行呢？"梁王无话可说了。

三、如何鼓动对方

鼓动规则用以指导人们在语言交际中如何通过向对方告知某事、某情，或某种观点、道理，使对方从中受到某种刺激或震撼，并借以鼓动

起某种情绪，进而实现语言交际的目标追求。在某种意义上，"激将"也是鼓动规则的具体方法之一。

鼓动规则在具体应用时，应具有以下三个特点：

第一，小范围性。语言交际中的鼓动规则与演讲中的鼓动规则既相通又有所不同，演讲鼓动的显著特点之一是公开进行性，其听众对象虽然有时会经过事先选定，但一般说来，并不排斥非预定对象的旁听。而语言交际中的鼓动对象，往往不但要事先选定，而且排斥非选定对象的旁听，以免其介入语言交际并干扰鼓动的应有效果，这就使得鼓动有时以"一对一"的形式进行。

我国古典文学名著《三国演义》第四十三回中写到，赤壁之战前，东吴方面"战、降"两派争论激烈，孙权则举棋不定。一天，孙权又被张昭等主和派围着七嘴八舌地劝他投降，主战的鲁肃插不上话。终于，他等到了孙权上厕所的机会，立即跟上，单独对他说了一番"主和派其实都是在为自己的私利考虑，如果我为自己考虑，也会劝您降曹，但是为您考虑，唯有您不可以降曹"的道理。结果，一番话说动了孙权，他的态度逐渐开始明朗。不难想象，如果鲁肃当着张昭等主和派的面劝孙权抗曹，只怕等不到孙权表态，鲁肃就要被张昭等人的唾沫淹没了。

第二，具体试探性。这也是与演讲鼓动的又一区别之处。在演讲中，所作的鼓动即使当即遭到反对，一般说来，也应当努力将演讲完成。而语言交际中的鼓动，则必须时时注意对方的反应，并随其反应及时将鼓动内容加以调整，这就使得此类鼓动具有试探进行的特点，并且这种试探还应当根据对方的反应和情绪来决定究竟是步步深入，还是即时中止。

我国古典文学名著《三国演义》第三十回写到，曹操与袁绍交战不利，眼看弹尽粮绝，忽然得知在袁绍处谋职的老朋友许攸来访。曹操大喜，顾不得刚刚躺下休息，也来不及穿鞋子，光着脚就冲出来相迎，然后手拉着手一同进入军帐，还没等坐下，就先向许攸"拜于地"，讨取破袁之计。然而，刚刚被袁绍赶出来，气得差一点自杀的许攸，深知曹操为人狡猾，所以他并不急于说出自己的计策，而是先说出自己原先劝说袁绍如何击败曹操的计策，一下子吓得曹操大惊失色。接着，许攸又问曹操军中还有多少粮草，果然曹操没有说实话，说自己还可以维持一年。许攸笑着摇头，曹操见自己被识破，遂改口说还可以维持半年。许攸拂袖而起，作出因为不得信任而生气要走的样子。曹操又改口说还可以维持三个月，许攸这时又说曹操果然奸诈，曹操再次改口说还可以

维持一个月。从一开始，许攸就早已从自己掌握的情报中知道了实情，至此，他也看出曹操越来越接近于相信自己，于是大声说道："不要再瞒我了，你的粮草已经没有了！"同时又拿出了自己早先获得的情报。至此，曹操的戒备防线彻底瓦解，许攸才献出计策。

从这场谈话的过程来看，许曹双方实际上都在互相试探。曹操尽管能够作出"光着脚冲出来迎接"，接着又"拜于地"的举动，其实，从后面的"不说老实话"来看，他对许攸是不是真心来帮自己还是有所担心的。而许攸则是先公布自己曾经向袁绍提出的破曹计划，显示自己的才干，既而一次又一次地戳穿曹操的谎言，甚至作出"要离去"的样子（其实他已无路可走），直至最后才出示自己早已在手的情报。许攸通过"时收时放"的试探越来越"罩定"曹操，最终获得了曹操的完全信任，以致后来曹操手下有人提出不要相信来自敌方的许攸的警告。但是，一贯多疑的曹操不再生疑，并采纳了许攸的计策，最终击败了袁绍。

第三，双向交流性。这同样也与演讲的鼓动规则有所区别。演讲鼓动往往是面对众人一次性完成的，听众中即使有人理解不足或是没听明白，一般也不宜随时发问打断演讲；而语言交际中的鼓动则不同，尤其是当鼓动对有关情况了解不够或持对立看法的对象时，对方随时可能发出疑问，甚至反诘。这时候，鼓动者就应该针对对方的语言所指，将预设的鼓动内容加以及时调整，以使其具有准确的针对性，并力求能将对方的疑问与反诘及时化解，进而确保鼓动的成功。

鼓动规则在应用中可派生出两条准则：一是感知点拨准则；二是情理合度准则。两条准则又可以分别派生出两条次准则。

感知点拨准则的第一条次准则是由暗至明。在语言交际中，鼓动对象虽然往往事先选定，但是由于鼓动者有时对鼓动对象了解不够，或是被鼓动对象原本就持有不同看法，在鼓动的过程中，实际上可能出现各种不同的情况。由暗至明次准则意在指导鼓动者，在鼓动之初，首先要明确对方是否愿意接受鼓动；其次，对方能否接受鼓动。这就使得感知点拨在应用中常常表现为，由旁敲侧击的外部周旋向挑明主题的中心突破的"由暗至明"的进展趋势。

感知点拨准则的第二条次准则是由浅入深。此准则只有在对方愿意接受并能够接受鼓动的前提下才有应用价值。其表现为，双方交谈的内容由鼓动目标外部的浅层次向话题中心的深层次纵向发展的趋势。

情理合度准则的第一条次准则是同步升温。由于在语言交际中，鼓动者不但有着明确的目标追求，而且鼓动内容又由鼓动者自己设定，而

被鼓动者往往事先并不知情，或是不全知情，所以两者之间在交流过程中，尤其在交流初始阶段，往往会出现鼓动方情绪之"热"与被鼓动方情绪之"冷"的差距。这就提醒我们，鼓动不仅应是鼓动方逐步向对方"加温"，使之达到理想热度的过程，更应当是被鼓动方在受到鼓动后"主动升温"的过程。因此，在鼓动过程中，鼓动方应当注意不要硬性升温（即硬性鼓动），这样有可能导致外热内冷，即对方并没有真的被鼓动起来，或者即使当时受到了鼓动，鼓动结束后也很快就冷却，鼓动的效果随之丧失。"同步升温"这一次准则要求在鼓动中先设法将对方引入某种情境，使其情绪受到某种刺激后，再依事、依理对其进行鼓动。鼓动方的这种有意识地进行自我控制，以使被鼓动方的情绪保持同步发展的要求，谓之"同步升温"。

情理合度准则的第二条次准则是适时而止。每个人对问题的思考一般都有其原则、标准和方式。而鼓动，有时则难免要求对方改变自己的既定方式，这种改变的成功，实际上常常是鼓动方与被鼓动方双方共同努力的结果。要想使被鼓动方由被鼓动转入主动的努力，鼓动方则需注意"适时而止"，因为"过犹不及"，"欲速则不达"。只有让对方在被鼓动起某种情绪后，仍然认为是在实践自己的原则标准，或并未违背自己的原则标准，而不觉得自己是"被人牵着鼻子走"，这样的鼓动才是真正成功的鼓动，这样的鼓动才可能真正具有持久的效果。

我国古典名著《西游记》第三十一回中写到，孙悟空打死白骨精后，因猪八戒的挑唆，被唐僧修贬书一封断了师徒之情后，回了花果山。而这一边，唐僧师徒三人立刻在碗子山波月洞受制于妖怪，没多久，唐僧又在宝象国被妖怪变作猛虎，沙僧被捉。猪八戒走投无路，只好去花果山求孙悟空出山。不料，孙悟空任猪八戒百般劝说，决不松口。猪八戒灵机一动，心想："请将不如激将。"于是不再正面劝说，只说自己曾在妖怪面前打出了孙悟空的旗号："我说：'妖怪，你不要无礼，莫害我师父！我还有个大师兄，叫作孙行者，他神通广大，善能降妖。他来时叫你死无葬身之地！'妖怪闻言，越加愤怒，骂道：'是个什么孙行者，我可怕他？他若来，我剥了他皮，抽了他筋，啃了他骨，吃了他心！饶他猴子瘦，我也把他剁碎着油烹！'"结果，孙悟空如此精明之辈，竟也落入了猪八戒的圈套，立即起身跟着他一道救师父去了。

当然，在看到猪八戒的"激将"式鼓动成功的同时，更应当看到，孙悟空"轻易上当"，其实有一个很重要的内因，那就是他的内心深处仍然对师父念念不忘，仍然对取经深深挂牵；否则，任猪八戒如何鼓

动，如何激将，只怕孙悟空都不会上当。

第二节　语言交际中肯定、夸赞、迎合对方的用语规则

人们在语言交际的过程中，常常免不了要对某人、某事或某物表示自己的理性分析评价或感性情感倾向。从褒义的角度归纳，可以总结出"肯定、夸赞、迎合"三种类型。这三种类型的语用显现有着"同中有异"的特点，而各自的语用特点又蕴含着不同的用语规则。

一、如何肯定对方

肯定规则用以指导人们在语言交际中如何对对方的观点、立场与行为表现中的真知灼见、思想境界，在未获得公认甚至受到贬斥之际，准确妥帖地表达自己的赞同与支持，以使对方或他人感到鼓励。

肯定规则与表扬、迎合、夸赞等规则有着诸多相似之处，所以在语言交际研究中往往未能处于受到独立关注的地位。肯定规则在语言交际中的应用，一般说来，显现出以下三个特点：

第一，非官方性。肯定规则在应用时，往往要求说话人从个人立场角度说话，这是它与表扬的重大差异之一。即使是具有某种领导身份的人，在向对方表示肯定之意时，也最好持个人立场。这样做至少有两个方面的好处：一是有助于拉近双方的情感距离；二是以领导身份表示肯定，往往带有表扬性质，而表扬通常是在对某种观点立场、思想行为的性质认定无分歧的前提下公开进行，以期发扬推广的，而在这种观点立场、思想行为尚未获得公认或确认之前就予以公开表扬，显然有失稳妥。但是，如果不予以明确表态，又难免显得说话人麻木冷漠，此时从个人角度对其表示肯定，显然不失为最佳选择。

例如，天花曾是人类所面临的最可怕的疾病之一。据报载，18 世纪时，天花曾肆虐俄罗斯大地，成千上万的人因此而死亡，1730 年 2 月 4 日，彼得大帝 15 岁的孙子——沙皇彼得二世也死于天花。这一天，原先是定为他和叶卡捷琳娜·多尔加罗卡公主举行婚礼的日子，此后，叶卡捷琳娜继承了皇位。在当时的俄罗斯，这种瘟病还没有什么有效的防治方法。后来，从英国来了一位医术高明的医生，名叫托马斯·奇姆斯丹，他在英国给六千多人种痘（疫苗），没有一个死亡的。叶卡捷琳娜女皇决定带头种痘，她在给普鲁士国王的信中写道："我自己不作榜

样，怎能将种痘在广大人民中推广呢？"果然，沙皇家族带头种痘的行动在社会上引起了巨大反响。本来对此心存疑虑的宫廷人员和广大市民也纷纷前去接种疫苗。炮兵总监奥尔洛夫将军在种痘的第二天就去寒冷的郊外打猎，还一时被传为美谈。从此以后，在俄罗斯，因患天花而死亡的人数大大减少，托马斯医生因功勋卓著被授予"男爵"称号，外加每年养老金 500 英镑。

叶卡捷琳娜女皇带头试种疫苗的行动，就属于从非官方的个人角度表示的赞赏或肯定。

第二，理性剖析。肯定规则在应用中不可避免地要向对方表示认同或赞赏，但这和迎合、夸赞中的认同或赞赏又有所不同。其不同之处在于，迎合、夸赞中的认同或赞赏可以完全不作任何分析，而只是表示认同或赞赏；肯定规则在应用中的认同或赞赏，则应当以理性剖析为基础，也就是说，要使对方明白自己为什么会表示认同或赞赏。理性剖析越充分，其肯定就越具有鼓动性，就越有助于对方更好地坚持和发扬。

第三，引申拓展。这一点在某种意义上可以看作第二点"理性剖析"的结论的升华，也是其在应用中有别于迎合、夸赞的又一特点。迎合、夸赞在应用中往往多就事论事，至多在褒奖时有所拔高，但一般不作引申拓展。而肯定规则在应用时由于有比较充分的理性分析为基础，因而有时还可以得出对方身为当事人尚未认识到的价值和意义，从而更有助于对方坚持和发扬。

依照上述的三个基本特点，肯定规则可以产生两条准则：一是定性有据；二是异向拓展。这两个准则又可以分别派生出两条次准则。

由于肯定规则的应用多是针对对方的观点立场、思想行为尚未获得公认前，由说话人以个人身份所作的肯定性评价，因而，定性有据是使其肯定产生信服力的基础。由此可以派生出两条次准则：一是事实依据次准则；二是理论依据次准则。需要指出的是，无依据的肯定至多属于"迎合"，而且难免有"拍马屁"之嫌。

事实依据次准则的材料主要来自已经得到确认的相类似的事例，在应用中多表现为打比方，将此类事例作为参照类比，显然有助于增强立论的力度。1939 年 10 月 11 日，美国总统罗斯福收到爱因斯坦的一封来信。信中，爱因斯坦对德国在原子弹实验方面遥遥领先表示忧虑。当时，罗斯福举棋不定，于是他的顾问萨克斯给罗斯福讲了一件事。他说，当年拿破仑想征服英国，但在怎样渡过英吉利海峡的问题上一筹莫展。当时一位名叫富尔的科学家建议他赶快制造蒸汽船，但是拿破仑拒绝了富尔的建议，一意孤行，仍然使用帆船，结果未能横渡英吉利海

峡，征服英国的愿望也就落了空。听了萨克斯的一番话，罗斯福经过苦苦思索，终于在 19 日决定制造原子弹。

理论依据次准则的材料主要来自已经得到公认的具有权威性的经典理论，在应用中多表现为引经据典。在针对对方的观点立场、思想行为表示说话人自己的态度的同时，适当地引经据典，有助于使这种肯定由原先单一的主观评价转而成为主观与客观的双重评价，显然这也有助于增强其肯定的力度。

异向拓展准则的价值也在于增强肯定的力度。其可派生出两条次准则：一是历史溯源次准则；二是未来展望次准则。

语言交际的实践告诉我们，就事论事地针对某事发表自己的看法，当然不能说没有力度，但是如果能从多种不同的角度针对同一观点立场、行为表现发表看法，并使这些不同的角度形成立体交叉，显然有助于大大增强其肯定的力度，而异向拓展准则的价值正在于此。

历史溯源次准则的要求是，将该观点立场、行为表现置于某一地域、某一领域内作历史回顾式的对比，具体剖析其创新意义。未来展望次准则的要求是，将该观点立场、行为表现置于某一地域、某一领域内作未来展望式的对比，具体剖析其创新意义。

例如，在清朝，中国的男性主动剪掉长辫子是犯了足够砍脑袋的大罪。而在民国初年，男人剪辫子却因为有着强烈的反封建的意义而引人注目。此行为如发生在当代，只怕无论是剪辫子还是留辫子，都不会引起他人多大的注意。需要注意的是，无论是历史溯源还是未来展望，在作肯定评价时都需要准确把握分寸。例如辞去在国家机关的公职，在改革开放初期，这无疑是一个前所未有的惊人举动，但是时至今日，再对某人的辞职行为作前所未有之类的评价，无疑就有失准确了。

二、如何夸赞对方

在语言交际过程中，人们常常需要对对方的观点、态度、立场、行为表示赞赏、激励，并借以实现自己的目标追求，夸赞规则由此派生。

夸赞与表扬，都是对对方的观点、态度、立场、行为表示赞赏、激励。泛泛而谈，似乎也可以看作一回事，其实两者之间有所不同。不同点之一，表扬往往具有职务行为性质，即表扬者往往是以自己的职务身份，或是代表某一级组织针对某人某事实施表扬。这就导致了两种可能性的存在：一是，从表扬内容来看，表扬者本人并不一定对该人该事也持"应该表扬"、"值得表扬"的态度，也就是说，表扬者在表扬某人某事时，有时也可能是"口是心非"的；二是，从双方之间的关系来

看，表扬往往是以"上对下"的形式进行的，如长官、长辈对其下属、小辈的表扬。而夸赞则多属于个人行为，夸赞者与被夸赞者之间，既可以是"上对下"的，也可以是"下对上"的，还可以是在平级之间进行的。此外，夸赞应该是"心口如一"的，口是心非的夸赞已不再是夸赞，而成了阿谀奉承，或是拍马屁。不同点之二，表扬往往具有公开性，有的表扬（表彰）还要形成文字（文件），发至有关部门、有关人员；而夸赞则更具有多样性，既可以当众公开，也可以只在两人之间公开，还可以半公开（可以有旁听者）。这两个不同点使夸赞具有了其独有的应用规则。

夸赞规则有两条准则：一是真诚准则；二是准确准则。每条准则又各附有两条次准则。

真诚准则主要体现在夸赞过程之中。其第一条次准则是由衷而发。即夸赞应当是出自真诚的由衷而发，那些言不由衷的、口是心非的夸赞话语，从其本质角度来看，应当划入"迎合"等语用形式，不属于夸赞研究的对象。真诚准则的第二条次准则是具体明确。即夸赞内容应当是一听就明白的，不应是空泛模糊，让人听了不知所云的。

准确准则主要体现在夸赞者的目标追求方面。其第一条次准则是定性明确。夸赞在语言交际中，一般只表现为语言的激励，但有时说话人为了更好地激励对方，往往还会作出"定性"式的评价。定性明确的意思是说，不论夸赞是在两个人之间，还是在半公开或公开场合中进行，对于对方的定性都应当明确。定性明确通常表现在两个方面：一个是对对方自身评价的定性；另一个是对对方某种言行的定性。

中央电视台的《当代工人》节目，曾拍摄过某地某厂的工人讨论会，在场工人这样说道："你（指领导）要是把我当人，我就把我自己不当人；你要是不把我当人，我就把我自己当人。"在这段简洁凝练的话语中，定性明确的特点显现得非常明显，在这句话里，"（当）人"已经具有了"夸赞"的性质。"（领导）究竟应当怎样做"，才算是"把我（工人）当人"，其实有着非常明确的甚至从工作到生活的方方面面均已涉及的内涵。其意思是说，如果单位领导从各个方面都"把工人当作人"来尊重、关心，那么，工人们就"把自己不当人"，豁出命来为厂里多作贡献；如果单位领导"不把工人当作人"来尊重、关心，工人们就"把自己当作人"，能不干的事就不干，能不出的力就不出。

准确准则的第二条次准则是上限不过度。也就是说，在对某人的观点、态度、立场、行为表示夸赞时，可以针对其思想水平、心胸境界以"上限用词"作评价。例如将某人的某一次助人行为夸赞为"具有助人

为乐的精神"，但这种"拔高"应以"不过度"为限，拔高一旦过了度，就难免会产生副作用，反而不利于实现目标追求。

前文已将"言不由衷的夸赞"划入了"迎合"的语用范畴，这里还需要指出的是，迎合与夸赞之间，还存在着目标追求不同的差异。在语言交际中，迎合往往只是为了满足对方的心理需求，它并不具有激励性，也不必具有激励性；而夸赞，则显然偏重于对对方的言行进行激励，二者之间是不宜互换通用的。

因此，夸赞必须是发自内心的，才可能确保其激励效果。言不由衷、口是心非都不可能具有长效性，而且一旦被识破，只怕难免会适得其反。

三、如何迎合对方

在语言交际过程中，人们对于自己向他人提出的要求或请求，都无不希望能获得满足；对于自己的某种观点、立场、态度、行为，也都无不希望得到认同、夸赞。这就告诉我们，在语言交际中，迎合对方有助于使对方感到愉悦，并最终有助于语言交际获得成功。迎合规则用以指导人们在语言交际中如何以迎合对方的方式最终实现自己的目标追求。

迎合规则可设定两条准则：一是全力满足准则；二是不正面否定准则。每条准则又各附有两条次准则。

全力满足准则的第一条次准则是无条件承诺。意思是，对对方的要求完全承诺，即使是自己难以满足的要求，一般也不当即予以否定，而是竭尽全力去努力"达标"，尽量争取能够满足对方全部的要求。对于确实经过努力也未能达到的，也要在努力的过程中逐步地向对方告知实情，以使对方能够获得满意的感觉。

据报载，在南京金陵饭店曾发生过这样一件事：1988 年 10 月的一天，一位来自台湾的客人来到金陵饭店公关部售票台前，要求预定三张后天去上海的 91 次列车的软座票，服务小姐习惯性地问道："先生，万一这趟车订不到，311 次、305 次可以吗？它们的开车时间是……"没等小姐说完，客人连声说道："不行！不行！我就要 91 次。"服务小姐又说："我是说万一……""什么万一、万一，如果你们是为客人服务的，就不能这么说。"服务小姐立刻意识到自己说的话有不妥之处，立即改口说："我们一定尽最大的努力给您买到！"这时，客人脸上才露出了笑容。第二天客人来取票时，小姐已经办好了，客人非常高兴，转身去买了一大包糖请小姐吃。

全力满足准则的第二条次准则是及时夸赞。意思是，在语言交际

中，对对方的观点、态度、立场、行为中崇高感人或新颖独特的闪光点，应以及时夸赞的方式表示自己的友好与热情。这里有一个关键词是"及时"，事过境迁的夸赞，虽然不能说没有效果，但有时难免会像残羹剩饭，其效果就差多了。

不正面否定准则要求对对方的观点、态度、立场、行为中的"不当之处"一般不作正面否定，并由此而派生出两条次准则。其第一条次准则是以夸赞的形式表达否定的意思。即以对对方的某一方面表示夸赞的形式，含而不露地表示对其另一方面的否定态度，进而使对方去发现自己的不当之处，而又不致产生被批评否定的感觉。

例如，1961年4月，时任国家主席的刘少奇同志到湖南省的一个农业生产队进行调查，向社员群众征求对农村公共食堂的意见，社员们开始没有正面回答这一问题，而是一个劲地夸1957年的时候，生活如何如何好，猪喂得多，鸡、鸭喂得多，自留地里的东西多，油水吃得重，肚子吃得饱。刘少奇同志正是从这样的"夸赞"中听到了群众的心声，他们是在间接地批评和否定农村公共食堂。

不正面否定的第二条次准则是以自责的话语表示对对方的否定态度。在这其中，难点在于说话人对自责的"度"的把握，即如何在自责时，既不要使对方产生"虚伪、做作"之感，又要有助于推动对方去自我认识其"不足之处"。

在《中国十大公关小姐》一书中，有位公关小姐介绍了自己在厦门悦华酒店从事公关工作时遇到的一件事。她写道："有一位女客人，来厦门游玩时遇到了麻烦，所以一直心情不畅。我接到了电话，说她在房间里大骂。于是，我就去了她的房间，她说她的衣服在洗衣房送交回来以后，发现一粒扣子不见了，到洗衣房再三寻找也没有找到。这种情况下，如果你竭力推脱责任一定会把事情闹大，所以我就一再道歉说：呀！这么漂亮的扣子丢了太可惜了，是我们没有检查就去洗，很是抱歉。就这样，这位小姐慢慢消了气，并跟我谈起了一天的经历。我们很快就熟悉了，她临走时还特意来看我。"

迎合规则在语言交际中的应用是有条件的。这个条件就是，在向对方表示迎合时，应当看起来是"心口如一"、"表里一致"的，并且不宜以背离本方应当坚守的原则立场、牺牲本方的根本利益为代价去向对方表示迎合。与此同时，还应当看到，坚守本方的原则立场或维护本方的根本利益，并不排斥在语言交际过程中，说话人为了实现目标追求而以"让步"的形式在非原则立场或非根本利益方面表现出某种有保留的"迁就"。

迎合规则在语言交际中的应用，一旦出现了"口是心非"，并且背离了本方应当坚守的原则立场和根本利益，就可能沦为庸俗的"拍马屁"。拍马屁的行为单纯从道德的角度来看是应当受到谴责的，但它却是一种客观存在。还应当看到的是，拍马屁者本人有时也是出于无奈，迫不得已而为之的。故而，这里只对迎合原则与拍马屁作出界定与区分，至于究竟应当如何看待拍马屁的言行，不拟多加评析。

第三节　语言交际中婉拒、化解、转换对方的用语规则

褒义类的话语语用可以总结出"肯定、夸赞、迎合"三种类型，相对应的是，贬义类的话语语用也可以总结出"婉拒、化解、转换"三种类型，而这三种类型的话语语用同样显现出了"同中有异"的特点，各自不同的语用特点又蕴含着不同的用语规则。

一、如何婉拒对方

在语言交际过程中，人们常常遇到对方向自己提出要求，自己不愿承诺或难以满足，却又难以正面拒绝的场面。此时，如何以不失礼貌、不伤友谊的委婉方式予以推辞，就成了值得研究的问题。

婉拒规则有两条准则：一是委婉推辞；二是闪避冲突。每条准则又各附有两条次准则。

委婉推辞准则的第一条次准则是以对方的"非分"点婉拒之。在语言交际过程中，人们在向对方提出某种请求或要求时，虽然往往受到诸如双方友情或友谊的深度、双方的职业行为道德标准等多方面因素的制约，但这些请求或要求在提出时，往往其中就包含着"突破制约"的成分，这些成分就可以视为"非分"点，并成为被请求方婉拒的理由。只是说话人既然能开口提出，通常总是认为自己的要求并不是"非分"的。因而，在语言交际中，如何既能使说话人理解自己所提出的要求确实有非分之处，又能不损及双方的友谊、友情，成为婉拒规则在语言交际中的"魅力闪光点"之一。

例如，据报载，王光英先生飞赴香港创办实业公司时，刚下飞机就遇到一位香港记者的提问："您带了多少钱来？"王光英先生见对方是位女性记者，便答道："对女士不能问岁数，对男士不能问钱数。小姐您说对吗？"王光英先生巧妙地避开正面答复，语言简洁，幽默风趣，

又达到了目的。

委婉推辞准则的第二条次准则是以自己的"不足"婉拒之。在语言交际过程中，人们在向对方提出某种请求或要求时，总是认为对方能够做到并且也是希望对方能够承诺的。被请求方如果拒绝作出承诺，就会被请求方认为是能够做到而不愿做，很自然就会伤及双方的友谊或情意。因此，能使对方理解自己实际上无力满足对方的请求或要求，因而不能作出承诺，这样才可以有效地婉拒对方。一般来说，坦言相告自己的不足时，应侧重于对方了解不多或不了解的方面。如何使对方相信你自述的不足，且不认为你是在搪塞、敷衍，是婉拒原则在语言交际中的又一"魅力闪光点"。

例如，倾心相爱的恋人分手总是残酷的，但是如果能自揭其短以求得对方宽恕，也不失为一种高明的婉拒之法。在《演讲与口才》1997年第7期中有一篇文章介绍了抗战时期我国著名记者范长江的一段轶事。范长江曾参加抗日义勇军，因队伍溃散而流落到一户草原人家，在滞留的这两个月中，不期然地同开朗的牧家女三姑有了恋情，但是最终两人不得不分手。临分手时，两人有这样一段对话：

"三姑：能带我走吗？

范长江：回北平可是去读书呀。

三姑：带上我，我也去读书。

范长江：我也是靠家庭供养，是个穷学生。

三姑：那我就去当佣人。

范长江：你舍得丢下你的母亲和小弟吗？再说，当个女佣人，你父亲会答应吗？

三姑：……

两人分手了。"

闪避冲突准则的具体表现是，对对方的请求、要求既不承诺，也不正面拒绝。由此而派生出两条次准则。

其第一条次准则是转移话题。即当对方提出，或正要提出某种请求或要求时，自己或虚与应对，顾左右而言他，或有意识地运用"打岔"等方式，使得对方不再坚持提出要求或请求，于是避免了因当面拒绝而导致的不快与尴尬。

例如，庄子一生不愿为官。有一次，楚威王派专人前来请他"出山"。两个峨冠博带的人毕恭毕敬地去见庄子："老夫子，我俩是楚威王的钦差，奉命前来恭请您进宫总理国务。"好半天不见庄子答话。过了一会儿，庄子说起了一个故事："听说楚国有只神龟，已经死了三千

多年，楚王将其尸骨藏在盖有丝巾的竹箱里，供奉在庙堂上。你们说，这只乌龟是愿意丢下遗骨取贵于庙堂呢，还是愿意在泥水里自由自在地摇尾游弋?"来人答道："当然愿意在泥水里无拘无束地生活了!"庄子接着又说："既然如此，就请二位回宫吧!因为我要像栖息在泥水中的乌龟那样逍遥自在地度过残生。"

其第二条次准则是中止谈话。即当对方提出某种请求或要求时，自己提出诸如因为某种原因而不得不临时离开之类的理由，对方的话语中断，进而避免了不得不当面拒绝而导致的不快与尴尬。

闪避冲突准则的目标，在于使对方从自己的闪避中明白自己无力承诺或无意承诺。如何把握闪避的分寸，使得自己既委婉地表达，又不至于使对方因为自己的含蓄将"闪避理由"误以为真，而再次另选场合原话重提，则是婉拒原则在语言交际中的又一"魅力闪光点"。

婉拒规则的应用，注重于婉言，落实于拒绝，由此又派生出婉拒原则应用的三种比较理想的结果：

（1）使对方意识到自己的要求或请求不尽合情理，遂主动放弃"非分"部分的要求、请求。

（2）使对方理解到你确实难以承诺，遂不再坚持"非分"之求。

（3）使对方感觉到即使继续坚持所求，也还是没有实现的希望，遂自行中止所求。

二、如何化解对方

在语言交际过程中，人们常常难免要面对与他人之间因观点、立场、情感、利害关系等原因而导致的矛盾，以及可能因此而引发的冲突。如何通过语言交际淡化矛盾、消解冲突，成了一个难以回避的问题，化解规则由此而产生。

化解规则与转换规则，两者之间表现为一种有同有异且辩证统一的关系。两者相同之处在于：它们都是针对对方观点、态度、立场、行为中的正误、得失与利弊的判断，进行具体翔实的分析，以期对方留"是"转"非"，最终得以确立正确的观点、态度、立场、看法。两者差异之处在于：转换是针对语言交际的某一方进行的，说话人既可能与某一方属于矛盾的对立面关系，也可能是与矛盾双方均无直接冲突的第三方关系。而化解规则通常是针对矛盾冲突的双方同时进行的，说话人往往多为与矛盾双方无直接关联的第三方。这就使得化解人在语言交际中实际上处于一种类似调解人的地位。由此，我们不难理解，化解与转换在某种意义上又可以理解为一种"总则"与"分则"的关系。当化

解应用于某一具体的语言交际场合，针对某一具体的交际对象时，其表现与转换基本无异，此时"转换"为语言交际手段，"化解"为语言交际目的；当转换分别作用于同一矛盾冲突的对立双方时，就可称之为化解，这就是两者之间的"总则"与"分则"的关系。

化解原则又可派生出两条准则：一是由表及里；二是转异趋同。两条准则又各有两条次准则。

由表及里准则的第一条次准则是表象优先。意思是说，在语言交际过程中，面对他人之间随时可能爆发的矛盾冲突，说话人可能对其前因后果一时缺乏全面的了解，却又不能因此而袖手旁观，表象优先这一次准则就发挥了作用。这时，应当姑且不论孰是孰非，首先平息眼前的冲突，以免矛盾冲突升级激化。

由表及里准则的第二条次准则是根源冷冻。意思是说，人们在化解矛盾冲突时，很自然地会寻根求源，而在寻根求源时，又常常难免出现两种棘手的情况：一是由于来龙去脉比较复杂，双方又各执一词、各有其理，化解方一时难以明确判断；二是由于与当事人的亲密程度不够，有些深层的甚至带有隐私性质的原因，当事人不愿和盘托出，此时，化解方即可运用根源冷冻准则，将一时难以准确把握或难以全面了解的部分"冷冻旁置"，只对已知的或已明确的部分进行化解。

转异趋同准则的第一条次准则是隐异显同。对语言交际中的语言冲突现象进行全过程分析可知，大至法庭辩论，小至家人斗嘴，尽管有时情绪对立严重，但是仔细辨析，双方所持的理由却常常有着共同之处。例如，某两人由斗嘴至斗殴，最后拉开分别问讯，双方的分歧点往往是在究竟是谁先动口（手）上，而对不该骂（打）人的认识却是一致的。此时，"隐异显同"就具体地表现为：适度淡化双方的分歧点，同时以双方的认识趋同为出发点，努力化解双方的分歧矛盾，最终求得双方的握手言和。

转异趋同的第二条次准则是减害趋利。当双方的矛盾冲突公开化，甚至接近冲突爆发时，双方情绪的急剧对立，使得仅凭"隐异趋同"已无济于事。此时，就需要运用"减害趋利"这一次准则。其含义为：从事态发展的趋势与后果预期分析利害得失，力求免害，如难以达到，则退而求其次——减害。也就是说，设法诱导当事人将自己不愿改变的观点、态度、立场、做法中，对对方有所伤害的成分主动予以减少，或者即使不愿减少，也同意以对对方无害的成分取而代之，同时尽可能保留对对方有利的成分，以逐步化解双方的矛盾冲突。

三、如何转换对方

在语言交际过程中，人们常常要去思考怎样针对对方观点、态度、立场、行为中的失当之处，通过话语交流，推动其加以改正，转换规则由此而产生。

转换与贬斥相比，在表现形式上有其相似之处，都表现为对对方的失当之处加以否定，以期对方有所改正。但是仔细分析，两者之间还是有所不同的。

不同点之一：贬斥注重于以情驭理、以情融理，注重通过表明自己的情感倾向来呼唤对方对自己失当之处的改正；而转换一般来说，不宜带有过多的个人情感色彩，而更注重以冷静理性的透辟分析来提高对方对自己的不当言行的反思与改正。就这一点而言，转换与批评之间，存在着某种程度的相通之处。但是，正是这种相通，提醒我们去注意转换与批评、贬斥之间的这一不同点。

不同点之二：作为向交际对象表示否定的语用形式，批评、贬斥往往会伴有要求对方"非如此不可"的压力。例如，身为下属，在工作出现失误后，拒绝上司或同事的批评，那么批评就有可能升级为某种行政处分；朋友之间，一方如果拒不接受另一方对自己某种不当言行的贬斥性规劝，则可能导致"绝交"的后果。转换规则在语言交际过程中一般不附有"非如此不可"的压力，而更注重冷静、理性的透辟分析，同时将下一步究竟怎么办的主动权交给对方自己决定。

由此两大不同点，转换规则在语言交际的应用中，可派生出两条准则：一是设身处地思考；二是是非成分剖析。两条准则又各有两条次准则。

设身处地思考准则的第一条次准则是尽量替对方作周密的思考。在语言交际中，由于交际对象之间立场、角度的不同，往往会出现"当局者迷，旁观者清"的现象，这也是转换规则有着较大应用需求的前提。需要指出的是，"旁观"固然是说话人的思考角度，但是一旦开口说话，就应当注意尽量淡化这种"旁观者"的立场，尽量从当事人利害得失的全面思考角度，设身处地地替对方着想。

我国古典名著《三国演义》第四十三回"诸葛亮舌战群儒，鲁子敬力排众议"中写到，孙权面对曹操即将来犯，又遭群臣一片主张投降之声的包围。举棋未定之际，鲁肃的一番话解开了孙权的心头疙瘩。小说中写道："肃曰：'恰才众人所言，深误将军。众人皆可降曹操，惟将军不可降曹操。'权曰：'何以言之?'肃曰：'如肃等降操，当以肃还

乡党累官，故不失州郡也；将军降操，欲安所归乎？位不过封侯，车不过一乘，骑不过一匹，从不过数人，岂得南面称孤哉？众人之意，各自为己，不可听也。将军宜早定大计。'权叹曰：'诸人议论，大失孤望。子敬开说大计，正与吾见相同。此天以子敬赐我也！'"纵观小说，诸葛亮舌战群儒，固然功不可没，但是，吴蜀两国抗曹联盟的形成，鲁肃从全面思考孙权的利害得失的角度，设身处地地替孙权着想，其功劳也是不可忽视的。

　　设身处地准则的第二条次准则是尊重对方思维的合理性。需要说明的是，"合理性"在这里并不能简单等同于"合理的"。所谓"合理的"，是对某种观点、态度、立场、行为中的"合理性要素"和"不合理性要素"进行综合考察，确认其"合理性"大于"不合理性"后的性质认定。而"合理性"显然属于单方面要素的总体把握。我们不难理解，语言交际的双方，不仅有着思想文化、个性气质等方面的差异，还有着观点立场、利害得失等方面的不同思考，这就使得不同的人面对同一话题，往往会有着不同的思维反应。尊重对方思维的合理性，并不是要求说话人完全站在对方的立场上，与对方作完全相同的思考，也不是要求说话人从纯客观的角度作对与错的定性辨析，而是要求以对方思维的合理性为依据，向对方表示理解和尊重。

　　《三国演义》第三十回中写到，官渡一战，曹操以弱胜强大败袁绍后，在战利品中发现一束书信，竟然全部是自己的部下与袁绍"暗通消息"的来往信件。这时，有人建议可以逐一点对姓名，抓起来处死。曹操却说，面对如此强大的袁绍，就算是我也不敢说能不能保得住自己，何况别人呢？他随即命令手下点火将这些信件全部烧掉，也不再提起这件事。在这件事的处理中，曹操充分显现了他作为一名政治家所应有的宽广胸怀。就部下与袁绍"暗通消息"这一点来说，他已经有足够的理由将他们全部"收而杀之"，但是，他却能站在部下的立场上，设身处地地对部下的做法表示理解，并以宽容待之，确实是很不容易的。

　　是非成分剖析准则的第一条次准则是留"是"转"非"。该条次准则与上述两条次准则有着某种承接关系。上述两条次准则（"尽量替对方作全面思考"与"尊重对方思维的合理性"）其实并不是语言交际的目的，充其量只能是实现目的的前提。也就是说，语言交际的目的，最后应当落实在"转换"上。而转换原则的落实，不应当是对对方的全盘否定，而应当是留"是"转"非"，即对对方思考的正确部分予以充分肯定，同时又对其不正确的部分进行转换。

　　例如，当代著名的思想政治工作者刘吉同志，曾任无锡市协新毛纺

染厂党委书记。有一次，他与该厂有名的落后青年小唐进行了这样一次交谈。交谈伊始，刘吉刚向他问候了一句："小唐，你好。"小唐就不冷不热地回了一句："不敢说好——众所周知，我不好。"当刘吉要他自己分析一下为什么每月收入少、奖金年年无时，小唐答道："因为我是全厂有名的坏蛋！"很显然，在此情况下，如果再直接批评对方的缺点和错误，只能是"谈崩"完事。这时，刘吉是这样说的："你一不偷、二不抢，怎么会是坏人呢？""有人说我不可救药嘛！""这种说法是错误的，你不是坏人，说你不可救药，不仅否定了你，同时也否定了教育者自己。"小唐笑了："哈哈，我和你所见略同。""我听说你曾经救过人？"刘吉开始表扬他了——当然，这是事先就准备好的。"那是过去，好汉不提当年勇。"小唐搪塞了一句。"你有志气。过去，你曾经是个好汉，可如今呢，你骂人、打架、恐吓人、逞英雄，干的是蠢事。"这样的一番前后对比，不由得小唐不听下去。刘吉接着说："什么是真善美，什么是假恶丑，你还良莠不分……孔子说三十而立，你今年整整30岁了，好花迟开，也该开了。"一番忠告，语重心长，说得小唐心服口服，最后激动得站了起来，推了一下刘吉的肩胛，称他"够朋友"。

是非成分剖析准则的第二条次准则是不可越俎代庖。语言交际中对对方观点的转换，一般不应带有强制性，这就决定了说话人无论怎样淡化自己的"旁观立场"，他都不能改变自己的"非当事人"的性质，因此，转换原则在语言交际中的运用，始终要求说话人对对方只能是"点到即止"，不可越俎代庖。

第四节　语言交际中贬斥、否定、驳斥对方的用语规则

人们进行语言交际其实还有一个"不言自明"的重要目的，就是通过瓦解对方的观点来确立自己的观点。从这一角度来分析，又可以总结出"贬斥、否定、驳斥"三种类型。这三种类型的话语语用同样显现出了"同中有异"的特点，它们又蕴含着不同的用语规则。

一、如何贬斥对方

在语言交际过程中，人们常常需要针对对方的观点、态度、立场、行为，以明确的理智判断和情感倾向来表示否定和训斥，以期对方予以

改变，并借以实现自己的目标追求。

贬斥与批评，在形式上也同样有着相似之处，都是针对对方的观点、态度、立场、行为表示否定、训斥，两者有时可以互融互用，或者说，批评之中有贬斥，贬斥之中有批评。但是细致考察，两者之间还是有所不同的。

不同点之一：批评往往比较注重主观动机与客观效果的有机统一（比较严重的批评，有时还要事先想好备用方案），而且比较注重从理性的高度展开认识（有的批评需要将个别上升到一般的高度来展开剖析，并且剖析还往往从"情、利、理、法"等多个角度交叉展开）；而贬斥的角度往往比较单一，且较多地从个人感受的情感角度出发，往往就事论事，不延伸、不扩大。例如，夫妻之间，丈夫事业心较强，工作任务较重，妻子觉得情感受到冷落，双方发生口角，互有怨言，妻子抱怨道："你是要事业，还是要我？"这就属于出自情感角度的贬斥，而不是出自理性角度的批评。仍以此为例，此事被亲朋好友或被领导长辈得知，于是他们前来调解，一方面劝妻子要理解丈夫的工作，另一方面，在肯定丈夫的事业心、责任心的同时，也希望他要理解妻子的心情。诸如此类的调解语言本质上就应属于批评。

不同点之二：贬斥与批评之间的诸多差异，使得在语言交际中，贬斥与批评还可能出现对立。也就是说，从理智角度觉得应该批评的话语，有时从情感角度却难以坚持贬斥，例如某些场合中的阿谀奉承。或者是从情感角度觉得应当坚持贬斥，有时从理智角度却难以实施批评，例如某些场合中的牢骚话。

顺应着语言交际中"贬斥"现象的基本特点，又可以产生贬斥规则的两条准则：一是刚柔相济；二是情理交融。两条准则又各有两条次准则。

刚柔相济准则的第一条次准则是就事论事。这也是贬斥有别于批评的不同点之一。批评的展开，往往表现出比较鲜明的多角度性，对于批评的目标，既有动机分析，又有后果分析；既有由人谈事，又有由事论人；既有对个别（具体言行）的细致剖析，又有对一般（同类概括）的宏观把握。而贬斥则多表现为从感性角度就事论事。例如，母亲规劝吸毒的儿子戒毒，百般劝说，儿子却仍无动于衷。母亲说道："你要再吸就没救了，我也没了指靠，我也不活了！"此类话语就不能划归批评，而应属于比较典型的贬斥。

刚柔相济准则的第二条次准则是语言色彩随机应变。贬斥，既可以有声色俱厉的怒斥，又可以有和风细雨的细谈。说话人究竟选用哪种方

式，在很大程度上取决于对方的即时反应。例如，妻子劝丈夫戒赌，丈夫置若罔闻，妻子则可能随即由规劝变为怒斥，甚至哭闹，甩锅砸碗；若丈夫有回转之意，妻子则又随即话语轻柔，变得温存体贴。但不论如何变化，对"赌"的贬斥始终都是没改变的。

情理交融准则的第一条次准则是以情驭理。贬斥在语言交际中并不排斥讲道理，但讲不讲道理，就要看是否有助于贬斥情感的抒发。当说话人的贬斥情感抒发一时找不到理性分析作为依托时，有时也无须借助理性分析而直接抒发贬斥情感。例如，某甲在表示对某乙无好感，一时又说不出某乙哪里不好时，就会随口来一句："我也不知怎么搞的，就是不喜欢他！"此类话语就属于以情感倾向来确定理性判断的"以情驭理"。

情理交融准则的第二条次准则是以情融理。这里包含着两层意思。第一层意思是，贬斥在语言交际中的讲道理，往往是以情感色彩较浓的话语来进行的。例如这样一句："也不看看他那副德性，癞蛤蟆想吃天鹅肉！"不难看出，有着如此浓烈的情感色彩的话语，其实大都在说出口之前已经作过了冷静的理性分析。第二层意思是，当说话人既要明确表示贬斥，但又不想因此而导致双方关系恶化时，往往会在对对方的某一点表示贬斥的同时，对对方的其他方面表示认同、赞赏。例如，某女拒绝某男的求爱，说道："不要再说了，已经不可能了。我们还是像以前一样，以同志（朋友、兄妹）相处吧，我希望你还能像以前一样帮助我。"不难看出，某女的回答正是在求爱这一点上表示了拒绝，而对该男子的其他方面还是认同的。

二、如何否定对方

否定规则用以指导人们在语言交际中对对方的观点、立场、态度、要求不宜当面驳斥或拒绝时，如何准确、妥帖地使对方理解自己的态度，并对自己的不当之处主动加以纠正。否定规则与交锋、婉拒、贬斥等诸项应用规则既有相似之处又有本质差异，这就使得其在应用中显现出以下三个特点：

第一，绵里藏针。否定规则对对方的话语也有指谬性质，但其不同于交锋规则的差异之一，主要表现在语言风格上。交锋规则往往带有较强的论证性，以其鲜明的指谬与措辞的简洁直刺对方的不当之处。而否定规则在应用时则应不失其礼貌与关切，同时运用多种手段，例如"以（对方之）假当真，追问细节"，或"散乱询问，内含锋芒"，迫使对方自露破绽，不能自圆其说。

第二，点到即止。否定规则也需要向对方表示拒绝，但其不同于婉拒规则的差异之一，表现在婉拒规则无论方式如何婉转，最后还是必须明示自己的态度。而否定规则往往为了维持理解和礼貌，并不明示自己全部的态度，而是点到即止。

第三，柔中有刚。否定规则也向对方表示贬斥，但其不同于贬斥规则的明显差异之一，表现在情感显现的分寸上。贬斥规则在应用中往往会显露出强烈的情感倾向。这种情感倾向与说话人的个性相结合，有时还可能达到有悖常理的程度。

例如，我国古典名著《红楼梦》第三十一回中，晴雯因失手摔坏了一把扇子，受到宝玉训斥。到了晚上，宝玉早已消了气，而作为奴仆的晴雯却仍然耿耿于怀。结果，弄得身为主子的宝玉反过来向晴雯赔笑脸，接着又让她撕碎了好几把扇子，她才重开笑颜。晴雯的这种表现实际上就已经接近有悖常理的程度了。而否定规则对对方的否定，则多表现为含而不露，柔中有刚，以其"不怒而自威"，迫使对方让步。

又例如，据报载，某日某单位某办公室，几名男士绘声绘色地谈起了某录像片中的黄色镜头，边谈边不时地用眼睛瞟一瞟在一旁埋头工作的年轻女士，其中一人还兴犹未尽地说了一句："别不好意思嘛，瞧瞧，你的脸都红了。"这位女同事回答道："不，我是为你们感到羞愧。"这几位男士的"口头腐化"顿时被止住了。

否定规则在应用中也有两条准则：一是旁敲侧击；二是正面否定。这两条准则又可以分别派生出两条次准则。

旁敲侧击准则的第一条次准则是顺水推舟。其本意并不难理解，需要指出的是，其目的是诱使对方"搁浅"。这一点与归谬法有所不同，归谬法的运用，是持否定态度的听话人如何接过对方的思路，加以引申，使其达到荒谬的程度。而顺水推舟这一次准则要求持否定态度的听话人始终保持着认真聆听的态度，以诱使对方不停地说下去，然后在关键处来一个"点到即止"，使对方被"搁浅"在自己编造的谎言的"沙滩"上，难以自圆其说而不得不自行退却。例如，有人宣讲佛家的不杀生观念，说今生杀什么，来生就投胎变成什么。今生杀猪，来世就变猪；今生宰牛，来世就变牛。正在滔滔不绝之际，有人接过话头说道："今生杀人，来生投胎变成人。"宣讲人顿时哑口无言。

旁敲侧击准则的第二条次准则是引蛇出洞。其目的是切断对方的退路，从而更彻底地否定对方。人们在语言交际过程中，在对方的不良动机自行暴露之前，往往不便硬性表示否定。面对此类情况，通常只能是设法"引蛇出洞"，使其不良动机自行暴露。例如，法国古典喜剧作家

莫里哀的代表作《伪君子》中，有这样一个情节，富商奥尔贡的全家人都已发现被他奉为"良心导师"的答尔丢夫是一个口是心非的伪君子，可是，无论怎么劝说，奥尔贡就是不信。后来，奥尔贡的妻子艾耳密尔想出一条妙计。天黑了，她让奥尔贡在桌子底下藏好，然后叫人去请答尔丢夫。答尔丢夫来了，艾耳密尔先是叫他关好门窗，接着又用花言巧语打消了他的顾虑，答尔丢夫在此之前曾数次纠缠她而始终碰壁，此时他以为艾耳密尔真的已经答应了，立刻上前欲拥抱艾耳密尔，一直躲在桌子底下的奥尔贡至此才恍然大悟。

否定规则在语言交际中并不一味地排斥正面否定，只是要求正面否定在应用中要慎重。正面否定的第一条次准则是定性有据；第二条次准则是辩证立论。

所谓定性有据，是强调无论是对事实经过的了解还是对事态性质的认定，都一定要确凿无疑。如果结论与依据之间存在着误差，就可能反遭驳斥，所作的否定结论反而会被否定，严重的还会伤及双方的友情或亲情。所谓辩证立论，则要求在正面否定时，可以采取分析从重、定性从轻的辩证认识方式。在话语形式上，有点近似于将字斟句酌的批评与语重心长的交谈结合，以求实现既正面否定了对方又不伤及双方感情的双重效果。

三、如何驳斥对方

此项规则用以指导人们在语言交际中如何针对对方的某种观点或理论，展开剖析与驳斥，进而摧毁或修正该观点、理论，实现语言交际的目标追求。驳斥规则在具体应用中显现出以下三个特点：

第一，鲜明的指谬性。驳斥规则在语言交际中主要应用于对对方观点或理论的剖析与驳斥。但是，如果将驳斥指向对方的合理部分或得理部分，显然容易染上胡搅蛮缠的色彩而且难以成功。因而，驳斥所指向的只能是对方观点或理论的薄弱环节或错误点，这种明确的指向使得驳斥理所当然地具有了鲜明的指谬性。

第二，措辞的简洁性。话语驳斥不同于文字论争，可以长篇大论地条分缕析，话语驳斥不但总体上显得篇幅较为简短，而且句型构建也大多较为简短。这就要求语言驳斥务必保持措辞的简洁，不但在中心词、关键词的使用上要避免交叉重叠，而且修饰性、描绘性的用词也应保持简洁。

第三，方法的多样性。驳斥规则在语言交际中的应用有其多样性的特点。仅就驳斥角度而言，就有事实角度、道德角度、法理角度、情感角度、利害关系角度等，这些不同的角度又可以分别派生出多种驳斥方法与技巧。需要指出的是，方法多样性的应用应服从驳斥规则的要求，即如何最有力地展开剖析与驳斥，也就是俗话所说的，"伤其十指不如断其一指"。对其中心点的指谬应优于对其次要方面的指谬，对其次要方面的指谬应环绕对其中心点的指谬展开。在驳斥过程中，尤其忌讳那种不分主次轻重的"全面开花"。

依照上述三个基本特点，驳斥规则可以产生两条准则：一是直接驳斥；二是迂回驳斥。这两条准则又可以分别派生出两条次准则。

直接驳斥准则的第一条次准则是攻其要害点。很显然，这一点应当是驳斥的主突破点，它可以是对方观点、理论的主要方面，也可以是对方完全未加防范的次要方面。对方只要在这些点上暴露出理论构建的薄弱甚至疏漏，就应当集中力量，对其进行全力驳斥。

直接驳斥准则的第二条次准则是由点拓面。在驳斥过程中，能够只凭"攻其要害点"就摧毁了对方观点、理论的构建，固然是幸事，但更多的时候，则是对方寻机反攻。在理屈词穷的形势下反攻，则常常要在运用偏离话题等方式转移交锋点后，再寻机对自己理论的薄弱点进行"加固"和"修复"。因此，直接驳斥一旦在某一点上立住了脚，就需注意不要轻易转移改变。宁可以该点为基础，逐步拓展驳斥面，也不要轻易偏离该点，去另寻突破点，以免新的还未获成功，原先的却已经失去了。

迂回驳斥准则的第一条次准则是类比反击。中国有一句古话叫作"事不同而理同"，就是说，世上万事万物虽然各有其个性特点，但往往在基本原理上又有其共通之处，这就为类比反击提供了事实与理论依据。所谓类比反击，就是说，在观点交锋过程中，有时面对对方的侃侃而谈，似乎确实一时难以找到突破点，此时如能巧妙地借用另一具有相似或相同特点的事理进行类比，往往可"映照"出对方观点、理论的谬误之处。

《交际与口才》1994 年第 6 期上刊载了这样一场法庭辩论。20 世纪 30 年代，香港茂隆皮箱行经营有方，生意兴隆，因而引起英国商人威尔斯的嫉妒。有一次，威尔斯来到茂隆皮箱行定购 3 000 只皮箱，价值 20 万港币，合同写明一个月取货，逾期如不按质按量交货，卖方须按违约支付巨额赔偿……皮箱行如期交货时，威尔斯却说，合同上写的是皮箱，而现在做成的皮箱中使用了木料，就不是皮箱。因此，威尔斯以"诈骗罪"向法院提起诉讼，要求赔偿损失。皮箱行经理冯灿委托香港著名律师罗文锦出庭辩护。正当威尔斯在法庭上步步紧逼之时，罗律师

站了起来，从口袋里取出一块大号金怀表，高声问道："法官先生，请问这是什么表？"法官答："这是英国伦敦出品的金表。可是这与本案有什么关系呢？""有关系。"罗律师面对法庭上所有的人说道："这是金表，没有人怀疑了吧？但是请问，这块金表除了表壳是镀金外，内部的机件都是金制的吗？"旁听者闻声议论："当然不是。"罗律师说："那么，人们为什么又叫它金表呢？"罗律师接着又说道："由此可见，茂隆行的皮箱案，不过是原告无理取闹、存心敲诈而已。"这场诉讼最后对威尔斯以诬告罪处以罚款 5 000 元结案。

迂回驳斥准则的第二条次准则是让步反击。在话语交锋过程中，当面对对方"有理有利"的滔滔不绝一时难以找到突破点时，不妨采用"先退一步"的技巧，造成我方已理屈的假象，诱使对方全面出击，再伺机捕捉其新暴露出的薄弱点，实施反击，也可奏效。

例如，莎士比亚的著名戏剧《威尼斯商人》中的"法庭辩论"这一场，债主夏洛克手持借据，上面早已写明，3 个月期限一到，倘若还不出所借的 3 000 枚金币，则从借债人安东尼奥身上割下一磅肉来作为赔偿。法庭上，威尼斯公爵和其他人纷纷替安东尼奥求情，夏洛克却不为所动。正在此时，鲍西娅女扮男装，以律师身份登场，她先是声称谁也无权变更法律，夏洛克有权割取一磅肉，使得夏洛克对她不再持有戒心。鲍西娅继而"以退为进"，要求为安东尼奥请一个医生来实施割肉后的救护，夏洛克当即以合同上没有写而表示拒绝。这样一来，夏洛克就等于重新修改了合同。因为原先合同上没有写到割肉后的救护问题，所以合同一旦实施，双方均既可以救护，也可以不救护，无论怎么做，都不属于违法。而夏洛克以合同上没有写而表示拒绝，就等于坚持认为，只要是合同上没有写的，都不可以执行。至此，鲍西娅开始"进攻"：合同上没有写可以流血，那么，夏洛克割肉时也不可以流血，否则，就是违法。此后，夏洛克节节败退，直至以失败告终。

第五章　语境是怎样由要素构成的
——语境构成的系统把握

　　鲁迅先生曾在《立论》一文中讲述了这样一个故事。某人晚年得子，在儿子的生日宴会上，众人贺之，一人说："这孩子将来能当大官。"主人很高兴，给了赏钱。另一人说："这孩子将来能发财。"主人也很高兴，给了赏钱。第三个人说："这孩子将来总要死的。"主人大怒，将其痛打了一顿。鲁迅先生写道："说假话的得了钱，说真话的挨了打。要是我遇上，只好说：'啊呀、哈哈、啊哈、这孩子、哈哈……'"

　　从《立论》中，我们看到的是一个看起来不合理，但在生活中却常可见到的现象，那就是，说假话的得到了好处，说实话的反而倒了霉，于是既不想说假话，又不想倒霉的人，就只好说"啊呀、哈哈、啊哈、哈哈……"了。

　　这里，我们举出《立论》一文作为本章的开头，其实并不是想讨论人们在语言交际中究竟是应当说真话，还是应当说假话，而是想研究一个新的问题，即语言交际与语境的关系问题。

第一节　对于传统的语境"二分法"的反思

　　我们知道，任何一种语言交际，都无不是在具体的语境中进行的。因此，一种语言交际能否取得成功，很大程度上受到语境的密切影响。同样一句话，在这一语境中备受夸赞；在另一种语境中，却可能被嗤之以鼻。那么，语言交际与语境之间，究竟表现为一种什么样的关系呢？或者换句话说，当我们置身于某一具体的语境时，究竟应当如何说话？

　　要弄明白这一问题，首先应当弄明白什么是语境。

什么是语境?《辞海》中写道:"语境即'语言环境'。①说话的现实情境,即运用语言进行交际的具体场合,一般应包括社会环境、自然环境、时间地点、听读对象、作者心境、词句的上下文等项因素,为人们进行修辞活动的依据。②专指某个语言出现的'上下文'。"

语境对人们实现语言交际目标追求具有不可忽视的影响作用,其实人们在进行语言交际时,早就注意到了语境问题。

传统的认识习惯将语境分为内语境和外语境两部分。内语境即言谈的前言后语或上下文,主要指语言的内部组织。外语境指语言交际外部的相关因素。其中又可分成两类:一类是指语言交际过程中的相关因素,如时间、地点、场合、对象等客观因素,以及在语言交际中,人的身份、思想、性格、职业、修养、处境、心情等主观因素;另一类则是语言交际的背景因素,比如时代特点、社会性质特点、社会文化与习俗特点等。

应当看到,这种"内外语境"的"二分法",确实具有较为全面的认识作用,完备周密,条分缕析。然而进一步思考又不难感知,"二分语境"的理解方法,在某种意义上,指导认识虽有余,强化应用却嫌不足。这一不足主要表现在以下几个方面:

第一,难免会使理论研究失去根本目标。语境研究在语用研究中,充其量只能是一个部分或一个分支,但"二分语境"的认识方法,看似已经明确界定,其实从内涵到外延仍然存在着相当多的模糊点。例如,将语言交际的前言后语,以及与前言后语相关的时间、地点、场合、对象,以及说话人的身份、思想、性格、职业、修养、处境、心情,甚至还有时代特点、社会性质特点、文化习俗特点等,统统划入语境研究的范畴,这就使得语言交际的研究只有语境,而语言交际不复存在。内外语境的划分法,使得除语境之外,剩下的岂不是只有空洞而不再具有实际内涵的声音?

第二,"二分语境"在理解方面,虽然涉及方方面面,无一遗漏,但有分无合,在分解之后未能解决如何合成的问题,即如何从整体的角度,将语境要素进行有机合成,使其在语言交际中得以能动地发挥作用,这一点"二分语境"并未涉及。这就犹如人体解剖,当我们把人体从头盖骨到脚趾、从头发到指甲细细分解,完成了对人体构成的认识之后,却没有去考虑如何合成复原。没有去思考各种要件是如何主次有序地组合成既有共性又有个性,且能说会动的活人的;没有去思考诸多要件能合成为人的内在依据,这样的人体解剖是否有那么一点不足呢?同理,"二分语境"如果只能完成对语境要素的分解认识,却未能完成

对语境要素组合应用的整体把握，是否也有那么一点缺憾呢？

第三，语境要素在语境构成中，实际上有着主从地位的明确分界，只有把握了不同的语境要素之间的主从关系，才能真正做到"纲举目张，有效应对"。而目前对外语境的界定，不仅将时间、地点、场合、对象等客观因素和人的思想、性格、职业、修养相提并论，还将交际对象的处境、心情等主观因素与语言交际的背景因素，比如时代特点、社会性质特点、社会文化与习俗特点等混成一团。这就导致了所谓外语境构成要素的无序排列，进而模糊或者抹杀了语言交际中人们对于语境的能动适应的关注，使人们对于语境的能动适应变成了消极顺从，进而使语用研究失去了深入研究的发展方向，语境研究也因而陷入了僵化静止状态。

第四，语境因人的存在而构成，因而，语境研究自始至终都不能脱离对于语言交际参与者的研究。但是，内外语境划分法却漠视了更为重要的对人的有针对性的具体研究（例如，对于交际双方的心境、个性等方面的具体关注），以致语境研究事实上变成了话语应答研究。

其实，早在20世纪30年代我国就有人提出了远比"二分语境"更为翔实的"语境观"。例如，陈望道在1932年出版的《修辞学发凡》中提出了"六何说"，即"第一个'何故'，是写说的目的：如为劝化人的还是只想使人了解自己意见或是同人辩论的。第二个'何事'，是写说的事项是日常的琐事还是学术的讨论等等。第三个'何人'，是认清是谁对谁说的，就是写说者和读听者的关系。如读听者为文学青年还是一般群众之类。第四个'何地'，是认清说者当时在什么地方：在城市还是在乡村之类。第五个'何时'，是写说的当时是什么时候：小之年月、大之时代。第六个'何如'，是怎样写说：如怎样裁剪，怎样配置之类。"① 很显然，陈望道提出的"六何说"就是构成语境的基本要素，而且他还认为，语境实际上是由上述诸类要素有机组合而成的。

这里，笔者尝试提出语境的"四类要素有机合成"的认识方法，并以此为据，提出调动语境要素的内在魅力以及对语境能动适应的用语原则，以期提高语言交际的实用水平，从而更有助于实现语言交际的目标追求。

需要说明的一点是，"语境四类要素有机合成"的认识方法同样也适用于对其他民族文化用语的研究。故而，本书在举例为证时，有意识地采用了中外文化语用对应排列的形式，以使得该语境认识方法具有更

---

① 转引自索振羽. 语用学教程. 北京：北京大学出版社，2000. 21.

大的适应面。

第二节　语境四类要素有机合成的理论确立依据

语境四类要素是指人境类要素、心境类要素、情境类要素和物境类要素。

一、语境四类要素的内涵界定

所谓人境类要素，是指以社会影响、人生经历为基础形成的，在话语的内容表述中并没有公开显现，但却对语言交际产生影响，甚至是主控影响的，包括时代特点、社会性质、文化习俗、观念意识等诸多方面因素在内的，在语言交际参与者身上的个性化凝结。需要强调指出的是，一个民族的精神文化对人们在语言交际中强有力的制控，就是通过"人境类要素"来实现的。

为了更好地理解和把握何为"人境类要素"，何为"个性化凝结"，这里试举一例如下：

《三国演义》中的关羽素以"义"字为重，对刘备及蜀国无比忠心，但是，在华容道上，关羽一方面称"不敢以私废公"，另一方面却对曹操的恳求不惜"以身试法"，违抗军令，放了曹操一条生路。而走麦城时，关羽在阵前与故交徐晃叙旧，指望徐晃能给自己让一条生路，徐晃也只说了一句"不敢以私废公"，却一直将关羽杀到大败，最后，关羽竟因此而丢了性命。

此例中，两次交谈的双方均为故交，都是一方求对方给自己让一条生路，对方均以"不敢以私废公"作答。在这其中，究竟应当如何对待"故交情谊"，如何处理"公私关系"，其实都不是交谈的话题内容。也就是说，两人在与对方交谈时，都没有对"什么叫作不敢以私废公"进行具体的话语交流（都没有公开显现），但是两人不同的理解却对交谈产生了不同影响。一个是放了对方一条生路，另一个是将对方杀得大败，在"不敢以私废公"的"共同原则"的指导下，分别显现了鲜明的"个性化"色彩。而对"不敢以私废公"的这种个性化的理解，就属于这两次语言交际语境构成中的人境类要素。

由此可知，在语言交际中，那些形式上与话题内容没有直接联系，但是对交际的进行具有影响作用的时代特点、社会性质、文化习俗、观念意识等，均属于语境构成中的人境类要素。同样还是这些成分，如果在语言交际中转作话题的内容，由说话人作为自己的认识说出，这就又成了话题材料，成了交际的内容，而不属于语境构成成分了。例如，双方在一起谈人生价值、谈理想抱负、谈爱情友谊等，不论这些内容会对交际双方产生何种影响，都属于交际的内容，而不是语境要素。

在这里，我们已不难看到人境类要素与话题内容的分界线。

所谓心境类要素，是指说话人以其独特个性、固有气质融合而成，能在语言交际中予以显现，并对语言交际直接产生影响的特定心态。其中包括以与对方的既有关系为基础，对对方话语所表现出的心理即时反应等。例如"一日不见，如隔三秋"、"仇人相见，分外眼红"等，都是语言交际中心境类要素的显现。

所谓情境类要素，是指语言交际双方以历史关系为基础，在具体的语言交际中所形成的情感交融度的特定显现。例如"酒逢知己千杯少，话不投机半句多"、"一句话让人笑，一句话让人跳"等，都可以理解为语言交际中不同情境类要素的对比性显现。

所谓物境类要素，是指语言交际进行时的具体环境或背景构成。物境类要素在具体的交际中可大可小。大者如天地山水，小者如花鸟虫鱼，无一不可成为物境类要素。物境类要素原本是与语言交际并无直接联系的客观存在，但是，当这一客观存在对说话的内容和方式产生了影响时，就成了语境中的物境类要素。例如"洞房花烛夜，金榜题名时"、"感时花溅泪，恨别鸟惊心"等，都可以令人体会到物境类要素对语言交际的能动影响。

二、关于人境类要素的命名

在语境四类要素有机合成的结构框架中，人境类要素与心境、情境是相分离的。这就引发了一个问题，为什么心境类要素与情境类要素不可以划入人境类要素呢？

首先，严格地说，"人境"一词在这里是一种借用，是因一时找不到更好的名称而采用的一种借用。这种借用，既是为了与心境、情境、物境作形式上的对应，也是为了将人们思想体系中的观点、立场、认识、理解等相对稳定的要素和特点，与心境、情境、物境等相对容易变化的要素和特点加以区别，以有利于进行更为深入的研究。

其次，应当看到，在语言交际过程中，行为的主体是人，语境构成的主体也是人。人们的目标追求都与人的观点、立场、认识、理解等诸多方面密切相关，并且受其制约。这就决定了语境研究的中心目标是具体的、与交际相关的人，换句话说，语境研究的是以"人"为主要因素构成的"境"。

人境类要素在语境研究中既是微观的，又是宏观的。所谓微观的，是指任何语境都是由具体的人来构成的，而这些人又各自有着独特的政治、历史、文化背景，有着独特的个性与人生经历。所谓宏观的，是指上述之个人独有的政治、历史、文化背景以及个性与人生经历，无不受制于时代、社会的大背景，换句话说，就是受制于交际参与者所置身的民族精神文化体系。正因为个人与时代、社会之间的这种内在的有机联系，我们有时可以通过对人境类要素的研究，来了解时代与社会。这种微观与宏观的辩证统一，使得人境类要素在语境研究中具有极其重要的价值。

此外，虽然语言交际不可避免地要同时显现出时代特点、社会性质、文化习俗、观念意识等多种成分，但是，语境研究其实并不关注这些成分为什么会产生，以及是如何产生的问题。那是历史学、社会学、哲学、文学等其他学科研究的问题（例如关羽何以会在漫长的中国文化史上成为"义"的象征的问题）。语境研究所关注的是，这些成分如何融合在人们的语言交际中，经过说话人的个性、气质、心理、文化等条件的加工吸收，形成说话人特有的表现形式，以及它们是如何对语言交际产生影响的。

正因为如此，在语境研究的系统结构中，人境类要素的研究处在中心主导的地位。

三、语境诸类要素与话题内容的可置换关系

语境诸类要素与语言交际的话题内容之间，不仅有其明确的界限，还表现为一种可置换的辩证统一关系。具体地说就是：从微观角度来考察，就某一次具体的交际过程来说，话题内容与语境诸类要素之间是界限分明的，是不可置换的，话题内容就是话题内容，语境要素就是语境要素；而从宏观角度来考察，就语言交际往往是一种持续进行的过程来说，话题内容与语境诸类要素之间则可以相互置换，即这一次语言交际中的话题内容，在下一次交际中可能被置换为某类语境要素，同样，这一次语言交际中属于语境类要素的成分，在下一次交际中则可能成为话题内容。

为了更好地说明这种关系，举两例如下：

例1 鲁迅先生的小说《祝福》中，祥林嫂在贺老六与独生子阿毛死后，重回鲁四老爷家中当帮佣。一日，另一帮佣柳妈对她说，阎王将应其嫁过的两个死鬼男人所求，锯开她的身体，以使两人各得一半。她

劝祥林嫂到土地庙去捐一条门槛作为替身以免此难。从这一次交谈的微观角度来看，柳妈所述显然属于谈话内容。而祥林嫂十分相信柳妈所述，便去土地庙苦求庙祝，终于得到同意捐了门槛。回来后心情变得好了起来，说话、干活也精神倍增。但到冬至日，鲁四老爷家祭祖之时，四婶不让她插手祭祖，祥林嫂从此精神萎靡，最后竟然死去。从宏观角度来考察，柳妈对她说过的，"她将因为被两个死鬼男人争夺而被阎王锯开身体"的话题内容，祥林嫂再也没有与其他人重新谈起过。但是，这番话却转化成了祥林嫂与他人交际时的人境类要素（观念意识），主宰了她的行为举止、精神面貌与心理状态，直至最后死去。由此，我们可以清楚地看到，话题内容在语言交际过程中向语境类要素的置换。

例2　鲁迅先生的小说《祝福》中，重回鲁四老爷家当帮佣的祥林嫂，儿子阿毛死去在心头留下的深深创痕，使她日复一日、机械地重复着那一段话："我真傻，真的，我单知道下雪的时候野兽在山坳里没有食吃，会到村里来，我不知道春天也会有。我一清早起来就开了门……"这段话显然是她向别人叙述的话题内容。而在事发当时，这些内容却是她让阿毛坐在门槛上去剥豆的思想基础，显然属于祥林嫂与阿毛讲话时的人境类要素中的观念意识。由此，我们又可以清楚地看到，语境类要素中的人境类要素在语言交际中向话题内容的置换。

至于心境类要素、情境类要素、物境类要素与话题内容之间，也同样存在着类似的可置换关系。例如，夫妻两人因心情不好，就某话题作交谈时发生了口角，甚至摔了东西。这里，心境不佳导致语言交际情境不佳，甚至破坏了物境构成。第二天，两人互作检讨："昨天是我不好，我不该……"于是，前一天语言交际的语境诸类要素又转换成了第二天的交际话题内容。

语言交际的话题内容与语境诸类要素之间就是这种既有联系又可互相置换的关系。语言交际能否实现其目标追求，在很大程度上也受到这种可置换关系的影响。

需要强调的是，在语言交际中，无论话题内容与语境诸类要素之间的这种置换现象多么普遍、多么频繁，我们都不能将这种关系理解为同一性关系。也就是说，在某一具体的语言交际过程中，话题内容就是话题内容，语境要素就是语境要素，两者绝不可混为一谈。因为两者并不具有本质上的同一性。在语言交际中，双方对某一话题持有不同的观点、立场，固然表明双方人境类要素的构成有差异，但是即使双方对某一话题持相同的态度，也并不意味着双方人境类要素的构成一定相同。如辩论，即使双方的观点、立场全部对立，也并不意味着双方人境类要

素的全部对立。法庭辩论之所以能够顺利进行，其实是因为控辩双方的人境类要素有相同的构成。如双方都认为应当以法律裁决作为判定是非的依据，并且往往都会认为法律会支持自己一方的主张和要求。如果这种相同成分不存在，辩论也就不会发生了。再如交谈，双方通过语言交际，在某种观点、立场上达成一致，但这并不意味着双方的人境类要素相同或相似，它很可能是双方显同隐异努力的结果。如男女相恋至组成家庭过程中的交谈，往往就是显同隐异的，某些家庭后来破裂了，常常是原先的隐异点逐步显现，以致破坏了原先借助"显同"所组成的关系。

第三节　语境理论一纲三目框架的构建

语境四类要素有机合成方法的提出，既是为了对语境构成要素进行科学的分解与辨析，更是为了能使其有机合成，从整体上进行把握与调控，以使其在语言交际中发挥积极作用。

四类要素在语境中并不是机械地并列式排列，而是有主有次、有纲有目。在语言交际过程中，既有纲对目的主控作用，又有目对纲的反作用。处于纲的中心地位的是人境类要素，而另三类要素则处于目的地位。

一、人境类要素的主控性质

在语境四类要素有机合成的结构系统中，人境类要素对其他三类要素有明显的主控作用。

（一）人境类要素对心境显现的主控

在语言交际中，人们对于自己的心境是显现，还是封闭，是喜怒哀乐溢于言表，还是不动声色、无动于衷，无不受到人境类要素的主控。这种主控主要来自说话人所从属的精神文化观念，以及其进行交际的目的意图。就汉民族的传统精神文化特点而言，偏重于说话人对其心境的自我封闭；反之，对于性格比较外向、喜怒哀乐好溢于言表者，外界则往往会给予"不够稳重"等诸如此类的评价。

例1　越剧《梁山伯与祝英台》中，导致梁祝爱情悲剧的根本原因是多方面的，而其中，"女性不能自主地追求爱情"这一人境类要素对祝英台心境具有强主控性，也是主要原因之一。梁山伯与祝英台同窗读书三年，祝英台爱上了梁山伯，却不仅一直未能吐露心境，甚至从未暴露自己的女儿身份。直至毕业回家的路上，才不得不一次又一次地对梁山伯暗示启发。当她见到路边清水塘里鸳鸯成双时，立即问道："英台若是女红妆，梁兄可愿配红妆？"看见路上过来一条黄狗，祝英台又暗示："不咬前面男子汉，偏咬后面女红妆。"在独木桥上，祝英台露出女性的胆怯，要梁山伯搀扶，并说两人是"牛郎织女过鹊桥"。见路边有口水井，祝英台拉着梁山伯一同看水中倒影，又一次提示，水中正有"一男一女笑盈盈"。路边出现一座观音堂，祝英台又拉着梁山伯说："观音大士来作媒，你我双双来拜堂。"如此等等，不一而足。在这一过程中，祝英台千言万语，其实可以简化为八个字："我是女儿身，我爱你。"但祝英台绕来绕去，就是难以启齿直截了当地挑明说破。为什么？其根源就在于封建观念这一人境类要素对心境显现具有主控作用。以至十八相送到最后，梁山伯还不开窍，祝英台只好再生一计，虚构出自己"家中有个小九妹"，以中间人的身份向梁山伯说媒，留下了日后见面的理由。然而，旧景难现，时不再来，重新见面时，两个人的爱情悲剧已成无可挽回的定局了。

例2　法国作家巴尔扎克在他的小说《贝姨》中成功地刻画了贝姨的阴冷恶毒。她利用并几乎坑害了所有的人，却无一例外地得到了他们的感恩戴德。她成功的秘诀之一，就是自始至终都严密封闭自己的心境。这一点，从她与其堂姐于洛男爵夫人的交往中可以看得清清楚楚。贝姨从小就因为相貌奇丑而饱受歧视，因而对因漂亮而在家中受着优待的堂姐深怀妒忌，甚至曾因想摘下她那"真正希腊式"的鼻子而挨过打。但其堂姐成为男爵夫人后，却一直待贝姨不薄，不仅把她带进了城，逢年过节都送给她礼物，还供给她过冬的木柴，而且家里永远有贝姨的一份刀叉。但是，贝姨对这一切并不领情，而是处心积虑地想整垮于洛一家，以打击于洛夫人。她抓住了于洛男爵的极端好色，使其与交际花勾搭成奸，再指使交际花竭力耗空于洛男爵的家财。当于洛男爵因贪迷女色离家出走后，贝姨成天陪着于洛夫人四处查访，同时却一次次暗中通知男爵提前转移，使于洛夫人不断扑空。当于洛夫人家中揭不开锅时，贝姨又一次次去男爵府上"欣赏"于洛夫人的困苦与狼狈，甚至恨不得"像猫舔牛奶"一样上前去舔干于洛夫人的眼泪。但是，在日常语言交际中，她却处处表现出极大的热心与友善，不仅主动提出卖掉自己菲薄的年金替于洛夫人家还债，甚至愿意永远充当于洛夫人及其女儿一家经济上的保护人。当然，后面这一点是有条件的。条件就是于洛夫人去撮合她与于洛男爵的哥哥、老单身汉福士汉伯爵的婚姻，等她成了元帅夫人之后，再用元帅的钱来救济于洛夫人一家。她在妒忌这一人境类要素的主控下，为了实现这一目标努力多年，并终于以其"热情友善"调动了所有的人为其效力。她不仅也想成为贵夫人，更想体会自己由于洛夫人的保护对象转为于洛夫人保护者的得意与骄傲。而这一点，她自始至终都严加封闭，从未向任何人透露过。

（二）人境类要素对情境显现的主控

在语言交际中，情境显现是和谐、融洽，还是紧张、沉闷，与话题内容固然有密切关系，但更重要的是受控于人境类要素。人境类要素对于情境显现的主控，首先通过说话人对自己心境的主控，再转而实现对情境的主控，由于交际双方有其各自不同的人境类要素，这就使得交际情境的显现同时具有了多样化的显现特点。

例3　《红楼梦》第十八回中写到，皇妃元春获皇上恩准回家省亲，然而，亲人见面的欢庆情境，却被礼仪程序所主控。小说中写道："转眼元宵在迩，自正月初八日，就有太监出来先看方向，何处更衣，何处燕坐，何处受礼，何处开宴，何处退息。又有巡察地方总理关防太监等，带了许多小太监出来，各处关防，挡围幕；指示贾宅人员何处退，何处跪，何处进膳，何处启事，种种仪注不一。外面又有工部官员并五城兵备道打扫街道，撵逐闲人。贾赦等督率匠人扎花灯烟火之类，至十四日，俱已停妥。这一夜，上下通不曾睡。"

到了十五日这一天，按照礼仪，贾府这边早早恭候，元春那边在皇宫里则另有一番程序：先拜佛，再领旨，然后开始动身，好不容易才挨到亲人见面。元春"至贾母正室，欲行家礼，贾母等俱跪止不迭"。父女相见，只能隔帘交谈，贾政还必须以臣自称。即便是与元春情同母子，一贯无规无矩的宝玉，此时也必须遵守"不得擅入"的规定，等待小太监奉谕前来引进。如此省亲场面，虽奢华之极，但在人境类要素的主控下，还有什么亲情可言！元春下了口谕之后，宝玉才得以进来。姐弟相拥，对宝玉从小就怀有母亲般情感的元春泪如雨下，这才出现了亲情交融的感人场面。

例4　俄国作家契诃夫在小说《普里希别叶夫中士》中，形象地表现了说话人的人境类要素一旦显现，将如何主控交际情境。普里希别叶夫一生效忠于沙皇政权，人虽然早已退伍，但思想却并未退伍，他认为自己仍然有权整肃人们的生活秩序——这一人境类要素有力地主控着他的一言一行。小说中写到村长的诉苦："不管我们举着神像排队游行也好，也不管我们在办喜事也好，或者比方说，出了什么乱子，他总要赶来，嚷啊叫啊……他跑遍全村各户人家，吩咐大家不许唱歌，不许点灯。"他的衣袋里整天装着一张油腻腻的纸片，上面记满了他认为违法

的"黑材料",谁点灯,谁唱歌,谁跟谁私奸等。他不论对象,不看场合,一开口说话就亮出自己"有权整肃秩序"的人境类要素,长期严重地干扰、压抑了村民们语言交际时应有的融洽情境,以致最后村民不得不将他送上法庭,希望能借助法律来排除他的干扰。然而,在法庭上,他竟指责巡官处理此事不合法律程序,居然还动手打了巡官。当他被判坐牢一个月押出法庭时,看到村民们聚在门口等候对他的判决结果,立刻又用他那沙哑而气愤的嗓音喊道:"散开,老百姓!不许成群结队,回家去!"普里希别叶夫自命为"生活秩序整肃者"的人境类要素直至此时,仍对人们的交际情境表现出强烈的主控要求。

（三）人境类要素对物境构建的主控

物境,通俗理解就是指语言交际发生的具体场所或背景。从表面看来,物境类要素是独立存在的,其实不然。在语境构成中,物境不仅是人境类特点的具体化(不同时代、不同社会的人,按其时代、社会的人境类要求构建不同的物质环境与交际场所),更是说话人在人境类要素主控下的心境、情境的融情化,其构建受到人境类要素的主控也是显而易见的。这种主控,通常以两种形式显现,一为行为改造,二为感觉认定。

例5　《水浒全传》中,梁山好汉的领袖人物宋江是一个从根本上不愿造反、不愿与朝廷对抗的人。他与劫生辰纲的晁盖等人私下虽有交往,但也只是愿意向他们提供帮助,而思想上却认为他们犯的是"滔天大罪","于法度上却饶不得"。他在被迫杀死阎婆惜、大闹清风寨被官府捉拿以后,仍然认罪服法,毫无反抗之意。要不是后来因浔阳楼上题反诗,被官府送上断头台,又被梁山好汉从法场救出,实在走投无路,他是不会上梁山的。成了梁山好汉的首领以后,他想接受招安的思想日渐强烈,以致后来几乎不看对象、不看场合,逢人就谈他的忠君报国思想,并且一而再、再而三地派人与官府联系,直至通过名妓李师师向皇帝传信,盼望招安。在他的这一人境类要素的主控下,水泊梁山这一造反英雄聚集之地,被他改造成为显现其"忠君报国"思想(人境类要素)的物境。其中最具代表性的有两处:一是由晁盖亲自命名的"聚义厅",在晁盖中箭身亡的第二天,就被宋江更名为"忠义堂";二是当院竖起一杆"替天行道"的杏黄大旗,使原先充满造反色彩的物境,变成了尽显"忠君"、"行道"色彩的另一种环境。

例6　西班牙作家塞万提斯在小说《堂吉诃德》中塑造了堂吉诃德这个动人形象。堂吉诃德原是一个穷乡绅,五十来岁,读骑士小说入了迷,以致认为自己有责任、有义务巡游天下,匡扶正义,除暴安良。于

是，他把祖上留下的破烂盔甲缝补缝补，穿在身上，骑上一匹又老又瘦的马，美其名曰"驽骍难得"，还一厢情愿地将邻村的牧猪女认作自己精神上的意中人，给她取了个贵族的名字叫杜尔内西娅。他自以为万事俱备后就出发了。他把现实世界统统认作骑士小说中的虚构场景，于是，他把风车当作巨人，向其挑战，结果连人带马被摔在了地上；他又把羊群当作军队，挥动长枪向羊群冲杀，结果被牧羊人打掉了门牙，打断了肋骨；他还把盛红酒的皮袋当作巨人头，挥剑乱砍，弄得红酒遍地流淌；他又认定一队被押解的犯人是好人受难，挺身相救，赶跑了押解的差役，却反被解救的犯人剥去衣裳，狠揍了一顿。在堂吉诃德身上，恰好可以看到其人境类要素对其所置身的物境的感觉认定。他屡战屡败，却百折不挠，根本原因只在于他固执地按照骑士观念来认定客观世界。到小说结局时，他总算清醒了，随着人境类要素的消失，眼前的物境立即还原成了正常的现实世界。

二、语境四类要素有机合成中的反主控现象

认识到人境类要素对心境、情境、物境的主控地位的同时，还必须看到后三类要素在语言交际中的反主控现象的存在。这就好比人的大脑对肢体器官具有主控作用，但是肢体器官对大脑同时具有反作用。例如，小手指在人体结构中并不处于"主控"地位，甚至把它切除也不影响生命的存活，但如果它被铁钉划破，一旦引起破伤风，则可能使人丧命，大脑也随之死亡。这一类比说明了语境体系的另一特点，即在语言交际中，语境具有整体适应与整体违反的性质。

下面以实例剖析心境、情境、物境等要素对人境类要素的反主控现象。

（一）心境对人境类要素的反主控

在语言交际中，心境固然受到人境类要素的强烈主控，但是，这种接受主控其实是有一定承受限度的。这一限度由其自身个性气质、生活阅历、文化教养等诸多要素综合确定。一旦人境类要素的主控超过这一限度，心境就会产生反主控现象，有时候，这种反主控可能是突如其来的。

例7 《红楼梦》中的晴雯，聪明美丽、品质纯洁、待人真诚。但在小说中，她却在"四五天水米不曾沾牙"重病在身之际，被人拖下床来，架出了大观园，最后死在16岁的少女岁月。从思想意义的角度来分析，这个结局应当归罪于封建礼教对人性的摧残和迫害；而从语言交际的角度来分析，她的心境对人境类要素的反主控也是其死因之一。

她身为奴婢，自己也不是不知道该如何行事，但她一生气，连自己的主子宝玉都敢顶撞；宝钗到宝玉那里玩，天晚了还不走，她敢于发牢骚；面对宝玉的母亲王夫人，她也是有话必说；凤姐带人查抄大观园，众奴婢无不服服帖帖，唯独搜到她时，"豁一声将箱子掀开，两手捉着底子，朝天往地下尽情一倒，将所有之物尽都倒出"。在大观园这样一个封建"人境"中，身为奴婢的她，原本只能接受人境的主控，封闭自己的心境，可是她心比天高，又过于外露，而且和其他奴婢相比，她心理承受的限度又比较低，在日常交际中过多地对人境类要素进行反主控。因而，她终于受到以王夫人为代表的人境的打击。

例8　俄国作家契诃夫在他的短篇小说《小公务员之死》中写到，一个周末，小公务员维切里亚科夫颇为怡然自得地坐在剧场中看戏，然而一不留神，一个喷嚏把唾沫星子飞溅到了坐在前排的将军秃顶上。顿时，"下级不可冒犯上级"的等级观念（人境类要素）压抑（主控）了他的怡然自得，他开始向将军道歉。可是将军正倾心于看戏，对他的道歉敷衍应对，这就更加重了小公务员的等级观念这一人境类要素对其心境的压抑，以致他由此开始向将军没完没了地道歉，甚至不断地去将军办公室向他道歉。而作为将军，尽管他当时也感到很不愉快，但看戏时的悠闲心境使得他并不想按照等级观念（人境类要素）来惩治原本无错的小公务员，因此也只是嘟囔了几句就算了。然而，小公务员没完没了的道歉纠缠，使得他的心境越来越恶劣，以致他最后不得不显现出级别的威风，突然地连嚷了两声："滚出去！"小公务员最后竟因此而被吓得丢了性命。从将军身上，我们可以清楚地看到，心境对人境类要素的反主控。他从一开始并不打算显示将军的威严（人境类要素），到最后对小公务员大声呵斥，这一显现是被其心境逼出来的，心境在此过程中逐步反客为主，处在了主控的地位。

（二）情境对人境类要素的反主控

语言交际的目标追求，呼唤着交际情境中氛围的融洽，而人境类要素的主控特点又常常表现为对情境氛围的压抑。因此，为了实现语言交际的目标追求，情境有时会对人境类要素表现出反主控。这种反主控也可分为两类情况：一是情境对人境类要素不合理压抑的反主控；二是情境的不合理显现对人境类要素的反主控。

例9　清朝洪昇所著的《长生殿》中，写到了唐玄宗李隆基与杨玉环之间的爱情故事。杨玉环"德性温和"而"风姿秀丽"，唐玄宗一见钟情，立即册封她为贵妃。本来，皇帝宠爱美女，理所当然，但杨玉环原是唐玄宗的儿媳，男欢女爱的情境竟是以违反天理人伦（人境类要

素）为前提的。此后，杨玉环凭着自己的聪明美丽、多才多艺，更凭着自己的心计手段，成功地压抑了唐玄宗对其他女人的喜爱，使自己"一人独占三千宠爱"，以至两人情深意浓，留下"在天愿作比翼鸟，在地愿为连理枝"的千古佳话。可是，如果两人只是在后宫深院情投意合，当然也不会有其他什么后果。遗憾的是，曾经是开元年间"盛世明君"的李隆基，为情所牵，变得厌于政事，"皇帝当以江山社稷为重"的人境类要素反而被"男欢女爱"的情境所主控。为了讨得杨玉环的欢心，他不惜快马践踏农田，踩死百姓，只为了能将荔枝新鲜地送进京城，供杨贵妃享用。他不仅对杨氏家族一一加官封爵，还让杨国忠做宰相，独揽朝政。欢愉情境的不当显现逐步地反主控了唐玄宗"愿当盛世明君"的人境类要素。"快马送荔枝"引发了渔阳兵变，杨国忠专权又导致了安禄山叛乱，最后，杨玉环不得不在马嵬坡自缢身亡。

例 10　英国剧作家莎士比亚的悲剧《罗密欧与朱丽叶》中写到，在意大利的维洛那城里，蒙太古家与凯普莱特家世代结仇，致使两家人在街上一见面就是打斗。可是，蒙太古家的儿子罗密欧与凯普莱特家的女儿朱丽叶在一次盛大的宴会上一见钟情，两人当晚就在花园里幽会，成为誓死相爱的恋人。双方父母得知后横加干涉，但两人已在劳伦斯神父的支持下秘密举行了婚礼。不久，在一次两家的街头斗殴中，罗密欧被迫卷入，刺死了对方的人，被维洛那城大公驱逐出境，而朱丽叶也被父亲逼迫许配给贵族青年帕里斯。朱丽叶不从，求助于劳伦斯神父，神父设计让她吃下安眠药假死，放入墓穴，然后再通知罗密欧来把她接走。可是罗密欧在接到神父的信之前，已得知朱丽叶服毒身亡的传闻，便携毒酒来到墓穴中。他饮下毒酒，倒在朱丽叶身旁。劳伦斯赶到墓穴，见朱丽叶已醒，催她在巡夜人到来之前离去。朱丽叶见罗密欧已死，不愿再生，拔出罗密欧的短剑自刎。两人的父母随后也赶到，面对儿女因爱致死的悲惨情境，双方幡然醒悟。最终，两大家族的百年世仇（人境类要素）消解了。在这里，情境对人境类要素实现了反主控。

（三）物境对人境类要素的反主控

物境对人境类要素的反主控，主要表现为物境不符合说话人的人境类要素的要求，无助于有效地促进说话人的心境显露、情境交融。这种情况一旦出现，通常会导致两种局面：一是说话人逐步改变物境，直至符合人境类要素的要求；二是说话人无力改变物境而不得不暂时屈从，或改换物境。

例 11　清朝吴敬梓所著《儒林外史》第五回写到，有一个叫严监生的人是出名的吝啬鬼，他至死仍对不合自己为人吝啬的人境类要素的物境表现出强烈的主控要求。小说中写到，严监生已经无药可救，家人也都聚齐。可是他"一连三天不能说话，喉咙里痰响得一进一出，一声不倒一声的，总不得断气"，还把手从被单里拿出来，伸着两根手指头。家里人都看不明白。有人问，是不是还有两个亲人未见面，他摇头；又有人问，是不是哪里还有两笔钱，他又摇头；又有人说是两件事，也有人说是两块田，他一概摇头。最后，还是他的填房小妾看懂了他的意思，上前说道："爷，只有我能知道你的意思，你是为那盏灯里点的是两根灯草，不放心，恐费了油。我如今挑掉一茎就是了。"说罢，便走过去挑掉一茎。这时众人再看严监生，只见他点一点头，把手垂下，顿时就没了气。一根灯草竟使得严监生不肯死去！

例12　法国作家司汤达的小说《红与黑》的主人公于连，从小就有明确的理想追求。他曾发誓，如果自己在 30 岁时当不上将军，那么就当个薪俸十万法郎的主教。他寻机进了神学院读书，认为这是他能实现主教理想的关键一步。但是，进了神学院后他才发现，这里的阴暗丑恶远远超出了他的想象。在这个"到处是伪善，到处是欺诈"的世界里，他必须将"真实的自我"隐蔽起来。于是，他考试不敢考好，见人不敢露笑，尽量地装傻，尽量地谦恭，强迫自己披上伪善的外衣。最后，天遂人愿，于连被提升为新旧约全书课程的辅导教师。但是，于连的这一伪装，本质上却是由神学院的物境对于连理想追求的人境类要素的反主控所致。这种反主控使得于连倍觉痛苦，他深深觉得："在这里一点也学不到什么……他们所说的种种道理，不过是混淆人们的耳目，把我这样的疯人推到陷阱的深处罢了。"结果，他在神学院由学生破格提拔为教师的殊荣，反而淡化了他对"当上主教"的理想的追求。果然，他不久就毫不犹豫地抛开了既得的一切，头也不回地迈出了神学院的大门。不仅如此，于连后来在侯爵府，在与菲花格元帅夫人的交往中，不止一次地有过当上主教的机会，但是，在其理想追求的人境类要素的主控下，薪俸十万法郎的神职已蒙上了一层障碍，他已经完全不再向往了。

第六章　语境四类要素的个性化构成特点
——语境构成的细部认知

以"人境、心境、情境、物境"四类要素有机合成的语境研究理论框架，虽然在具体展现时，会因时代特点、社会性质、文化习俗、观念意识的不同，以及说话人的文化层次、生活经历、个性气质等多方面差异而变化无穷，但是，顺应四类要素去逐一认识理解，还是不难发现，各类要素虽然多变，但同类要素又都具有相同的基本特点。这里试分别剖析如下，以期完成对这种"有机合成"的具体认识和把握。

第一节　人境类要素的特点与把握

人境类要素，即语境构成中的时代特点、社会性质、文化习俗、观念意识在交际参与者身上的个性化凝结，一般来说，具有稳定性、主控性、隐蔽性三大特点。这里逐一阐释如下：

一、稳定性

人境类要素的诸多成分，因其本质上属于意识形态、上层建筑领域的内容，所以一经确立，往往具有相当强的稳定性。这一点，可以从以下三个方面具体显现：

（一）一经确立，即表现出坚定不移的特点

人境类要素一经确立，随即显现出一种不实现目标追求誓不罢休的坚定性。每个人的一生都不可能是一帆风顺的，在人生旅途上，人们既可能有"洞房花烛夜，金榜题名时"的春风得意，也可能有"屋漏偏遭连夜雨，船破却遇顶头风"的诸事不顺。在"天时、地利、人和"

的顺利境遇中，人们在追求自己的理想目标时，不一定能够感受到人境类要素的重要作用，可是一旦置身于"祸不单行"的困境中，人境类要素的稳定性往往就会凸显而出。

例1　《史记》的作者司马迁，少而好学，20岁以后，游踪几乎遍及全国，后继其父职任太史令，开始着手编写《史记》。在写作《史记》的过程中，他因为替投降匈奴的李陵辩解，触怒汉武帝而入狱，并被处以腐刑。在狱中，他仍坚持写作《史记》，出狱后任中书令。当时中书令大都由宦官充任，因此他深以为耻，但他忍辱含垢，发愤著书。从公元前104年至公元前92年，司马迁历尽坎坷，终于完成了《史记》。

司马迁能在受了腐刑的大耻辱后，仍发愤著书，与其忠于太史令的职守，自觉承担编纂历史重任的"人境类要素"的确立有着极为密切的关系。《史记》完成后，司马迁曾在末卷的《太史公自序》中写到，有贤能的人才，若是闲散在家，这是做国君的耻辱；主上若是圣明，而他的德业不能传播使大众都知道，这是主管官员没有尽到责任。自己掌管史籍，如果放弃圣明的大德不予记载，忘却先父的遗言，以致埋没功臣世家、贤士大夫的功业，这不是一种极大的罪过吗？正是在这种使命感的主控下，他开始了《史记》的著述。后来，当他因替李陵辩护而遭祸入狱时，他的情绪受到很大刺激，但他很快就从"自叹自怜"中冷静下来，重新以编纂史书为己任，终于写成《史记》。

例2　法国作家巴尔扎克，1799年出生，他在年轻时就自信有很高的文学才能，并以毕生的精力追求着一个宏伟的目标："拿破仑用剑未能完成的事业，我将用笔来完成！"他是在20岁时决定以文学创作作为自己的终身职业的。他的这一决定并没有借助家庭或外部的任何条件，而且他也只读过法学专科，同时只在文科学院做过一段时间的旁听生。当巴尔扎克宣称自己要当作家时，父母却希望他成为一名律师，后来父母同意给他两年的试验期，试验期内由他们负担生活费。于是，他一个人在巴黎贫民区租了一间顶层阁楼，开始从事写作。由于父母承诺的费用不久就因故停止，他的生活也陷入了困境，几近衣食无着。而且他的文学创作开始也并不顺利，他的第一部作品五幕诗体悲剧《克伦威尔》，根本无人接受，迫不得已，他只好暂时放弃文学，去经营出版业，开办印刷厂，非但未曾赢利，反而欠下巨债。但是人生的坎坷与挫折不仅未使其放弃初衷，反而坚定了他对文学事业的决心。

从1828年开始，巴尔扎克的作品开始获得成功。他名重一时，收入丰厚，出版商争着和他签合同，他也开始了阔绰的生活，服饰华丽，

广置住宅和别墅，连仆役都穿制服。但是，和当年的贫困挫折未能动摇其理想一样，后来的富裕与成功也未能使其放弃目标追求。从 1829 年至 1848 年，他每天伏案 10 小时以上，在不到 20 年的时间里，共创作小说 91 部。在世界文学史上，巴尔扎克以勤奋与努力给自己刻下了重重的一笔。

（二）一经确立，即表现出百折不挠的特点

人境类要素一经确立，往往随即显现出外部客观环境很难对其加以改变的特点。即使面对恶劣的客观环境也能百折不挠，甚至无论是摧残其肉体还是精神，都不会动摇。转而从另一个角度来考察，即使面对荣华富贵、享乐安逸，人境类要素也同样能够做到不为所动。

例 3　南宋末年，文天祥坚持抗元斗争。他的"人生自古谁无死，留取丹心照汗青"的诗句在民间代代传诵，其实这是他的世界观（人境类要素）的形象写照。

1275 年，元军数十万人马兵分四路，直逼南宋都城临安（今杭州），文天祥时任赣州知府，闻讯立即亲率刚刚招募的万余民兵前去保卫首都。有人劝道，这无异于驱赶羊群去与猛虎相斗。文天祥答道："国家如此危急，竟然没有人起来救亡，这怎么行呢？我只好自不量力，以身赴难。"不久，他驻守的平江（今苏州）因孤立无援被元军攻破。1276 年，元军兵临临安城下，文天祥又"知其不可而为之"，以右丞相之职，去元军帐中交涉，要其退兵，结果反被元军扣押，在被送往大都（今北京）的途中，他伺机逃出，辗转到了福州，又加入坚持抗元的南宋大军行列，负责指挥江西方面的战事。兵败后，他步步为营，直退至广东海丰，在五坡岭被俘。

1279 年，文天祥被押至元大都，在狱中，他总是面南而坐，不肯面北，表示他决无降意。前来劝降者均遭严词拒绝，许以高官厚禄，他也毫不动摇，并在狱中写下了《正气歌》。1283 年，文天祥在大都慷慨就义，临刑前，他向人们问明方向，面南从容而死。

例 4　莫里哀——法国著名古典戏剧家。和一般人踏上人生旅途之初往往首先要为生计问题作一番拼搏有所不同，莫里哀于 1622 年出生于一个宫廷陈设商的家庭。宫廷陈设商在当时专门为皇室服务，并且享有贵族封号。莫里哀是家中长子，早在他 15 岁时，家人就把世袭的权利给了他，后来又为他买了法学学士头衔和律师职务。可是，他却偏偏迷上了戏剧，而且在这个被上流社会所不齿的职业中，他迷上的又是连戏剧界自己都不看重的喜剧，为此，他还主动放弃了世袭的权利和称号。

1643 年，莫里哀与他人合伙组成剧团进行演出活动，可是营业惨淡。两年后，剧团解散，作为剧团负责人，他被蜡烛商控告入狱。家人替他还了债。但是，无论怎么劝说，甚至软硬兼施，都未能使其"浪子回头"。同年冬天，他加入另一剧团，离家去外省演出，十几年后，才以远近驰名的演员身份回到巴黎。

莫里哀的喜剧作品，由于针砭时弊，鞭挞现实中的丑恶，曾不止一次遭到禁演。尤其是他的代表作《伪君子》，曾因触怒了皇太后和巴黎大主教而屡遭封杀。

莫里哀对喜剧的酷爱，起初只是缘于儿时作为一名观众的爱好。但后来，这种爱好发展成为他的人生目标追求（人境类要素），这种追求又使得他主动放弃了丰厚的财产，放弃了可以坐享其成的贵族封号和社会荣誉，而去经受创作戏剧艺术精品的磨难，甚至最后累死在喜剧表演的舞台上。

（三）一经确立，即表现出独立顽强的特点

人境类要素从本质上说，属于世界观的构成部分，具有意识形态构成的本质特点，即它具有相对独立性。这种相对独立性表现为即使置身困境，也能毫不动摇，努力去追求自己的既定目标；即使有时候置身于绝境，也能坚而不摧，顽强地朝着自己设定的方向前进。

例 5　玄奘——唐朝高僧，史称唐僧。他俗姓陈，名祎，13 岁出家为僧，法号是玄奘。唐初时，他去长安、成都等地受学，还游历国内，请教了许多有学问的高僧，发现我国佛教宗派分歧大，译经不全，于是决心到佛教发源地天竺去学佛学。当时，唐朝政权初定，不准出国，于是他偷偷离开长安西行。在出嘉峪关的路上，一位老人听说他要西行取经，再三以路途艰险劝阻，但玄奘答道："我立志西行，决不东退一步，纵死途中，绝无怨恨！"老人见他意志坚定，就把所骑的马送给了他，并告诉他此马认识西去之路。玄奘寻求真经的坚定信念感动了守卫边境关口的将士们，他们违反禁令，放他出了关。

玄奘进入大沙漠后，迷了路，找不到泉水，又失手把皮囊里的水泼洒了。但他坚持西行，四五天滴水未进，幸亏后来找到了绿洲，才转危为安。此后，他孤身一人，穿越大戈壁，由天山南麓横过新疆，自葱岭北隅翻过雪山，经过素叶城，渡过乌浒水，继而转向东南，重登帕米尔高原，过铁门关天险，路过吐火罗（今阿富汗北部），于公元 628 年到达天竺（今印度）。

玄奘在天竺（今印度）留学 15 年，回国时带回佛经 657 部，回国后又花了 19 年时间，译出佛经 75 部，共 1 335 卷，合计 1 300 多万字，

由此成为唐朝佛学的创始人，与鸠摩罗什、真谛并称为中国佛教三大翻译家。

例6　布鲁诺——文艺复兴时期意大利哲学家、思想家和科学家。他出生于意大利那不勒斯附近的一个穷人家庭，17岁进修道院，在那里，他获得了大量阅读的机会，阅读了希腊哲学、阿拉伯哲学和哥白尼的《天体运行》等科学著作，在对自然科学兴趣日增的同时，开始对宗教神学产生怀疑。不久，他写了一篇题为《诺亚方舟》的文章，遭到教会的责难。1577年，布鲁诺被罗马教皇判为"异端"，开除出教，被迫离开意大利，流亡国外。

布鲁诺在国外过了16年的流浪生活，对科学的信仰与追求却日益坚定。1584年，布鲁诺在英国出版了《论无限性、宇宙和诸世界》一书。在这本书里，他批判了亚里士多德的宇宙有限的思想，继承并发展了哥白尼的学说。他明确提出："宇宙不仅是无限的，而且是物质的。"他认为宇宙由无数星系组成，太阳只是宇宙无数星系中的一颗尘埃；地球绕太阳转动，太阳也不是静止的，它与其他恒星的位置在不断变化着。这种新的宇宙观，与哥白尼学说相比，又向前迈了一大步。

1592年，罗马教皇设下计谋，把布鲁诺诱回了意大利并将他逮捕入狱，囚禁了7年。其间，宗教裁判所动用了所有酷刑，但布鲁诺毫不动摇，断然拒绝承认"做过任何可以反悔的事情"。最后，教会对他实施火刑，而布鲁诺面对宣判官说道："你们对我宣读判词，比我听到这判词还要害怕！"布鲁诺至死，其观点、立场都无任何改变。

二、主控性

人境类要素，在语境构成上，属于其构成要素之一，但是在应用中，却处于语言交际的主控地位。从人境类要素的构成来看，它因为与世界观的构成密切相连，所以往往可以强有力地支配着人们的思维方式与一言一行。这一点，可以从以下三个方面得以显现：

（一）人境类要素主控人们的行为举止

人境类要素作为一个人的思想观念的凝结，在一般情况下，处于一种隐蔽而不外露的状态。但是在语言交际中，其具体显现之一，就是不但能对人们的行为举止具有非常强烈的主控作用，而且，在某种特定的境况中，甚至可以决定一个人对生与死的选择。所谓"杀身成仁"、"舍生取义"，就是非常典型的表现。

例7　邓世昌——清末著名海军将领，牺牲于甲午中日海战，时任北洋舰队"致远号"巡洋舰管带（舰长）。1894年，甲午中日战争爆发，9 月 16 日，邓世昌的"致远号"和其他舰只一起，由海军提督丁汝昌率领，护送援军到大东沟。在返回旅顺的途中，一队悬挂着美国国旗的舰队向他们驶来，等靠近时，突然改挂日本国旗，并开炮轰击中国舰队，击沉了"超勇舰"，并击倒了挂在旗舰"定远号"上的帅旗。当时，邓世昌的"致远号"被日舰以一字队形与兄弟战舰隔开，邓世昌一看"定远号"上的帅旗倒了，马上命令在自己的舰上将帅旗升起，并指挥"致远号"向敌舰猛烈开炮。

不久，"致远号"中炮受了重伤，船身开始倾斜，弹药即将用尽，邓世昌意识到，为国捐躯的时刻就要到了。他命令全舰官兵"今天我们无非是一死，但死也要死得壮烈，死也要为国家壮威，用我们的生命报效国家"。在炮弹耗尽的情况下，他下令"致远号"开足马力，用最快的速度向日军的旗舰"吉野舰"冲去，要与"吉野舰"同归于尽，却不幸被"吉野舰"发射的水雷击中，船体沉没。

邓世昌因为身带救生圈，漂浮在海面上没有溺水，在他身边挣扎着的人劝他赶快游走，可是，邓世昌看到其他将士均沉溺于水中，没有生还的希望，就丢弃了救生圈，与其他将士们一起，壮烈牺牲于黄海之中。

例 8　苏格拉底——古希腊著名哲学家。当时他经常去公共场所同人们谈论各种问题，特别是伦理道德问题。他将自己与他人交谈的方法命名为"精神接生术"，声称自己是"知识的助产士"，其具体表现为：在谈话中不断地向对方提出疑问，提示对方注意自己观点、理论的不足之处，进而对自己的原观点进行反思和进一步完善、提高。这种训练方法引起了后人的广泛注意，如黑格尔就曾专文评价苏格拉底的这种做法。他写道："这种做法的直接结果是使意识发生混乱，从而使他陷于困惑，把意识导入困惑，这就是苏格拉底谈话的主要倾向，他想要用这个方法唤醒人们的见识、羞耻、意识，使人们知道，我们以为是真的东西并不是真的，相反却是动摇的，由此便产生了认真努力求知的要求。"

由于苏格拉底只通过谈话就能动摇人们的道德观念中"是非善恶"的既定标准，于是，他被当时的法庭判处有罪。法庭当时向他提出了三种惩罚方式：或是交纳罚金，或是服劳役，或是死刑。苏格拉底坚信自己无罪，所以他拒绝了缴纳罚金与服劳役，他认为如果那样做就意味着承认自己有罪，所以他选择了死刑，并非常坦然地饮鸩身亡。所幸的是，他死后不久，雅典人就对此判决作了改正，并以"反坐"的形式，对原先控告他的人，或处以死刑，或处以流放。

（二）人境类要素主控人们的价值趋向与目标定位

语言交际，虽然并不是时时与说话人的价值趋向和人生目标密切相

关，但是，通过一个人在语言交际过程中的表现，我们却可以观察到该人的价值趋向与人生目标。换言之，一个人追求什么与不追求什么，选择什么样的方式追求，追求到什么程度，凡此种种，其实均无不受控于说话人的"人境类要素"。

例9　诸葛亮——我国古典名著《三国演义》中的重要人物。他具有惊人智慧、绝代才能，原为隆中隐士。刘备三顾茅庐，请他出山，给予他极高的礼遇。诸葛亮为报答刘备的知遇之恩，决心忠于汉室，全力辅佐刘备，以实践自己"肝脑涂地，以报知遇之恩"的诺言（人境类要素）。

诸葛亮对刘备的效忠，不仅表现在刘备在世时，他审时度势、高瞻远瞩，料事如神、适时进退，最终帮助刘备占据西川，奠定了蜀汉基业，而且更为感人的是刘备临终托孤时诸葛亮的表现。刘备告知诸葛亮："若嗣子可辅，则辅之；如其不才，君可自为成都之王。"诸葛亮当即"泣拜于地曰：'臣安敢不竭股肱之力，尽忠贞之节，继之以死乎！'"诸葛亮当时是这样表态的，事后也是这样做的。刘备死后，其子刘禅不但怯懦无能，而且对诸葛亮也并不是以诚相待。但诸葛亮报定"忠心辅佐"的宗旨，夙兴夜寐，为国事操劳。军国之事，无论巨细，都亲自过问。有人批评他，作为丞相，本不该"亲理细事，汗流终日"。但他回答道："吾非不知，但受先帝托孤之重，唯恐他人不似我尽心也。"诸葛亮全力扶持刘禅，安居平五路，七擒孟获，甚至强不可为而为之，六出祁山的出击征战，他亲自领兵，最后绝命于征战之中，不仅成为文学史上"士为知己者死"的典型形象，还留下了"鞠躬尽瘁，死而后已"的美名。

例10　赛查·皮罗多——法国小说家巴尔扎克的作品《赛查·皮罗多盛衰记》中的主人公，是作者心目中勤劳踏实、忠诚守信的生意人的代表。赛查十几岁时从乡下来巴黎谋生，以其勤奋聪明，20岁时即由学徒当上了花粉店的老板，娶妻生子，生活美满，生意兴隆。人到中年时，他当上了巴黎第二区的区长，又获得了荣誉团的勋章。诸事顺利使得他又想跻身上流社会。他听从了公证人罗甘的诱劝，筹资30万法郎，和银行家合伙做地产生意，不料罗甘受人唆使，携款潜逃。他举办了一个舞会，结果因规模过大，费用高达6万法郎。他一下子陷入严重的负债窘境，想向银行借贷，又被人暗中破坏声誉致使借贷失败。债主催逼使赛查处于一筹莫展的绝境中，赛查的岳父比勒罗冷静地分析了形势，劝他宣告破产，这样，他便可以依照法律，只承担60%的债务。由于赛查确系被骗而破产，因此破产方案也得到了债主们的同意。

　　然而，宣告破产后的他，一心想着的仍然是如何全额还债，争回名誉。于是，一家三口都外出给人当伙计，省吃俭用，积钱还债，过了好几年，他终于一文不少地还清了债主们原已放弃了的40%的债务，挽回了自己的名誉地位和公民权，并且重振了家业。只是，此时的他已累得心力交瘁，还未享受苦尽甘来的欢乐，就在女儿签订婚约的宴会上，中风死去了。

　　（三）人境类要素主控人们的思维言谈

　　在语言交际中，这种主控性具体表现为说话人围绕着自己的目的意图，注重于考虑什么与不考虑什么，注重于谈什么与不愿意谈什么，以及如何展开言谈等。而在语言交际过程中，目的意图的确立，以及环绕着目的意图而出现的言语行为，其实都无不受到说话人的人境类要素的主控和指挥。

　　例11　老夫人——我国古典戏剧名作《西厢记》中崔莺莺之母。在此剧中，如果说，红娘以其热情仗义而"名垂史册"，那么，老夫人作为红娘的对立面就是典型的反面形象。其实，她的一言一行，无不受到身为相国夫人的"人境类要素"的主控。这个"人境类要素"具体落实到莺莺身上，就是要莺莺恪守"先王之德"，承继"祖宗家谱"。她对莺莺管束严厉，一举一动均要红娘步步紧随，这正是这一"人境类要素"的具体体现。在普救寺被围，莺莺随时可能被抢之际，老夫人提出，要将莺莺许配给能解围退兵之人，其实这也只是她在走投无路之际的权宜之策，何况从道德角度来说，一女怎可二嫁？莺莺原本早就许配给了郑恒，又怎可再许配给张生？所以，在张生一封书信解围退兵之后，老夫人在宴席上叫莺莺与他兄妹相称，其实这也是她觉得无法兑现承诺，又不愿做负恩之人的无奈。试想，莺莺如果不是倾心于张生，而是早已爱着郑恒，即使老夫人不反悔，张生还不是一场空欢喜？

　　老夫人得知莺莺与张生私下来往，拷打红娘，也是有理有据的。因为从老夫人的角度来看，红娘在莺莺与张生之间牵线搭桥，其实是在教唆莺莺"败坏门风"，怎么不该打？而面对既成的事实，老夫人反倒显出了如何"不辱门第"的理智与冷静，她提出相国门第不招白衣女婿，要张生进京赴试，高中回来才能正式完婚，说到底还是为了相国的家谱延续，为了女儿能终身有靠。如果不是为了这一目的，试想，张生就算是金榜题名，当了大官，以老夫人的年纪，又能从中得到多少好处？

　　例12　伊丽莎白——英国小说家简·奥斯汀的小说《傲慢与偏见》中的女主人公。她是一个大胆追求人格独立的女性典型，她有着很强的自尊心，这一点一以贯之地主控了她的全部言行，这就难免有时会给别

人，也给自己的生活增加"不愉快"的成分。例如小说中，她的表兄柯林斯向她求婚，当他列数自家的财产、社会地位、社会关系，并与伊丽莎白家极少的财产作对比，认为她应当接受自己的求婚时，伊丽莎白当即对他改称为"先生"，对其求婚断然拒绝后走开了，使柯林斯狼狈不堪。但是，伊丽莎白太强的自尊心也给自己带来了尴尬。小说中，庄园主达西也向伊丽莎白求婚但遭拒，可是后来，伊丽莎白发现，达西其实有着很多优点，他正直、仗义、待人热情，伊丽莎白动心了。然而此时，父亲却告诉她："达西先生见到女人就觉得晦气，也许他连看都没看过你一眼呢！"听到这番话，伊丽莎白"尽量凑着父亲打趣，可是她的笑容显得极其勉强，父亲的俏皮幽默，从来没有像今天那样不讨她喜欢……"伊丽莎白心里想的是一套，表面上却要装出另一套。她真想哭，可是又不得不强颜欢笑。父亲说达西先生没有把她放在眼里，这句话未免太让她伤心。小说直到最后结束，伊丽莎白才与达西喜结良缘，这其中的诸多波折，与伊丽莎白的思维言谈受到自尊心的强烈主控有着相当密切的关系。

三、隐蔽性

人境类要素在语言交际过程中，由于种种原因，往往还显现出一种隐蔽性，这一特点，一般也可以从三个方面表现：

（一）为实现语言交际目标而作暂时性隐蔽

每一个人，由于家庭背景、人生阅历以及政治、经济地位各不相同，在此基础上形成的人境类要素也是各不相同的。因此，为了避免因人境类要素的各不相同而干扰交际目标的实现，人们在语言交际过程中，往往会"隐异显同"。所谓"隐异"，即是将自己的目标追求中与对方不一致、相对立以及可能引发冲突的部分隐匿起来；所谓"显同"，就是尽量显现自己与对方相同的部分。

例 13　袁世凯——北洋军阀首领，在中国历史上被称为"窃国大盗"，曾以皇帝名义执政 83 天。他的政治活动主要是在戊戌维新至北洋军阀时期。他在这一时期，曾分别从康有为、梁启超至孙中山，以及从清朝皇室至北洋军阀那里，无一例外地得到了信任与重用，而他却对他们或口是心非，或阳奉阴违，这可以清楚地使人看到"人境类要素"的"隐蔽性"特点。

袁世凯曾被康有为、梁启超视为知己。1898 年戊戌政变前夕，谭嗣同密访袁世凯，要他利用手中掌握的兵权保护新政，他当时慷慨激昂地说道："杀荣禄如一狗耳。"可是一转身，他便与荣禄联手，扼杀了维新变法。

　　以出卖维新派利益而获得慈禧太后信任的袁世凯，很快就升任山东巡抚，后为北洋大臣，又为军机大臣、外务部尚书。1911 年，在官场斗争中失利的袁世凯，又转而投靠北洋军阀和帝国主义，并出任内阁总理大臣。当孙中山成立"中华民国"后，袁世凯一方面借助革命形势迫使清帝退位，另一方面又隐蔽起自己的真正目的，公开表示"拥护共和"，宣称"共和为最良国体，世界之所公认"，从孙中山手中骗来了中华民国临时大总统之职。

　　就任临时大总统之后，袁世凯才逐步显现自己的目标追求，他派人刺杀宋教仁，镇压孙中山领导的讨袁军，解散国会，撕毁约法，甚至不惜以接受日本企图灭亡中国的"二十一条"为代价，加速建立自己的独裁政权，并且最终登上了皇帝的宝座。透过袁世凯的政治发迹史，我们不难看到，对于自己目标追求中的人境类要素，袁世凯采取的恰恰是在时机尚未成熟时"隐异显同"的做法。

　　例 14　希斯克列夫——英国女作家艾米莉·勃朗特的小说《呼啸山庄》中的男主人公。他原是利屋浦贫民区的一个弃儿，被呼啸山庄的主人恩萧先生捡回，同恩萧的儿子辛德雷和女儿凯瑟琳一起长大。恩萧先生对他倍加钟爱，给他取的名字"希斯克列夫"，原是自己的一个夭折了的儿子的名字。但辛德雷却因此嫉恨他。他以沉默与忍耐承受着辛德雷的折磨与欺负，既不反抗也不告状。后来恩萧死了，辛德雷便把他降为奴仆，他仍然忍受着，但心中却在凝结"总有一天要复仇"的强烈愿望。他在心里还强烈地爱着一起长大的凯瑟琳，然而有一天他无意之中听到凯瑟琳与女佣耐莉谈心时说，希斯克列夫并不知道她有多么爱他，但是她不会嫁给他，因为她要成为这一带最了不起的女人，而嫁给希斯克列夫就会降低她的身份。希斯克列夫因此出走，不知去向，而凯瑟琳后来则与阔少爷埃德加结婚。3 年之后，希斯克列夫发财而归，他回来的目的就是用手中的金钱复仇。

　　凯瑟琳的小姑子伊莎贝拉爱上了希斯克列夫，希斯克列夫并不爱她，却决定利用她来实施报复计划，便带着她私奔了。凯瑟琳因此大受刺激，产下女儿才 7 个月后死去了。希斯克列夫又回来了，一边折磨伊莎贝拉，一边利用手中的钱，使辛德雷逐步陷入酒鬼和赌徒的泥坑，直到辛德雷把全部家产都抵押给希斯克列夫。辛德雷死了，希斯克列夫又把辛德雷的儿子降为奴仆，把他训练成一个忠心耿耿的走狗式的人。后来，希斯克列夫又骗来已经长大的凯瑟琳的女儿，强迫她与自己那有病的儿子结婚，气死了凯瑟琳的丈夫埃德加，继而又霸占了埃德加的产

业，终于完成了他隐蔽在心中多年的复仇计划。

（二）为实现语言交际目标而作让步性隐蔽

人们在语言交际中，不但各自的人境类要素因人而异，各有不同，而且双方的地位（政治、经济、文化等方面的条件的总和以及道德、人格方面的可信任度）也都是不相等的。为了避免语言交际的失败，有时，尤其是弱小一方，在自己认为实现目标追求的时机、条件均不成熟时，即使自己的人境类要素显现有可能得到交际对象的赞赏，也往往会主动作出让步性隐蔽。

例15　刘备——我国古典名著《三国演义》中的主要人物。他虽然身为汉室宗亲，尤其是与汉献帝叙明辈分以后被尊称为"皇叔"，但其家系早已没落，自己更因家贫而曾以织席贩屦为生。后来，他与关羽、张飞"桃园三结义"，举兵参加了镇压黄巾军的活动，由此开始登上政治舞台。在汉末的混乱局面中，刘备集团前期势孤力微，只好在军阀混战的夹缝中求生存。他先后投靠过公孙瓒、陶谦、曹操、袁绍、刘表等人，在仰人鼻息的日子里，他始终将自己的政治抱负（人境类要素）隐蔽得严严实实。其中最为典型的当属投靠曹操时的情景。为了防止曹操将自己视为政治上的潜在对手而受其伤害，刘备在住处的后园里种菜，每天亲自浇灌，以为韬晦之计。

有一天，曹操青梅煮酒，邀来刘备，对座同饮，说话时曹操问及天下谁人可谓英雄，刘备逐一列举当时有兵马权势之人，皆被曹操一一否定，最后曹操一语惊人："今天下英雄，唯使君与操耳。"表达了对刘备的赞赏。而刘备却以为已被曹操识破了自己以种菜为掩护的政治抱负，大吃一惊，竟使手中筷子落地而全然不知。曹操觉得奇怪，问其原因。尽管已有曹操的赞赏在先，刘备仍然以当时天空大雨将至，雷声大作，自己被雷声震落了筷子为借口搪塞过去。

例16　蓓基·夏泼——英国小说家萨克雷的作品《名利场》中的女主人公。她出生于一个贫苦的艺术家家庭，早年父母双亡，在平克顿女子学校半工半读长大。贫困屈辱的生活处境，养成了她的精干、早熟和世故。她一心想进入上流社会（人境类要素），而自己所拥有的却只有色相。在人生道路上，她一次又一次地向自己选中的男人奉献自己的"爱情"，而在这层"爱情"薄纱下深藏着的，则是她想利用他们进入上流社会的目标。

蓓基·夏泼早在平克顿女子学校期间，就曾在听课时因"暗送秋波"迷住过前来讲课的一位年轻的副牧师。去好朋友爱米丽亚家中做客，她一得知其兄乔瑟夫是驻印度殖民地的外交官，而且未婚，就立刻

向他发起进攻，做起了成为富有的殖民官太太的美梦。她来到毕脱·克劳莱爵士家担任家庭教师，立刻又选中爵士的儿子、禁卫军军官罗登·克劳莱作为自己的目标，因为他将来不但要继承爵位，而且他的姑母准备将家产遗赠给他。这一次她倒是成功了，然而罗登的姑母知道罗登娶的是没有社会地位的家庭教师后，就与他断了来往，而罗登偏偏又挥霍成性，以致两人竟靠借债与招摇撞骗过日子。后来，蓓基随着丈夫的军队去了巴黎，一番钻营，却仍与"荣华富贵"无缘，于是，她又回到伦敦。不久，她又与一位大政客斯丹恩勋爵"情投意合"，结果被丈夫发现，引起一场大风波，她不得不单身离开伦敦……她晚景凄凉，只能在回味过去那一次次接近成功的"富贵梦"中消磨自己的时光。

（三）为实现语言交际目标而作策略性隐蔽

在语言交际中，当显现人境类要素不仅无助于实现目标追求，反而可能阻碍其实现时，人们往往就会有意识地加以隐蔽而不外露。这种策略性隐蔽的特点，有时会伴随着一些手段和措施进行掩饰，对于这一类的掩饰，尽管往往同时具有暂时性和让步性的特点，但是，在某种意义上，将其称为策略性隐蔽更为准确。

例17　韩信——汉高祖刘邦手下的一员重将。他起初在刘邦军中担任管理粮饷的军需官，后来经萧何的推荐，被刘邦封为大将，为其立下了赫赫战功。有一次，韩信为刘邦征讨并平复了齐国，他派人去向刘邦提出请求说："齐人狡诈，意外的变故很多，是个屡降屡叛的国家，南面又和楚国相临，如果不暂立一个代理王位的人来镇压它，那齐国的形势是不稳定的。希望能让我来暂代齐王之位，这对当前局势是很有帮助的！"当时，刘邦正被项羽围困在荥阳，且项羽的攻势十分猛烈，形势危急。收到韩信的信，刘邦大怒，骂道："我被围困在这里，早晚都在盼着你韩信前来帮我打退围兵，你倒要自立为王！"张良、陈平在一旁暗中踩了一下汉王的脚，贴着汉王的耳边小声说道："眼下我们正处于困境，还能有什么办法禁止韩信称王吗？不如就乘此机会立他为齐王，好好地对待他，叫他自己设法守住齐国，不这样，恐怕会发生变故。"刘邦顿时醒悟，随即改口说道："大丈夫既然能平定诸侯，要做就做真王，为什么请求做代理呢？"他立刻派张良去立韩信为齐王，并征调他的部队来打楚国。项羽被打败之后，刘邦乘韩信不备，先是夺去了他的兵权，然后又将其由齐王改封到楚地为王，接着又设下圈套，指责其谋反，最后不仅杀了韩信，还杀了韩信父、母、妻三族所有的人。

例18　尤利亚·希普——英国小说家狄更斯的作品《大卫·科波菲尔》中的人物。他本是威克菲尔律师雇用的一名穷书记，整天一副胁

肩媚笑、虚伪做作的面容，内心深处却时时躁动着不择手段去攫取财富和地位的奸诈与贪婪。

小说中，他有意促成威克菲尔律师酗酒的恶习，趁他年老昏聩和酒后软弱，伪造票据和签字，一步步地把威克菲尔"按在他的拇指下面"，夺取了他的地位和财产。他又利用密考伯先生的贫困，以微薄的秘书薪金和一笔笔小额贷款，逼使密考伯成为走卒，参与他诈骗威克菲尔和贝西小姐的罪恶活动。直至罪行暴露，置身囹圄，他仍在以自己的伪善骗取人们的同情。希普骗取别人同情与信任的基本手段，就是在时机成熟以前，尽量地以"谦卑"的态度隐蔽起自己的罪恶目的。小说中，希普只要一开口说话，就是"我们太卑贱了"、"我们非常卑贱"、"我们现在卑贱，我们过去卑贱，我们将来永远卑贱"、"我卑贱地邀请您"、"我卑贱地感谢您"等，可是一旦时机成熟，他的贪婪奸诈立刻就变成了毫无顾忌的行动。

第二节　心境类要素的特点与把握

心境类要素作为语言交际过程中某一方心态的个性化显现，一般来说具有独特性、可把握性、求适应性三大特点。

一、独特性

在语言交际中，任何一方心境的显现都有其独特性，不仅不同的交际对象之间进行不同话题的语言交际会有不同的心境显现，即使相同的交际对象进行同一话题的语言交际，也可能会出现不同的心境显现，例如，夫妻之间就同一话题在不同时机的交谈。一般来说，独特性与以下三个方面有关：

（一）与说话人的个性、气质有关

在语言交际中，说话人显现的心境是平和、是冲动、是沉稳、是暴烈，均无不与说话人的个性、气质有着密切的联系。从心理的角度来分析，个性、气质在某种程度上带有先天如此的因素，在后天成长过程中，一般而言，不会发生很大的改变（例如，说某人是"属炮仗的，一点就炸"，或者说某人是"三棍子敲不出一个屁的闷头驴"等），因此，心境的独特性在语言交际中也是一个需要予以认真对待的环节。

例1　张飞——我国古典小说《三国演义》中的重要人物。小说中曾写到刘备、关羽、张飞三人"桃园三结义"的故事。自结义之后，三人之间的情谊历经考验，肝胆相照。几百年来，"桃园三结义"一直历久弥新地显现着感人的魅力。但是，仔细考察三人之间的情谊发展，也并不是从未有过裂痕的。例如，在张飞与关羽之间，就曾出现过巨大的裂痕，还差一点儿引发一场你死我活的拼杀。小说第二十八回中写到，刘备率军袭击曹操，反被曹操所败，刘、关、张三人被冲散，关羽迫不得已暂留在曹操处，后来得知刘备下落，遂千里走单骑，过五关斩六将，才得以与张飞在古城相会。关羽见到张飞时是"喜不自胜"、"拍马来迎"，而张飞见到关羽，却是挥戈便刺。为什么？原来张飞认定，关羽已背叛刘备，降了曹操，是无义之人。而且张飞很固执，任甘、糜两位夫人如实相告，又有孙乾在旁边作解释，可就是说服不了他。直到关羽回身，将随后赶来的曹军将领蔡阳的脑袋一刀砍下，张飞才与关羽兄弟相认，进城后，详知关羽一行的遭遇，"方才大哭，参拜云长"。在整个过程中，张飞的心境由"怒"至"疑"至"信"再至"哭拜"，其实无不是其个性、气质使然。

　　例2　玛特尔——法国作家司汤达的长篇小说《红与黑》中的重要人物，德·拉·木尔侯爵的女儿。她年轻、美丽、天资聪颖、性格刚强，浪漫而喜欢冒险，以其贵族家庭而骄矜，对人傲慢而又心境多变。她向往中世纪祖先们的英雄风尚，蔑视聚集在她周围的贵族青年，认为他们懦弱无能、平庸乏味，没有个性，称他们是"镀金的蠢材"。而于连的才干和孤傲的性格却使她倍感兴趣，认为"做他的伴侣，可以不断地让人注意，一生绝不至于默默无闻"。于是她主动去接近他，引起他的注意，又写信给他，邀他半夜里用梯子爬进她的卧室。然而，委身于连之后，她又觉得有失自己的高贵身份，转而对于连态度冷淡。当于连冒险再次爬进她的卧室时，她却又一次投入了他的怀抱，并发誓永远做他的奴隶，然而只过了一天，她又开始蔑视于连。直到于连假装去追求另外一位贵妇人，激起了她的嫉妒，她才不顾父亲木尔侯爵的反对，坚决要嫁给于连。小说中的情节表明，玛特尔之所以对人的态度多变，以至常常令人难以捉摸，其实主要还是缘自她贵族小姐的气质与为所欲为的个性。

　　（二）与说话人的经历、处境有关

　　在语言交际中，说话人显现的心境是冷漠、是热切、是压抑、是开朗，也无不与说话人的经历、处境有着很大的关系。这一部分很显然属于"后天养成"的心理状态，但是，由于这种后天养成的心理也曾经历了一个漫长的阶段，所以，一经形成，也不易改变，尤其是只要说话人还没有脱离养成这种心境的环境，往往就很容易进入这种心境状态。

例3　闰土——鲁迅先生的小说《故乡》中的人物形象，这一形象由少年和成年两个时期合成。少年时的闰土，不但会看瓜刺猹、会支匾捕雀、会识辨贝壳，而且聪明伶俐、活泼可爱、能说会道。小说中的"我"，虽然身为东家少爷，然而面对着从乡下来的闰土，听他说那些"无穷无尽的稀奇的事"，也只能自惭形秽。然而，小说又写到，几十年过去了，当两个儿时好友重逢时，闰土全然是另外一番模样。只见他脸色灰黄，皱纹很深，眼睛红肿，头戴破毡帽，浑身瑟缩着，提着长烟管，手又粗又笨而且开裂，简直就像松树皮，过多的艰辛和痛苦使他变得麻木起来。闰土见到"我"时，脸上露出的是"欢喜和凄凉的神情"，对"我"称过"老爷"之后，便渐渐无话，"脸上虽然刻着许多皱纹，却全然不动，仿佛石像一般"。

闰土这种心境的麻木，显然与其经历、处境有关。小说中写到，当年那个聪明伶俐的小闰土之所以会成了这个样子，是因为"多子、饥荒、苛税、兵、匪、官、绅，都苦得他像一个木偶人了"。

例4　别里科夫——俄国作家契诃夫的短篇小说《套中人》的主人公。小说中的沙皇俄国实行的是专制制度的恐怖统治。正是这种统治，使得小人物别里科夫把自己变成了一个"装在套子里的人"。他晴天脚穿雨靴，身穿棉大衣，脖子缩在大衣领里，耳朵堵着棉花团，戴着墨镜，连雨伞、小刀、手表等都用套子套起来。当时俄国社会警察密布的政治恐怖，吓得这位不是革命者的别里科夫不得不把自己的卧室也封闭起来，门窗终日紧闭，床上挂着帐子，可他躺在被子底下，还是会战战兢兢；告密之风盛行，使得他既想"跟同事们保持良好关系，又不敢向任何人敞开胸怀"，结果去拜望同事时，只能是"一言不发地坐上一两个钟头就走了"；流言蜚语的可怕淫威，使得他连雇一个女仆都不敢，只好去雇一个60岁的酒鬼老头。同事们出于好心，竭力撮合他与一位爱唱爱笑的姑娘瓦连卡的爱情，而他却顾虑重重，尤其是害怕对方活泼开朗的性格惹出什么麻烦。一次春游，他看到瓦连卡与她的弟弟骑着自行车，就吓得脸色发白，认为弄得不好会出乱子，去登门劝阻时，不慎摔下了楼梯，竟被别人的一串响亮而清脆的"哈哈哈"的笑声吓得丢了性命。

这篇小说以夸张的笔法描写了一个怪异的人物形象，但是，作者将说话人的独特心境与其经历、处境相联系，其创作的理论依据，并不夸张。

（三）与说话人的目标追求有关

在语言交际中，说话人显现的心境是从容、是慌乱、是悠然、是急

迫，无不与说话人的目标追求密切相关。任何人与他人进行语言交际，其实都是有目标追求的，这是语言交际中的一个共同点。但是，每个人进行语言交际的目标追求不尽相同，有的大，有的小；有的与自己关系密切，有的则相对疏远；有的追求急迫，有的则从容不迫。正是这些现实中目标追求的差异，使得人们在语言交际中的心境变化具有多样性的特点。

例5　祥林嫂——鲁迅先生的小说《祝福》中的人物形象。她原是个淳朴、善良、忠厚、倔强而又敢于反抗的农村劳动妇女。丈夫病故后，婆婆要卖掉她，换得钱来给小儿子娶媳妇。她被迫逃到鲁镇，给鲁四老爷家当佣人，不久，被婆婆家发现，抢回去卖到了深山野坳。她在拜天地时用头猛撞香案角，以示坚决不从。后来，第二个丈夫贺老六生伤寒病死了，儿子阿毛又被狼衔去，大伯又要来收回房屋。重重打击，使她不得不回到鲁镇当帮佣。但更大的精神打击随之而来，鲁四老爷视她为伤风败俗之物，镇上的人也奚落她，尤其是另一个帮佣柳妈。柳妈告诉她，人死后灵魂仍要为在世活着时造下的罪孽承担罪责，这使她的精神受到了很大刺激，使她也认定自己是一个在阳世饱受磨难，到了阴间仍难以得到解脱的罪人。她在精神上崩溃了，四十上下的年纪，头发已经全白，"脸上瘦削不堪，黄中带黑，而且消尽了先前悲哀的脸色，仿佛是木刻似的；只有那眼珠间或一轮，还可以表示她是一个活物"。就是这么一个对人世间一切都已麻木的人，当她在路上见到"我"时，"那没有神采的眼睛忽然放光了"，接二连三地向"我"提出了"人死后究竟有没有灵魂"等一系列问题。祥林嫂的这种"由麻木变得热切"的心境的异常显现，其实与她的目标追求有关。因为此时，祥林嫂唯一关心的就是自己会不会下地狱，会不会因为两个死鬼丈夫的争夺而被阎王劈开自己的身子。

例6　C太太——奥地利小说家茨威格在他的小说《一个女人一生中的二十四小时》中塑造的一个女性形象。她42岁，丈夫两年前因病去世，两个儿子也已独立，C太太因此处于一种虽然衣食无忧，但是百无聊赖的境遇之中。随着对生活中的人、物、钱财，甚至对情爱日渐失去兴趣，她的心境也进入了一种近似死水般的滞塞状态。然而有一天，她漫无目的地来到蒙特卡洛的赌场里，无意之中，目睹了一个青年如何输得精光，如何狼狈离去的过程。经验使她意识到此人可能会因走投无路而自杀，心中突然爆发出一股救人于死亡之际的热情。她不顾正下着的滂沱大雨，紧跟着他，守护着他，劝解着他，甚至把他带到旅馆里，陪他过了一夜，第二天又继续陪着他，听他讲述自己的家庭与自己的经

历，拉着他去教堂起誓再不赌博，还送给他回家的路费，不料，这个年轻人拿着钱又去了赌场……从小说中不难看出，C太太的心境的突然转变，主要缘于她那欲救人于死亡边缘的目标追求。

二、可把握性

心境，作为语言交际过程中一方的心理状态的总称，往往因其深藏于说话人的内心深处而表现出一种难以捉摸的特点。而语言交际往往需要准确把握对方的心境，并具有运用正确的对策才能成功的要求，这使人们往往从多个方面去努力把握对方的心境。实践证明，在语言交际中，心境固然不易把握，但也不是不可把握的。

（一）从说话人的表情变化把握其心境

在语言交际中，说话人的心境常常会不知不觉地从其表情变化中准确显现出来。因此，通过对说话人表情变化的观察分析可以把握其心境。也就是说，人们的语言交际，原本应当是通过话语来进行的，但是，在某些特定的场合下，也可以不通过话语，而只从说话人的表情变化中把握说话人的心境。

例7　子君——鲁迅先生的小说《伤逝》中的女主人公。她在反对封建礼教束缚、争取婚姻自由的斗争中，与涓生共同建立了一个充满希望的小家庭，然而最后却以悲剧结束。小说中，虽然子君话语不多，但涓生却常常可以通过其面容表情准确把握其心境。

小说中写到涓生向子君表白爱情时的情景："……子君的言语举动，我那时就没有看得分明，仅知道她已经允许我了。但也还仿佛记得她脸色变成青白，后来又渐渐转作绯红——没有见过，也没有再见的绯红；孩子似的眼里射出悲喜，但是夹着惊疑的光，虽然力避我的视线，张皇地似乎要破窗飞去。然而我知道她已经允许我了。"再如后来，两人因为经济上陷入困境，涓生提出分手，这对子君来说，不啻是死亡的预告。子君默默无语地接受了这一现实，但当时，她的面容表情还是无保留地显现了她的心境，显现了她对这一决定的害怕与绝望。小说中，当涓生终于说出"我不再爱你了"时，子君的反应是："然而只有沉默。她的脸色陡然变成灰黄，死了似的；瞬间便又苏生，眼里也发了稚气的闪闪的光泽。这眼光射向四处，正如孩子在饥渴中寻求着慈爱的母亲，但只在空中寻求，恐怖地回避着我的眼。"涓生正是从子君的这一表情中，明白她实际上已经接受了分手的决定。

例8　牛虻——爱尔兰女作家伏尼契的小说《牛虻》中的主人公。他是神父蒙泰里尼的私生子，他挚爱着自己的父亲，但自己选择的却是

革命道路，这种选择使他不仅不能与父亲相认，反而必须将父亲视作自己的打击对象。牛虻在对敌斗争中的表现极为英勇。但是，每当面对神父时，他总是难以抑制自己内心的深情，他的眼神、表情，有时恰恰就成了他真情流露的窗口。小说写到，吉卜赛女郎绮达深爱着牛虻。有一次，她劝牛虻和她一起出走，远离可能危及牛虻生命的政治斗争，在遭到牛虻拒绝后，她脱口而出，他之所以不愿意离开，是因为这里有一个他更爱的人。绮达说道："你以为那天他马车经过的时候，我没有看见你的脸色吗？当时你的脸色跟我这条手帕一样的白！怎么啦，我一提起他的名字，你就抖得像一片树叶子！"

当牛虻辩解说，那个人是他"最最恨的敌人"时，绮达又说道："不管是不是敌人，你是爱他的，爱他比爱世界上任何人都厉害。"绮达正是从牛虻面对蒙泰里尼神父时的表情变化，准确地把握了他对神父的感情及复杂的心境。

（二）通过人物的态势动作把握其心境

在语言交际中，说话人的心境还常常会在态势动作中准确显现。因此，有时通过对人物的态势动作的观察分析，也可以准确把握其心境。由于人们的态势动作常常可以显现其心境的即时状态，因而，在语言交际中，准确地把握了其态势动作出现的原因，有时候就可以准确判定交际对象的即时心境。

例9　周进——我国古典小说《儒林外史》中的人物。他是"范进中举"故事中范进的主考官，他本人在考场上的人生悲剧，其实远甚于范进。他读了一辈子书，至60多岁却连秀才也未考上，只能给人家教孩子启蒙混口饭吃，后来连教孩子的行当也被人辞退，家中面临断炊的处境。其姐夫金有余前来探望，见状，出于同情，邀其加入自己做生意的一伙人中，专管记账，也算有了个职业。周进应允，随这伙商人去了省城。在省城，听说只要花点小钱就可以参观专用于科举考试的贡院，遂求姐夫一伙人同去。周进进了贡院，一道门一道门地参观，没有想到，看着看着，他竟长叹一声，一头撞昏在了地上。大家赶忙用水将其灌醒，不料他刚站起来，又一头撞了过去，接着一个考场一个考场地挨个号啕大哭，满地打滚。大家都给弄糊涂了，他的姐夫金有余一番话解开了谜团。他说道："列位有所不知，我这舍舅，原不是生意人，因他苦读了几十年书，秀才也未曾做得。今日看见贡院，不觉伤心起来。"一番话引得周进更加放声大哭，众人恍然大悟，又备受感动，于是凑钱替他捐了个监生资格，使他可以越过秀才这一级，直接参加上一级考试，从此竟连考连中，改变了命运。

例 10　奥地利作家茨威格在他的小说《一个女人一生中的二十四小时》中，曾通过写赌徒放在赌台上的手的动作，细腻地描绘出了此时赌徒的心境。这里略作摘录展示如下：

"……每当圆球奔跑得疲惫无力，只在最后两个码盘上颠踬着时，就会出现这样一霎……两只我从未见过的手，一只右手一只左手，像两只暴戾的猛兽互相扭缠，在疯狂的对搏中你揪我压，使得指节间发出轧碎核桃一般的脆声……突然，在圆球发着轻微的脆响落进码盘，管台子的唱出彩门的那一秒钟，这双手顿时解开了。两只手一齐瘫倒，不仅显得筋弛力懈，真可以说是已经死了，它们瘫在那儿像是雕塑一般，表现出的是沉睡、是绝望、是受了电击、是永逝……这两只手像被浪潮掀上海滩的水母似的，在绿呢台面上死寂地平躺了一会儿。然后，其中的一只，右边的那一只，从指间开始又慢慢而倦乏无力地抬起来了，它颤抖着，闪缩了一下，转动了一下，颤颤悠悠，摸索回旋，最后神经震栗地抓起一个筹码，用拇指和食指捏着，迟疑不决地捻着，像是玩弄一个小轮子。忽然，这只手猛一下拱起背部活像一头野狗，接着飞快地一弹，仿佛啐了一口唾沫，把那个一百法郎的筹码掷到下注的黑圈里面。那只静卧不动的左手这时如闻警声，马上也惊惶不宁了；它直竖起来，慢慢滑动，真像是在偷偷爬行，挨拢那只瑟瑟发抖、仿佛已被刚才的一掷耗尽了精力的右手，于是，两只手惶惶竦竦地靠在一起，两只肘腕在台面上无声地连连碰击，好像上下牙打寒战一样——我没有，从来没有，见到过一双能这样表达感情的手，能用这么一种痉挛的方式表露激动与紧张。"

（三）通过与说话人的话语交流把握其心境

在语言交际中，说话人的心境常常会对其话语措辞产生直接的影响，因此，通过分析说话人的话语可以把握其心境。在交际过程中，人们说什么话与怎么说这些话，其实都与其当时的心境有着密切的联系，因此，借助对说话人的话语的准确分析可以把握其心境，又由对其心境的把握，可以推知其具体的目标追求。

例 11　王伦——我国古典名著《水浒全传》中的人物。小说中，晁盖等人智取生辰纲后，决定投奔梁山泊。山寨首领——白衣秀士王伦等人杀牛宰羊，大摆宴席，盛情款待。晁盖心中非常高兴，对吴用等人说："我等造下这等弥天大罪，哪里去安身？不是这王头领如此错爱，我等皆已失所，此恩不可忘报！"吴用听了，却只在旁边冷笑，引得晁盖追问，吴用答道："兄长性直，你道王伦肯收留我们？……若是他有心收留我们，只在早上便议定了座位……"果然，第二天，先是有已经

上了梁山的林冲前来告知，据他观察分析，王伦可能不愿收留他们。接着，王伦数次派人前来催请，并派人用轿子把晁盖抬上山寨赴宴。饮酒直至午后，王伦才最后亮出自己的真实态度："只恨敝山小寨，是一洼之水，如何安得许多真龙？……奈缘只为粮少房稀……因此不敢收留……"并派人端出银两，送给晁盖，请他们下山走人，结果激怒了豹子头林冲，当即一把拿住王伦，一番数落斥骂后，将其杀死，梁山泊随即改尊晁盖为王。

通过话语交流把握对方心境，基本方法是对话语内容进行辨析，说话人究竟是心口如一，还是正话反说、假话真说等，有时还要辨析有无"弦外之音"（如上例）。当然，有时仅通过话语的"量"的多少的变化就可以把握其心境（如下例）。

例12　羊脂球——法国作家莫泊桑的小说《羊脂球》中的主人公。小说以 19 世纪下半叶的普法战争为背景，描写了因鲁昂被普军占领，妓女羊脂球与人同乘一辆马车，前往法军的占领地卢尔佛尔的过程。小说中，羊脂球话语的"量"的变化准确地显现了她的心境的变化。

小说一开始，同车的人自以为身份高贵，耻于与妓女同车，而羊脂球在听到"婊子"、"社会耻辱"的议论后，也冷眼相对，双方关系并不融洽，但心地善良的羊脂球并未因此而视同车人为敌，而是将车内同胞视为"自己人"。尤其是当她看到全车人既未带食物，沿途也买不到食物时，她慷慨地将自己带的原准备路上吃三天的食物全部献出，供全车人饱餐一顿。不仅如此，她还向他们控诉了普军的暴行并描述了自己如何与普军士兵搏斗的情形。在多特要塞，当普军军官提出要羊脂球陪他过一夜，否则全车人都不放行时，羊脂球此时应答的话语的"量"也还是不少。小说中写道：

"羊脂球一听这话就脸色煞白，坐不下去了，随即是突然满脸通红，一阵怒气上升，说不出话来，最后，爆发了：'去告诉这个无赖，这个下流东西，这个普鲁士臭死尸，说我决不答应，听明白了？决不，决不，决不！'"

但是第二天，当羊脂球看到同车的"自己人"因为未能得到放行而开始抱怨时，普鲁士人问她是否已经改变主意时，她回答的话语的"量"明显变少了：

"羊脂球冷冷地回道：'没有，先生。'"

第三天，面对着同车的"自己人"越来越大的抱怨的压力，她不再说一句话……

车子终于被放行，当羊脂球看到同车的"自己人"各自独享新备

足的食物，对她却不再理睬时，深感受了欺骗的她不再说话，哭了起来。

三、求适应性

在语言交际过程中，任何人对于自己的心境都有着"求适应"的基本要求。如心境不好时，厌烦有人搅扰；心境欢愉时，又希望有人同乐。这种"求适应性"在语言交际过程中，也同样有着几种规律性的表现。

（一）"求适应"是语言交际中说话人心境的基本要求

在语言交际中，话语既是思想的具体体现，也是情感的抒发载体，而人们之所以借助话语抒发情感，其基本目的之一是"求适应"，也就是希望能通过话语交流使得自己的情感需求获得对方的理解、认同、呼应。在某种意义上，也可以这样说，能够满足"求适应"需求的语言交际就是成功的语言交际；反之，即使成功，也只能是一种勉强的成功。

例 13 林黛玉——我国古典名著《红楼梦》中的女主人公之一。黛玉葬花是《红楼梦》中的一段颇为动人的故事。林黛玉为何对落地残花也要筑坟，其实并不能简单地理解为她多愁善感。其根本原因在于飘零的心境"求适应"而不得，只好将其转而寄托于"落花入土（入土为安）"。她从小娇生惯养，因而比较任性，喜欢读书习文，又聪颖过人。可偏偏福浅，母亲早逝，她不得不小小年纪就远离家乡，来到贾府。在贾府，她虽然贵为小姐，可尽享荣华富贵，但毕竟是孤身一人投靠到外婆家中；虽然身边常有一群姐妹相伴，她却因志向高洁而难得知音。宝玉虽与她相爱相怜，两人也不止一次真情相对，但宝玉的命运尚不能由自己掌握，何况两个人的终身大事？葬花之后，花冢也就成了她的情感寄托之处。小说第二十七回写到，黛玉来到葬花之处哭诉："尔今死去侬收葬，未卜侬身何日丧？侬今葬花人笑痴，他年葬侬知是谁？试看春残花渐落，便是红颜老死时。一朝春尽红颜老，花落人亡两不知！"其实，这也正是黛玉对自己人生无所寄托的担忧心境始终横亘心中、"求适应"而未得的具体表现。

例 14 姚纳——俄国作家契诃夫小说《苦恼》中的主人公。他是个马车夫，整天干活却衣食无着，不料儿子又死了。他愁肠似火，心乱如麻，深深地陷入苦恼之中。这一天，天上大雪飘飘，他无处可去，只能像个幽灵一样，弓着腰，缩着身子，呆呆地坐在马车上。他实在难以抑制老年丧子的剧痛心情，渴望能向人倾诉。终于，有一个军人坐上了他的马车，他对军人说："老爷，我的儿子这个星期死了。"军人在车上闭目养神，没有应声。又有三个年轻人上了他的马车，姚纳克制不住喃喃地说："我儿子这个星期死了。"可是，年轻人却回答说："大家都要死的。"还拿他寻开心。此后，他遇到一个在有钱人家扫院子的人，刚想开口说话，就被一声呵斥赶开了。他第四次遇到的，是一个睡在车店夜里起来喝水的年轻车夫。他说道："老弟，我的儿子死了，听见了吗？"可那个年轻人已经蒙上被子睡着了。姚纳最后转向他的小母马倾诉："我已经老了，赶不了车了，应该由儿子来赶车才对，要是他活着就好了。库兹玛·姚尼奇去世了，好比说，你生了个小崽子，你就是那个小崽子的亲妈……你不难受吗？"小母马听着，不时向主人手上喷着气。不难看出，老姚纳丧子之痛的心境，经历了一个晚上的"求适应"的抒发，也始终没能得到一个满足的机会。

（二）"求适应"能否满足是交际能否成功的重要条件

在语言交际中，心境能否求得对方的适应，当然不能与语言交际的目标追求能否实现完全等同。但是，这种需求能否得到满足，常常成为语言交际能否成功的重要前提。不仅如此，心境"求适应"的需求没有得到满足，有时候不仅可能给语言交际的正常进展带来干扰，还可能导致语言交际的严重失败。

例15　尤三姐——我国古典名著《红楼梦》中的女性形象之一，她是一位敢于反抗豪门欺辱、忠于爱情的刚烈女子。她是宁国府贾珍的妻子尤氏同父异母的妹妹，与母亲和姐姐一起投奔宁府。她虽然出身卑微，家境贫寒，依靠豪门生活，却不甘心出卖自己。当贾珍和贾琏调戏她时，她能站在炕上大骂，拿酒硬灌这两个无耻之徒，维护了自己的人格尊严。她追求真诚的爱情，并力求掌握自己的命运。小说中，尤三姐单相思五年，痴情地爱着唱戏的柳湘莲。柳湘莲从贾琏处得知此事后，接受了这份感情，并当即以传家之宝鸳鸯剑作为定情信物交付贾琏转赠。不久，柳湘莲进京前来认亲，贾宝玉得知此事，祝贺时无意之中脱口说出了尤二姐与贾琏并非明媒正娶一事，不料此话引起柳湘莲对尤三姐人品的怀疑："你们东府里除了那两个石头狮子干净，只怕连猫儿狗儿都不干净。"随后，柳湘莲又去登门索讨当初的定情之物。尤三姐一片痴情地盼着柳湘莲来，不料人来了，却浇了她一头冷水，她一气之下走出内室，借还剑之机抽出剑来当场自刎。柳湘莲懊悔不迭，悲痛之极，最后削发为僧，不知到哪里去了。

例16　安娜·卡列尼娜——俄国作家列夫·托尔斯泰的小说《安娜·卡列尼娜》中的主人公。她年轻貌美，对生活充满了热情与希望，

然而非常不幸的是，在她还是一个 17 岁的少女时，就由姑母做主，嫁给了比她大 20 岁的省长卡列宁。卡列宁虽身居高位，但虚伪自私，只会追求官位，不懂感情。安娜尽管与其共同生活多年，但她对于爱情的"求适应"的心境却始终受到压抑。正因为如此，安娜才会接受渥伦斯基对她的狂热追求，并且逐步地走上了与卡列宁决裂的道路，公开与渥伦斯基同居，将对幸福爱情的理想追求全部寄托在渥伦斯基身上。然而，渥伦斯基对她的追求，原本只是出于一种对美的占有的虚荣心，他其实并不理解安娜。所以，当社会舆论开始非议安娜、排斥安娜时，渥伦斯基顾及自己的前途，开始对安娜冷淡，此时卡列宁又利用安娜难以割舍对儿子阿廖沙的母爱之情，扣住儿子不放，使得安娜在精神上倍觉痛苦。最后，安娜在诸多方面的心境"求适应"而不得的处境中，怀着一种犯罪感投身于火车轮下，卧轨自杀了。

（三）"求适应"在语言交际中有着多样化的表现

由于语言交际中的每一方，其实都有着心境"求适应"的需求，这就使语言交际因人因事因话题而异，在心境"求适应"上表现出多样化的倾向。

例如"双适应"现象，即双方（或多方）在语言交际中，心境的"求适应"需求均得到了满足。这种情况多在双方的目标追求与心境的"求适应"具有同一性时，才有望同步实现。如男女相悦，一方向另一方求爱成功之际；商贸、外交的会谈协商，双方均感到满意并成功签约之际，往往就是双方心境"求适应"需求均得到满足之时。

再如"双冲突"现象。双方在语言交际中，均感到自己的心境"求适应"需求未能得到满足，以致或不欢而散，或爆发冲突。这种情况多出现在双方的目标追求与心境"求适应"具有某种差异或对立时。例如夫妻吵架、合作伙伴分手等。此时，常常是"公说公有理，婆说婆有理"，而这其中的"理"，有时就是说话人心境"求适应"而未能得到满足的具体化表现。

人们进行语言交际总是以实现目标追求为交际成功的标志。所以，无论心境的"求适应"需求对于语言交际具有多么重要的影响作用，语言交际中处于第一位的，还应当是如何去实现目标追求。因而，当人们发现自己的心境"求适应"需求与目标追求出现某种差异、对立，可能引发冲突，甚至导致语言交际失败时，就往往会对自己的心境进行某种"调适"。其具体表现为，对自己心境的"求适应"需求进行一定的"压抑"，以保证目标追求的顺利实现；反之，如果该"自我压抑"的时候不肯压抑，则可能阻碍目标追求的顺利实现。

例17　王宝钏——我国传统剧目《王宝钏》中的女主人公。她是当朝丞相王允的女儿，奉命登彩楼抛球选婿。她将彩球抛给了穷汉薛平贵，王允嫌其贫寒，提出以高价赎回彩球，让宝钏退婚另选。宝钏执意不从，竟致父女反目，击掌盟誓，永不相见。宝钏则毅然离开相府，在长安城外找一破瓦寒窑栖身，甘与平贵一起过穷苦生活。后来平贵投军，远征西凉。宝钏则苦守寒窑，贫病交加。王允屡逼女儿改嫁，宝钏矢志不渝，其母见女儿凄苦，送来银米，宝钏也不受，就这样含辛茹苦18年。她曾写下血书一封，详述苦情，托鸿雁转向西凉。平贵后成为西凉王，一日，他射中一雁，得宝钏血书，知其仍在寒窑受苦，立即回长安，在武家坡前，夫妻离别18年，终于团圆。

此剧剧情虽然曲折动人，但仔细分析，王宝钏贵为丞相之女，却在寒窑苦熬18年，从语言交际的角度来看，这只因为与父亲一场交谈的失败，就很值得细加思考。就王允而言，试想，宝钏选中平贵以后，如果做父亲的不是逼女儿另选，而是尊重其选择，凭王允的权势，想让平贵摆脱贫困，并非难事，何况平贵自己也很有志气与抱负。事实果真如此，这不就满足了宝钏的"婚姻自由"的心境"求适应"的需求了吗？一家人将开始的是什么样的生活？而他却硬逼女儿改嫁，导致其心境"求适应"的需求得不到满足，结果是自己失去了女儿，女儿也白白受了18年寒窑之苦。

例18　凯瑟琳·恩萧——英国女作家艾米莉·勃朗特的小说《呼啸山庄》中的女主人公。她是庄园主恩萧的女儿，从小与父亲捡来的希斯克列夫朝夕相伴。她非常喜欢希斯克列夫，但因为希斯克列夫没有社会地位，也没有足够的金钱使自己成为当地最了不起的女人而不愿意和希斯克列夫结婚。后来，她与阔少埃德加结了婚，但心中明白自己爱的是希斯克列夫。希斯克列夫离家出走，她发了疯似的连夜出去寻找。3年后，希斯克列夫回来了，她快乐得如痴似狂，这使丈夫埃德加倍感难堪。当她得知自己的小姑子伊莎贝拉爱上了希斯克列夫时，首先是醋意大发，后来发现不可能拆散，就又推波助澜，竭力促成两人结合。她对希斯克列夫利用伊莎贝拉进行复仇的行为，虽然惊愕，但在心里，又觉得他的复仇有道理，毕竟自己在情感上有负于他。种种情感交织在一起，使得她终于病倒了，精神也日渐一日地向崩溃的边缘滑去，而伊莎贝拉随希斯克列夫私奔，对她更是沉重的打击。希斯克列夫又回来后，凯瑟琳不顾一切地拥抱着他，亲吻着他，向他忘情地倾诉着自己的情感，终于体力耗尽，死于当天夜间。

凯瑟琳的一生，几乎可以看作一部爱情悲剧，或者说，是倾心爱一

个人的心境，一生"求适应"而未能得到满足的悲剧。

第三节　情境类要素的特点与把握

情境类要素，是语言交际过程中参与者的人际关系通过话题交流显现的具体形态，是双方或多方交流实况的总体概括。从总体上看，它具有力求兼容、敬重对方与多样化色彩等三大特点。

一、力求兼容

人们进行语言交际的目的，从根本上说，是为了"求同"，是通过与对方的话语交流，争取对方对自己的思想观点、立场态度的认同。即使是那些双方立场公开对立、语言交锋色彩鲜明的谈判与辩论，其最终目的，也是获取对方（有时还包括旁听者、旁观者）的认同。这就使得语言交际中的情境类要素具有了"力求兼容"的基本特点。这一特点，又可以通过以下三个环节予以落实：

（一）借助对话语内容的预设力求兼容

所谓话语内容的预设，即言语交际在目标追求明确的前提下，说话人对表述内容（谈什么与不谈什么）与交流形式（如何谈与如何不谈）进行预先设定。这种预先设定的主要目的在于对对方可能出现"不认同"的方面做好应对准备，以确保言语交际过程中的情境兼容，并最终交际成功。

例1　《三国演义》中有一个著名的"火烧赤壁"的故事。如何使曹操依从东吴的计谋设定，将战船连锁成一体，以使其在火攻时难以逃脱，是关键环节。此环节始于黄盖的"苦肉计"，即黄盖故意在军帐之中与主帅周瑜进行言语顶撞，受到周瑜杖刑。随后，黄盖托请部下——义士阚泽投密书于曹操，表示愿意叛吴降曹。曹操不肯轻信，当场以密书中没有写明投降日期为由而断定密书有诈，欲斩阚泽，不料阚泽以"预设"的理由当场辩解道："岂不闻背主作窃，不可定期？倘若约定日期，急切不得下手，这里反来接应，事必泄露……汝不明事理，却屈杀好人，真无学之辈也！"一番话说得曹操无言以对，不得不转而对阚泽以礼相待。随后，曹操又收到派往东吴的间谍蔡和、蔡中的密报，证实"黄盖欲降"确有此事，而二蔡其实当时已落入了东吴预设的"反间计"的陷阱之中。半信半疑的曹操又派蒋干再去东吴探听情况，周瑜又预先设计，安排名士庞统以周瑜妒贤为由随蒋干投奔曹操，并献上了以铁环连锁战船来增强平稳、解决北方军士不服南方江河颠簸之苦的"连环计"。曹操此时正为这事发愁，走投无路之际，一时哪里想得到此事与"黄盖投降"有内在联系，于是欣然接受。当黄盖亲率装满干草的船队乘风顺流，逼近曹军点起大火时，曹军战船早已被铁环相锁，只能是烧光完事。在此过程中，东吴方面，先是黄盖用"苦肉计"，阚泽下诈降书，继而庞统献"连环计"，环环相扣，步步严实，话题内容的预先设定功不可没。

例2 《奥赛罗》是文艺复兴时期英国的戏剧大师莎士比亚的四大悲剧之一。其中写到这样一段故事：奥赛罗是威尼斯军队的将军，他手下有一个旗官叫伊阿古，是个阴险恶毒的小人。由于奥赛罗没有提升他作为自己的副将，却提升了一个比他年轻的军官凯西奥，他便怀恨在心，精心设计了一个圈套。在塞浦路斯岛的欢庆宴会上，他先怂恿担任警卫的凯西奥尽情畅饮，然后，又另外派人向他挑衅，两人动起了刀剑，误伤了来劝解的军官。凯西奥酒醒后十分懊悔，伊阿古趁机鼓动他去找奥赛罗的妻子苔丝德梦娜替他向奥赛罗求情，温柔随和的苔丝德梦娜答应了。但是在她前去求情之前，伊阿古已经抢先一步，向奥赛罗诬告苔丝德梦娜与凯西奥之间的关系不正常，这番诬告虽然没有立即奏效，但却引起了奥赛罗的疑心。而在此之前，伊阿古早已做了另外一番"预设"：预设之一，他让自己不明真相的妻子，从苔丝德梦娜的身边偷来奥赛罗送给她的定情手帕，扔在凯西奥的屋里，以此作为两人有私情的物证；预设之二，伊阿古故意和凯西奥谈起与凯西奥相好的一个情妇，使得奥赛罗在旁边偷听时，以为凯西奥所说的这个女人就是自己的妻子。于是奥赛罗开始不理智了，他先是当众打了苔丝德梦娜，后来又冲进她的卧室，不容她解释就掐死了她。

在这个剧中我们看到，如果只是凭着伊阿古的一张嘴，他根本无法挑拨奥赛罗与苔丝德梦娜之间的爱情。但是由于他事先做了严密的预设，以致他所说的话似乎都有证据，这使得奥赛罗对他的话从开始的绝不相信到似信非信，再到最后的完全相信，最终奥赛罗失去理智，一手造成了自己的人生悲剧。"预设"，在伊阿古实现自己目标追求的过程中，起到了很大的作用。

（二）借助对话语冲突的淡化力求兼容

在语言交际中，尽管人们会事先进行预设，但往往还是不能完全防止冲突的发生。当情境显现中，出现了某种对立的、可能引发冲突的成分时，人们往往会设法淡化，或转移话题，或模糊应对等，以使语言交际仍得以和谐进行。而种种淡化对立成分的做法，其实也是为了一个目

的，就是确保交际过程中的情境兼容。

例3　《史记·廉颇蔺相如列传》中有一个"将相和"的故事。蔺相如因为"完璧归赵"等一系列重大外交功绩，被赵王官封为上卿，官位在大将廉颇之上。廉颇不满意了，说："我身为赵国的将军，有攻城野战、扩土保疆的大功勋，而蔺相如呢，只不过动动口舌，竟然就位高于我。而且，蔺相如本来就出身微贱，太使我难堪了。我碰到蔺相如，一定要他好看！"蔺相如听说此言，于是尽量避免和廉颇碰面。每当朝会的时候，他经常托辞生病而不出席，避免和廉颇争位次。有一次，蔺相如外出，远远地望见廉颇，赶紧掉头躲避。于是，他的一些门客联合起来，进言道："我们之所以离亲别故地追随在您的先后，是因为仰慕您高尚的德行啊！如今，您和廉颇同朝为官，廉将军公开恶言相向，而您竟吓得这般躲躲藏藏地不敢露面，未免太胆小怕事。这种行为连寻常人也觉得耻辱，何况位居上卿的您呢？我们没有这等涵养，容我们告辞吧！"蔺相如道："依诸位看，廉将军比那秦王强吗？"大家异口同声地说："当然比不上了。"蔺相如说："以那秦王的权威，我尚且敢在大庭广众间呵斥他，羞辱他的群臣，我蔺相如再不中用，难道就会怕廉将军吗？但是我一想到强秦之所以不敢对赵国发动战争，就因为有他和我同时在朝为官，如果我们两人斗意气，就会如两虎相斗，哪有两全之理呢？我之所以避着他，无非是把国家的危难放在前头，把个人的恩怨搁在后头罢了。"廉颇听说了这番话，心里非常感动，他袒露着上身，带着荆鞭，亲自登门向蔺相如谢罪，两人最终结为至交，成了生死与共的朋友。

例4　《看不见的珍藏》——奥地利作家茨威格的作品。小说中写到一位古董商人去拜访一位收藏家的故事。这位收藏家年已八十，双目已经失明。然而，当他得知客人是来自柏林的大古董商，并且听到他夸赞自己是"德国最伟大的收藏家"时，老人兴奋了，执意邀请客人欣赏自己收藏多年的二十七本珍贵名画藏品。客人接受了邀请，却吓坏了陪在一旁的收藏家的妻子。她坚持把欣赏藏品的时间改在下午。中午时，她又派女儿赶到旅馆，向客人说明了真情。原来，由于经济危机和通货膨胀，老人的妻女为了维持全家人的基本生活和老人的身体健康，早就开始一幅一幅地偷着卖出他的藏画，到现在已经卖光了。在藏画夹中，除了一些拙劣的仿制品外，就是一幅幅顶替藏画的白纸，而这件事，老人自己还完全不知道。老人的妻女希望客人能够合作，帮助她们把这个谎言维持下去，以免老人绝望伤心。古董商答应了。面对着老人从画夹里抽出来的一幅幅"画"，听着老人全凭记忆，详细备至地介绍着画的名称、特点、画家的风格，古董商人不停地随声赞叹，附和叫绝。突然，老人那感觉敏锐的手指头在一幅画上没有摸到他记忆中十分熟悉的凹纹，"他突然皱起眉头，他的声音也慌乱了：'这不是……这不是《安提我普》吧？'他喃喃自语，神情有些狼狈"。这时，古董商"马上采取行动，急忙从他手里把这幅夹在框子里的画取过来，热情洋溢地大肆描绘我也熟悉的这幅蚀刻画的一切可能有的细节。盲人的那张已经变得颇为尴尬的脸便松弛了下来……"危机终于过去了，老人陶醉在能与大古董商共同欣赏自己的艺术藏品的幸福感之中，意犹未尽地站在窗口，目送着客人离去。

（三）借助对意外情况的漠视力求兼容

在语言交际中，当人们发现不期而遇的意外情况可能对目标追求形成干扰时，往往会对其予以冷处理，以力求保持语言交际的情境兼容。而当冷处理不成时，就有可能索性暂时中止语言交际，以防止情境不兼容的意外情况继续发展，干扰语言交际的目标追求的最终实现。

例5　《史记·项羽本纪》中写到"鸿门宴"的故事。鸿门宴上，项羽的谋士范增决定当场击杀刘邦，于是派项庄在宴会上舞剑，寻机行刺。刘邦当时兵势弱小，而且此番前来，随行的人也不多。但幸运的是，项羽的叔父项伯见状，随即也拔剑起舞，并时时注意以身体护卫着刘邦。在此紧急关头，张良来到营帐外，找到随同前来的武士樊哙，樊哙立即持盾牌冲入，其魁伟的身躯立刻获得了项羽的喝彩，并赏酒赏肉。樊哙吃喝之后，又慷慨激昂地说了一大通话，转移了目标。在他与项羽话语交锋之时，刘邦起身，以上厕所为由出了军帐。樊哙随即跟出，说形势紧急，刘邦应赶快离开。于是，刘邦放弃马车随从，由樊哙等四人护送，从小路返回自己的军营，留下张良处理善后。鸿门宴上，刘邦之所以能逃脱性命，原因是多方面的，而其中，面对项庄"意在杀死自己"的舞剑，刘邦持以不动声色的"漠视"态度，也值得注意。而提前离席，悄悄回营，及时中止了这场酒宴，更不失为明智之举。

例6　答尔丢夫——法国古典喜剧家莫里哀的代表作《伪君子》中的伪君子形象。他是一个破落贵族，一无所有。剧中，他一方面以伪装的宗教虔诚和自责自贱迷惑了富商奥尔贡，得以住进奥尔贡家中，被其尊为"良心导师"；另一方面，在逐步骗取奥尔贡的财产的同时，他也在着手准备告发奥尔贡，并差一点使其家破人亡。只是答尔丢夫的这一系列恶行虽然自以为隐蔽，但除了蒙骗到奥尔贡之外，一直受到奥尔贡的儿子达米斯、女儿玛丽雅娜和女仆桃丽娜等人的揭露和嘲弄。从语言交际的角度来看，达尔丢夫曾不止一次地被当众揭露，这些显然都不利

于他实现目标追求。而答尔丢夫在自己的目标追求胜券在握之前，对于诸如此类的"意外"，几乎全部持以"漠视"态度。例如剧中第三幕第二场，答尔丢夫上场，一看见女仆桃丽娜，就掏出一条手绢，要她遮住上衣露胸部位，以免使人产生罪恶的思想。桃丽娜尖刻地反唇相讥："原来您这样经不起诱惑，肉体对您能起这么大的作用？说实话，我不知道您心里热烘烘的，在冒什么东西，可是我呀，简直麻木不仁，我可以看着您从头到脚一丝不挂，您那身皮肉，也别想动一动我的心。"答尔丢夫面对这种当面羞辱竟然完全没有反击，只是淡淡地说了一句："你说话要有一点分寸，不然的话，我马上就走。"随后，他就把话题岔开了。应当看到，答尔丢夫对于不利于目标追求的情况所采取的漠视态度，是聪明的、理智的。

二、敬重对方

人们在语言交际中，为了实现自己的目标追求，往往会通过向对方表示敬重来保持交际氛围的情境融洽。这一点，一般通过以下三个环节来具体体现：

(一) 通过对选用字词色彩的"抑扬对比"来表示敬重

在语言交际中，可以对自己使用谦词，对对方使用敬词，以这种"抑扬对比"向对方显现自己的敬意。这一点，在汉语文化语用中，不但有着鲜明的表现，而且可以称为汉语交际文明的一个标志。但是，"抑己尊人"却不是汉民族文化所独有的，世界各国的文化语用中也都有着不同程度的表现。

例7 我国古典名著《儒林外史》第一回写到"王冕学画"的故事。王冕自幼家境贫寒，无钱读书，以帮人放牛与母亲相依为命。他利用在湖边放牛之机，自学画荷花，后渐有名气。谁知他心境高傲，知县下帖邀请，他不愿应酬，知县亲自上门探望，他避而不见。后来他名气大了，朝廷下了诏书，封了他官职，诏书送到时，他却早已离开家乡不知多少日子了。然而，这样一个讨厌攀权附势的人，却曾与亲自上门拜望他的王爷有过这么一番交谈。小说写到，王冕因不认识来客，问道："不敢拜问尊官尊姓大名？因甚降临这乡僻所在？"那人道："我姓朱，先在江南起兵，号滁阳王；而今据有金陵，称为吴王的便是……"王冕道："乡民肉眼不识，原来就是王爷。但乡民一介愚人，怎敢劳王爷贵步？"吴王道："孤是一个粗鲁汉子，今得见先生儒者气象，不觉功利之见顿消……"分析这段交流语言的遣词用字，王冕称自己是"乡民"、"一介庸人"，而王爷称自己则用"孤"、"粗鲁汉子"，在这当中，双方并无深厚的往日情谊，双方也并不真的就是那么"自轻自贱"，之所以如此自称互称，其实是为了适应语言交际情境氛围的需要。

例8　在法国小说家司汤达的作品《红与黑》中，主人公于连进入侯爵府后，以自己的能力才气与聪明自尊赢得了木尔侯爵小姐的爱情。但两者之间的情感发展却表现为一个"冷热变幻"的曲折过程。情感"冷"时，木尔小姐傲慢冷漠，从内心深处蔑视于连，后悔自己怎么会委身于于连这种出身卑贱的下等人，交流话语也随之变得冷峻尖刻，并不断地伤害对方；而双方关系"热"时，交流话语也随之变得激情涌动。这一点，在木尔小姐的话语中表现得尤为明显。她可以一连数日对于连视而不见、不予答理，借此显示自己的蔑视。但是，当于连忍受不了情感的痛苦煎熬，再次冒险用梯子从窗户爬进木尔小姐的房间后，木尔小姐又情不自禁地投入了他的怀抱，说道："你是我的主人，我是你的奴隶，我必须跪在你的面前请你饶恕我过去对你的背叛……你是我的主宰，永远统治我吧。当你的奴隶要背叛你的时候，严厉地惩罚她吧……"当于连从窗口爬下到了地面时，木尔小姐抛下了自己的一束头发，不顾府上人可能听到的危险，大声说道："这是你的奴婢给你的……请你做我的主人。"从这些话语中，我们同样可以看到鲜明的"抑扬对比"色彩。

（二）通过观点立场倾向的"隐异显同"来表示敬重

人们进行语言交际，无不希望自己的观点、立场能获得对方的认同。在争取认同的过程中，为了维持交际情境氛围的融洽，人们往往会尽量淡化或隐匿自己与对方的差异点。这种"隐异显同"在语言交际中既可以是一方向另一方的单方面表示，也可以是双向推进、互相迎合；既可以是客（客人、次要角色、身份低的）随主（主人、重要角色、身份高的）变，如入乡随俗等，也可以是主随客便，如宾至如归等。

由于人们进行语言交际的过程，同时也是一个互相逐步了解的过程，因而，观点立场的"隐异显同"，在语言交际中也表现为一种逐步增进的趋向。同时还应当看到，在语言交际中，"隐异"是手段，"求同"才是目的。

例9　鲍宣妻——我国历史名著《后汉书·列女传》中的人物。她姓桓，字少君。鲍宣曾受教于少君之父，家境贫寒却读书勤奋，少君父决定将少君嫁给他为妻，并送上十分丰厚的嫁妆。鲍宣却因此而不悦。他向少君表示，她生于富庶之家，习惯于华美的服饰，而自己实在是家境贫寒，因而不敢受礼结为夫妻。少君说道："大人以先生修德守约，

所以让我来侍奉您。既要结奉于您，我唯命是从。"于是她将父亲陪送的侍御服饰全部退回，换上短布衣裳，与鲍宣同挽鹿车回归乡里。进门拜见婆母之后，她提起水瓮就去汲水。"修行妇道，乡邦称之。"后来鲍宣官至司隶校尉，儿子鲍水，为鲁郡太守。从思想认识的角度来看，鲍宣妻的确是一位不恋富贵、不嫌清贫，又能居安思危、颇有见识的女性，也是一位能与丈夫同甘共苦的妻子。从语言交际的角度来看，她能在遭到鲍宣拒绝之后，又能让他接受自己，并且美满地共度一生，这其中，"隐异求同"以保持夫妻间的"情境交融"，是一个不可忽视的原因。

例10　法国古典文学名著《红与黑》中，于连进了侯爵府给木尔侯爵当秘书。两人相处的过程，就较为充分地显现了"隐异显同"的特点。在侯爵方面，他对于连是蔑视的，于连文字书写的不规范、门第的低微，都曾是他多次加以嘲弄的内容。而于连更是视侯爵为敌对阶级的代表，他曾不止一次地提醒自己，效忠侯爵"会使我中毒"。而侯爵之所以要于连给他当秘书，是因为他想进行一个实验，即如何利用敌对阶级的人为本阶级的利益服务。而于连之所以愿意当这个秘书，是因为只有这样才能打通进入上层社会的通道。侯爵心里虽然从未视于连为自己人，但这并不妨碍他充分利用于连的才干，并越来越多地委他以重任，甚至给了他连自己的儿子向往已久都没有得到的勋章作为奖励；而于连心里虽时时视侯爵为敌，但这也并没有影响他忠心耿耿地、一次又一次地圆满完成侯爵交给的任务。小说写到，于连后来在诸多"难处理的事务中"甚至"已经变成侯爵的化身了"。不难想象，在于连与侯爵的交往过程中，如果不是双方都时时注意"隐异显同"，合作关系是难以维持下去的。

（三）通过尽力满足对方的情感需求来表示敬重

在语言交际过程中，能否最大限度地满足对方的情感需求，以保持双方交往的情感交融度，与语言交际的目标追求能否实现密切相关。有时，为了满足对方的情感需求，一方不仅需要尽其所能，还要付出相当的代价，甚至作出一定的牺牲，以此来表示自己对对方的敬重。但是需要强调的是，这种满足对方的情感需求应当是出自内心的真诚，只有这样，才能在语言交际中达到真正的情境交融。

例11　我国古典名著《战国策·齐策》中有一则"冯谖客孟尝君"的故事。冯谖是一个连自己的衣食温饱都不能解决的人，而孟尝君是当时的齐国宰相，他轻财好士，门下食客有数千人之多。冯谖请人介绍，投到孟尝君门下当一食客，孟尝君问到他有何技能，他回答说无技能。

孟尝君笑笑，就收下了他。因为既无技能，又无业绩，冯谖在孟府的待遇、地位也就不高。没过多少日子，冯谖就倚在门口抱怨，吃饭怎么连鱼都没有！孟尝君听到了，马上满足了他的要求。不久，他又抱怨，外出怎么连车子都没有！孟尝君再次满足了他的要求。后来，孟尝君又把他的老母亲也接过来，与他一起生活，冯谖不再有怨言了。有一次，孟尝君要派一个人去他的领地收债，冯谖自告奋勇前往，不料他去了之后竟将全部债据当众销毁，回来后汇报说："我看府上什么都不缺，独独缺乏'义'，现在我买回来了。"孟尝君心中很不高兴，但还是说，算了吧。数年后，孟尝君失势被罢了官，只好回到自己的领地，没想到领地居民扶老携幼，夹道迎接。孟尝君这才豁然醒悟，对冯谖说："先生当年所说的'义'，今天我算是看到了。"

例12　美国作家欧·亨利在其短篇小说《麦琪的礼物》中写了这样一个故事。圣诞节前夕，妻子德拉手中只有1.87美元，她倒在破旧的小床上哭了起来，原来她想送丈夫一件圣诞礼物，眼下显然是办不成了。她面对镜子，注意到自己那一头金黄的头发，这是她和丈夫都引以为自豪的。她把头发解开，让它完全披散下来，一直垂到膝盖下。最后，她含着眼泪下了决心，出门上了大街。她卖掉了自己的头发，用所得的20美元给丈夫买了一条白金表链。因为丈夫杰姆有一块三代祖传的金表，很名贵，但却没有相配的表链。她在家中做好了迎接丈夫回家的准备，并重新整理了头发。丈夫按时回家了，可是面对着妻子却表情怪异。当妻子向丈夫解释，说不必惊讶，头发会重新长出来，并送给他表链作为礼物时，丈夫终于从大衣口袋里掏出一包东西，那里面是他送给妻子的圣诞礼物。他刚刚卖掉了金表，并用卖表的钱给妻子买了与她的满头金发相配套的、纯玳瑁的、边上镶着珠宝的全套发梳。

三、多色彩性

生活实践告诉我们，语言交际因其应用类型不同、话题内容不同、参与者自身特点差异，以及各有其具体的人际关系等多方面原因，在进行时会形成不同的情境氛围。例如，在商贸洽谈中，无论是怎样的讨价还价、寸步不让，双方都不会违背"生意不成情意在"的原则，不会轻易伤及对方感情；在司法交谈中，无论是多么推心置腹、和颜悦色，司法人员都不会轻易违背"以事实为依据、以法律为准绳"的原则，而且，该宣布徒刑还是会宣布徒刑，该宣布死刑还是会宣布死刑。又如，不同话题的语言交际自会呼唤其所需要的具体情境。陌生人初次结识的语言交际，自然与老朋友久别重逢的语言交际的情境氛围有着很大的不同。在社交往来中，地位、资历相近者的语言交际，与地位、资历悬殊者的语言交际，其情境氛围自然也有很大的不同。

语言交际在不同对象、不同场合之间进行会形成不同的情境氛围，这一点可以通过以下三个方面具体显现：

（一）因交际对象发生变化而出现情境色彩变化

交际对象发生变化，在这里有两层含义。第一层含义是交际对象发生了改换。交际对象的改换意味着以原话题进行的语言交际的语境（以人境类要素和心境类要素为主的构成要素）发生了变化，显然以原话题进行的语言交际也就相应地发生了变化。第二层含义则是交际对象仍然是同一个人，但其身份或者心境等发生了变化，于是以原话题进行的语言交际也就发生了相应的变化。

例13　我国古典名著《儒林外史》中写到一则"范进中举"的故事。小说中，范进已 54 岁，20 岁起即参加科举考试，已考过二十几场，均落榜。多年来，其岳父胡屠夫见了他就骂："我自倒运，把个女儿嫁与你这现世宝穷鬼。"范进考中秀才后，想去参加乡试，向岳父借钱，被胡屠夫一口啐在了脸上，骂了个狗血喷头："像你这尖嘴猴腮，也该撒泡尿自己照照！不三不四，就想天鹅肉吃！"范进不甘心，偷偷进城去参加了乡试，考完回家，家中人已饿了两三天了。不料范进这一次竟中了第七名举人。消息传到时，范进还抱着家中的生蛋母鸡在集市上转，等着卖了鸡买米回家做早饭呢。他被人拉回家中，一看中举的喜报，竟然痰迷心窍，发了疯。众人商议，请他平时最怕的胡屠夫当面抽他一个耳光，呵斥他并未中举，使他醒转过来。可是此时，胡屠夫的话语却变了："虽是我女婿，如今却做了老爷，就是天上的星宿。天上的星宿是打不得的……我却是不敢做这样的事！"后来，他一巴掌打醒了范进，其话语又发生了变化："我每每尝说，我的这个女婿，才学又高，品貌又好……我小爷这一双眼，却是认得人的！想着先年，我小女在家长到三十多岁，多少有钱的富户要和我结亲，我自己觉得女儿像有些福气的，毕竟要嫁个老爷，今日果然不错！"回家路上，范进走在前，胡屠夫跟在后，他见范进后襟滚皱了许多，一路低着头替他扯了几十回。

例14　俄罗斯作家果戈里在其小说《死魂灵》中写到，主人公乞乞科夫决定去乡下地主庄园收购已经死去但户口尚未被注销因而在法律上还活着的农奴的户口。他的计划是，收购到一定数量后，再以这些法律意义上的"活人"为抵押，向政府申请贷款，以迅速致富。小说写到，他向不同个性的地主进行同一收购，其语言交际的情境显现了各不相同的缤纷色彩。如在地主玛尼洛夫家中，他针对玛尼洛夫注意"风度"、"教养"，讲究"体面"、"礼貌"的特点，与他进行了一整天没有什么实质内容的空谈，就将他的死亡农奴的户口分文不花弄到手了。而在女地主科罗博奇卡家中，乞乞科夫使尽手段也难以说服她卖出。因为她生怕卖得太便宜了吃亏，想等下一个买主来时作一番比较再作决定。直到后来，乞乞科夫以"公家的名义"答应下次他来收购她的其他农产品，老太婆才松了口。在地主梭巴凯维奇家中，乞乞科夫碰到的则是一个既精明又固执的对手，梭巴凯维奇的开价是，一个死人户口100卢布，而乞乞科夫则还价一个户口80戈比，然后一步一步地互相妥协，最后以2.5卢布一个户口成交。

（二）因交际场合变化而出现情境色彩变化

前面已经说过，场合，即具体的语境，它对人们的语言交际有着较为明显的制约功能。也就是说，即使是同一话题，只要交际场合发生变化，话语内容就会发生变化，话语形式也会发生变化，当然，交际效果也会随之发生改变。由于每一个具体的交际场合都有着易被改变的特点，这就导致了语言交际的情境具有了多变的色彩。

例15　中国现代作家曹禺先生在其作品《雷雨》中写到了周朴园与鲁侍萍之间的情感纠葛。周公馆的少爷周朴园抛弃已为他生了两个孩子的帮佣侍萍，另娶大家闺秀繁漪为妻。为了应付侍萍留下来的大儿子周萍以及周围的舆论，周朴园编了一个大家闺秀梅小姐为自己生下儿子周萍后，因故跳河自杀的故事。但两个人都没有想到，30年后他们竟会重新碰面。由于侍萍的公开出现会破坏周朴园编了几十年的谎言，破坏周朴园在家庭中道德长者的形象，周朴园阴冷地提出，以5 000元为交换条件换取侍萍的永远消失。侍萍愤而撕碎了支票，同时答应永不再来周家，因为她原本也不是来找周朴园的，只是由于女儿四凤又走上了做周家帮佣的老路，为了能带走女儿，侍萍不得不再次来到周公馆。当周朴园看到侍萍公开出现，并与众人在一起时，误以为她已说出了真相。为了维持自己的"好父亲"形象，他一改两人单独碰面时的阴冷，当众宣告："萍儿，你过来，你的生母没有死，她还在世上。""她是你的母亲。"他向周萍请求原谅："我一生就做错了一件事，我万没有想到她今天还在，今天找到这儿。"他又对侍萍说："我想萍儿是个孝顺孩子，他会好好侍奉你，我对不起你的地方，他会补上的。"这里，我们不难看到，场合一改变，语言交际的情境氛围也随之发生了改变。

例16　在俄国小说家果戈里的小说《死魂灵》里，乞乞科夫在遍访地主庄园，收购已死农奴的户口的过程中，曾与一个地主诺兹卡廖夫打过一次交道。乞乞科夫想收购死亡农奴的户口，他原本要去与地主们

套近乎，与他们周旋纠缠，没想到碰上诺兹卡廖夫，乞乞科夫反被他缠住，不仅差一点儿挨了他的打，还差一点儿脱不了身。小说写到，诺兹卡廖夫一开始听说他要收购死亡农奴的户口，很干脆地答应全部白送，但条件是乞乞科夫必须买他的公马，要不就是母马，要不就是狗，要不就是手摇风琴。乞乞科夫费了好大的劲，一一婉转拒绝。最后为了不弄得对方不高兴，他同意和诺兹卡廖夫以下棋来赌死亡农奴的户口。可是，诺兹卡廖夫一次就走三步棋，两人发生了争吵。于是诺兹卡廖夫一声高喊，叫来了两个壮汉，三个人围住了乞乞科夫。正当他显然逃脱不了挨一顿揍的结局时，当地警察局长前来传讯诺兹卡廖夫。趁着诺兹卡廖夫正在竭力辩解的机会，乞乞科夫抓起帽子，溜之大吉。这一段故事，从语言交际的角度来看，正是警察局长的出现，改变了交际场合的性质，使乞乞科夫与诺兹卡廖夫之间的语言交际情境氛围发生了色彩变化。

（三）同一语言交际自身也具有多重色彩

由于语言交际的参与者自身存在着观点、立场、利害关系、情感倾向的差异，所以同一语言交际实际展现在交际双方的心目中的感受色彩并不一样。与此同时，它对周围的人也产生了影响。由于人们对问题思考的角度不同，与参与者的利害关系不同，同一语言交际在不同的人眼中自然而然地呈现出不同的色彩。

例17 我国古典名著《红楼梦》第九十七回写到，贾宝玉被人施以"偷梁换柱"之计，安排与薛宝钗结婚。小说写到，宝玉以为自己娶的是黛玉，满心欢喜，以至于说出来的话，连王熙凤听了，都觉得是疯疯癫癫的。但宝钗得知婚事已定之后，却是"低头不语，独自垂泪"，因为她心里明白，宝玉心里真正爱着的，其实是黛玉。可是父母之命不能违抗，何况哥哥薛蟠正有命案在身，需借贾府出一把力来相救呢！最痛苦的还是黛玉，她因为事先已从傻大姐那儿得知，宝玉将要迎娶的是宝钗，而不是自己，几年来的心思萦绕，现在谜底揭开，怎不心如死灰？可偏偏她又不知道宝玉是被骗的，也是受害者，所以她心中怨的恰恰也是宝玉。小说中，贾府上上下下一齐在忙碌婚事，而不远处的潇湘馆里，黛玉却在这件"大喜之事"的打击下，一病不起且日重一日。她把与宝玉往日交往所作的诗稿一一焚尽，口中却一丝微气不断，硬是撑到宝玉娶亲的那一天那个时辰，才直声叫道："宝玉，宝玉，你好……"最后气绝身亡。

例18 我国古典名著《水浒全传》第四十二回中写到，宋江上了梁山之后，因思念远在家乡的父亲兄弟，执意下山去接，差点被官兵抓

获，幸亏晁盖派人接应将其救回。同时，晁盖早已另外派人下山，设法救出了已被官兵严加监管的宋江家人。为此，梁山泊水寨一连三天大摆筵席，庆贺宋江父子团聚。然而，对于同一件喜事，各人感受不同。筵席间，公孙胜忽然也动了心思，想到自己的老母亲远在蓟州，离家日久，未知境况如何。于是他起身对众头领说道："感蒙众位豪杰相待贫道许多时，恩同骨肉。只是小道自从跟着晁头领到山，逐日宴乐，一向不曾还乡看视老母。亦恐我真人本师悬望，欲待回乡省视一遭……"于是，第二天一早，公孙胜就依旧做云游道士打扮下山而去。没想到，与公孙胜饯行的酒席刚散，黑旋风李逵就放声大哭起来，原来他看到宋江父亲被接上了山，公孙胜又下山去探望母亲，便想到了自己的老娘："我只有一个老娘在家里。我的哥哥，又在别人家做长工，如何养得我娘快乐？我要去取她来这里快乐几时也好。"于是，一番安排之后，李逵也下山去接母亲了。

第四节　物境类要素的特点与把握

物境，作为语言交际发生的具体场所或背景，是由无生命的山、水、建筑、器物、用具等，以及有生命但无人类情感的动植物构建而成的，因其往往既多与说话人的心境、交际情境等要素具体相连，又多受制于说话人的人境类要素的主控，因而在语境系统研究中同样占有不可忽视的重要地位，有时还可以显现出单纯的语言交际所达不到的效果。

从总体上看，物境类要素具有融情性、可改造性以及对语言交际目标追求的能动促进性三大特点。

一、融情性

前文已经说过，物境类要素之所以在语境要素合成中能成为物境类要素，主要在于它的融情性。并且，这种"情"并不是其自身所固有的，而是人们在语言交际中，借助话语对其注入的个人即时特定情感。这就又使得物境类要素的融情因人而异，即相同的物境类要素可以因时、因事、因人、因情而异，被融入不同的情感。一般来说，心境、情境与物境以三种形式有机相连。

（一）境与情的交融

所谓"境情交融"，就是物境类要素的某些特点与说话人的心境、情境特点相符或相合，因而在语言交际中形成一种"境情交融"的场面。境情交融，在某种意义上，属于语言交际与语境融合的最佳状态，所谓"此处无声胜有声"的最佳效果也往往产生于这种最佳状态。

例1 我国唐代诗人白居易在其长诗《琵琶行》中，记载了自己与琵琶女的一次语言交际过程。这原是一次很偶然的邂逅。白居易去江边送客，无意之中被邻船上的琵琶演奏声所吸引，遂登船邀其演奏，被其演奏技巧折服。又与其交谈，方知演奏者原为京城名妓，因为年老色衰，嫁给商人为妻，而丈夫重利轻情，外出奔忙，留下妻子独守空船。琵琶女的身世引起了白居易的共鸣，他也向琵琶女谈起了自己在政治上遭贬谪、在浔阳的压抑心境与精神苦闷。讲完后又再次邀请琵琶女演奏，此番再听，感受自不相同，满座无不落泪，而哭得最伤心的，正是白居易自己。需要指出的是，"情境交融"是语言交际中的最高层次。例如，白居易对琵琶女的感受就是一个渐进的过程，先是远远听见京城乐曲的风格气魄，继而旁坐近听，感受到的是琵琶女娴熟的技巧与精湛的表现力。但严格地说，此时并未达到"交融"的境界，至双方交流身世之后，白居易才在乐曲的情感表现中听出了琵琶女的哀怨与凄苦。此时，"境"与"情"实现了交融。

例2 英国大戏剧家莎士比亚在其作品《李尔王》中，写了李尔王被两个女儿骗去王位与王权的故事。在受骗过程中，李尔王不仅剥夺了小女儿的继承权，将她的应得份额分给两个大女儿，还赶走了忠实于他的大臣。而两个女儿在目的达到之后，不仅很快就违背了原先所作的侍奉老王的承诺，还将老王赶到荒野之中。暴风雨之夜，李尔王任风吹、任雨淋，虽身临磨难之中，思想上却清醒过来了。他将自己的悔恨直接向风雨雷电倾诉：

"吹吧，风啊！胀破了你的脸颊，猛烈地吹吧！你，瀑布一样的倾盆大雨，尽管倒泻下来，浸没了我的尖塔，淹沉了屋顶上的风标吧！你，思想一样迅速的硫磺的电火，劈碎橡树的巨雷的先驱，烧焦了我的白发的头颅吧！你震撼一切的霹雳啊，把这生殖繁密的、饱满的地球击平吧！打碎造物的模型，不要让一颗忘恩负义的人类的种子遗留在世上！

尽管轰着吧！尽管吐你的火舌，尽管喷你的雨水吧！雨、风、雷、电都不是我的女儿，我不责怪你们的无情；我不曾给你们国土，不曾称你们为我的孩子，你们没有顺从我的义务；所以，随你们的高兴，降下你们可怕的威力来吧，我站在这儿，只是你们的奴隶，一个可怜的、衰弱的、无力的、遭人贱视的老头子，可是我仍然要骂你们是卑劣的帮凶，因为你们滥用上天的威力，帮同两个万恶的女儿来跟我这个白发的

老翁作对。啊！啊！这太卑劣了！"

此时此地，李尔王的"心境"与其所置身的"物境"相互交融，浑然一体，显现了极强的感染力。

（二）境与情的对抗

所谓"境情对抗"，从本质上说，仍然可以认定为属于"境情交融"的一种特殊状态。因为"境情对抗"，也就是物境类某些要素的特点与人的心境、交际情境的特点相反或相悖，此时，当说话人不能够对此种情况加以改变时，这种"相反"或"相悖"的刺激同样也有助于推进语言交际目标追求的实现。

例3　我国明朝冯梦龙编纂的《喻世明言》中，有一则"金玉奴棒打无情郎"的故事。说的是宋代时，杭州城里有一乞丐头领（俗称团头），人称"金老大"，他有个独生女儿金玉奴，年方二十，知书达理且才貌双全，招得穷秀才莫稽为婿。初入赘金家时的莫稽，家贫如洗，对这桩从此可使自己衣食不愁的婚事当然是满心欢喜。婚后，莫稽倒也发奋攻读，几年后，中了进士，被朝廷派往外地为官。谁知此时莫稽因岳父为乞丐团头，觉得面子上不好看，竟在赴任途中将妻子推入江中，意图将来另择高门。谁知玉奴落水后，被人救起，救人者却是莫稽的新上司。他得知玉奴冤情，到任后以玉奴是自己的义女为名，撮合了她与莫稽的婚姻。新婚之夜，莫稽得意洋洋地步入洞房，不料，一群丫鬟仆妇手执毛竹细棒，早就等在那里，将其痛打了一顿。随后，玉奴扯下盖头，当着义父的面，将莫稽忘恩负义的恶行一一数落。从语境要素研究的角度来看，红烛喜帐的欢庆洞房与玉奴痛斥莫稽的话语之间，就构成了"境情对抗"。

例4　英国著名的大戏剧家莎士比亚的作品《哈姆雷特》中写到，无忧无虑的丹麦王子哈姆雷特正在德国威登堡大学接受人文主义教育，因为突然接到父王死去的消息，心情沉重地回到祖国，可是迎接他的，却是自己的母亲与新王——他的叔父的婚礼。大家都告诉他，老王是在花园里被毒蛇咬死的，然而在城楼上出现的老王鬼魂却告诉他，"毒蛇"就是新王——他的叔父，并要哈姆雷特为他复仇。哈姆雷特陷入了一种矛盾的心境：虽然为父复仇是自己义不容辞的责任，但如何判断鬼魂所言的真实性？于是，他倍感忧郁："这是一个颠倒混乱的时代，唉，倒霉的我却要负起重整乾坤的责任。"于是，从此以后，虽然皇宫还是原来的皇宫，身边的人也没有多少变化，但是他的心境变了，眼前的一切都显现出过去从没有过的色彩。过去的哈姆雷特，素有"快乐王子"之称；而现在，在他眼里，"人世间是一个荒芜不植的花园，长满了恶

毒的莠草", "世界是一座牢狱, 而丹麦是最坏的一所", "人世间的一切在我看来是多么可厌、陈腐、乏味与无聊", "谁愿意忍受人世的鞭挞和讥讽, 压迫者的凌辱, 傲慢者的冷眼, 被轻蔑的爱情的惨痛, 法律的迁延, 官吏的横暴和费尽辛勤换来的小人的鄙视"。剧中, "境"与"情"的对抗, 竟使得哈姆雷特发出了"生存还是毁灭"的感叹!

(三) 境"引"情"发"

物境, 从根本上说, 毕竟属于没有生命气息的物质构成, 其之所以能够成为物境, 还是缘自语言交际参与者向它倾注了感情。所谓"境引情发", 指的是说话人有某种情感郁积心中, 无从倾诉, 结果触景生情、见物生情, 于是"境引情发", 形成了具有另一种风格特点的情境交融场面。

例5 《红楼梦》第二十八回中, 黛玉前去怡红院看望宝玉, 谁知晴雯因与另一个丫头碧痕拌了嘴, 正在生气。黛玉在院外敲门, 晴雯在气头上, 不肯去开。黛玉说: "是我, 还不开么?"偏偏晴雯又没有听出黛玉的声音, 回了一句: "凭你是谁, 二爷吩咐的, 一概不许放人进来呢!"黛玉听了, 不觉气怔在门外, 偏又听见宝玉与宝钗在里面说说笑笑, 不由得又是一阵伤感。第二天, 她独自一人来到自己葬花时垒起的香冢处, 边哭边诉, 自叹自怜。偏偏对此事全不知情的宝玉, 刚刚新扫了一地的落花, 捧着也来到了葬花处, 无意之中听到了黛玉的哭诉, 越听越入神, 越听越动情。尤其是听到"侬今葬花人笑痴, 他年葬侬知是谁", "一朝春尽红颜老, 花落人亡两不知", 不觉心中难受, 兜着的落花撒了一地。他从林黛玉的"花颜月貌, 将来亦到无可寻觅之时……推之于他人, 如宝钗、香菱、袭人等, 亦可到无可寻觅之时。宝钗等终归无可寻觅之时, 则自己又安在哉? 且自身当不知何在何往, 则斯处、斯园、斯花、斯都, 又不知当属谁姓矣"。想着想着, 宝玉也坐在那里哭了起来。

例6 美国作家欧·亨利的小说《最后一片藤叶》中写到这样一个故事。在一条狭窄的街道上, 有一座三层的砖屋楼房。楼下底层住着一个老画家台尔曼, 他是个瘦弱矮小、脾气暴躁的人。他曾立志要画一幅杰作传世, 但几十年来, 除了替人涂抹过一些商业广告挣几个小钱之外, 他房间角落里画架上绷着的画布上, 始终是一片空白。一生总不得志, 使得他老是借酒消愁, 老是对别人连讽带刺。在这座楼房的顶层, 住着两位年轻的女画家苏艾与琼珊。严冬到了, 琼珊得了肺炎, 发起高烧, 病倒在床, 医生说, 她的病只有一成的活命希望, 而这一成, 就是拥有活下去的勇气。苏艾听了这一可怕的宣告, 伤心地哭了, 突然她听到琼珊在数数，她在数对面墙上一株常春藤上向下落的枯叶。她说道："等最后一片掉落下来，我也得去了。"当天夜里，凄风苦雨。第二天，仍有一片藤叶孤零零地挂在墙上，第三天，第四天……藤叶始终不落，琼珊因此一点一点地战胜了疾病，恢复了健康。等到琼珊恢复了健康后，她才知道，原来那片藤叶是画在墙上的，是在那个凄风苦雨的夜晚，老画家台尔曼搬了梯子画在墙上的，而他自己因为淋了雨，患上急性肺炎，已经死在医院里了。

二、可改变性

在语言交际中，物境不仅因心境类、情境类要素的影响而呈现出不同的变化，同时，人境类要素的主控特点，更要求物境能与其相适应。对于不能与其相适应的物境，人境类要素则会要求改造，甚至更换，这就使得物境类要素在语境构成中显现出了一种"可改变性"。这一特点具体表现为以下三种形式：

（一）人境类要素主控并构建物境

在语言交际中，物境的构建受到人境类要素的有力的主控，大至总体环境，小至用具物品，均无一例外。其一般表现为，既要求物境构建要符合时代社会特点、观点情感倾向，又要求其符合交际主控一方的意愿、观点、文化倾向与审美情调。因此，在语言交际的实践中，物境与物境类要素被改变，其实是一种常见现象。

例7　我国明朝冯梦龙编纂的《喻世明言》中，有一则"滕大尹鬼断家私"的故事。说的是明朝永乐年间，有一告老还乡的倪太守，年近古稀，娶一年轻女子梅氏续弦，后来梅氏生下一子善述，长至5岁时，太守去世。临终前，倪太守早已发现长子善继心术不正。如果此时平分家产，善继随后必然会加害幼儿寡母，以谋夺钱财。遂精心设计，将家中财物全部留给长子善继，而只留给善述母子一间屋子，数十亩薄田，同时留给梅氏一幅画轴，嘱其好生保留，只待善述长大成人后，若善继不肯照顾弟弟，善述则可以此画轴向清官投诉。多年之后，善述因一直受兄欺凌，又访得新任县令滕大尹清正英明，遂以画轴投诉。滕大尹从画轴夹层中发现，小屋地下原来竟埋有"千两黄金，万两白银"。但他并没有简单地在公堂断案，而是亲临现场，召齐倪家亲属全部到场才开审。此时，倪善继手持父亲遗嘱，坚持自己独占家产系父亲遗嘱所定，滕大尹则借机宣判，既依遗嘱，小屋则判为善述所有，且屋中所有均与善继无关。善继见如此宣判则乐不可支，当即应诺，亲属也一一作证。此后，滕大尹开始"表演"，他装作迎接倪太守阴魂到了现场，与其对

119

话，又依照他所指的位置，开墙破土，悉数挖出金银。善继眼睁睁地看着善述获得巨额遗产，哑口无言。而滕大尹现场断案的"物境"，其至断案的过程，其实是倪太守多年前对妻儿的透辟认识而预先精心设计的。

例8 法国作家维克多·雨果在其作品《巴黎圣母院》中，写了圣母院副主教克罗德·孚罗洛向吉卜赛女郎爱斯梅拉尔达的"求爱"过程。孚罗洛从小就进入修道院，在神学的浸染下长大，天堂与地狱、罪恶与善行等诸如此类的"非此即彼"的对比思维模式，决定了他对待事物的观念——"不能占有的就使其毁灭"。他长期过着"禁欲"的生活，但是美丽活泼的爱斯梅拉尔达却一下子唤醒了他的情欲。为了能得到她，孚罗洛先是指使敲钟人卡西莫多去抢，但抢劫未遂。后来孚罗洛又去跟踪，出于嫉妒，刺伤了正在和爱斯梅拉尔达幽会的皇宫卫队长费比斯，并设法嫁祸于爱斯梅拉尔达，此后又企图操纵法庭判决爱斯梅拉尔达以绞刑。爱斯梅拉尔达被救入圣母院后，他对爱斯梅拉尔达曾企图以暴力占有，因卡西莫多赶到而未能成功。当巴黎的乞丐们企图围攻圣母院救出爱斯梅拉尔达时，孚罗洛却指使他人趁乱骗出了爱斯梅拉尔达，并把她带到了事先选定的"物境"之中，即立在广场上的绞刑架旁。孚罗洛在此"物境"中，对爱斯梅拉尔达进行了唯一的一次"求爱"谈话。在这场谈话中，孚罗洛最关键的一句话是他用手指着绞刑架对爱斯梅拉尔达说："在它和我之间，任你选择一个。"而此时此地，爱斯梅拉尔达的答话竟然只有一句："它还没有你使我感到害怕！"

（二）心境呼唤物境类要素的适应

在语言交际中，心境也时时都在寻求着物境的适应，这一点是从"相适应"和"不相适应"两个不同的方面进行的。当两者之间能够达到互相适应时，就比较容易达到"情境交融"的和谐与统一；反之，当出现"不相适应"时，则可能或者是原物境被改造，或者是原物境被更换。

例9 《红楼梦》中的贾宝玉喜聚不喜散，大观园中只要有姐妹离去，他没有一次不难过。他更是厌恶科举功名，只要有人提起读书应试，他总是当场变脸。然而，他在被骗与宝钗成了婚，且林黛玉因此命归西天之后，心境陷入一种悲凉绝望之中。大观园中的人与事、物与景，都渐渐地游离出他的感觉之外。在一般人的眼中，宝玉婚后发生了根本的好转，不但安心与宝钗相伴，而且心无二用，居然愿意去读书，愿意去考功名了。唯独宝钗，却不断地从宝玉的顺从与安静中，感受到了种种不祥之兆。终于，宝钗怀孕了，宝玉也志在必得地去应试，并中

了举人。但是，不出宝钗所料，宝玉临去应试，出门时所说的："走了，走了，不用胡闹了，完了事了!"其实是与家中亲人的永别之语。果然，考试结束后，宝玉失踪了。小说中写到，宝玉从此出家当了和尚，这一点虽无确证，但是有一点则应当是可信的：大观园里的喧闹既然已不能再适应宝玉的心境，他转而奔向一个清冷的、太虚幻境之类的"物境"，也就在"必然如此"的情理之中了。

例10　奥地利作家茨威格的小说《象棋的故事》中，写到B博士在落入盖世太保魔掌后受到种种折磨。为了使B博士在精神上屈服，服服帖帖地交出他所掌握的奥地利皇室财产所在的凭据材料，他被安排住进了一家大旅馆内的一个单间。这个单间与外界完全隔绝，房门日夜上锁，没有书报、纸笔，因而不能阅读、写作；没有钟表，因而不知道时间；除了审讯，没有人与他来往，因而没有说话的机会。盖世太保的目的，是将B博士置于这个"虚无境界"，使其精神崩溃，主动吐露出所掌握的秘密。小说中，盖世太保的这一目的原本是不难达到的，B博士的精神状态很快就难以自控，并接近了崩溃的边缘。然而，在一次例行审讯中，B博士凭着一股想偷一本书来读的冲动，从审讯室里偷来了一本收有150盘名家棋局的棋谱，从此，B博士在百无聊赖之中开始终日试读，至读懂，至熟读，至熟背，再至应用变化自如……这本棋谱成了B博士独居囚室中的精神寄托，改变了他所处的"物境"的虚无境界，它最终使B博士的精神不再向崩溃的边缘滑去，并使得他在盖世太保对他的审讯（也是一种语言交际）中赢得了胜利。

（三）情境呼唤物境类要素的交融

语言交际的成功，常常需要以情境融洽为保证，而情境融洽的最佳状况则不仅是人境类、心境类、情境类要素的统一和谐，还呼唤物境的交融。当物境有助于推动实现情境交融时，此时的物境就是一个比较理想的物境；反之，则是一个不太理想的物境，有可能在语言交际中或被改造或被更换。

例11　法国作家莫泊桑的小说《项链》中玛蒂尔德的故事就可以看作"交际情境呼唤物境类要素的交融"的一个实例。长相漂亮迷人的玛蒂尔德，只因"没有陪嫁的资产"，"没法让一个既有钱又有地位的男人认识她、了解她、爱上她和娶了她"，不得已，只好"将将就就和教育部一个小科员结了婚"，过起了经济拮据而社交贫乏的生活。一天，丈夫得到了教育部长家庭舞会的请柬。去吗？玛蒂尔德既无穿得出去的晚礼服，又无相配套的首饰，去了岂不是相形见绌？不去吗？显然不能驳部长的面子与好意。于是，为了这次舞会，丈夫拿出了自己辛苦

积攒准备买猎枪的 400 金法郎，给玛蒂尔德做了一件漂亮的裙子，玛蒂尔德又去向女友借来了一串闪闪发光的"钻石项链"。在晚会上，玛蒂尔德风采凸现，倾倒了在场的宾客。她究竟获得了多少夸耀与赞美，小说中没有详写，但却详细地描写了她沉浸在"幸福的彩云"中，陶醉在"成功的荣光"里，以致一直戴在脖子上的项链何时丢的，在哪儿丢的，她都不知道，这就足见她对这场舞会是如何地满意。

其实，从语言交际的角度来看，在这则故事中，玛蒂尔德除了不应当在晚会上过于陶醉，以致丢失项链而不自知之外，她在其他方面的所有表现都是无可厚非的。她和丈夫为这场舞会特地买衣服，借项链正是顺应了"情境融洽呼唤物境的交融"的要求。但反过来想一下，如果她不做新衣，不借项链，就这么穿着日常衣服去出席部长的家庭晚会，那她究竟是想引起部长对自己家境窘困的关注，还是想在部长的家庭舞会上出洋相呢？

例 12　关羽——我国古典名著《三国演义》中的重要人物。小说中，曹操曾一心想收降关羽，虽然颇费了一番心机，最后却仍未能成功。

曹操对关羽的收降，单纯从语境适应的角度来说，真可谓"完美和谐，无一缺憾"。例如，曹操派张辽去劝降，在已将关羽团团围定的情况下，仍接受了他"降汉不降曹"等三个近乎苛刻的条件，满足了关羽的"心境求适应"需求，避免了双方"人境类要素"的对抗，提供了交际情境平安无事的前提保证。回到许昌后，他更是以上客之礼厚待关羽，"小宴三日、大宴五日"，又备足绫锦及金银器皿相赠。见关羽战袍已旧，忙取衣锦战袍送上；见关羽对自己的长胡须十分爱护，又以纱锦做成护囊，送给关羽保护胡须；见关羽坐骑瘦弱，即将吕布的坐骑赤兔马配好鞍辔送给关羽。关羽之所以最后仍然忠于刘备，其实只因关羽忠于"桃园结义"的承诺，并非曹操的收降工作有何疏漏。曹操虽有遗憾，但后来还是在关羽那里得到了充分的回报。

回报之一，关羽当时就为曹操出战，斩颜良、除文丑，大大地缓解了袁绍对曹操的威胁；回报之二，后来赤壁之战，曹操全军覆没，华容道上，是关羽念旧日之恩，违反军令，放了曹操一条生路。仔细想来，如果曹操不是在"赠护须锦囊，赠赤兔宝马"（语境构成中的物境类要素）等方面下足了工夫，而只是凭着话语交谈，"空口说白话"，无论曹操多么宽容大度，也无论交谈物境多么融洽，这两项回报，曹操只怕是得不到的，曹氏后来坐拥江山的历史也只怕要被改写了。

三、能动促进

物境对语境其他诸类要素及交际话题的适应，同时还具有能动促进的功能。如果说可改变性显现了物境的被动适应，那么能动促进则显现了其对语言交际效果的强化功能。这一点，往往是通过场景促进、物件促进、类比促进等三个方面来体现的。

需要指出的是，物境的能动促进，与物境的"融情性"特点之"境引情发"，是有所不同的。所谓"境引情发"，是说话人原先并无表达某种情感的主观要求，只因进入某种情境后，触景生情，有感而发。而能动促进，则是语言交际中原已明确有此目标追求，为了确保目标追求的圆满实现，借助物境类要素，从多方面予以强化促进。

（一）场景促进

所谓场景促进，即是借助场景的预先设定，使得交际对象只要进入该场景，就会服从场景预设一方的安排，或者依照预设场景所形成的氛围行事。因而，在语言交际中，有效地借助场景促进，有助于语言交际更加直截了当地、更有效地向实现目标追求的方向发展，进而达到最佳的交际效果。

例13　我国古典名著《水浒全传》第八十二回，写的是梁山好汉在宋江的率领下接受招安的过程。小说中写到，宋朝道君皇帝接受大臣谏议，决定对宋江进行招安。于是，他当即亲笔写下诏书，又命府藏官，取金牌三十六面、银牌七十二面、红锦三十六匹、绿锦七十二匹、皇封御酒一百八十瓶，又有正从表里二十四匹、金字招安御旗一面，以此作为礼物，派宿元景太尉前去进行招安。而早就在盼着招安的宋江，派燕青探知消息后，立即派人下山，从梁山泊直抵济州地面，扎缚起二十四座山棚，上面都是结彩悬花，下面陈设笙箫鼓乐。每一座山棚上，拨一个小头目监管。并叫人分头买办果品、海味、按酒、干食等，准备筵宴茶饭席面。宿太尉到达之日，宋江率众至山寨三十里外跪迎，到达水边，那梁山泊千万只战船，一齐渡将过去，直至金沙滩上岸。三关之上，三关之下，鼓乐喧天，军士导从，仪卫不断，异香缭绕，直至忠义堂前下马，随后才开始招安仪式。应当看到，招安原是敌对双方握手言和，且一方向另一方归顺，在此过程中，双方其实各有戒心，稍有不慎，即可引发意外。何况在梁山好汉中，从首领到士兵，也多有不愿接受招安的。所以，如此隆重宏大的招安场景，本身就具有了某种压力，那些不愿招安或反对招安的人，也就难以开口，更难以寻衅发难了。不难想象，如果就事办事，随便派个什么人，去梁山将诏书宣读一遍，招

安只怕就不会这么顺利了。

例 14　在法国古典戏剧家莫里哀的作品《伪君子》中，答尔丢夫以伪装的虔诚蒙骗了富商奥尔贡，不仅混进他家成了"良心导师"，还获得了他家的财产继承权，又被奥尔贡选定为女婿。但是，贪得无厌的答尔丢夫得寸进尺，又开始调戏奥尔贡的年轻妻子爱尔密尔，当然，这是背着奥尔贡进行的。而奥尔贡所看到的，又全都是答尔丢夫精心伪装的虚假一面。家中几乎所有的人都看到了这一点，也曾费尽口舌向奥尔贡告知真相。然而，奥尔贡就是听不进去，坚决不信。无可奈何之际，爱尔密尔心生一计，她将奥尔贡藏到桌子底下，又请众人回避，然后叫人去请来答尔丢夫，告诉他有话要对他说，答尔丢夫应约前来，四处察看之后，见确实只有爱尔密尔一个人在，仍然不放心，又去关上房门，这才开始与爱尔密尔谈话。此时，他所暴露的卑鄙无耻，让藏在桌子底下的奥尔贡怒不可遏。爱尔密尔又故意让答尔丢夫去门外看看奥尔贡在不在，答尔丢夫答道："您有什么必要顾虑到他？没有外人，我就说给您听吧，他就是一个我牵着鼻子走路的人，他以我们的全部谈话为荣；我已经把他摆布到这步田地，看见什么，不信什么。"就这样，全家人对答尔丢夫的揭露，百般努力均无效果，而爱尔密尔借一个"幽会"的"场景促进"，就使得奥尔贡终于明白，他确实一直在受着一个骗子的愚弄。

（二）物件促进

所谓物件促进，即语言交际中适当地借助某一物件，诱使对方睹物思情（人），进而促进语言交际目标追求的实现。由于借助物件促进带有借助一方一厢情愿的预设特点，所以，在借助物件促进时，需要注意防止交际对象发生理解歧义，因为一旦发生理解歧义的情况，语言交际就有可能出现向目标追求的反方向发展的情况。

例 15　我国明朝冯梦龙编纂的《醒世恒言》中，有一则"苏小妹三难新郎"的故事。说的是苏东坡的小妹，与才子秦少游喜结良缘，然而新婚之夜，却先不让新郎进房，出题三考新郎的故事。"洞房花烛夜，金榜题名时"，原已属于"情境"的最佳类型，然而苏小妹却要秦少游"三试俱中，用玉盏饮美酒三杯，请进洞房；中二试，用银盏饮茶解渴，待明晚再试；中一试，用瓷盏喝口淡水，罚在外厢房读书三月"。秦少游顺利闯过前两关，却在第三关，被"闭门推出窗前月"的上联卡住了。他搜肠刮肚，冥思苦想，直至三更而未得其解。苏东坡得知此事，有心想帮未来的妹夫一把，又怕丢了秦少游的面子，故而不能直言相助，遂心生一计，拾起一块砖头，投向园内养莲花的大缸。正在沉思的

秦少游先是一惊，转而猛省，回房写下了"投石冲开水底天"的下联。

例16 文艺复兴时期意大利作家薄伽丘在他的作品《十日谈》第四天的第一个故事中，写到萨莱诺的亲王唐克烈唯一的女儿绮斯梦达，因丈夫去世，回到父亲身边守寡。绮斯梦达身边虽然多的是贵族子弟，但是，她通过暗中观察与对比，发现父亲身边的侍从纪斯卡多虽然出身微贱，但人品高尚，气宇轩昂，遂主动暗示，于是两人之间有了私情。终于有一天，当纪斯卡多从暗道来到绮斯梦达的寝宫与她幽会时，不幸被亲王发现。他先关押了纪斯卡多，然后才与女儿谈话。当他指责女儿不该与一个下贱的奴仆建立这种私情时，绮斯梦达却很坦然地回答："只要你不存偏见地下一个判断，那么你就会承认，最高贵的是他，而你那班朝贵都是些鄙夫。"绮斯梦达的答话激怒了亲王，他命令人缢死了纪斯卡多，并用一只黄金杯子，盛上纪斯卡多的心脏派人送给绮斯梦达，同时转告绮斯梦达："你的父王因为你用他心爱的东西来安慰他，所以他也把你最心爱的东西送来给你作安慰。"绮斯梦达见到盛着心脏的金杯，不但没有屈服，反而说："只有拿黄金做坟墓，才不委屈这颗心脏，我父亲这件事做得真得体。"她向金杯内倒下毒药，一饮而尽，手捧金杯，把情人的心脏贴在自己心口，死去了。

与上例"苏小妹三难新郎"相比，同为利用"物件促进"，唐克烈亲王的所做所为恰恰是"促进"事态发展走向自己目标追求反面的一个例证，最后，他只好依照绮斯梦达的临终请求，将两人合葬。

（三）类比促进

所谓类比促进，即是在语言交际中，由于某种原因，无法或是不便直接用话语明说，而是借用"物境"中某要素的某种特性，以类比的方式促进语言交际向目标追求的方向发展。这一促进手段在语言交际中属于一种基本方法，只要使用得当，有时候甚至可以达到"以无声胜有声"的效果。

例17 《史记·司马相如列传》中写到司马相如与卓文君的爱情故事。司马相如是西汉时著名的才子，汉武帝时，曾任武骑常侍。梁孝王进京时，身边随行一群有名的才子，司马相如心中羡慕，即托病辞官，投奔梁孝王。梁孝王死后，司马相如回到四川成都老家，在老朋友——临邛县令王吉的精心安排下，司马相如在当地名声大振。上流社会也争相以邀请司马相如做客为体面之事。而临邛县有一巨富卓王孙，其女卓文君，貌美，也擅长弹琴，年17岁，守寡在家。司马相如慕其才貌，借去卓家做客之机，演奏琴瑟，借乐曲《凤求凰》中"凤兮凤兮归故乡，遨游四海求其凰"的诗句，表达了自己对卓文君的爱慕之情，躲在窗后偷听的卓文君心领神会。宴会结束，司马相如又通过卓文君的侍女，表达了自己的心境，卓文君于是趁夜离家，与司马相如私奔了。

例18　文艺复兴时期意大利的文学名著《十日谈》第一天的第五则故事，名为"母鸡宴"。说的是有一个名叫蒙费拉托的侯爵，以其英勇闻名于世，而其夫人则以其美貌远近闻名。法国国王——独眼龙腓力闻之，想打侯爵夫人的主意，决定借侯爵远征在外的机会去登门拜访。得此消息，侯爵夫人起初也纳闷，为什么国王在她丈夫外出的时候到她家里来？但她很快就明白了。于是，她一方面安排手下的人准备接待国王，另一方面吩咐他们把周围农户家中的母鸡不论多少都全部买下来。国王到了，一切行礼如仪。中午，国王与侯爵夫人同桌用餐，酒菜丰盛无比，只是国王很快就感到奇怪，他注意到，一道道轮番端上来的菜肴，不论烹调方法如何不同，全都是母鸡。他自以为幽默地发问："夫人，难道当地只有母鸡，公鸡连一只也没有吗？"夫人当即答道："可不是。陛下，不过这儿的女人，就算在服装或身份上有什么不同，其实跟别的地方的女人还是一模一样的。"国王听了，恍然大悟，他明白了，自己无论用什么方式，只怕都很难实现自己来时的非分之想了。为了顾全自己的名誉，饭后国王便匆匆起身离去。

第七章　语言交际场合为什么必须分类把握

——话语行为与场合关系的能动把握

在国内外关于语言交际研究的著述中，常常可以看到这样一个词：场合。它与语境一词经常并列出现，并且因为它们的内涵相差不大，有时被通用、混用。例如，人们在说"适应语境"时，如果换成"适应场合"，在理解上，一般也不会出现什么错误。

尽管"场合"与"语境"在使用上有时似乎可以通用、混用，但是很显然，在研究者的心目中，两者的地位却似乎有着天壤之别。例如，就语境而言，很少有哪一本语用学的著述，对语境不作重点剖析的，其构成如何，其作用如何等，方方面面，详细备至。但是，对于场合，却很少有人专门提及。即使提及，也往往是直接使用，并且多是在阐释语境时偶尔出现，其目的似乎也只是调整一下"语境"一词出现的频率而穿插其间。

正是人们对"场合"的这种冷淡态度，导致了语言交际研究中关于"场合"的理论界定和分类至今无人问津。以国内的研究者为例，一方面很少见到关于"场合"的研究成果，另一方面对"场合"的界定也不够严谨。

例如，索振羽先生在他的《语用学教程》第二章"语境"中，对"场合"作了两种实际上矛盾的不同界定。①

第一种是：场合是情景语境的构成要素。索先生将语境分为三类：上下文语境、情景语境和民族文化传统语境。关于情景语境，索先生认为是由"时间、地点、话题、场合，以及交际参与者的身份、职业、思想、教养、心态"综合构成的。请注意，在这里，"场合"与"时间"、"地点"、"话题"表现为一种并列关系，"场合"的内涵里显然并不包

---

① 索振羽. 语用学教程. 北京：北京大学出版社，2000.17.

含"时间"、"地点"、"话题"。

第二种是：场合是指在一定的时间、地点，一些人就某个话题、以某种方式、为某种目的（意图）进行语言交际的一种景况。请注意，在这里，"时间"、"地点"、"话题"等成了构成"场合"的要素，被"场合"所包含，这些要素与场合之间又形成了一种非并列的关系。

在语言交际研究中，作为基本上可以和语境通用、混用的"场合"一词，对其研究同样也是非常重要的。语境与场合之间表现为一种包含与被包含的关系，语境全部可以外现的组成要素的总称或有机合成，就叫作场合。某一交际场合的全部构成要素，都可以视为该交际语境的构成要素——语境的外现部分的构成要素。

场合在语言交际过程中的作用也是非常重要的。我们知道，语言交际与语境之间表现为一种能动适应的辩证关系，具体地说，这种能动的辩证关系是通过场合（具体的语言交际环境）来落实、体现的。而语言交际目标追求的多样性，语境构成诸类要素具体合成的多样性，在语言交际中，也全部通过场合予以展现。这就使得人们在总结语言交际的成功时，难以忽视场合所具有的独特魅力与千差万别的影响，同时也使对场合特点应准确把握的要求显得极为重要。

在这里，笔者试提出语言交际中六组十二种常见的且具有对应性质的具体场合，分别为：公开场合与非公开场合，正式场合与非正式场合，职业场合与非职业场合，交际场合与非交际场合，高雅场合与通俗场合，友情场合与亲情场合。现分别对这六组场合的基本特点、差异区别以及语用指导进行逐一剖析阐释。

需要指出的是，上述六组十二种场合之间，有的存在着兼容关系，之所以如此排列，并非为了显现六个组合之间的逻辑关系，而是为了通过每个组合的内部对比，突出各个具体场合最为鲜明的语用特征。

第一节　怎样把握公开场合与非公开场合

何谓公开场合？何谓非公开场合？在理论上似乎一时难以找到一道明确的分界线，在这里也只能采用一种相对模糊的界定方法。人们常说，一人为私，二人为公，三人为众。借此通俗说法暂且认定，同时在场有三人以上的场合，虽然不一定就是公开场合，但三人同时在场，却是构成公开场合的最基本条件。

公开场合与非公开场合语言交际的不同特点，在于交际内容隐秘程

度的差异上。需要指出的是，两种场合的界定虽然是比较模糊的，然而其话语内容隐秘程度的差异却常常是非常鲜明的。例如，人们在抨击某些"伪君子"式的人物时，常斥其"满口的仁义道德，满肚子的男盗女娼"。在这里，"满口的仁义道德"，往往就是指此人在公开场合的言行表现；而"满肚子的男盗女娼"，则是指责此人在非公开场合中的言行表现。以此类评语作为一种特例，不难推知，人们在公开场合与非公开场合中的言行差异有时是非常鲜明的。

这种鲜明的差异性，在语言交际中又具体体现在以下三个方面：

一、话题是否具有可公开性

在语言交际中，有的话题可以在公开场合进行，有的话题却只能在非公开场合进行。为此，可以公开进行的话题，就不必特地转到非公开场合进行，因为那样难免会使人觉得故弄玄虚、故作神秘而产生反感。同理，那些不宜公开进行的话题，例如某些涉及隐私方面的话题，如果在公开场合进行，就难免会受到当事者的抵触。

例1　明代开国皇帝朱元璋，少年时家里很穷。他当了皇帝后，据说曾有两个朱元璋小时候的穷朋友结伴前去求见朱元璋，希望能谋个一官半职。

在皇殿上，第一位穷朋友开口说道：还记得我们一起割草的时候吗？有一天，我们在芦苇荡里偷了些蚕豆放到瓦罐里去煮，没等煮熟你就抢豆子吃，把瓦罐都打破了，豆撒了一地，你抓了一把撒在地上的豆子就往嘴里送，不小心连红草叶子也送进嘴里去了，结果一根草棒卡在喉咙里，卡得你直翻白眼，还是我出的主意，弄了一片青菜叶子放在手上一拍，塞到你嘴里叫你硬咽下去，才把草棒子吞了下去，不然，你哪有今天啊！

朱元璋一听，顿时变了脸，连忙喝叫武士把他推出去斩首。可怜这位穷朋友莫名其妙地就做了刀下之鬼。

朱元璋再转过脸来问另一位穷朋友：你有什么说的？那人连忙答道：想当年，微臣跟随陛下东征西战，一把刀斩了多少"草头王"。陛下冲锋在前，抢先打破"罐州城"，虽然逃走了"汤元帅"，但却逮住了"豆将军"，遇到"草霸王"挡住了咽喉要道，多亏了"菜将军"帮忙，不然，你哪有今天啊！

朱元璋一听，笑了，颁旨让他做了将军。

这则历史逸事是否真实已无从考证。但朱元璋当年的两个穷朋友的不同结局却能说明一个问题。对于朱元璋来说，既已当上了皇帝，过去

的有些事情，尤其是那些不太体面的事情，也就不宜再公开提及了。把不宜公开提及的话题公开谈论，使朱元璋感到脸上无光，心中不满，也就难免会大难临头了。

二、适应需求的差异性

在公开场合语言交际中，人们往往比较注意个人的社会角色。换句话说，人们往往会自觉不自觉地侧重于完善自己可供展示的社会形象。而在非公开场合语言交际中，人们往往会自觉不自觉地侧重于心灵的袒露，或者说人们往往会更直率地表现出对目标的追求，并且其情感流露往往也更为直白。

例2 我国著名的戏剧家曹禺在他的代表作《雷雨》第二幕中展现了这样一个场景。周朴园与侍萍意外相逢，当周朴园终于确认面前站着的就是30年来自己在内心深处一直难以忘怀的侍萍时，他脱口而出的第一句话竟然不是关切的问候，而是严厉的质问："你来干什么？""谁指使你来的？""好，痛痛快快的，你要多少钱吧？"而且，他很冷酷地拒绝了侍萍想见一见自己的亲生儿子周萍的要求。在第三幕中，当周朴园看见侍萍置身于他的一家人中间时，以为30年前的事情已经被说穿，于是他立即招呼周萍与侍萍母子相认："萍儿，你过来，你的生母没有死，她还在世上。""混账，不许胡说。她没有什么好身世，也是你的母亲。"对比一下周朴园在剧中的这两种不同的表现，不难看出，在第二幕中，周朴园对侍萍说话时，完全不顾忌自己的身份、形象以及侍萍对自己将会作什么样的道德评价。而在第三幕中，他则是每一句话都在同时显现自己的道德君子、尊贵家长的身份与形象。周朴园面对侍萍，其话语之所以会出现这样鲜明的差异，是因为在第二幕中，周朴园置身于非公开场合，而在第三幕中，他置身于公开场合。

三、道德显现的差异性

人们在公开场合语言交际中，对自己的道德形象确立的要求比较高；而在非公开场合中，自我约束的程度则相对较低。以世界各国法律似乎都有点无可奈何的、发生在办公室里的"性骚扰"之类的事件来说，其实就可以作为人们在两类不同性质的场合中道德自律显现存在差异的明证。因为"性骚扰"之类的言行，多发生在没有第三者在场的非公开场合，被骚扰者一般无法控告，事实也难以得到确认。而在有第三者或是多人在场的公开场合，即使是"色狼"，也会掩饰收敛的。

　　由于在与熟识的人的交往中，人们往往以交际对象在非公开场合中的言行表现作为鉴定其思想道德真实水平的依据，所以，个人在这两类场合中通过其言其行所显现出的道德水平，如果持续地表现出一种"不一致性"，则必然会引发来自熟识者的贬斥性评价，并最终导致种种不利于语言交际的后果；反之，如果能努力使这种道德显现"趋近一致"，努力使自己在公开场合和非公开场合中保持"表里如一"、"言行一致"，则不仅是个人道德魅力在语言交际中的具体体现，更将直接推动说话人在语言交际中获得成功。

　　例 3　《荀子·大略》中写到，柳下惠因为怕一个女子受冷，就用自己的衣服把她裹在自己怀里，并且能"坐怀不乱"。《资治通鉴》记载：后汉时，东莱太守杨震路过昌邑，县令王密以十金相赠，并说"暮夜无知者"，杨震厉声说："天知、地知、你知、我知，何为无知？"王密羞愧退出。这两位历史人物在非公开场合的表现，以其崇高的道德显现被传为千古佳话。

第二节　怎样把握正式场合与非正式场合

　　何谓正式场合？何谓非正式场合？与上一组一样，该组场合在理论上似乎也一时难以找到明确的分界线。这里仍只能采取一种相对模糊的界定方法，将具有一定官方性质或正规性质的场合称为正式场合，而将不具有此类性质的场合称为非正式场合。

　　正式场合与非正式场合语言交际的特点区别不在于场合的规模，而在于场合的性质，以及在这两种场合中，说话人对说话内容承担责任的程度差异。也就是说，人们对于正式场合语言交际中的说话内容，一般都要负全责且不易否定，因而表态相对比较谨慎，同理，其可信程度也相对较高；对于在非正式场合下的说话内容，并不是说就可不负责或不可信，而是往往因其"非正式性"，可信程度相对较低。

　　据报载，在 1998 年中央电视台的抗洪救灾文艺晚会上，发生过这样的事情。有些人在赈灾现场慷慨激昂地作出捐赠承诺，一开口就是"我捐×××万"，然而演出后却拒不兑现。此事后来虽然通过一些途径得到解决，但是，审视这一过程，其原因还是在于人们通常对文艺演出的场合性质的认定。根据一般人的心理特点，很多人总认为文艺演出是非正式场合，说过的话并不一定非要兑现，再加上那时人们的捐赠并不是当场掏钱，而是先表个态就可以了，钱款可以事后再付，因而到了真的要他掏钱的正式场合，就难免会有人赖账了。

这种差异在语言交际中具体地显现在以下三个方面：

一、预先设定性与非预先设定性

正式场合所具有的官方性质或正规性质，决定了这种场合往往要预先设定。大至国家、民族之间的外交政务，小至亲朋好友的聚会庆贺，多由双方（或多方）事先商定。而非正式场合大多不需要预先设定，语言交际活动随时随处都可以进行。

例1　我国古典文学名著《水浒全传》中写到，宋江无意造反，一心只想得到朝廷招安，无奈有高俅等人从中作梗。于是宋江特派浪子燕青前往京城，打通了已经得到皇上宠幸的名妓李师师的的门路。终于得到机会，当皇帝从地道来到李师师房间时，燕青寻机进入面见皇帝。一番淫词艳曲的吹拉弹唱，逗得皇帝好生高兴，燕青得以借机表明了水泊梁山想获得招安的愿望并得到了皇帝的理解和允诺。仔细分析这一场合，其性质应当属于非正式场合，虽然皇帝表态是"金口玉言"，而且这一次会面有李师师精心策划，但在这场会面中，燕青与李师师属于同一方，而皇帝属于"事先无约定"的另一方（万一皇上临时决定不来了，李师师就得另找机会），况且双方见面的地点是妓院，所以燕青从皇帝那里得到的允诺，其性质只能属于非正式的表态。

但是，正是这样一次非正式的会面，使得皇帝有了明确的看法，并最终推动了招安的成功。小说第八十二回详细地描绘了招安的全过程。从京城这一方来看，前去招安的人马，从接到圣旨、准备动身，直到按照既定程序，浩浩荡荡来到梁山；从梁山这一方来看，早在数天前，就开始于几十里地之外搭棚结彩，设笙箫鼓乐，做好准备，至双方碰面后，则是一番隆重的招安仪式。这样的场合，与燕青当初在妓院里私见皇帝相比，显然属于预先设定的正式场合。

二、场合形式的多样性

如前所述，该组场合的界定依据不在于场合的规模，而在于场合的性质，这就使得该组场合具有形式上的多样性。例如集贸市场，人虽多，但其场合却是非正式的，至多只能算是公开场合；而情人之间的爱情表白，虽然只有两人，但一经承诺却能至死不渝。

这又导致了"公开场合与非公开场合"与"正式场合与非正式场合"交叉的现象。公开场合既可以是正式场合，也可以是非正式场合；

同样，非公开场合既可以是非正式场合，也可以是正式场合。从总体上看，在公开场合，人们在承担责任的可信程度上，一般高于非公开场合，但可能低于正式场合。

例2　《南方周末》于2002年2月21日刊登了"中美关系30年"的专版文章，其中写到了30年前的2月21日美国总统尼克松访华的历史过程。这一过程的前前后后，既有美国国务卿基辛格在巴基斯坦以患感冒为由，避开世界各国记者的跟踪，秘密前往北京进行前期会谈（非公开场合），又有当天的11时30分，尼克松总统乘坐专机，准时降落在北京机场，周恩来总理等国家领导人热烈欢迎（公开场合）；既有尼克松总统到达北京3小时后，毛泽东主席临时决定与尼克松会见，进行了一场轻松愉快的"哲学方面"的谈话（非正式场合），又有会谈结束以后，双方举杯共庆而且分别发表了重要讲话的盛大宴会（正式场合）……

由此可知，在语言交际有时还需要借助交际场合的多样性来实现目的意图，话题越是重要，语言交际的过程中，交际场合就越可能表现出多样性的特点。

三、两种场合的交叉互补性

在非正式场合，人们表态承诺时，心理负担较轻；而在正式场合承诺，则对恪守信誉的心理准备较充分。所以，常常会有人自觉或不自觉地利用该组场合的特点差异，力求应用上的交叉互补。例如，商贸、经企方面的谈判交涉，往往起始于酒吧、餐馆这些非正式场合，氛围比较轻松，有利于双方比较开诚布公地权衡得失、讨价还价，而一旦正式签约，往往就转移到预设的正式场合，以显现达成协议的严肃性。再如民事纠纷的法庭审理，也往往表现为一种非正式场合的协商说服与正式场合的审理裁定的交叉应用过程。

需要指出的是，每一个人，不论是在何种场合，也不论是要求对方还是约束自己，都应力求对所述内容承担责任，对所作承诺恪守信誉，这就是人们常常称道的"一诺千金"、"君子一言，驷马难追"。而这里的"一诺"、"一言"，往往更强调人们无论是在正式场合还是在非正式场合，既然开了口，就一定要言行一致。能坚持做到这一点，显然有助于强化个人的人格魅力。而这一点，在语言交际中，其重要性有时远远胜过对交际技巧的学习与运用。

第三节　怎样把握职业场合与非职业场合

　　关于职业场合与非职业场合的认定，这里提出一个界定标准，即双方（或多方）均以其职业身份与对方进行语言交际的场合称为职业场合，双方（或多方）均不以或有一方不以其职业身份进行语言交际的场合称为非职业场合。

　　职业场合与非职业场合语言交际的不同特点，在于交际过程中口语应用的职业色彩度不同。在职业场合语言交际中，虽然不完全排斥非职业口语，但处于主导地位的显然是与职业行为相关的口语。例如，教师在与学生进行思想教育交谈时，就不宜闲聊似的东扯西拉；司法监管的人员与已经刑满释放人员谈话，应有别于与正在服刑者的交谈。

　　职业场合与非职业场合的特点差异，在语言交际中具体地显现在以下三个方面：

一、职业场合更重视营造职业氛围

　　职业场合语言交际氛围的形成，一要注意紧密围绕话题本身进行交流，不蔓生枝叶；二要遵循职业特点需求。如商贸交谈"货卖一张嘴"的热情与主动、司法交谈"以事实为依据，以法律为准绳"的严谨与周密、医护交谈"语言治病也致病"的关切与谨慎等。而在非职业场合语言交际中，对职业氛围的要求显然随之大大降低。如果此时仍然是三句话不离本行，则有可能对语言交际的应有氛围产生消极影响。

　　例1　《华威先生》是张天翼先生写于抗战时期的一篇短篇名作，小说生动而深刻地塑造了一个国民党文化官僚的形象。有趣的是，当我们转而从语言交际场合应对的角度来考察华威先生时，便不难发现，他恰好可以同时看作"职业场合与非职业场合"中语用错位的典型。小说中，华威先生很醉心于自己在公众面前的职业形象，无论是参加什么样的会议，与什么样的人交谈，他都要时时提醒听众与对方注意，他眼下很忙，有很多重要公务在身，有一连串的会议等着他去召开或主持。这种"交代工作"式的职业语言也无孔不入地插进了他与亲戚（小说中的"我"）的非职业场合语言交际中。小说一开始就写到华威先生与"我"的一次谈话："我们改日再谈好不好？我总想畅畅快快地跟你谈一次——唉，可总是没有时间。今天刘主任起草了一个县长公余工作方案，硬叫我参加意见，叫我替他修改。三点钟又还有一个集会。"然而，

这个无时无刻不在向往着又能有会开，又能有机会炫耀他是怎样在为抗战而奔波的华威先生，却在最应该遵守职业场合语言规范的开会现场，和旁边的人聊起了非职业话题。小说中写到他在文化界抗敌总会的会议现场，主席正在台上作报告，"他带着很机密很严重的脸色——小声儿问那小胡子：'昨晚你喝醉了没有？''还好，不过头有点晕。你呢？''我啊——我不该喝了那三杯酒'，他严肃地说，'尤其是汾酒，我不能猛喝。刘主任硬要我干掉——嗨——回家就睡倒了。密司黄说要跟刘主任算账呢，要质问他为什么要把我灌醉。你看！'"小说中的华威先生是一个以说话为其职业行为的人物形象，可是他却搞不清楚，他什么时候该说什么样的话，什么时候不该说什么样的话。

二、职业场合要尽量排除个人情感好恶

在职业场合语言交际中，个人方面的诸多因素一般都应当排除。例如，单位、部门的主管评价其下属工作，显然应立足于全面客观的评价。如果总结中掺入了个人的情感好恶，评价中又夹杂着私人恩怨，这场语言交际就很难获得成功。而在非职业场合语言交际中，这一要求就要淡化得多。

例2　抗战时期，厦门大学曾从英国请来一教授讲学，校长萨本栋以礼相待。本来，教授讲学既是个人的职业行为，又因为是在外国学校讲学，显然更应当注意应有的职业道德与社交礼节。不料在欢迎他的酒会上，该教授却批评厦大"不如英伦三岛之中小学校"。

萨校长解释说："抗战时期，因陋就简，但是在教学质量上，厦大一向是从严的。"

这位教授并不买账，继续说道："欧美开风气之先导，执科学之牛耳。敝国有诗圣拜伦、雪莱，剧圣莎士比亚，现代生物学之父达尔文，力学之父牛顿。可叹泱泱中华，国运蹇促，岂可侈称'物华天宝，人杰地灵'之邦乎？"

见这位教授又将矛头从厦大转向了中国，萨校长也有点听不下去了，他说道："教授先生，你别忘了，中国的李白杜甫如经天之日，英伦还是中世纪蒙昧蛮荒之时；中国李时珍写下《本草纲目》之际，达尔文之父乃至其祖还不知在哪里呢！"

不料这位教授竟然又将话锋直指萨校长："校长阁下，请记住，是美利坚合众国的伍斯特工学院和斯坦福大学造就了您的学识和才能！"

萨校长说道："博士先生，我提醒你，中华文明曾经震惊世界，没有中国远古的四大发明，也就绝不会有不列颠帝国的近代产业革命！"

仔细分析这场不欢而散的舌战，其起因有三。其一，这位教授不该忘了自己原本应当时时注意的绅士风度。厦门大学是邀请他来讲学，不是邀请他来检查学校工作的，他只要完成讲学任务就行了。其二，他对厦大的印象当然也可以说，但是，酒会怎么也不能算是个探讨办学质量的地方。其三，批评厦大应立足于全面客观的评价，尤其是在中国正处于抗战时期这一特殊形势下。这位教授不看场合、不看对象，凭着个人一时的情绪好恶，信口开河，引发这种不必要的口舌纷争岂不是大大地损人而不利己吗？

三、职业场合排斥个性化的语言

在职业场合语言交际中，人们是以自己的职业或职务与对方进行交际，而不是以自己的个性、思想、心理和感情与对方进行交际。因此，在交际过程中，双方要求对方应该承担某种职业或职务在此种场合中应有的言行，而并非作为个人在此场合中可能有的言行。这就要求说话人的话语应当符合职业角色的需求，而不应过分显现个性化或情绪化的倾向。

当然，职业场合语言交际毕竟是由单个的、有着个性与独特情感的人来进行的，在职业语言交际过程中，过于压抑个人情感，完全排斥个人需求，话语纯职务化，都难免使其话语失去魅力而成为一种类机器行为（此类言行，社会生活中有时斥之为"官腔官调"）。因而，即使是在职业场合语言交际中，有时也需要加入一些非职业身份的个性化语言，以作为职业场合语言交际的完善与补充。

这种完善与补充，一般可以通过两种途径来进行。

一种是将个人的情感化语言有机地穿插在其职务话语中，力求实现两者的融合互补。

例3 我国古典名著《红楼梦》第一百○五回"锦衣军查抄宁国府"一节写到宁国府被查抄的过程。其中，有两个人物的言行就很值得注意，一个是西平王，他是领了圣旨"带领锦衣府赵全来查看贾赦家产"的，但他与贾府的多年交往使得他即使是领旨带人前来抄家，见了贾赦仍是先以礼相待，并亲自准许正在贾府赴宴的亲友们不必接受搜查，可自行离去。另一位是北静王，他随后赶到，一方面，他也不得不继续查抄行动，但另一方面，他又拉着贾政的手说："政老放心。"查抄完毕，临离去时，又"把手一伸，说：'请放心。'觉得脸上大有不忍之色"。两位王爷的这种将个人的情感化语言有机地穿插在其"抄家"职务中的行为，在当时，确实给了贾府上下极大的安慰。

另一种则是借助非职业场合语言交际的"补充",追求职务原则立场与个人情感道德的有机统一。

例4　1997年1月23日的《法制文萃报》曾记载了这样一段史实。在20世纪60年代,我国曾有过一段三年自然灾害时期,当时吃不饱肚子几乎成了国内各个阶层的人们所面临的头号问题,连国家领导人也不例外。有一次,周恩来总理得知,我国正在研究原子弹的专家们因为饥饿和营养不良,脚已经肿得连鞋子都只能趿拉着走,周总理很难过。可是,他即使身为总理,也无法立即运用权力从根本上解决这个问题。经过一番思考,他转而向军队求援。聂荣臻、陈毅等老帅鼎力相助,很快,部队援助国防科技队伍的食品就已经在运送的途中了。在食品运到之前,周总理又打电话委托聂总、陈总以他个人的名义举行一次会议。两天以后,科学家们接到请柬,在人民大会堂里参加了一次会议,会议室里,没有会议桌,只有餐桌,会议的主题令人意外地只有一个——吃肉!

第四节　怎样把握交际场合与非交际场合

在分析这一组场合以前,首先要说明一下"交际"的内涵。"交际"一词在这里有"广义"与"狭义"两种不同的界定。所谓"广义",即是指人们在社会交往中的各种各样的话语交流活动(例如,这里展开阐述的六组场合中的语言交际,统统可以划入"广义"的口语"交际")。而所谓"狭义",即是指以结识、应酬等社会交往为主要目的的语言交际。

交际场合与非交际场合语言交际的不同特点,主要表现在礼节程序的色彩差异上。无论是在交际场合,还是在非交际场合,人们进行语言交际都需要遵循一定的礼貌原则,而交际场合语言交际更侧重于遵循礼貌原则中的礼节程序。由于语言交际过程,越是讲究礼节程序,情感交流度就越低,因此,伴随着这两种场合中礼节程序的色彩差异,也就导致了情感交流的差异。

这种特点差异,在语言交际中具体地显现在以下三个方面:

一、礼节程序与情感交流互相排斥

在语言交际过程中,越是讲究礼节程序,双方的情感交流程度往往就越低。例如,即使是多年未见的故交亲朋,当他们在社交场合中相逢时，如果连座位都是事先排定的，显然，此时此地是不宜不顾场合就当即开怀叙旧的；反之，一旦双方开始真情交流，所谓的礼节与客套也就被抛到一边去了。

例1　我国古典文学名著《三国演义》第三十回中写到，官渡之战前夕，曹操与袁绍两军对垒，不久，曹军军粮告罄。正在进退两难之际，曹操突然接到手下人报告：有一个名叫许攸的求见。许攸是曹操小时候的朋友，眼下正是袁绍的谋士，夜间悄悄来见，定然不是小事。

当时曹操已经睡下，一听报告，心中大喜，竟然连鞋子都来不及穿，光着脚就跑出去迎接。远远看见许攸，即拍着手，笑脸迎了上去，与他手拉着手回到帐内，曹操又是跪地先拜，以至把许攸吓了一大跳，慌忙扶起，说道："公乃汉相，吾乃布衣，何谦恭如此？"

联系小说的上下文，不难看出，曹操对来自袁绍一方的许攸的这一番举动，多少带有一种夸张，或者说是"作秀"的成分，因为他对许攸其实并未放下戒备之心。他之所以如此"热情相迎"，其意只在于求得许攸的帮助，而他果然得到了原本就是来投奔他的许攸的帮助。倒过来想一下，如果曹操得知许攸来了，不是如此以"情"相见，而是嫉恨他身为少时朋友，多年来却一直充当袁绍的谋士，走投无路了才想到自己，于是摆起汉大丞相的派头威风，来一番虽然也不失礼貌的礼节客套，许攸还能对他真心相助吗？

二、交际场合更注重以礼节程序驾驭情感表露

礼节程序与情感交流之间虽然存在着互相排斥性，但两者又共存于语言交际过程之中。只是此时，情感交流受到礼节程序的控制，往往只能是侧重于情感的礼节性表露，并且，其话语所表现的情感亲近程度通常高于形体动作所显现的情感亲近程度；反之，在非交际场合，当人们的情感交流突破了礼节程序的制约时，不仅礼节程序随即消解，双方形体动作的亲密程度也立即上升。

例2　我国古典名著《红楼梦》第三十三回中，写到宝玉曾挨过贾政的一次家法惩治，其过程及原因就很值得注意。当时，宝玉一听传话，说贾雨村来了，贾政要他出去作陪，尽管心里不愿出去，但还是赶紧换衣服，换鞋子，人倒是衣帽整齐地去了，心却没去，结果遭到贾政的训斥，后来又遭了他一顿打。这其中，至少有两点值得注意。第一点是，为什么宝玉去迎接客人，临出门要先换衣服？为什么从行动上看，他是完全服从贾政的，却仍然遭到他的暴打？原因就在于，待客会友是一种交际行为，礼貌原则要求主人注意衣着外表的修饰，以向客人表示

应有的尊重。第二点是，在越是应当讲究礼节程序的交际场合，就越是不应当有不利于该场合的交际氛围的个人情绪的自然流露，正如贾政训斥宝玉时所说的："方才雨村要见你，叫你半天你才出来，既出来了，全无一点慷慨挥洒谈吐，而是葳葳蕤蕤。"这几句话的意思是说，要你陪伴客人，你却没有一点陪伴客人的样子，一点精神也没有。从语言交际的角度来看，宝玉的错处在于，在应当压抑自己的个人情感、遵照应有礼节热情接待客人的过程中，他却让自己心情的不愉快过于外露，以致破坏了应当维持的礼节氛围，结果遭到了一顿暴打。

三、交际场合更注重以礼节程序驾驭个人需求

语言交际既以结识应酬为目的，很自然地，在此过程中就应压抑自己的个人需求，以免干扰结识应酬。当个人需求必须有所显现时，也应将其控制在礼节程序许可的"度"内。例如，在某些应酬性的宴会上，人们常常难免受"礼"的制约而不能开怀畅饮。再如，在与对方初次结识时，往往不宜频频中断谈话转而去处理其他的事，那样难免会使对方产生自己不受欢迎的误解。有时，即使是亟待办理的职务公事，也要暂时压在一边。反之，在非交际场合，这种个人需求受到礼节程序压抑的程度就要低得多。

交际场合对礼节程序的重视，不能简单地斥之为虚伪、客套。尤其是作为交际双方熟识程度与友谊深度不够时的一种补充，礼节程序的存在是有必要的，并且，它会随着双方的熟识程度与友谊加深而逐步弱化。但是，两者究竟应如何结合并共存于语言交际之中，仍需视具体场合而定。

作为一种原则，这里只能提出，在与他人交际往来的过程中，该讲究礼节程序的时候要讲究礼节程序，不该讲究时就不必讲究。不该讲究时过于讲究，难免让人觉得虚伪，难以亲近；该讲究时不讲究，又会让人觉得失礼、不文明。

例3　《后汉书·梁鸿传》中，有一个流传至今、夸赞夫妇间相敬相爱的故事——"举案齐眉"就很值得推敲。因为"举案齐眉"分明是一个礼节行为而不是一个亲情行为，如果夫妻之间连平时吃饭的过程都如此讲究礼节程序，两人之间又还能有多少亲情可言？再者，"举案齐眉"一词其实也并不能表现夫妻之间是如何相亲相爱，它不过是在男尊女卑的封建时代，从男性立场对夫妻生活的一种理想化描写罢了。另外，还有一个夸赞夫妻之间感情融洽的成语——"相敬如宾"，其实也并不具有赞美夫妻之间情感深厚的含义。因为夫妻之间表现为一种亲情

关系，而"宾主关系"属于友情关系。不难理解，从总体上说，亲情关系的情感浓度总是高于友情关系的，也就是说，夸赞友情关系之好，可以好得接近亲情关系，例如"情同手足"之类，这是夸赞。可是，反过来，夸赞亲情关系之好，好得接近友情关系，例如"相敬如宾（客）"之类，反而就有点显得降低亲情的浓度了。

第五节　怎样把握高雅场合与通俗场合

何谓高雅场合？何谓通俗场合？这里只能提供一个相对模糊的界定标准。一般来说，由高级别文化人士聚合构成，或是以高雅艺术展现为背景的，并且话题多与文化艺术相关的语言交际场合，谓之高雅场合。前者如学者聚会、学术沙龙等，后者如在音乐厅、美术馆进行的，以艺术为话题的语言交际活动等。而所谓通俗场合，即是以个人言行随意自如为特点的，且不太注重身份礼仪的语言交际场合。

高雅场合与通俗场合，和其他几组场合也有交叉之处。例如，这一组场合，都可能属于交际场合和公开场合，可能同时也是职业场合或非职业场合。

高雅场合与通俗场合语言交际的不同特点，主要体现在遣词用字的典雅与通俗的差异，这里试举几个对应词语为例。典雅措辞诸如：聆听教诲、恭请雅正、下榻、用餐。换成通俗说法就是：请发表意见、请批评、睡觉、吃饭。另外，在这一组场合中，参与交际的人数可能较多，并且可能只有在人数较多的情况下，进行高雅与通俗的比较性分析才有实际意义。

这种差异特点，在语言交际中具体地显现在以下三个方面：

一、高雅场合的高雅度一般应依其中心人物而定

在各种语言交际场合中，人际关系客观上存在着主宾之分，不但在"二人场合"，而且在"多人场合"，也往往总是有着一两个中心人物，在高雅场合中这一点更为明显。此时，人们遣词用字的"高雅度"就应当以位于主方的中心人物或主要人物的实际水准为标准。即不宜在言谈举止中表现出低于这个标准，以至于显得自己不够高雅，或者说，表现出对中心人物在场的不够尊重；同样也不宜表现出高于这个具体标准，以至于反衬出中心人物的不够高雅。而在一般的通俗场合，则有所不同，既可能是"客随主便"，也可能是"主随客便"。

例1 我国古典文学名著《红楼梦》第十七回中，写到大观园建成，贾政邀了一班清客文人前来游园，同时谈论了园内景观，何处宜题何名，何处宜挂何匾。在这一过程中，虽然贾政为人一贯比较谦虚，说自己在花鸟山水题咏方面水平不高，并且，当时众人也商定，由"大家看了公拟，各举所长，优则存之，劣则删之"。但他毕竟是主人，而且地位又最高，游的又是贾府大观园，所以，在游园过程中，始终是以贾政为中心的。小说中，我们看到，在每一处景点，尽管众说纷纭，但是，究竟哪一个雅，哪一个俗，却基本上全部由贾政"一语定音"。尤其是众位清客看到贾政叫来宝玉随行，心里也就"早知贾政要试宝玉的才情，故此只将些俗套敷衍"，以便凸显宝玉的才情。因此每到一处景点，总是先由众人七嘴八舌，意见不一，但只要贾政一开口，意见也就立即得到了众人的一致认同。

但是同样是在《红楼梦》中，刘姥姥二进大观园时，参加过一次贾府的家宴。家宴原本应当属于通俗的场合，但是按照贾府的惯例，家宴上常行酒令，太太小姐们多以诗词歌赋作答，也就显得高雅了。以刘姥姥这样一个乡下老太婆的"俗"水平，她是难以加入贾府太太小姐们的"雅"行列的。但是，刘姥姥不但参加了，而且宾主双方大家都非常开心，其原因就在于有贾母参与的"主随客便"。

当时，凤姐和鸳鸯都存心要出刘姥姥的洋相，看她的笑话。"鸳鸯笑道：'左边大四是个人。'刘姥姥说：'是个庄稼人吧？'众人哄堂笑了。贾母笑道：'说得好，就是这样说。'刘姥姥也笑道：'我们庄稼人不过是现成的本色儿，姑娘姐姐别笑。'鸳鸯道：'中间三四绿配红。'刘姥姥道：'大火烧了毛毛虫。'众人笑道：'这是有的，还说你的本色。'鸳鸯笑道：'右边幺四真好看。'刘姥姥道：'一个萝卜一头蒜。'众人又笑了。鸳鸯笑道：'凑成便是一枝花。'刘姥姥比划着：'花儿落了结了个大倭瓜。'"这一段酒令，可以说是贾府有史以来最土的酒令了，之所以也能通行到底，就因为刘姥姥当时实际上成了贾府的中心人物，游戏规则降到了她的水平。

二、高雅场合一般应以中心人物所谈话题为中心话题

语言交际不同于某些主题明确的协商、会谈，往往会表现出话题的随意性、漫延性。在高雅场合语言交际中，一般应以中心人物的话题为话题，并随其谈话内容的转变而转变，其他人员一般不宜随便改变其话题，并且应力求很自然地表现出对此话题的热情"迎合"。

例2 《红楼梦》第十五回写到贾府的一场出殡，前来送殡的也有

141

各个贵族世家的人。更有四家郡王府在路上搭了彩棚，进行路祭，也是依照程序行事。但是，在北静郡王的彩棚前，却不止北静王本人，王府的大小官员也全部到场。于是，贾珍、贾赦和贾政连忙一道上前以国礼相见。路祭之后，原本送葬队伍就该继续前进。不料北静王对衔玉出生的贾宝玉很感兴趣，提出想见一见宝玉。于是贾政连忙通知宝玉换了衣服上前。北静王一见宝玉心生喜欢，就聊起了宝玉，问他今年几岁，现读何书，接着在贾政面前夸奖起宝玉，说他前途无量，希望他抓紧学业，又将皇上送的一串念珠送给宝玉作为见面礼，好一会儿工夫，双方才分手。

分析这一过程，贾府的"主题"是送葬。各家派来的代表，在这种场合，一般都是客随主便，主人怎么安排就怎么行动。即使是进行路祭的人家，一般也都是谈话不离送葬的主题。但是，北静王却提出要见宝玉，为此贾府不仅让送葬队伍全部停下来，贾政还参与了这一会面的全过程，究其原因，就在于北静郡王在这种场合的出现，使得他自然而然地成了"中心人物"，于是很自然地，贾府的"送葬"主题也就临时出现了随其要求所作的"迎合"式改变。

三、两种场合用语的可交叉与不宜交叉

在通俗场合语言交际中，有时可以使用高雅场合语言交际的措辞，以示自己对对方的敬重、热情。当然，其高雅度不宜超越对方的实际水准，以免造成尴尬与误解。在高雅场合语言交际中，尤其是双方相知未深时，一般还应努力注意使自己的言行与现场氛围相融洽，至少不宜过多使用与现场氛围不相融洽的通俗类词汇。

高雅与通俗，既是两种不同的交际场合的代称，同时又与交际参与者的文明水平密切相关。随着人们参与语言交际范围的不断扩大，语言交际正在呼唤人们多方面的交际适应能力。我们应当注意提高自己语言交际的高雅度，以适应高雅场合的礼仪需求，甚至是礼节苛求。但是在具体的语言交际场合，却应当能雅能俗。一个人在语言交际中，如果只能雅而不能俗，只怕难免会有形单影只的尴尬；但如果只能俗而不能雅，在语言交际中，又难免会让人觉得乏味，甚至觉得俗不可耐。

在这里，还需略作补充的是处于语言交际中心位置的人物的雅与俗。之所以能成为中心人物，有的固然是由于地位的显赫，但有时，小人物也可以成为中心人物，如远道而来的客人。此时，还需注意"入乡随俗"的重要性，也就是说，无论自己是从原先的高雅场合来到通俗场合，还是从通俗场合来到高雅场合，均应力求"客随主便"，尽量缩小

与对方的雅俗差距，求得语言交际中氛围的和谐融洽。尤其是主人已为适应客人的雅俗水平而作出了一定的努力时，客人更应当向对方的努力接近。那种只能以自我"原型"进入交际场合者，无论是从雅至俗，还是从俗至雅，如果不能变通，最终都会遇上种种尴尬。

刘姥姥在大观园里，以其村妇的粗俗言行给贾府上下带来了令人喷饭的欢笑。尽管如此，我们还是应当看到，以贾府内的高雅程度，刘姥姥的粗俗言行其实只能偶尔为之，绝不可能每每如此，而且，真的要让刘姥姥长住贾府，除非她很快就能很好地约束自己的言行以适应贾府的高雅，否则，贾府她是呆不下去的。

第六节　怎样把握友情场合与亲情场合

友情场合与亲情场合，在这里也有特定内涵。所谓友情场合，是指具有某种相同友谊关系的人员组合而成的语言交际场合，例如，校友聚会、战友聚会等；而所谓亲情场合，则是以具有亲缘关系的人员组合而成的语言交际场合，例如家庭聚会、同乡聚会等。两种场合的规模均可大可小。大者如北京大学百年校庆的校友聚会，规模盛大，举世瞩目；小者如老同学叙旧、情人幽会，在场的有时只有两个人。

友情场合与亲情场合的特点区别，在于情感的偏重点不同。前者偏重友情，后者偏重亲情。而其共同点则在于，在场人均以一个同类的"情"字相连。这一特点具体地显现在以下三个方面：

一、参与者均具有同类身份

无论是友情场合还是亲情场合，其语言交际的参与者往往均具有友情或亲情的同类身份。这种"同类相聚"的交际场合一经形成，不但对其他的同类人员产生一定的感召力、吸引力，而且对非同类人员（除非受到特别邀请），往往还具有一种不言自明的排斥力。

例1　《三国演义》第七十三回中，刘备在众人的劝说之下，进汉中为王。刘备封关羽、张飞、赵云、马超和黄忠为五虎上将，并修表一道，差前部司马费诗为使，至荆州向关羽授印。

关云长出迎，叙礼既毕，问："汉中王封我何爵？"

司马曰："'五虎上将'之首。"

云长问："哪五虎将？"司马曰："关、张、赵、马、黄是也。"

云长怒曰："翼德吾弟也；马超世代名家；子龙久随吾兄，即吾弟

也；位于吾相并，可也。黄忠何等人，敢与吾同列？大丈夫誓不与老卒为伍！"遂不肯受印。

眼看这一件好事突然变得如此尴尬，司马费诗虽然始料未及，但他毕竟为人机敏，立即说道："将军差矣，昔萧何、曹参与高祖同举大事，最为亲近，而韩信乃楚之亡将也；然韩信为王，居萧、曹之上，未闻萧、曹以此为怒。今汉中王虽有'五虎将'之称，而与将军有兄弟之义，视同一体。将军即汉中王，汉中王即将军也。岂与诸人等哉？将军受汉中王厚恩，当与同休戚，共祸福，不宜计较官号之高下。愿将军熟思之。"

关云长主认为黄忠与自己非属同类，因而不肯与其同列"五虎上将"，司马费诗以汉高祖刘邦与韩信的故事为例进行说服教育，结果，一番话说得关云长猛然醒悟，立刻感谢道："某之不明，非足下见教，几误大事。"于是接受了印绶。在这其中，司马费诗运用的就是同类比较。

二、重情而淡礼甚至排斥礼节程序

这两种交际场合的参与者，无论其社会地位尊卑、拥有权势大小，一进入此两类交际场合，往往主要以"情"相连，而淡化社交礼节。以同学聚会为例，为了体现与对方的友情之深，有时互相之间会常常使用类似亲情场合的称呼，如师兄、师姐等。而且，老同学相聚，大家都会极力地共同回归当年的情境，而将现实的社会地位等暂抛一边。如有人在这里硬要摆出显示社会地位的架子，则难免要生出几分与现场氛围不相容的尴尬。

例2　英国王室传出过这样一件逸事：

1840 年 2 月，英国维多利亚女王与阿尔伯特结婚。

一天，两人为一件小事拌嘴，阿尔伯特一气之下跑进房间，紧闭门户，于是，女王只好上前叩门。

"谁?"阿尔伯特在房间里面问道。

"英国女王。"

屋内寂静无声，房门依然紧闭。女王又轻轻地在门上扣了几下。

"谁?"

"是您的妻子，阿尔伯特。"

房间的门打开了。

三、以"情"统领利、义、理、法

从广义的人际交往角度来看，人们之间的关系由情、利、义、理、法等多种关系构成，然而，在友情场合和亲情场合的语言交际中，一个"情"字，就统领了利、义、理、法等多种关系。也就是说，人们在其他场合可以直言不讳地强调并坚持的原则与纪律，面对友情与亲情，常常需要作出必要的调整和让步。

例3　我国古典京剧名作《赤桑镇》，说的是宋朝时的名吏包公，在亲情场合中，是如何坚持执法如山、不徇私情的。前往陈州放粮救灾的包公，在赤桑镇将前来为其饯行的身为萧山县令但是贪赃枉法的侄儿包勉砍了脑袋。包勉的母亲、包公的嫂娘吴妙贞悲痛之极，前来责问包公的忘恩负义，面对曾将自己抚养成人的嫂娘，包公晓之以理，终于说服了嫂娘并换来了她对自己的理解。但是面对嫂娘对自己的养育亲情，以及嫂娘老年失去依靠的现状，包公深情地对嫂娘说道："见嫂娘只哭得泪如雨降，纵然是铁面人也要心伤。劝嫂娘息雷霆你从宽着想……劝嫂娘休流泪你免悲伤，养老送终弟承当，百年之后，弟就是戴孝的儿郎。"在这里，包公很好地处理了亲情与法理之间的矛盾冲突，使得这场语言交际，以嫂娘前来问罪开始，却以自己和嫂娘之间的情感和好如初结束，最后取得了成功。

由此不难发现，这两类场合对语言交际实现目标追求的特殊价值：那些在其他场合可能办得成也可能办不成的事，在这里，常常就办成了。然而，与此"特殊价值"同时显现的另一面，是这两类场合也容易成为某些人留下遗憾的难忘之处。因为在一个"情"字的统领下，往往就会有一方向另一方提出过分的要求，有时还需要另一方违反职业纪律，甚至触犯刑律才能达到，一旦另一方磨不开情面，遗憾就会由此拉开序幕。这一点，古今中外，无不如此。例如，在战争期间，"色情间谍"为什么能屡建奇功？其原因不言自明。而在和平期间，对于拥有某种权力的人来说，置身于友情场合与亲情场合，如何头脑清醒而且把握好进退的分寸，也确实是一门不太容易掌握的学问。

第八章　共知成分在汉语交际中的应用价值

——汉语交际构成认知之一

研究语言交际，就不能不研究共知成分的作用。

何谓共知成分？

要回答这个问题，首先要说明一点，本书中所使用的"共知成分"概念，是笔者创造的。至于这一创造的依据是什么，那就需要费一点笔墨阐述了。

第一节　语言交际研究中的共知成分

在语言交际过程中，为什么交际双方能够相互传递和理解彼此的意图呢？美国语言学家格赖斯曾以"共有知识"（shared knowledge）这一概念进行解释，称话语的理解是建立在"共有知识"的基础之上的。由于他没有具体说明什么是共有知识，于是，在国内外学者的研究中，它就被注入了多种不同的理解。赞同者姑且不论，反对者中，斯波伯和威尔逊则认为，所谓共有知识或共有假设，指的是交际双方知识或假设的绝对共享区域。可是在绝大多数交际场合，交际双方都不可能绝对共享这种认知区域。而假如用共享的认知环境来作为交际基础的话，交际双方的认知状态不必绝对重叠，对相同本体的认识状态达到概率性相似程度即可，人与人之间的认知错位问题也就迎刃而解了。交际双方可以共享认知环境，但不可能绝对共享这种环境的理解或知识。

中国学者对于"共有知识"的态度也分为赞成和反对两种。

熊学亮先生所使用的名称是"共有知识"："语言交际的基础是交际双方共有的认知环境。交际双方对符义关系的共有知识（shared knowledge）是符号学的基础，在此基础上，超符号（即语言符号和通过推理所产生的附加意义）关系以共有知识为前提，似乎是顺理成章的事。"①

何兆熊先生所使用的名称是"语言外知识"，其中也认同了"共有知识"："构成语境的语言外知识可分成三大类：一是背景知识，二是情景知识，三是交际双方的相互了解。背景知识指的是常识，是人们对客观世界的一般了解，即百科全书式的知识……情景知识指与特定的交际情景相关的知识。这一部分知识和 Lyons 对语境的解释有许多相同之处，它包括某一次特定的语言活动发生的时间、地点、交际活动的主题内容、交际场合的正式程度、参与者的相互关系、它们在交际活动中的相对社会地位、各人所起的作用等。第三大类语言外知识是相互知识，也就是交际双方对对方的了解。这一语境构成因素在语用研究中具有十分重要的意义，也是语用意义上的语境与其他意义上的语境的一个重要区别。这种相互知识是指双方所共有的知识，非但双方要共有这种知识，而且任何一方都要知道对方是具备了这种知识的。这种相互知识对语言交际来说是十分重要的，因为它是交际双方进行语用推理的基础……"②

何自然先生所使用的名称是"互知"，并将其与"共知"相区别。何先生认为："实现交际的条件是交际双方的互知。语境，又称语境假设，是语言交际双方共同的前提。这里的语境不仅仅指上下文说话时的社交语境，还包括双方的各种期待、设想、信念、记忆等。为使交际获得成功，代码交际模式所要求的互知与我们常说的共知不同：共知（shared knowledge）是共有知识，即交际双方不受语境假设影响的那部分共有知识；而所谓'互知'，指在语言交际中随着交谈内容的变化，交际双方必须随时互相知道每一项有关的语境信息。"但同时他又认为："这实际上是难以做到的。"③

苗兴伟的观点立场与何自然先生比较接近，他认为："在交际过程中听话者和说话者怎样来区分共有知识和建立在更高层次上的'相互知信'（mutual manifestness，又译为'互明'、'互知'）呢？即使是处在同一世界的两个人也不可能拥有完全相同的世界知识，假设两个人享有某些共同的世界知识，那么彼此又怎样知道对方也享有这些知识呢？这

① 熊学亮. 认知语用学概论. 上海：上海外语教育出版社，1999. 89.
② 何兆熊. 语用学概要. 上海：上海外语教育出版社，1989. 22.
③ 何自然. 语用学与英语学习. 上海：上海外语教育出版社，1999. 123～124.

就要涉及相互知信的问题。因此，根据共有知识的假设，要成功地进行交际，交际双方不仅要有共有知识，交际双方还必须互相知信……事实上，'相互知信'并不是一种现实，而是交际参与者所追求的一种理想境界而已，因而也就不能反映语言交际时的认知状态。"①

笔者在此舍弃"共有知识"（shared knowledge）、"相互知信"（mutual manifestness）等提法，使用"共知成分"的概念。其理由如下：

（一）舍弃"（百科）知识"的理由

人们进行语言交际，当然不能排除"为了求取知识"的目的，但是，人们进行语言交际的目的远比单一的"求取知识"丰富得多（求取知识、交流知识、增加知识，都应属于学校教育的本质功能）。至于"百科知识"，在汉语中，通常有特定的内涵，它至少应当属于很多方面的知识的汇总。而在语言交际中，双方对于话题的常识性了解以及在信息方面的互知，若要求必须上升到"知识"，甚至是"百科知识汇总"的程度，只怕难免显得太勉强了。例如，某医生问护士："（病人）死了吗？"护士答："死了。"旁听的第三人可能就不明白："谁死了？"再例如，母亲问刚从公共厕所里出来的小孩子："（大便解）好了吗？"孩子答："好了。"旁听的第三人可能也会不明白："什么好了？"在这里，对于诸如此类的，往往只是交际双方互相知道的"病人"和"解大便"等信息，究竟是应当认为其属于"知识"或"百科知识"，还是"共知成分"？显然只能是后者。

（二）舍弃"共有（共享）知识"的理由

如果说，人们进行语言交际，既不是为了"共有知识（体系）"，也不是为了"共享知识（体系）"，那么，人们在进行语言交际的过程中，所运用的（或所依赖的）也同样不是"共有知识（体系）"或"共享知识（体系）"，而只是这一"共有（或共享）体系"中的某一部分，有时候还只不过是一些零星的信息碎片而已。例如，假设有两名大学生，他们均已通过英语专业八级的考试，我们可以认定他们已经"共有（或共享）"了英语专业八级方面的"知识"。但是，当他们两人在用英语就电影《泰坦尼克号》进行观后感的交谈时，双方所调集的其实并不是各自所掌握的专业八级英语知识的全部，而只是与交际话题相关的英语的知识成分的碎片而已。此外，即使是双方均已通过英语专

---

① 苗兴伟. 关联理论与认知语境. 外语学刊，1997（4）.

业八级的考试，他们所掌握的具体的知识内容也并不是完全重合的，也就是说，有的是双方共知的成分，有的还不是双方共知的成分。显然，能够支撑双方用英语进行交流的，是双方共知的知识成分，而不是只有某一方知道，而另一方不知道的知识成分。

（三）舍弃"相互知信（或互知、互信）"的理由

关于"相互知信"这一点，学界早已有人作了剖析，指出"相互知信"实际上是难以做到的，只能是交际参与者所追求的一种理想境界而已，因而也就不能反映语言交际时的认知状态。

其实问题还不只如此。人们进行交际的目的是多样化的，比如传递带有功利需求的信息、传递附加情感交流的信息，以及追求目的意图的实现等。在这多样化的目的中，唯独不应包括或者即使勉强包括也只能占有极小的比例的，是在交流过程中相互之间已经完全知晓的信息。因为，在绝大多数情况下，当交际双方所掌握的信息体系已经完全被对方所了解时，语言交际也就自行终止了。但是，当这种交流被应用于作为制造幽默的一种手段时，情况例外。

第二节　共知成分对语言交际的客观性影响

语言交际的构成总体上可以划分为形式与内容两个部分，顺应着这一划分方式，共知成分的构成总体上可以分为两个部分：形式部分和内容部分。所谓共知成分的形式部分，即双方进行语言交际的表现形式和运用手段，例如语言种类（汉语、英语等）及其应用形式（手写、口述，或者电脑打字、电报收发等）。所谓形式部分的共知成分，即是交际双方对于形式部分各自掌握的量和度的重合部分。从这一角度来看，双方的共知成分越多，语言交际展开的自由度就越大。例如，对于交际双方都是以汉语或英语为母语的人来说，他们对汉语或英语掌握的程度越高，并且水平越接近，进行交际时所遇到的阻碍就越小。再例如，交际双方熟悉某种暗语、黑话的程度越高，并且水平越相近，对于他们来说，使用该种暗语、黑话进行交际所遇到的阻碍就越小。在交际过程中，出现语用差异的概率越低，引发交际冲突的概率也就越低。

但是，即使是同以汉语或英语为表现形式的语言交际，由于交际参与者对于汉语或英语所掌握的知识量和文化程度各自存在着差异，这就导致语言交际的展开客观上还受制于这种差异。双方的水平差异越大，交际话题展开的自由度就越小，所达到的实用水平就越低，在交际过程

中，出现语用差异的概率就越高，引发语用冲突的概率也就越高。

所谓共知成分的内容部分，即双方进行交际的话题和材料。在内容"共知"这一方面，语言交际总体上又有不同的表现。

交际行为从根本上说，是交际双方借助语言文字符号进行的信息交流，而说话人对于话语信息的选取和舍弃，除受制于目的意图之外（说话人应当少说或不说与目的意图无关，或可能不利于实现目的意图的话语），还受制于对于话题的"共知量"的多少。就同一话题的语言交际而言，我们并不难理解，双方拥有的"共知量"越大，可供交际展开的"空间"就越小；反之，双方拥有的"共知量"越小，可供语言交际展开的"空间"就越大。如果在某话题的语言交际中，有一方对于话题知之甚少或者全不知晓，那么此时，关于此话题的语言交际就可能转变为一种由一方向另一方的"单方面告知"，"交际空间"就更大了。

在语言交际过程中，双方在话题内容方面拥有的共知部分较多或太多，则又可能导致交际功能的弱化或消失。例如，多年的夫妻之间往往无须借助任何言语，而仅凭一个微妙的眼神、一个习以为常的动作就可以完成信息传递而无须另外的语言交流。从这一角度来看，在具体的交际双方之间，"共知成分"的大量存在，对于交际的发生又具有某种制约作用。当交际双方对某一话题在内容方面已经接近或达到"完全共知（即理论上所指称的'重叠'）"时，交际也就会自行终止了。

需要指出的是，在交际过程中，双方在话题内容方面拥有的"共知成分"越少，固然导致可供交际展开的"空间"越大，但与此同时，与目的意图原本直接关系不大的话语也就必然随之增加（例如事件的背景介绍、概念的理论阐释等），因此，导致理解差异、引发交际冲突的概率也就随之相应提高。对于共知成分的利用，是一个动态的变化过程。例如，一方用英语和对方交流，但是不一会儿，发现对方英语水平太浅，尚未达到流畅运用的水平，于是改为英语和母语的交替使用；一方就某话题和对方交流，发现对方在该话题上知之不多，于是加大阐释语量，或者发现对方是行家，于是减少原话语量。

第三节　共知成分对语言交际的主观性影响

如果说，以上内容可以解释为"共知成分"在语言交际过程中所存在的客观性影响，那么，我们还应当看到，人们在进行语言交际时，还有一个对于"共知成分"如何进行适度把握和适度利用的问题，对

于这一问题，我们可以从"共知成分对语言交际的主观性影响"的角度进行分析。

在语言交际过程中，人们对于"共知成分"如果不能做到适度把握和适度利用，虽然不一定会引发语用冲突，也不一定会导致语言交际的失败，但是可能会导致赘语、略语等语病现象的产生，进而影响语言交际的显现水平，严重的可能会影响语言交际的进行。

语病在语言交际过程中有着种种表现，其中有一些和书面文字中的语病相同。例如缺少结构成分、成分搭配不当、语序不恰当等，这些问题一般应当划归语法研究，这里不再赘述。

但是，还有一些语病则表现在语言交际过程中的话语量是否适度方面，例如量过多（可称之为赘语）或量过少（可称之为略语）等。

之所以将这些可能对语言交际形成干扰的话语量的控制不当现象归为语病，而不归为语用学理论中已有界定的"语用错误"和"语用失误"，是因为错误（类）现象往往起因于说话人不知道或不懂得某种规矩（或原则），失误（类）现象往往起因于说话人虽然知道或是懂得某种规矩（或原则），但是主观上注意不够。语病现象有别于上述二者，其表现是：说话人不但知道或是懂得，而且主观上也想遵守这些规矩（或原则），但是由于这样那样的原因，出现了主观动机与客观效果相背离的语用失控，犹如人们主观上想保持健康，却因健康失控而生病一样，故而将此类语用失控现象称为语病。

例如，说话过于简略，在语病分类上被称作略语。

略语现象表现为，由于说话人的话语表述过于简略，以至于其本人自以为话已说完，而听者却还未理出头绪，不知所云。

造成这种情况的原因之一，是说话人因文化水平低等方面的原因，对话题找不到恰当而且足量的话语，以至于三言两语，匆匆结束。这类情况的改变，一般只能与提高文化水平同步进行，因为"茶壶里没饺子"，无论如何也倒不出饺子来。而另一种情况是茶壶里有饺子，却没有往外倒，以至于干扰了语言交际的正常进行。从语言交际与共知成分的关系角度来看，这种情况应当属于对"共知成分"把握不当。在语言交际过程中，一般来说，说话人对于自己表述话语的理解总是优于听话人对此表述话语的理解，双方在理解程度上总是存在着一定的差异。无论出自何种目的，人们进行语言交际的目的大致可以理解为是在追求缩小这种理解程度的差异。但与此同时，这种差异的存在又是说话人调整自己的表述话语的量的依据之一，也就是说，如何通过语言交际来缩

小这种双方的理解差距并不是由说话人单方面决定的，它同时取决于听话人对于话题的理解程度。双方的理解程度差异大，则说话人表述话语的量就应当相应增大；双方的理解程度差异小，则表述话语的量就应当相应减少。这种有针对性的量的调整，又是语言交际应当遵循"量的准则（格赖斯"合作原则"的第一准则）"的前提。

略语现象的发生原因，首先表现为对于客观存在于听、说双方之间的这种理解差异度的漠视。说话人是按照自己的理解度来要求听话人的，于是，当他按照自己的理解程度，略去了自己已知并且认为对方也已知，而听话人其实"并非已知"的话语成分时，"略语"语病就发生了：说话人自以为（以共知成分为基础确定的话语）已经足量表述完毕，然而对方却还没有听出头绪。

再如，说话过于啰唆，在语病分类上被称作赘语。

在语言交际过程中，判定话语是否属于"赘语"，可以设定双重标准。第一重标准是，话语对于语言交际目标意图的实现是否具有推进作用。具有推进作用，哪怕从表面上看与话题没有直接关联的，也不能称之为"赘语"；反之，对于语言交际目的意图的实现不具有推进作用的，那么就应当视为"赘语"。第二重标准是，话语对于听话人来说是否属于已知成分。不属于已知成分而对于语言交际目的意图的实现又具有推进作用的，就不应当视为"赘语"，属于已知成分的就应当视为"赘语"。所谓"赘语"现象，就是在语言交际过程中，说话人使用过量的话语进行言语交流，以至于交际对象在听话过程中不得不对其话语一边听取，一边对自己已知的部分进行"信息删除"的现象。

赘语现象的出现，总体上可以分为两类原因。第一类起因于说话人对于话语内容的感觉。例如，当说话人觉得自己的目标追求事关重大时，在表述过程中，强调性语句、说明性语句必然相应增加，有时尽管知道对方已经明白，但说话人仍然会不厌其烦地重复表述，甚至可以达到"千叮咛、万嘱咐"的程度。而此时，只要所说的话语听话人已经知晓，那么继续再说的话语就应当视为"赘语"。需要指出的是，此类现象的纠正比较容易，有时听话人的一个"插话告知"，赘语便可立即消失。

第二类原因，是由于人们对于"共知成分"未能做到适度利用。格赖斯的"合作原则"之"方式准则"要求人们，在语言交际过程中，说话应当力求简练。而实现简练的有效手段之一，就是对关于话题的"双方共知成分"的充分利用。简单地说，就是对对方已经知晓的部

分，不必再重复表述、反复表述。如何判断对方是否已经知晓自己话语的某一部分内容，则不仅需要说话人思维的清晰以及对交际对象的了解，还包含着技巧和经验的运用。当然，最主要的还是要学会利用"共知成分"。

实践证明，在语言交际过程中，能够准确利用交际双方对于话题的"共知成分"，是说话人消除"赘语"语病，实现"话语简练"的有效保证。

第九章　标记语在汉语交际中的文化含义

——汉语交际构成认知之二

标记语，又叫插入语或话语联系语。所谓标记语，是指说话人在话语表述过程中，为强化对交际对象的感染效果而插入的一些话语。就表述意图（话题）而言，这些话语似乎并不是非有不可的，因为这些话语往往并不具有语义方面的实际内容，也不具有逻辑方面的推证作用，甚至有时还会出现与语言交际的语境、场合在某一方面不相吻合的情况。所以，即使说话人在表述时略去标记语，听话人在完整理解话语意图方面也不会有太大的问题。但是，从语言交际的总体过程来看，标记语却又是推动甚至是保证说话人实现交际目的不可或缺的成分，如果抽去或略去插入语，语言交际则可能出现与说话人的目标追求相悖的情况。

第一节　汉语交际中标记语的应用功能

汉语交际中的标记语运用与其他民族语言交际中的标记语运用在适用范围方面具有相当大的共同性，其大致体现在以下几个方面：

一、用于明确前言后语之间的逻辑关系

说话人运用词、词组、句子、段落等语言单位，由小到大组成句群或语篇，便是语言交际中的话语表述。而在句群或语篇的组合中，词语、句法结构的选择，句子或段落的信息分布安排等都不是随意的。不同的信息入码动因，可导致不同的结构安排，而不同的安排又有不同的交际含义。从逻辑关系的层面审视，在这些句群或语篇内部，前言和后

语（或上文与下文）之间的地位都是不完全等同的。它们有的构成转折关系，有的构成因果关系，还有的构成分论与综述的归纳关系，或总论与分层次阐述的演绎关系等。

当说话人觉得，如果只是就话语的内容进行语义表述，对方可能难以全面准确地、既中心突出又层次分明地把握句群或语篇的意义时，他们往往就会自觉或不自觉地运用多种手段，对前言和后语（或上文与下文）之间的逻辑关系予以明显的确定。"多种手段"在这里有着较为宽泛的含义，例如，伴随着话语表述，说话人的面部表情显现、身势姿态变化以及身边的物件运用等，皆可划入"多种手段"的范畴。其中，标记语是在语篇内部、表述语句之间，对于不同的结构安排与不同的交际含义作出标记或提前告知，以期引起交际对象注意的有效手段。

二、用于显现情感倾向与负载状况

人们在运用话语进行交际时，出于交际的目的意图，常常会自觉或不自觉地对所说的话语内容表现出自己的情感倾向或态度评价。有时，其情感倾向或态度评价是用另外的话语单独显现的，但有时，说话人在话语表述的同时，就已借助面部表情显现、身势姿态变化以及身边的物件运用等多种手段予以同时显现。这就使得交际过程中的话语出现超载现象。也就是说，在交际过程中，有时候同样一句话可能会出现多种不同的理解，此时，说话人出于其目的意图，为了消除这种超载现象所导致的信息理解歧义的发生，有时也会运用多种手段对听话人的理解方向进行引导，自然也就包括了标记语的使用。

三、用于强化或弱化语义

语言学家们早已发现，人们在运用语言进行交际时，常常会遇到心口不一或口（手）不从心的情况，这就是所谓"总量有限的语言符号难以详尽描述无限丰富的主客观世界"的情况。在这当中，语言使用不但会面临在描述客观事物方面的性质种类难以一一对应的困难，而且在表达主观情感态度的倾向、幅度等方面也会出现难以准确贴切表述的尴尬。这一切均使得人们在语言交际过程中，常常要对自己选用的词语、话语，尤其是处于关键部位的话语、词语另外附加一定的说明，以对所选用的词语、话语的原语义进行必要的弱化或强化，进而使其更为准确地表达自己的理解、认识、态度和倾向。其中，标记语的运用就是一种常用的手段。

四、用于模糊或清晰话语含义

　　语言交际的研究结果表明，由于人们往往会受到一定的社会规范的限制，受到语境方面多种因素的限制，这些限制使得人们常常不但不能用比较直接的话语去表达说话人想要表达的意图，而且有时，即使在运用比较含蓄的话语进行交际时，也只能是点到即止。此外，人们还常常借助话语与语境结合时所产生的"言外之意"、"弦外之音"来达到自己的目的。于是，在诸如此类的情况下，为了确保交际的成功，人们往往又难免要对自己的某些话语加以必要的修饰，或者是使原话语意义显得模糊含蓄，或者是使其"言外之意"、"弦外之音"显得更加清晰。

　　在使自己的话语意义显得模糊或是更加清晰的诸种手段中，标记语的运用是常用的一种。

五、用于密切话语与语境的联系

　　语言交际的研究结果表明，话语在语言交际过程中的运用，通常会产生两类含义：一般含义和特殊含义。所谓一般含义，就是词语按照语法规则组成语句后所产生的意义；所谓特殊含义，则是词语按照语法规则组成语句后，应用于具体的语境和场合所产生的特定含义。这两种含义在交际过程中并存共容，交相融合地对交际发挥着作用。当说话人出于目的意图的追求，希望自己某些话语的特殊含义不要被对方漠视或误解时，有时也会采取多种手段对其加以强调，以密切话语与语境的联系的方式推动交际对象关注话语的特殊含义，同时防止话语的一般含义对交际对象准确理解说话人的目的意图产生干扰或误导。在多种手段之中，标记语的运用是常用的一种。

六、用于落实语用省力原则

　　汉语交际的研究结果表明，人们在交际过程中，常常会自觉或不自觉地追求一种省力原则，即语言使用者出于本能，总是会设法花最小的力气，通过在表述话语与语境之间建立最佳关联的方式去获取最佳的信息传递效果。这种最佳的信息传递效果不仅包括交际对象对话语含义的全部获知，还包括对其目的意图的准确把握。

　　在落实省力原则的多种手段中，标记语是引导交际对象在表述话语与语境等诸方面建立最佳关联的有效途径。

以上诸种共同特点，也是其他民族在语言交际过程中使用标记语时的基本特点。

第二节 汉语交际中常用标记语的种类把握

正如上文的结论所述，汉语交际中的标记语使用，一方面在使用范围上与其他民族语言的使用有着诸多共同特点，另一方面，又因为汉语在使用构成方面缺少其他民族语言通常具有的主宾格、比较级等多种变化或规则，因此，我们在使用时很自然地就会更多地依赖语境的补偿功能，故标记语的使用在汉语交际中处于非常重要的地位，并由此形成了汉语标记语运用的个性特点（这一点，我们将在下文中详细分析）。这里，笔者先对汉语交际中常用标记语的种类试作总结。

在汉语交际中，标记语地位的重要性也可以从其类型与数量之多中获得证明。

汉语交际中常见的标记语大致可以分为三类：单词类、词组类、单句类。需要说明的是，此"三分法"主要是从表现形式方面进行分类的，其目的是让认知变得简便、一目了然。如果转而从其标记功能方面进行分析，则三种分类难免有时互有交叉。例如，我们就很难在"总之（单词类）"和"总而言之（词组类）"之间、在"老实说（词组类）"和"我老实对你说（单句类）"之间进行功能差异的界定。

这里试作如下分类阐述：

一、单词类

在语言交际中被用作标记语的单词，可以细分为两类，一类为单音节词类，另一类为双音节词类。

（一）单音节词类

单音节词类在汉语中多为助词，且多出现在语句的内部，在使用时还表现出一种依附性。如"了、着、过"等，多用在动词或形容词的后面，表示动作或变化已经完成或正在持续或曾经发生过等。在某种意义上，其功能近似于英语或俄语等拼音文字中的时态变化标记。鉴于助词的功能在汉语语法中均已有了较为充分的阐述，这里，凡类似"了、着、过"等汉语语法中已有阐释的部分，就不再赘笔。

"吧、吗、呢、啊"等语气助词在语言交际中多出现在语句的末

157

尾，用以明确语气，进而强化语用效果。

单音节词类的标记语多属于汉语交际中的独有现象。

例1　"啊"

$$\left\{\begin{array}{lll} \text{（英语）So} & \text{beautiful} & \text{flowers!} \\ \text{（俄语）KAK} & \text{КРАСИВЫЕ} & \text{ЦВЕТЫ!} \\ \text{（汉语）多么} & \text{美丽的} & \text{花 啊!} \end{array}\right.$$

例2　"吧"

$$\left\{\begin{array}{ll} \text{（英语）Have you opened your books?} & \text{Then read!} \\ \text{（俄语）ВСЕ ОТКРЫЛИ УЧЕБНИКИ?} & \text{ЧИТАЙТЕ!} \\ \text{（汉语）都打开书了吗?} & \text{读 吧!} \end{array}\right.$$

（二）双音节词类

双音节词在汉语中作为标记语的多为关联词。此类词在拼音文字中，也比较常见，二者之间不难找到一一对应的关系。例如：何必、毕竟、然而、真是、何况、反正、总之、总是、居然、恐怕、应当、打住等。在交际过程中，它们多用于表达前后语（上下文）之间诸如转折、递进等诸多逻辑层面的关系。

关联词用作标记语，在使用形式上，与助词基本相同，较多地出现在语句的内部。例如："何况她还带着孩子!""他毕竟已经是五十开外的人了。"但是，关联词类不限于用在语句内部，有时它也可以在语句之外，独立显现其语用功能。例如："何况，她还带着孩子!""毕竟，他已经是五十开外的人了。"

值得注意的是，在汉语交际中，此类词用作标记语时有时还可以独立使用，即略去该标记语后面的话语也可以使对方完全明白说话人的意图，有时甚至可以收到"此处无语胜有语"的效果。

例3　"真是"

"真是"一词，其通常的用法是强化下文的评价力度。例如：

这可太好了!→这可真是太好了!

这可麻烦了!→这可真是麻烦了!

但是在具体运用时，有时略去后面的话语，其语用效果会显得力度更大。例如：

这可太好了!→这可真是太好了!→这可真是!

这可麻烦了!→这可真是麻烦了!→这可真是!

"真是"一词在"这可真是"一语中，已经鲜明地表现出"说话人的最高级评价的态度"——已经难以作出具体的对应评价了，或者说已经接近"词穷"的程度了。

例4　"然而"

"然而"一词，其通常的用法是标明前后语（上下文）之间的转折关系。例如：

"（他的行为当然）可恶！然而（仔细想想，又情有可原）……"

"（他 的 行 为 当 然）可 恶！然 而（我 们 这 样 处 理，也 未必就好）……"

同理，在具体运用时，有时略去后面的话语，其语用效果会更佳。例如：

"（这种行为当然）可恶！然而……"

将"然而"后面的话语略去，将更有利于达到说话人的目的，这里可以举出一个实例。

鲁迅先生的小说《祝福》里曾有过这样一段对话。

语境背景：到鲁四老爷家来帮工的祥林嫂，是从婆家偷偷出来的，所以帮工不久，就被婆家追来，拖上一艘船给弄回去了。因为此事发生得突然，以致鲁四老爷家当天就因为没有人做饭，四婶不得不和儿子阿牛亲自下厨。当有人看见祥林嫂被抢，前来报告时，鲁四老爷说了一句：

"可恶！然而……"

后来，当中介人卫老婆子为祥林嫂一事前来赔罪时，鲁四老爷又说了一次：

"可恶！然而……"

两次"然而……"的使用，因为都略去了后面的话语，结合语境，显示了相当丰富的含义，可以作多种理解。

如第一次"可恶！然而……"，结合语境，就可以理解为：

（1）"（祥林嫂偷跑出来做工，有失妇道，固然）可恶！然而（她既已出来做工，婆家来人就这么把她抢回去，对我们连个招呼都不打，未免也）……"

（2）"（光天化日之下怎么能就这么抢人呢，真是）可恶！然而（祥林嫂出来之前，对家里人连招呼也不打，未免也）……"

如第二次"可恶！然而……"，结合语境，就可以理解为：

（1）"（他们在光天化日之下，就这么把人抢走了，固然）可恶！然而（你卫老婆子自己对来人的底细没有摸清，就介绍到我家来，未免也）……"

（2）"（你卫老婆子办事不负责，弄得我们家里成了这样，固然）可恶！然而（祥林嫂自己也有责任）……"

159

无论我们从小说中可以分析出多少种可能的话语含义，结合小说中的语境分析，鲁四老爷把其中任何一种含义挑明，其实都远远不如"可恶！然而……"这样的模糊处理，因而"只可意会，不可言传"的效果显然更妙。

当然，这里并无意于对小说《祝福》进行深入分析，举出此例的目的，只是说明在交际过程中，有时在使用标记语时略去标记语后面的话语，在某些场合确实能收到比把话说明说透更高一筹的语用效果。

二、词组类

将词组用作标记语，在其他民族的语言交际中也比较常见。因而，两者之间不难找到一一对应的关系。在使用形式上，词组类的用法已经表现出"插入语"的特点，即以独立出现的形式，插入说话人的话语内部、前言后语（上下文）之间，且其前后往往均有语音停顿（标点符号）标明其独立形态。

有时，此类标记语也可以出现在话语内容之首，只是此类情况多为说话人承接对方已经说出的话语（上文或前言），所以，从交际的整体过程来考察，我们仍可以认定其出现的位置多在"话语内部、前言后语（上下文）之间"。

词组用作标记语也可以细分为两类，一类为介词结构类，另一类为词组构成类。

（一）介词结构类

常见的有"据……说"、"据我所知"、"现在看来"、"这样看来"、"由此可见"等。介词结构在语言交际中用作标记语时，主要侧重于对后续话语从立论前提或理解角度方面加以明确或进一步界定，以使听话人在语义把握方面更加清晰准确。

例5 "……学哲学跟什么都不学全没两样。"

分析：此话为一般陈述，全称判断。孤立分析这句话，认定"学哲学"完全等于"什么都不学"，此判断不能成立。所以，正常的语言交际中出现此话语，会因外延过大，内涵看似明确而实质模糊，从而导致听话人很难把握说话人的意图。

可是，借助标记语与语境的结合，此话的语义就清晰明确了。

语境背景：钱钟书的《围城》第三章，方鸿渐和赵辛楣同在苏小姐家中做客。当时赵辛楣视方鸿渐为情敌，言谈中多次挖苦讥讽对方。当他听到苏小姐介绍方鸿渐在国外学的是哲学时，便立即讥讽道：

"从我们干实际工作的人的眼光看来，学哲学跟什么都不学全没两样。"

结论：借助介词结构作为标记语的作用，此话在此语境中的语义由一般语义转而产生了特殊语义。在场人中，没有一个人会认为赵辛楣是在贬斥哲学，他也并不真的认为学哲学就是完全没用，而是在借机贬低方鸿渐从而抬高自己。

例6　"……据我看呢，……"

语境背景：《老舍文集·二马》中，店伙计李子荣见前来英国继承古玩店遗产的老马只是花钱，无意经营，遂提醒他的儿子马威，如此下去，店铺前景不妙：

"……你得劝你父亲立刻另打主意：扩充这个买卖，或是另开个别的小买卖。据我看呢，还是往大了弄这个买卖好，因为古玩是没有定价的，凑巧了一样东西就赚个几百镑……"

分析：李子荣对马威的谈话，既是出自善意的忠告，又是伙计对老板的批评。这当中实际上就存在着一个说话人的身份和话语的分寸的问题，二者合一，就是他的话语无论说到多么严重的程度，充其量也只能是建议，而不能是决定或命令（伙计不能给老板下命令）。

所以，他的建议中，先是提出两个方案（以供马威选择），继两个方案之后，再说明自己这个倾向性意见的理由。所以，"据我看呢"这一标记语的运用，虽然自身并无多么丰富的内涵，但是，其应用价值对此番交际成功的作用不可低估。

如果抽去"据我看呢"，话语就成了："……你得劝你父亲立刻另打主意：扩充这个买卖，或是另开个别的小买卖。还是往大了弄这个买卖好，因为古玩是没有定价的，凑巧了一样东西就赚个几百镑……"

抽去"据我看呢"以后，此段话语的语义也有了明显改变，就变成了：店伙计李子荣先是向老板提出了两个方案，随即选取了其中的一个并阐述了理由。这样一来，他的建议就不再是经过深思熟虑的肺腑之言，而成了一种"边说边想"的随意闲聊，而且，随后出现的"唯一方案"也多少体现了一种"要马威接受"的施压倾向，这也与李子荣的伙计身份不符。

结论："据我看呢"作为标记语，在此番话语中，虽然自身没有多么重要的语义，但其应用价值不可低估。它不但使全番话语显得深思熟虑、语重心长，而且显得说话人对自己的身份地位定位准确，因而进退自如，其结果是，听话人更加容易接受建议。

（二）词组构成类

常见的有"你看"、"你想"、"老实说"、"实话说"、"对不对"、

"是不是"等。

此类词组构成的认定，可沿袭语法学的分类方式，如"你看"、"你想"等为主谓词组，"老实说"、"实话说"等为偏正词组等。

词组构成在语言交际中用作标记语时，主要以插入的形式，侧重于对后续话语从表述力度、提请注意等方面予以强化，以使听话人对其后续话语提前做好注意听取的准备。

例7　"……老实对你说，……"

语境背景：茅盾的《林家铺子》中，为维持生意，林老板被迫将存货血本抛售，不料被指控准备携款逃走，林老板遂被党部扣押。年已四十的卜局长乘机施压，欲娶林老板17岁的女儿为妾。林老板的伙计寿生前来求商会会长，希望会长无论如何都要先设法将林老板保出来。

寿生："会长先生，总求你想想办法，做好事。师傅和你老人家向来交情也不差，总求你做做好事。"

会长（将寿生拉到一边，悄悄地）说道："你师傅的事，我岂有袖手不管之理。只是这件事现在弄僵了！老实对你说，我求过卜局长出面讲情，卜局长只要你师傅答应一件事，他是肯帮忙的……"

分析：从小说中的人际关系来看，商会会长实际上是一个两面派的角色。他的真实目的，是要帮卜局长把林老板的女儿弄到手，但是表面上，身为商会会长，他又有帮助自己的会员林老板消灾避难的义务。一真一假，真的不能直言不讳，假的不能公开推辞。这就使得商会会长在面对寿生时，表示"帮忙"的态度是绝对的热情（"我岂有袖手不管之理"），介绍情况则尽量夸大其严重性（"只是这件事现在弄僵了"），然后再强调指出（"老实对你说"）唯一出路，逼林家就范。

结论：如果抽去"老实对你说"，后面的话语分量就大大减轻了，寿生就可能继续缠着求帮忙。在这里，"老实对你说"有着预示后面的话语只能服从而不能违抗的作用。

例8　"说实在话，……"

语境背景：柔石的《为奴隶的母亲》中，春宝的爸爸因为得了黄疸病，无力再劳动。再加上春宝还小，家中生活无法维持，结果，春宝的母亲被作价100元，为期三年，租给一个妻子不能生育的秀才，为其生子。到约定之日，媒婆领着轿夫前来抬人，向春宝的父亲表明自己已经出了大力，以此向其讨要酬金。

媒婆："说实在话，春宝的爸呀，再加50元，那老头子可以买一房妾了。"

分析：媒婆的职业，就是两头说合，待事情办成，再分别从两头索

要报酬。现在，事情说合成功了，秀才那边也派轿子来抬人了，媒婆也就开始讨要报酬。小说中写到，那媒婆"忙碌似的在屋内旋了几圈，对孩子的父亲说了几句话，意思是讨报酬。因为这件契约之所以能订的如此顺利而合算，实在是她的力量"。

结论：如果抽去"说实在话"，后面话语的分量就减轻了，媒婆担心话语分量轻了，即使春宝的爸爸酬金照付，也可能会大打折扣，故而加上"说实在话"一语。在这里，"说实在话"具有对后面话语强化力度以确保足额支付酬金的作用。

三、单句类

所谓单句类标记语，即是以一句与表述内容并无直接关联的话语，插入表述话语之中，以对关键部位的话语进行强调，提醒对方注意。将单句用作标记语，在其他民族的语言交际中，似乎并不多见。

需要指出的是，语言交际是以单句为完整的意义单位的。在语言交际过程中，同为单句，如何区分哪一句是承载交际内容的话语，哪一句是标记语呢？这里有一个简单的划分方法。对某一语篇（或段落）内部的话语进行比较，凡是与前言后语（上下文）之间具有逻辑层面的意义联系的，即为内容话语；反之，虽然具有主语、谓语、宾语、定语、状语、补语等构成单句的基本要素，但是，与前言后语（上下文）之间并无意义联系，有时甚至是反逻辑联系的，此类单句即应视为标记（话）语。

此类标记语多出现在话语内容之首或之中，视被强调的话语所在部位而定。单句类标记语也可以细分为多种类型，这里列举两类，一类为"你听我说"类，另一类为"说句笑话"类。

（一）"你听我说"类

常见的有"我告诉你"、"我敢说"、"我知道的"、"我算是明白了"、"干脆告诉你得了"等。

单句类标记语在语言交际中，主要侧重于从情感角度或礼貌角度对后续话语进行修饰，使其语义更加贴近说话人的角色身份，因而更有助于达到说话人的目的。

例9　"我告诉你吧"

语境背景：钱钟书的《围城》第五章，赵辛楣曾经追求过苏文纨。后来，曹元朗与苏小姐结婚，婚后靠老丈人即苏小姐的父亲安排，当上处长。赵辛楣认为曹元朗是"靠了裙带得意，没有骨气"，被方鸿渐反

唇相讥。

方鸿渐："也许人家讲你像狐狸，吃不到葡萄就说葡萄酸。"

赵辛楣："我一点儿也不妒忌。我告诉你吧，苏小姐结婚那天，我去观礼的……"

分析：就赵辛楣的话语内容来分析，如果只是告知对方，自己曾经出席过苏小姐的婚礼，似乎并不值得运用标记语加以强调。但是，一结合语境理解则不难明白，赵辛楣说此话的目的，并不在于简单告知对方自己曾经出席过苏小姐的婚礼，而是想通过告知自己曾出席婚礼的行动向对方证明自己完全没有妒忌之心，因而对曹元朗的批评也完全是出自平常之心。从这一角度来看，作为针对对方讥讽的反驳，赵辛楣的这一告知就显得至关重要了。为了确保对方的理解无误乃至认同，赵辛楣在告知自己的行动证据之前加上"我告诉你吧"予以强调，就显得不但自然，而且有必要了。

试对比：

"我一点儿也不妒忌。苏小姐结婚那天，我去观礼的……"

结论：对比体味，我们不难感觉到，抽去了"我告诉你吧"一句之后，"苏小姐结婚那天，我去观礼的……"一句，在论证力度上立刻就显得薄弱了。

例10　"那我实实在在地告诉你"

语境背景：曹禺的《雷雨》第一幕中，周公馆的管家鲁贵纠缠着也在周公馆当帮佣的女儿四凤，向她要钱去还自己的赌债，四凤早已被他这种无休止的盘剥弄烦了，坚决不愿意给。于是，一个死乞白赖地讨要，一个斩钉截铁地拒绝，话也越说越顶牛。鲁贵见四凤不愿给钱，就继续絮絮叨叨地说自己又新欠下了多少钱。四凤就这么看着鲁贵，一言不发。

鲁贵："这可一句瞎话也没有。"

四凤："那我实实在在地告诉你，我也没有钱！"

分析：鲁贵与四凤是亲父女关系。虽然如此，但四凤也早已厌烦了鲁贵没完没了地成天向自己要钱去还赌债酒账。但是面对父亲的又一次纠缠，她却只能在说话的语调方面显现自己的情绪，而难以在言辞上公开指责。她之所以如此，除了鲁贵是自己的亲父亲外，还有两点原因：一是父女俩都在周公馆里帮工，周公馆不是他们可以为自己家里的事发生争吵的地方；二是四凤的母亲侍萍从外地赶过来看望女儿，马上就要到了，为了不让母亲担心，四凤也不宜此时和父亲发生争吵。所以，四凤不宜在言辞上刺激鲁贵，只能是通过说话语调来显示自己态度的拒不

让步。

试对比：

鲁贵："这可一句瞎话也没有。"

四凤："我也没有钱！"

结论：不难感觉到，抽去了"那我实实在在地告诉你"之后，"我也没有钱"一句，在态度上就显得不够坚决了。

（二）"说句笑话"类

常见的有"我告诉你个笑话"、"说句笑话"、"简直笑话"等。此类标记语的语用特点是，从字面意义上看，说话人即将说出的是一个笑话，但实际上并不是一句笑话，有时还可能是一个很严肃的问题，这就说明此类标记语的功能主要表现在现场气氛的调节上。例如，借助"说句笑话"的语用功能，对即将说出的话语可能引发的对立情绪进行缓解调适。

例 11　"我告诉你句笑话"

语境背景：钱钟书的《围城》第一章，在回国的船上，苏文纨向同船的孙太太夸方鸿渐不赌，孙太太反讽方鸿渐是因为追鲍小姐忙不过来才不赌的。苏文纨此时正对方鸿渐颇有好感，一听此话，当即反驳，于是孙太太又继续嘲讽方鸿渐。

苏小姐听了，心里刺得直痛，回答孙太太同时安慰自己道："那绝不可能！鲍小姐有未婚夫，她自己跟我讲过。她留学的钱还是她未婚夫出的。"

孙太太道："有未婚夫还那样浪漫么？我们是老古董了，总算这次学个新鲜。苏小姐，我告诉你句笑话，方先生跟你是老同学，他是不是一向说话随便的？……"

分析：孙太太与苏小姐素昧平生，不过是同船回国而已，在轮船甲板上偶然谈起这个话题，纯属聊天性质，因而犯不着过于较真。但是也正因为是聊天，孙太太觉得自己想说什么没有必要看苏小姐的脸色。所以，她一接过话头，也是反驳："有未婚夫还那样浪漫么？"

结论：孙太太在聊天中既没必要看苏小姐的脸色说话，但是也实在犯不着在聊天中顶牛抬杠。所以，她还是克制不住，要继续说下去，但同时也以"我告诉你句笑话"来弱化两人之间的情感对立，同时再以一句"他是不是一向说话随便"的提问悄悄地转移话题。

例 12　"还有笑话"

语境背景：钱钟书的《围城》第七章，在汪先生的家宴上，有人引出了教师打麻将的事，在场的高校长因为自己的身份，也谈起了他所

听到的关于教师打麻将的种种反映，说得在场的人个个局促不安，沉默无话。

见此情景，校长不自然地笑了，继续说："还有笑话，汪太太，你听了准笑。他不知道是什么地方听来的，说你们这副牌是美国货，橡皮做的，打起来没有声音……"

分析：高校长听到有人说起教师打麻将赌博，身为领导，不能不表示出批评的态度，但是，汪先生的家宴毕竟不是一个对教师进行教育的适当场合。高校长的尴尬在于，校长身份迫使他不能不对教师打麻将作出批评，但是，家宴场合又约束着他不能过于严厉地批评。于是在看到在场的教师已经被说得局促不安、沉默无话时，他只好又努力设法转换气氛。

结论：高校长对于现场气氛转变的努力，以"还有笑话"一语为标记在现场立即收到了效果。小说中写到，虽然此笑话的可笑度并不高，但毕竟是由校长发出的笑话信息，结果，高校长话音刚落，大家都"哄堂大笑，解除适才的紧张"。

四、结语

以上三种类型标记语的选样介绍，虽然实属以偏概全、管中窥豹，但是也足以使我们领略了汉语交际中标记语的多种类型与多样化表现。标记语在汉语交际中的多种类型和多样化表现，不仅有效地适应了汉语以双音节词为主，同时在使用中仍大量地活跃着单音节词，通过词序，以及单词内部字序排列的变化来调整语义的特点，还有效地推进了话语与语境的密切联系，推进话语从语境中吸取信息补偿，因而最终有效地弥补了从语法角度审视汉语在使用中没有主宾格、比较级等语法方面的一系列变化规则的不足。

第三节　汉语交际中标记语实例剖析举枚

一、"吧"作为标记语在汉语交际中的功能思考

"吧"是汉语中特有的一个语气助词，在汉语交际中的使用率是比较高的。它几乎可以运用于各种句式。如：

例1　"他现在该到家了吧。"（陈述句）

例2　"他现在该到家了吧？"（疑问句）

例3　"让我们重新开始吧!"(祈使句)

……

我们看到,尽管"吧"在汉语交际中有着较高的使用频率,但是,对"吧"的功能研究,时至今日,似乎仍不够充分,并且研究也较多地局限在语法、语义以及语气、语调方面。而在语言交际的实践运用中,"吧"其实早已显现了多种功能。

在这里,笔者拟从"吧"作为句末标记语在语言交际中的多种使用,对其语用功能进行分析思考。

需要说明的是,吕叔湘先生曾经对"吧"字的功能进行过总结。他指出,"吧"表示"测度和拟议的语气,表示将信将疑,可算是介乎直陈和询问两者之间";又指出,"吧"表示"有所主张而不敢肯定,要征求对方的同意,这是商量或建议的语气。商量语气一方面和祈使语气相近,同是和行动有关;一方面又和测度语气相近,同是定而未定之辞"①。邵敬敏先生在他的《汉语语法的立体研究》一书中,对吕叔湘先生的上述论断作了如下总结:"可见,吕氏认为'吧'的作用主要有两条:①测度和拟议;②商量或建议。"并补充了带有"吧"字的疑问句的内涵,"确切地说,应该是'信大于疑',即发问人对某事基本上已有倾向性认识,只是尚不能完全肯定,所以才发问要求对方证实或征求对方意见"②。

上述观点无疑是正确的,并且可以说已经本质地把握了"吧"的功能特点。只是,从"吧"在语言交际中的实际语用现象来看,似乎又并不限于上述用法。例如,"吧"有时既不表示"测度和拟议",也不表示"商量或建议",而是表示另外的含义;从说话人的主观态度来看,有时既不表示"将信将疑",甚至也不是"信大于疑",而表示"肯定",有时则是"坚信无疑"。

《现代汉语八百词》从五个方面总结了"吧"的功能:①用在祈使句末尾,表示命令、请求、催促、建议等;②用在问句末尾;③用在"好、行、可以"等后面,表示同意,是一种应答语;④用在句中停顿处;⑤用在"动+就+动"的句子末尾,这种句子表示"没关系"、"不要紧"。③

不难看出,《现代汉语八百词》中所作的这种总结不但翔实,而且对"吧"字的研究范围也有所突破。但是,其总结的侧重点始终在于

---

① 吕叔湘. 中国文法要略. 北京:商务印书馆,1982. 299,309.

② 邵敬敏. 汉语语法的立体研究. 北京:商务印书馆,2000. 126.

③ 吕叔湘. 现代汉语八百词. 北京:商务印书馆,1980. 56.

介绍"吧"的使用范围，侧重于分析带上了"吧"字后的语句的含义，而不是针对"吧"的语用功能展开剖析。

本节拟从两个方面对"吧"作为标记语，在语言交际中的语用功能展开分析思考。这两个方面是：（一）"吧"的语句功能思考；（二）"吧"的语境功能思考。囿于篇幅，对于吕叔湘先生和邵敬敏先生已经作了准确结论的部分，以及《现代汉语八百词》已作出的总结，本节不再涉及。

（一）"吧"的语句功能思考

"吧"的语句功能思考，在某种意义上，也可以视为一种静态思考。主要是针对带有"吧"的句式，对于在表示"将信将疑"或者"信大于疑"的语气之外的话语中，"吧"所具有的语用功能进行分析思考。

在语言交际中，表示"肯定语气"话语中的"吧"，具有以下诸种功能：

1. 祈请功能

首先说明一点，"祈请"一词在这里带有自创性，本文之所以在传统的"祈使"概念之外，又新增一个"祈请"概念，意在将"吧"在语句中所具有的语用功能和带有"吧"字的祈使句的语句功能作出区别。传统意义的祈使功能，是指整个语句的全部词汇有机合成后所表现出来的含义。在这样的句式中，"吧"当然也在其中发挥作用，但充其量只是作用要素之一，而非唯一要素。

例4　"让我们重新开始吧！"

在此句中，"吧"的存在当然自有其祈使作用，但是其作用并不是决定性的。例如，撤去"吧"，我们仍然能够清楚地感受到此句中的祈使意义。

例5　"让我们重新开始！"

将例5与例4相比，无"吧"与有"吧"，祈使意义的变化并不太大，或者说变化并不是本质性的。

而"吧"的祈请功能，是指"吧"字在语句中所独有的功能。一句话中，有了"吧"字，就有了"让……吧"、"请……吧"的祈请意义；而没有了"吧"字，这一意义就会迅速淡化，甚至消失。

例6　"我们走吧。"

例7　"你看电视吧。"

对比：

例8　"我们走。"

例9　"你看电视。"

　　显然，例 6 和例 7 句中所具有的祈请意义，在例 8 和例 9 句中已经淡化，甚至消失。

　　《现代汉语八百词》从句型分类的角度，将"我们走吧"、"你看电视吧"这类句末含有"吧"字，且表示命令、请求、催促、建议的语句，认定"是一种祈使句"。①

　　对此，有人提出了不同的看法，并对这些看法努力作出种种新的解释。应当看到，无论这种句式究竟应当属于何种类型，其认定都没有涉及"吧"的语用功能，而此类语句的功能的产生，其实是"吧"字赋予的。

　　例如，仅从字面上看，单纯的"我们走"一句，实际上有着多种含义的存在可能，而在交际过程中，究竟是哪一种含义，有时可能还需要说话人通过语气、语调来加以确定。如：

　　例 10　"我们走?"——表示疑问，虽然可能"信大于疑"，但是究竟是"走"与"不走"，有待对方确定。

　　例 11　"我们走!"——表示指令，毫无疑问，要求对方必须服从。"你看电视"这句型和功能与此相同，不另作分析。

　　而同样的话语中，有了"吧"的介入，则不论说话人的语气、语调如何变化，其"请……吧"、"让……吧"的话语的祈请功能都是明确无误的。如：

　　例 12　"我们走吧?"——该句虽然是疑问句式，但是从语用角度看，说话人更多的是在以"商量或建议"的语气表示对对方的礼貌和尊重，而并不是"主意未定"，并不是真的在征求对方对于"走与不走"的意见，其祈请功能显然存在。

　　例 13　"我们走吧!"——将该句和例 12 进行对比，不难看出，例 13 虽然是指令句式，并且说话人的语气、语调表现得比较强硬，但"请……吧"的祈请功能显然同样存在。

　　2. 婉转功能

　　"吧"的婉转功能，是指话语在加上"吧"后，原话语意义并没有发生"原先没有而现在显得将信将疑"之类的变化，但是凸现了"婉转表达"的效果。

　　在表达否定、拒绝的话语中，如果没有"吧"的介入，则说话人无论在语气、语调上如何变化、调整，都一时难以实现婉转否定、婉转拒绝的目的。而"吧"的介入，则可以确保话语具有婉转否定、婉转

────────────────

　　①　吕叔湘. 现代汉语八百词. 北京：商务印书馆，1980. 56.

169

拒绝的功能。如：

例14　"这样不好吧。"（婉转否定）

例15　"免了吧。"（婉转拒绝）

对比：

例16　"这样不好。"

例17　"免了。"

不难看出，例14与例15两句中，"吧"的使用并没有使话语出现"将信将疑"之类的含义；而例16与例17两句，因为缺少"吧"的介入，其否定、拒绝的力度显然要强硬得多。所以应当指出的是，如果说话人同时再在语气、语调上予以力度上的配合，则还可能使其否定、拒绝的力度进一步加强；反之，例14与例15两句，因为有了"吧"的介入，即使说话人由于某种原因，在语气、语调方面显现不当，但其婉转否定、婉转拒绝的功能仍然存在。

同样，在表达肯定、夸赞的话语中，"吧"的介入，会使得原话语含蓄、留有余地，因而也更容易被对方所接受。如：

例18　"这个人不错吧！"

例19　"我说这样就行吧！"

对比：

例20　"这个人不错！"

例21　"我说这样就行！"

不难看出，例20与例21所表达的语义，语气确凿，态度坚定，具有不容对方再提出不同看法的意味，因而，有时难免会不为对方所接受。

3. 求同功能

在汉语交际中（例如在一些以疑问句式出现的语句中），"吧"的介入，从形式上看，似乎是在要求对方证实或征求对方意见，其实并非如此，说话人并没有什么"悬而未决"的问题要向对方讨教。说话人之所以要这样说话，是出于自己的交际目的，通过带有"吧"字的话语，要求对方，有时甚至是迫使对方选取与自己已有的观点、立场、态度、情感倾向相一致的观点、立场、态度与情感倾向。如：

例22　"怎么样，事实证明我没错吧。"

例23　"（没有充足的证据、绝对的把握，我们是不会把你这样的大人物请到检察院来的。实话告诉你，拒不交代，必死无疑，交代得好，说不定还能保住脑袋。）究竟怎么办，你自己拿个主意吧。"

对比：

例24 "怎么样，事实证明我没错。"

例25 "究竟怎么办，你自己拿个主意。"

从例22至例25中不难看出，无论是有"吧"还是没有"吧"，说话人心中其实均已有定论，并且这定论已经无须对方再表什么态度来加强证实。

但是仔细分析，例24、例25两句中，均表现为说话人向对方的一种单方面告知，并且说话人其实已不太关注对方将如何反应。而加上了"吧"，则不仅是告知，同时也表现出要求对方作出"认同"表态的倾向。

有时候，像例18、例19之类带有"吧"的话语还给对方重新改变自己的观点、立场、态度和情感倾向提出了要求，提供了机会，留下了余地。

（二）"吧"的语境功能思考

"吧"的语境功能思考，在某种意义上，也可以视为一种动态思考。本节主要针对带有"吧"的常见句式，对于"吧"在具体的语言交际过程中显现的语用功能进行分析思考。

"吧"字的语境功能可以在以下几个方面有所表现：

1. 模糊判断指向

在语言交际过程中，每个人都是以一定的角色身份来与他人进行语言交际的，每个人所说的话语均同时受到角色身份的制约。当说话人置身于某一具体的语境，觉得自己不宜立即明确表态，而角色身份又要求他当即表态时，"吧"在话语中的使用，可以有效地模糊判断指向，以避免导致不利于语言交际目标追求的种种问题的出现。

例26

语境背景：张三和李四在闲谈中聊到了王五。恰巧王五路过，但只是听到了自己的名字。第二天，王五问张三："你们昨天在谈什么？"张三一听，以为昨天的谈话被王五听见了。但是，他又不知道王五究竟听到了多少。

张三："我们没说你什么坏话吧？"

分析：张三背后议论王五被王五听到，现在被王五当面质问，本来只能是处于"如实复述"的被动境地，但是，张三使用了带有"吧"的疑问句式，将原本应当正面回答自己没有讲王五坏话的被动陈述，改为向王五的反转提问。这种要求王五来证实自己昨天没有说他坏话的提问，最后结局如何，在这里已经显得无关紧要了。但关键点在于，张三的一句反转提问，以模糊判断指向的方式，将原本应当由自己正面回答

的问题，反转提向对方，避免了可能导致不利于语言交际目标追求的种种问题的出现。

对比：

如果撤去"吧"，话语及其后果则可能是：

王五问："你们昨天在谈什么？"

张三答："我们没说你什么坏话。"（由疑问句改成陈述句）

不难想象，即使王五头一天什么也没有听到，面对这样的回答，王五也还是不会感到满意的；如果张三和李四头一天偏偏说了王五的坏话，并且王五刚好也听到了，那么，张三的这一以陈述句作出的辩解的不良后果也就显而易见了。

但这里张三作出的是反转提问，于是，无论王五头一天是听到了什么还是什么也没有听到，也无论王五第二天是作了当面揭露还是什么也没说，他随后作出的反应，都将为张三的下一步应对准备提供宝贵的时间。

例如，王五如果继续追问：

"说没说我的坏话你们自己最清楚。"

"我现在说你们没说你们昨天就没说吗？"

显然，面对诸如此类的话语，张三已经可以重新思考进而比较从容地选择新的应对话语了。

结论："我们没说你的坏话吧"一句所具有的模糊判断指向功能，是通过"吧"的介入显现的。

例 27

语境背景：某学校组织教师郊游野餐时，围坐教师中有几个聊起某体育教师在上课时，借纠正同学做规范动作之机，对女学生做出不该有的小动作，学生中已有反映。这时，恰巧校长见这里谈兴正浓，遂走过来坐下，无意中听到了这个议论，又见大家停止谈论，都看着自己。此时，自己表态也不好，不表态也不好。

校长："不至于吧。"

分析：校长虽然是无意之中听到了这一番议论，但是，既然已经当众听到，就不能对这种性质严重的问题一言不发地走开，只是校长发言必须谨慎，因为问题的性质虽然严重，但事情仍有待查证核实。因此，若无其事显然不妥，若有其事也不当。而一句"不至于吧"，以模糊判断指向的方式，将原本应当由自己表态定性的问题，转换为自己将信将疑，既没有认定几位教师所说属实（属实则对该体育教师不利），也没有认定他们所说不属实（不属实则对这几位教师不利）。这样，既绕开

了当即表态的武断，又避免了不置可否的尴尬。

对比：

如果撤去"吧"，话语及其后果则可能是：

校长答："不至于。"

不难看出，"不至于"的明确判断，等于在指责身边的这几位教师造谣诽谤，等于不准他们再谈下去。

结论："不至于吧"一句所具有的模糊判断指向功能，是通过"吧"的介入显现的。

2. 转换行为方式

在汉语交际过程中，人们往往难免要向他人提出某种要求或请求，种种要求或请求能否得到满足，常常会同时受到双方关系、要求或请求的难度等多方面因素的制约。而"吧"字在话语中的出现，有助于暗中转换行为方式，将原本是说话人向对方提出的要求，转换为对方的主动行为，进而有助于实现语言交际的目标追求。

例28

语境背景：小学校园里，两个小学生打架。随后，教师分别对他们进行了批评，讲述了同学之间互相谦让、互相关心、增进友谊的道理和意义。见小学生有了承认错误的态度，教师又鼓励他们主动去同对方和解。小学生在教师面前承认错误相对比较容易，但和同学刚打过架，现在主动去登门和解，确实有点磨不开面子。

于是，教师陪该学生一直到了对方的家门口附近，停下了脚步说道："去吧!"

对比：

如果撤去"吧"，教师只是说："去!"

分析：对比"去吧"和"去"，该小学生从中得到的信息要求基本相同，同样都是要完成"登门"和"主动表示和解"两项任务。

但是，"去吧"和"去"所包含的信息要求的差异在于：

孩子在"去吧"一语的要求下所做的一切，都是在教师的引导下，自己"主动完成"的；而在"去"一语的要求下所做的一切，都是在教师的指令下，自己"被动进行"的。

结论：小学生的这一"由被动改正错误到主动改正错误"的行为方式转换，是通过"吧"的介入显现的。

例29

语境背景：街头，有乞丐行乞。

乞丐："行行好吧，给点儿钱吧!"

对比：

如果撤去"吧"字，乞丐只是说："行行好，给点钱！"

分析：乞丐行乞，是向路人讨要金钱。同样的话语，没有"吧"字，如："行行好，给点钱！"显然是在指令路人，路人即使出于同情掏了腰包，也难免会有"被动行善"的感觉。而加上了"吧"字，同样还是要求路人掏腰包，却将明明是向对方的讨要，转换为对对方主动行善的暗中提示。

结论：路人"从被动地掏腰包到主动行善"的行为方式转换，是通过"吧"的介入显现的。

3. 推进情感趋同

在语言交际过程中，人们往往有着各自不同的利益立场和思考角度，这些不同立场和角度的存在，常常是追求语言交际成功的难点。而"吧"在话语中的运用，有助于回避双方在利益立场和思考角度方面的对立，并且转而从情感等新的角度推进双方认识的趋同。

例30

语境背景：据报载，某地某农村有两户人家，一穷一富，他们各有一对儿女。富家女与穷家儿相爱多年。富家父母阻拦无效，最后提出换亲。富家儿是一痴呆儿，于是富家又提出另付一笔金钱作为补偿，而这时穷家正迫切需要一笔钱给父亲治病。可是，穷家的女儿不愿意和一个傻子共度一生，坚决不允。其母无奈，与女儿长谈一夜。

母亲最后说道："孩子，娘也知道委屈你了，可是家里就是这个样子，怎么办呢？你就应了吧！"

最后，母女俩抱头痛哭一场，女儿同意给傻子做媳妇。

分析：在此例中，女儿不同意与母亲要求其同意，其实是出于不同的利益立场和思考角度。母亲之所以要与女儿长谈一夜，其任务有二：一是对女儿的不同意表示理解和认同，"娘也知道委屈你了"一句就显现了这一层意思；二是对女儿的"不同意"发出转换和改变的呼唤，要求其从个人利益立场的理性思考转向家庭总体需要的亲情趋同，"你就应了吧"一句就显现了这一层意思。

对比：

母亲："孩子，娘也知道委屈你了，可是怎么办呢？你就应了！"

显然，"你就应了"一句，无论说话人怎样从语气、语调方面予以完善，也难以改变其中含有的"指令"成分；反之，"你就应了吧"一句对于双方情感趋同的推进，却随之凸现。

结论："你就应了吧"一句所具有的"推进情感趋同"功能，是通

过"吧"的介入显现的。

例 31

语境背景：某城市十字路口，警察拦下了一辆闯了红灯的摩托车，并将其引到路边进行谈话教育。骑摩托车的两名女郎见身边无人围观，遂一左一右轮番与警察进行辩护解释，要求警察放行。最后两人都使用了这样一句话。

女郎："警察大哥，我们知道错了，放我们一马吧！"

分析：在此例中，警察的处理违章与两名女郎的要求放行，同样是出于不同的利益立场和思考角度。如果说，两名女郎对警察口称"大哥"，意在将警察执法和自己被执法的对立关系转换为朋友之间的趋同关系，那么，"放我们一马吧"一句，则更是意在从情感等新的角度，推进双方认识的趋同。

对比：

女郎："大哥，我们知道错了，放我们一马！"

显然，"放我们一马"一句，无论说话人怎样从语气、语调方面予以完善，也难以改变其中含有的"指令"成分，并且，失去了"吧"字的支撑，前面称呼警察为"大哥"，所产生的"亲情趋同"也可能消失。

（三）表露某种情绪

"吧"在语言交际中，还具有一种帮助说话人表露某种个人独有情绪的功能。

这种功能的独特性在于，说话人针对交际对象的话语意义，将出自个人的某种感受，通过"吧"对话语的介入予以表露。

"独有情绪"，在这里表现为一个内涵极为丰富的开放性概念，它几乎可以囊括各种情绪和感受。以下文所举的个案为例，至少可以将回避、调侃、讥讽、抢白等多种情绪通过"吧"对话语的介入予以明确表露。如：

1. 回避

例 32

语境背景：某单位，工会主席在汇报全年工作时提出某职工因为生活困难，申请困难补助。工会主席汇报说："再说呢，他家里上有老残，下有病弱……"但主管领导无意讨论这一问题，便说道："这事，再说吧……"

分析：对比"再说呢"与"再说吧"，孤立地看，这两句的含义并无绝对的不同。"再说呢"，表现的是另起话头、补充说明之意；而

"再说吧",也并不是绝对不能表达同样的意思。但是,一结合语境,"再说吧"的含义就变了,表现的是说话人不想讨论此问题的一种回避态度。

结论:"再说吧"一句的回避功能是通过"吧"的介入显现的。

2. 调侃

例33

语境背景:某家庭,孩子期中考试后放学回家。做父亲的见孩子面带骄傲之色,便说道:"哟,少帅,今天不考一百,也考个九十吧!"

对比:

"今天不考一百,也考个九十!"

分析:孤立地看,这两句的含义并无绝对的不同,都表现为一种揣测和判断。但是,一结合语境,"不……也……"句式的实指一旦与听话人的实际成绩反差较大,则可能产生讥讽、嘲弄等不良效果,而"也考个九十吧"句式在实指方面的不确定性,则增添了打趣的调侃色彩。

结论:"也考个九十吧"一句的调侃功能是通过"吧"的介入显现的。

3. 抢白

例34

语境背景:象棋盘上,张三与李四一场鏖战。张三的"车"被吃,一番争夺后,得以悔棋。李四心中不大高兴,嘴里咕哝不休。张三最后听得心烦,把棋子一摔:"这盘算你赢,行了吧!"

对比:

"这盘算你赢,行了!"

分析:孤立地看,"行了"与"行了吧",在对事物和事态的认同程度上具有差异。"行了"显得比较坚定,而"行了吧"则显得有待确定。

但是,一结合语境,"行了吧"的有待确定,就转化为一种尚在说话人的情感自控范围内的"抢白";反之,如果没有"吧","行了"的坚定判断,就转化为一种已经超出了说话人的情感自控界限的"呵斥",说话人已经接近失态了。

结论:"行了吧"一句的抢白功能是通过"吧"的介入显现的。

4. 讥讽

例35

语境背景:女大学生宿舍。一女生在向另一女生介绍恋爱经验:"对男生,就是要傲,可是又不能太傲,也就是要在傲与不傲之间。要傲得让他低声下气，但又不能傲得让他失去希望……"

另一女生进了房间，恰好听到，便不以为然地说："哟，这就是你情场常胜的传世秘籍吧！"

对比：

"哟，这就是你情场常胜的传世秘籍！"

分析：孤立地看，"是传世秘籍"和"是传世秘籍吧"，只是在判断的坚定程度上具有差异。"是传世秘籍"显得判断坚定，而"是传世秘籍吧"则显得判断有待确定。

但是，一结合语境，"是传世秘籍吧"的有待确定，就转化为一种说话人自己"其实并不认为是"却故意要"认为是"，且作出"有待对方来确认"的虚假态势来讥讽对方。

结论："是传世秘籍吧"一句的讥讽功能是通过"吧"的介入显现的。

（四）结语

本部分从汉语交际中搜集的部分语料入手，将带有"吧"作为标记语的话语和略去"吧"标记语后的话语进行对比分析，分别从语句功能和语境语用功能等角度，总结出"吧"作为标记语在汉语交际中的七种功能。

对"吧"的这七种功能的总结，虽然不能说已经概括全面，但却使我们感受到了"吧"在汉语交际中的魅力。

二、"老实说"类短句标记语在汉语交际中的功能思考

从语法的角度进行分析，"老实说"一语可以认定为省略了主语"我"的一种短句，在汉语交际中，它也属于比较活跃的成分，不仅可以出现在话语之始或之中，还可以出现在话语之末。与"老实说"具有相似特点的，还有"实话对你说"、"老实告诉你"、"说真的"等短句，为简洁论述，本部分在此以"老实说"为代表，并对诸如此类的短句以"类"相称。

从语义的角度进行总结，"老实说"一语的本意是"按照实际情况如实说来"。但是，仔细考察却不难发现，此类短句在绝大多数语言交际的实际应用中，说话人在说"（我）老实说"时，其实并不含有"从此开始按照实际情况如实说来"的语义，听话人对于此类标记语也基本上不会按照"此后的话语就是真实的，而此前的话语就不是真实的"这一含义进行理解。这就使得"老实说"类短句的功能，主要还是表

现在作为标记语时所具有的语用功能上。

人们在语言交际中，对于自己所说话语的构成，实际上是有着主题与非主题、关键与非关键、重要与次要等多方面的区分的，对于主题话语、关键话语、重要话语等成分，人们往往会自觉或不自觉地运用多种手段，或加强话语分量，或提示注意关键，以引起交际对象的注意。"老实说"作为标记语对于话语内容的插入，就是其中的一种手段。

本节拟对"老实说"类短句作为标记语时，在汉语交际中的语用功能加以思考总结，并从以下三个方面展开论述：（一）"老实说"类标记语的强化功能思考；（二）"老实说"类标记语的过渡功能思考；（三）"老实说"类标记语的提示功能思考。

（一）"老实说"类标记语的强化功能思考

"老实说"的强化功能，是指说话人在表述过程中，在自己认为是重要的或关键的话语之前，插入"老实说"作为标记语，以强化后续话语的分量。

"老实说"的强化功能，主要显现在对话语的"真实性"、"重要性"等与"性质程度"有关的意义点的强调上。

1. 强化真实性

例36 "他说他一分钟打 120 个字你不信？老实告诉你吧，他一分钟至少可以打 150 个字，就是上个星期，我给他掐表算过！"

例37 "我向司法部门举报他的经济问题，老实说，既不是为得奖金，也不是想当英雄，我只为讨一个说法，求一个公道。"

对比：

例38 "他说他一分钟打 120 个字你不信？他一分钟至少可以打 150 个字，就是上个星期，我给他掐表算过！"

例39 "我向司法部门举报他的经济问题，既不是为得奖金，也不是想当英雄，我只为讨一个说法，求一个公道。"

对比上述四则语例，不难看出，"老实告诉你吧"和"老实说"的介入，强化了说话人对于话语真实性的强调。

2. 强化严重性

例40 "他的情况越来越不好了。实话告诉你吧，医生刚才来过了，让我们有个心理准备，他可能熬不过今晚……"

例41 "这事要是捅出去你知道是什么后果吗？老实说吧，至少有三个人的脑袋要搬家……"

对比：

例42 "他的情况越来越不好了。医生刚才来过了，让我们有个

心理准备，他可能熬不过今晚……"

例43　"这事要是捅出去你知道是什么后果吗？至少有三个人的脑袋要搬家……"

对比上述四则语例，不难看出，"实话告诉你吧"和"老实说吧"的介入，强化了说话人对于话语严重性的强调。

3. 强化重要性

例44　"我告诉你，有什么别有病，缺什么别缺钱，当今社会，这可是最重要的两点……"

例45　"去西藏最要注意的还是高原反应。我可跟你说，别管你身体是吃得消还是吃不消，都得带上氧气袋。有备无患，免得临时抓瞎……"

对比：

例46　"有什么别有病，缺什么别缺钱，当今社会，这可是最重要的两点……"

例47　"去西藏最要注意的还是高原反应。别管你身体是吃得消还是吃不消，都得带上氧气袋。有备无患，免得临时抓瞎……"

对比上述四则语例，不难看出，"我告诉你"和"我可跟你说"的介入，强化了说话人对于话语重要性的强调。

4. 强化权威性

例48　"你以为你是谁？老实对你说吧，他可是领了尚方宝剑来的！没有上面的指示，他会来趟你这滩浑水吗？"

例49　"科学种田真是神奇！老实说，这么大的西瓜又这么甜，我几十年走南闯北，确实是第一次见到……"

对比：

例50　"你以为你是谁？他可是领了尚方宝剑来的！没有上面的指示，他会来趟你这滩浑水吗？"

例51　"科学种田真是神奇！这么大的西瓜又这么甜，我几十年走南闯北，确实是第一次见到……"

对比上述四则语例，不难看出，"老实对你说吧"和"老实说"的介入，强化了说话人对于话语权威性的强调。

（二）"老实说"类标记语的过渡功能思考

"老实说"的过渡功能，是指说话人在表述过程中，在自己认为对于观点、立场至关重要的理由、依据之前，插入"老实说"作为标记语，以推动对方的注意力向该理由或依据过渡。

"老实说"的过渡功能，主要显现在话语的"知情度"、"知理度"

等与"辨析事理"有关的意义点上。

仔细分析"强化功能"与"过渡功能",不难发现,二者之间在语用方面是界限分明的。"强化功能"多显现在前后话语之间原本就有一定的内在逻辑联系(如承接关系、因果关系),因此,如果抽去"老实说"等标记语,原前后话语在串接理解方面不会出现任何问题,也不会加大听觉上的理解难度,"老实说"类标记语的介入,只是对后续话语从听觉理解方面进行了强化;而"过渡功能"则多作用于前后话语之间的内在逻辑联系较弱的情况下,有时甚至并无什么内在的逻辑联系,因而,如果抽去"老实说"等标记语,原前后话语在串接理解方面就可能出现跳跃,就可能加大听觉上的理解难度,"老实说"类标记语的介入,主要是在前后话语之间建立了一种像桥梁似的过渡关系,有助于推动对方把握说话人的目的和意图。

1. 向"知情理解"过渡

例52 "是不是钱又花光了?老实告诉你,你还没开口我就知道你想说什么……"

例53 "你对他能比我更了解吗?实话对你说,我和他可是从穿开裆裤的时候就成天在一起了……"

对比:

例54 "是不是钱又花光了?你还没开口我就知道你想说什么……"

例55 "你对他能比我更了解吗?我和他可是从穿开裆裤的时候就成天在一起了……"

对比上述四则语例,不难看出,"老实告诉你"和"实话对你说"的介入,有效地推动了听话人向说话人的知情理解方面过渡。

2. 向"知理理解"过渡

例56 "别以为超前消费是一个多么新鲜的理论。我告诉你,败家子古已有之,寅吃卯粮换成时髦说法,就叫超前消费!"

例57 "别以为叫你下岗就是天塌了,真说不定就又是件好事呢!老实说,我要不是比你早下岗两年,怎么可能会有今天的局面,还不是在机关小办事员位子上打发日子!"

对比:

例58 "别以为超前消费是一个多么新鲜的理论。败家子古已有之,寅吃卯粮换成时髦说法,就叫超前消费!"

例59 "别以为叫你下岗就是天塌了,真说不定就又是件好事呢!我要不是比你早下岗两年,怎么可能会有今天的局面,还不是在机关小

办事员位子上打发日子!"

对比上述四则语例,不难看出,"我告诉你"和"老实说"的介入,有效地推动了听话人向说话人的知理理解方面过渡。

3. 向"立论依据"过渡

例60　"现在想想结婚以前把恋爱看得那样郑重,真是幼稚。老实说,不管你跟谁结婚,结婚以后,你总发现你娶的不是原来的人,好像换了一个人似的。早知道这样,结婚以前那种追求、恋爱等,全可以省掉……"

例61　"让他来管账我可有点不放心。你知不知道,他从原单位调来之前,就有一个绰号叫'揩油布'……"

对比:

例62　"现在想想结婚以前把恋爱看得那样郑重,真是幼稚。不管你跟谁结婚,结婚以后,你总发现你娶的不是原来的人,好像换了一个人似的。早知道这样,结婚以前那种追求、恋爱等,全可以省掉……"

例63　"让他来管账我可有点不放心。他从原单位调来之前,就有一个绰号叫'揩油布'……"

对比上述四则语例,不难看出,"老实说"和"你知不知道"的介入,有效地推动了听话人向说话人所展示的立论依据方面过渡。

4. 向"结论观点"过渡

例64　"虽然是话不投机半句多。老实说,两个人当初闹翻到那种程度,现在能坐在一起喝一杯茶,也就很不容易了。"

例65　"你就别再赌了。听我一句劝吧,你要再这么赌下去,我看妻离子散的日子可就不远了!"

对比:

例66　"虽然是话不投机半句多。两个人当初闹翻到那种程度,现在能坐在一起喝一杯茶,也就很不容易了。"

例67　"你就别再赌了。你要再这么赌下去,我看妻离子散的日子可就不远了!"

对比上述四则语例,不难看出,"老实说"和"听我一句劝吧"的介入,有效地推动了听话人向说话人所展示的结论观点方面过渡。

(三)"老实说"类标记语的提示功能思考

在汉语交际的过程中,说话人常常免不了要向对方表明自己个人方面的态度、立场以及情感倾向等。为了引起对方对自己的这种表白的足够注意,说话人有时会在这种表白之前插入"老实说"之类的标记语。

对比"提示功能"、"强化功能"和"过渡功能",同样不难发现,三者在语用方面也是界限分明的。"强化功能"与"过渡功能",主要在于密切前后话语之间的内部联系,突出前后话语之间的层次逻辑关系,进而增强说服对方的说理性、动情性,其目的在于求得对方的认同。而"提示功能",则主要表现在提示对方注意自己告知的内容。从根本上说,"提示功能"当然也不排斥对对方认同的追求,但是,仔细分析,"提示功能"的显现主要不在于求得对方的认同,而更注重于一种单方面的、和盘托出式的告知。在话语的分量上,有时"老实说"等标记语的介入,还会使得后续话语染上类似"最后通牒"式的严重色彩。

提示功能主要显现在说话人自己的态度立场、情感倾向等方面。

1. 提示注意自己的态度

例68　"又是这么晚才来!老实告诉你,这样下去我可是受不了了!"

例69　"老实说,我还真喜欢他的这种性格,大大咧咧,坦坦荡荡,小事从不往心里去……"

对比:

例70　"又是这么晚才来!这样下去我可是受不了了!"

例71　"我还真喜欢他的这种性格,大大咧咧,坦坦荡荡,小事从不往心里去……"

对比上述四则语例,不难看出,"老实告诉你"和"老实说"的介入,有效地提示了听话人注意说话人随后的态度表白。

2. 提示注意自己的立场

例72　"想要账?实话告诉你,今天是要钱没有,要命一条!你看着办吧。"

例73　"你就别成天在我面前唠叨她的不是了。老实说,我觉得你在待人处事方面,和她倒是很相似的……"

对比:

例74　"想要账?今天是要钱没有,要命一条!你看着办吧。"

例75　"你就别成天在我面前唠叨她的不是了。我觉得你在待人处事方面,和她倒是很相似的……"

对比上述四则语例,不难看出,"实话告诉你"和"老实说"的介入,有效地提示了听话人注意说话人随后的立场显现。

3. 提示注意自己的情感

例76　"我怎么可能看上他!老实说,我从来就没有注意过他,

连他的脸型是长的还是圆的都不知道……"

例77　"真没想到那么张狂的人竟会落得如此下场，老实说，他走的那天，我真想去送送他的，怎么说也是同事一场嘛。"

对比：

例78　"我怎么可能看上他！我从来就没有注意过他，连他的脸型是长的还是圆的都不知道……"

例79　"真没想到那么张狂的人竟会落得如此下场，他走的那天，我真想去送送他的，怎么说也是同事一场嘛。"

对比上述四则语例，不难看出，"老实说"的介入，有效地提示了听话人注意说话人随后的情感表白。

4. 提示注意自己的状况

例80　"你还想跟我要钱？老实说，除了身上穿的，我已经是一无所有了。"

例81　"当时我真是觉得天都塌下来了，山穷水尽，走投无路，老实说，差一点活不下去了！"

对比：

例82　"你还想跟我要钱？除了身上穿的，我已经是一无所有了。"

例83　"当时我真是觉得天都塌下来了，山穷水尽，走投无路，差一点活不下去了！"

对比上述四则语例，不难看出，"老实说"的介入，有效地提示了听话人注意说话人随后的状况显现。

（四）结语

本部分从"老实说"类标记语的强化功能、过渡功能、提示功能等三个方面，结合语言交际的语料进行了思考总结。不难看出，强化功能主要体现在后续话语的语义分量的加强上，过渡功能主要体现在标记语前后话语之间的逻辑关系的明确上，而提示功能则主要体现在说话人个人方面的态度立场、情感倾向的表白上。

从上述三个方面的分析以及"老实说"类标记语的多样性中，我们不难了解，"老实说"类标记语不但在汉语交际中有着较为广泛的适用面，而且在实际运用时也相当灵活。这一点，正是我们在"标记语在汉语交际中的语用功能研究"中，不能不首先对"老实说"类标记语予以关注的原因之一。

三、"×不×"类附加问在汉语交际中的功能思考

"×不×"类附加问，是指"是不是"、"对不对"、"好不好"、"行不行"、"懂不懂"、"知道不知道"等诸如此类的，在汉语交际中由说话人在自己的表述话语末尾附加的提问。

例如：

例84　"你说过的，一个人交朋友不能太滥，是不是?"

例85　"铁路警察，各管一段，不该你管的事就别管，对不对?"

例86　"惹不起咱躲得起，明天就搬家，好不好?"

例87　"烟就别再抽了，行不行?"

例88　"不该你说话的时候就别说话，懂不懂?"

例89　"有些药是不能同时吃下去的，知道不知道?"

由于在此类提问出现之前，说话人已经将自己的说话意图明确表述完毕，提问自身已经不再含有新的信息内容，所以从形式上看，就好像是说话人在话语表述之外又附加的提问，故而可称其为附加问。

附加问在世界各国的语言交际中，均属于一种常见现象，同时也是语言学家关注的内容之一。在各国的语言语法研究中，附加问均早已有了不同的专有名称。例如，在英语中，此类现象被称为"反义疑问句（disjunctive question）"，一般用于表示怀疑或没有把握、要求对方用 yes 或 no 来回答的情况。但有时，说话人用反义疑问句加以反问，目的在于加强陈述句的语气，并不要求对方回答。

例如：He is your teacher, isn't he? （其他语种囿于篇幅，不另举例）

在汉语研究中，关于此类提问，也多为点明其提问的形式特点后就止住了。例如，在《现代汉语八百词》中，尽管该书的编写初衷是"供非汉族人学习汉语时使用"，是供"一般语文工作者和方言地区的人学习普通话"时参考，但是，除了在"好"条下写有"用疑问形式（好不好?）征求对方意见，有表示商量或不耐烦的语气"[1] 之外，"对不对"、"好不好"、"是不是"、"行不行"等的用法介绍与功能分析则完全没有涉及。

在这里，笔者试对此类附加问在汉语交际中的功能加以分析思考。

分析思考拟从两个方面展开：（一）附加问的语句功能思考；（二）

---

① 吕叔湘. 现代汉语八百词. 北京：商务出版社，1980. 256.

附加问的语境功能思考。

（一）附加问的语句功能思考

附加问的语句功能思考，在某种意义上，也可以视为一种静态思考。其主要是针对带有附加问的句式，借助疑问的语气显现其具体功能。

在语言交际中，附加问在表示"疑问语气"的话语中，具有以下两种功能：

1. 请求认同功能

语言交际的过程，在某种意义上，是参与者双方或多方，各持自己的观点、立场、态度、情感倾向与对方进行交流，并且希望能够得到对方的赞同、附和乃至赞赏的过程。在交际过程中，当一方说出了自己的主张和看法，并且希望能够当即得到对方的认同时，往往就会在话语表述完毕时，后缀以附加问，以希望得到对方的当即认同。

例90 "这个星期六咱们去郊游，好不好？"

例91 "我用这台电脑换你的照相机，行不行？"

试对比：

例92 "这个星期咱们去郊游吧。"

例93 "我用这台电脑换你的照相机吧。"

显然，后面两则语例的祈使特点也同样包含着希望得到对方认同的期待，但是，仔细加以对比分析应当不难看出，在带有附加问的话语中，对于当即得到对方明确答复的期待，显然更为强烈。

话语中这种更为强烈的、期待当即得到对方明确答复的功能，是由于附加问的介入而产生的。

值得注意的是，附加问所具有的求同功能，在同类附加问中具有一种可置换性，即某一附加问在被同类附加问置换后，其话语功能没有或者几乎看不出什么变化。

例94 "这个星期六咱们去郊游，行不行？"（"同意不同意？"）

例95 "我用这台电脑换你的照相机，好不好？"（"可以不可以？"）

将例94和例95与上文的例90和例91进行对比，不难看出，其话语功能几乎看不出有什么变化。由此可知，求同类的附加问在语言交际中，是可以互相置换的。

2. 敦促确认功能

正如上文所述，语言交际的过程，往往同时也是双方或多方，各持自己的观点、立场、态度、情感倾向与对方进行交流，并且希望能够得

到对方的赞同、附和乃至赞赏的过程。

在语言交际中，当一方提出某种带有客观性的观点和论点，并且希望能够当即得到对方的认同，以便借助此观点或论点，使得语言交际向有利于自己一方的观点、立场、态度、情感倾向方面转化时，往往就会在该观点或论点表述完毕时，后缀以附加问，以敦促对方的确认。

例 96 "炒股应当遵守低进高出的原则，对不对？"

例 97 "一把筷子折不弯，团结起来力量大，是不是？"

试对比：

例 98 "炒股应当遵守低进高出的原则。"

例 99 "一把筷子折不弯，团结起来力量大。"

显然，后面两则语例就是简单的陈述句，其中也并不含有希望得到对方确认的期待。而在例 96 和例 97 的话语中，这种期待当即得到对方明确答复的功能，是由于附加问的介入而产生的。

值得注意的是，附加问所具有的确认功能，在同类附加问中也同样具有可置换性，即某一附加问在被同类附加问置换后，其话语功能没有或者几乎看不出什么变化。

例 100 "炒股应当遵守低进高出的原则，是不是？" （"懂不懂？"）

例 101 "一把筷子折不弯，团结起来力量大，对不对？"（"知道不知道？"）

将例 100 和例 101 与上文的例 96 和例 97 进行对比，不难看出，其话语功能几乎看不出有什么变化。由此可知，确认型的附加问在语言交际中，也同样是可以互相置换的。

（二）附加问的语境功能思考

附加问的语境功能思考，在某种意义上，也可以视为一种动态思考。本小节主要针对附加问在具体的语言交际过程中显现的语境功能进行分析思考。

附加问的语境功能可以在以下两个方面有所体现：

1. 调整表述力度

在语言交际过程中，如果说话人将自己的观点、立场、态度、情感倾向，不加修饰地直接表露，有可能不利于语言交际目标追求的实现，附加问的介入，则可能使得该观点、立场、态度、情感在表现力度上有所调整，进而使得话语表述更有利于目标追求的实现。

而力度调整又具体体现在两个方面：一方面，在话语具有某种否定倾向时，附加问的介入可以产生一种弱化作用，以使话语的否定倾向显

得婉转，留有回旋余地，因而更易于被对方所接受；另一方面，在话语具有某种肯定倾向时，附加问的介入可以产生一种强化作用，以使话语的肯定倾向显得坚定，因而更有助于显现出说话人的热情与真诚。

（1）当话语具有某种否定倾向时。

例 102

语境背景：某家有女已成年，有人前来提亲。

该女的母亲问道："听说他的家境不太好，是不是？"

例 103

语境背景：某青年在人才市场求职，招聘者简单翻阅了他的工作经历。

招聘者问："你年纪并不大，可是已经有了在好几个单位工作的经历，而且在每一个单位工作的时间都不长，对不对？"

试对比：

例 104　"听说他的家境不太好。"

例 105　"你年纪并不大，可是已经有了在好几个单位工作的经历，而且在每一个单位工作的时间都不长。"

显然，后面两则语例中所表述的内容，已经显现了不容置疑的"定论"特点，给交际对象提供的辩解空间与例 102、例 103 相比，明显缩小，甚至还可以认为，说话人已经是在借此话语表明态度，已经无意于再听取对方的进一步解释了。

而在例 102 和例 103 中，附加问的介入对对方话语的否定的弱化，使得话语显得婉转，留有回旋余地，表现出询问式的探讨态度，因而也易于对方作出补充说明或解释。

当然，这一调整功能是由于附加问的介入而产生的。

（2）当话语表示了某种肯定倾向时。

例 106

语境背景：据报载，某储蓄所一名弱小女子勇斗四名劫财歹徒，护卫了储蓄所的钱款。

某甲对某乙说："真是女中豪杰！换了你我，恐怕也难做到，是不是？"

例 107

语境背景：某教师在鼓励一名正在转变中的落后学生。

教师："……从上一次考试到这一次考试，才两个月的时间，你就从班级的倒数一跃而至中等行列，这说明你在读书学习方面还是大有潜力可挖的，对不对？"

试对比：

例108　"真是女中豪杰！换了你我，恐怕也难做到。"

例109　"这说明你在读书学习方面还是大有潜力可挖的。"

显然，后面两则语例中所表述的内容，在肯定的力度上，与例106、例107相比，明显就减弱了，有时，甚至还可以认为，说话人并无意于表示褒奖或夸赞，而只是在作一般的评价。

而在例106和例107中，对表述内容的肯定态度的强化，使得话语显得更有热情，更表现出一种褒奖或夸赞态度，因而也更有利于语言交际获得成功。

当然，这一调整功能是由于附加问的介入而产生的。

2. 表露某种情绪

"附加问"在语言交际中，还具有一种帮助说话人表露某种个人情绪的功能。

这种功能的独特性在于，说话人针对交际对象的话语意义，将出于个人的某种感受，以明明无疑问而故意设问的形式，借助附加问的介入予以表露。

"个人情绪"，在这里同样表现为一个内涵极为丰富的开放性概念，它几乎可以囊括各种情绪和感受。以下文所举的个案为例，至少可以将婉拒、炫耀、抢白、讥讽等多种情绪通过附加问对话语的介入予以明确表露。

（1）炫耀。

例110

语境背景：某农贸市场，一名市场管理员对卖菜的农民显示威风。

市场管理员："看见我胳膊上戴着什么了吗？今天是我值班，就凭着胳膊上的这个红袖箍，我就能把你关起来，信不信？"

（2）抢白。

例111

语境背景：有夫妻二人，由频频发生口角而转入冷战状态，双方互不理睬，几天后，做丈夫的实在忍不住了，拍桌子敲碗地弄了一通后，见妻子仍不吭声，只好自认失败，先开了口。

夫："你死了没有？"

妻："原来是你在和我说话啊，是不是？我还没死呢！"

（3）讥讽。

例112

语境背景：某中学，备战高考的冲刺阶段，某学生的学习成绩不是

很好，于是半夜悄悄起床，准备去攻读，不料还是弄醒了室友。

某室友："老兄啊，如此勤奋，第一志愿填哪里？北京大学，是不是？"

（4）婉拒。

例113

语境背景：某单位，某领导约某下属谈话，想聘其为自己的副手，而该下属早已因该领导为人心胸狭窄，有离去之意，只是跳槽一事尚在暗中联系之中，因而不便当即明确回绝。

下属："……可我这个人吧，散漫惯了，让我去管人，不但我自己难受，恐怕别人更难受！您的好意，我还是心领了吧，好不好？"

（三）结语

本部分从汉语交际中搜集的部分语料入手，将带有"×不×"类附加问作为标记语的话语和略去"×不×"类标记语后的话语进行对比分析，分别从语句语用功能和语境语用功能等角度，总结出了"×不×"类附加问作为标记语在汉语交际中的四种基本功能。

对"×不×"类附加问作为标记语的这四种功能进行对比分析，不难看出，其归类于语句功能的"请求认同"和"敦促确认"等两项功能，主要作用于交际对象，而其归类于语境功能的"调整表述力度"和"表露某种情绪"等两项功能，则主要作用于说话人自己所说的话语内容。

上述思考总结虽然只能说是管中窥豹，但却使我们感受到了"×不×"类附加问在汉语交际中适用的广泛性以及在语言交际中运用的灵活性。

需要指出的是，当我们将"×不×"作为句末标记语加以运用时，有时为了强化语用效果，往往还会在句首加上"（依）我说"、"（依）我看"、"听说"、"据说"等（这些也同样属于标记语）。如：

例114　"我看，你还是早点去吧，好不好？"

例115　"听说他最近身体可不太好，是不是？"

这里囿于篇幅，就不再赘述了。

四、"你看"、"你想"类标记语在汉语交际中的语用功能思考

"你看"、"你想"类主谓结构的短句，在汉语交际中，也属于比较活跃的成分，它不仅可以出现在话语之始或之中，还可以出现在话语之末。与"你看"具有相似特点的，另外还有"你瞧"等，与"你想"

具有相似特点的，另外还有"你想想"、"你想啊"等，为简洁论述，本节将其以"类"相称。

从语义的角度进行总结，此类短句也具有多种功能。

1. 要求交际对象去"观看"、去"设想"的祈使功能

例116　"你看，这就是小熊猫。"

例117　"你想，接到录取通知书的那一刻，我的心情有多么激动！"

对比：

例118　"这就是小熊猫。"——简单告知句。"你看"消失后，祈使功能也就随之消失了。

例119　"接到录取通知书的那一刻，我的心情有多么激动！"——主观抒情句。"你想"消失后，祈使功能也就随之消失了。

2. 自己主意未定，要求交际对象发表意见的征询功能

例120　"你看，咱们什么时候出发呢？"

例121　"你想，此时此地，我该怎么办呢？"

对比：

例122　"咱们什么时候出发呢？"——简单疑问句。并无明确的征询要求。

例123　"此时此地，我该怎么办呢？"——简单疑问句。并无明确的征询要求。

3. 自己主意已定，要求交际对象附和的求同功能

例124　"你看，我这事办得怎么样，漂亮吧？"

例125　"你想，人家帮了那么大的忙，咱总不能一个谢字都不说，转身就走吧！"

对比：

例126　"我这事办得怎么样，漂亮吧？"——告知自我感觉，并无明确的求同要求。

例127　"人家帮了那么大的忙，咱总不能一个谢字都不说，转身就走吧！"——表明自己态度，并无明确的求同要求。

如果说"你看"、"你想"类短句，在上述三种功能的显现中，自身就有着明确的话语含义，因而可以将上述三种功能认定为语义功能，那么，当此类短句在汉语交际中，作为标记语插入说话人的话语之中使用时，就显现了新的语用功能。

人们在语言交际中，对于自己所说话语的构成，实际上是有着主题与非主题、关键与非关键、重要与次要等多方面的区分的，对于主题话

语、关键话语、重要话语等成分，人们往往会自觉或不自觉地运用多种手段，或加强话语分量，或提示注意关键，以引起交际对象的注意。

在语言交际中，当人们运用种种手段，以突出自己的某一观点、立场、看法或认识时，往往会在运用这些手段的同时，插入"你看"、"你想"之类的短句作为标记语，借助其对前后话语之间建立的不同关系，进而确保自己话语中的强化与提示能够达到预期的目的。

本部分试对"你看"、"你想"类短句作为标记语时，在汉语交际中的语用功能加以思考总结，并从以下两个方面展开论述：（一）"你看"、"你想"作为标记语的使用范围的总结；（二）"你看"、"你想"作为标记语的适用意义点的归纳。

（一）"你看"、"你想"作为标记语的使用范围的总结

作为标记语的"你看"、"你想"类短句，其使用范围可以大致分为三个方面：

（1）人们在语言交际中，常常要向对方告知某一结论或结果，"你看"、"你想"类短句标记语的插入，可以有效地对这种告知产生强化提示作用。

例128　"你怎么躲在这儿一声不吭！你看，吓了我一跳！"

例129　"为人处事，谎是撒不得的。你想，一撒谎，自己多了一分心虚不说，别人也会从此对你多了一分疑心⋯⋯"

对比：

例130　"你怎么躲在这儿一声不吭！吓了我一跳！"

例131　"为人处事，谎是撒不得的。一撒谎，自己多了一分心虚不说，别人也会从此对你多了一分疑心⋯⋯"

注意"你看"、"你想"对前后话语的关联效果。如例128，前一半为对方的行为，后一半为自己的反应；例129，前一半为结论，后一半为补充说明。这里借助"你看"、"你想"的关联功能，实现了对告知内容的强化提示。

（2）人们在语言交际中，常常要向对方描述某一过程或状态，"你看"、"你想"类短句标记语的插入，可以有效地对这种描述产生强化提示作用。

例132　"我这副手套是多少钱买的呢？你看，就一转身，我忘了！"

例133　"东西方文化的冲突是客观存在的，你想，你能一边吃麻辣火锅一边喝咖啡吗？"

对比：

例 134   "我这副手套是多少钱买的呢？就一转身，我忘了！"

例 135   "东西方文化的冲突是客观存在的，你能一边吃麻辣火锅一边喝咖啡吗？"

注意"你看"、"你想"对前后话语的关联效果。如例 132，前一半为客观状态（遗忘），后一半为导致这种状态的原因；例 133，前一半为结论，后一半为举例论证。这里借助"你看"、"你想"的关联功能，实现了对告知内容的强化提示。

（3）人们在语言交际中，常常要向对方阐释某种理由或原因，"你看"、"你想"类短句标记语的插入，可以有效地对这种阐释产生强化提示作用。

例 136   "你和他赌个什么气？你看，你现在是公司里最年轻的科长，可别拿前途开玩笑！"

例 137   "你怎么那么草率就答应了求婚！你想，你年轻漂亮，又有文化，他呢，年纪比你大那么多，学历文凭又比你低。你是担心嫁不出去还是怎么的？"

对比：

例 138   "你和他赌个什么气？你现在是公司里最年轻的科长，可别拿前途开玩笑！"

例 139   "你怎么那么草率就答应了求婚！你年轻漂亮，又有文化，他呢，年纪比你大那么多，学历文凭又比你低。你是担心嫁不出去还是怎么的？"

注意"你看"、"你想"对前后话语的关联效果。如例 136，前一半为立场态度，后一半为理由的阐释；例 137，前一半为立场态度，后一半为理由的阐释。这里借助"你看"、"你想"的关联功能，实现了对描述内容的强化提示。

（二）"你看"、"你想"作为标记语的适用意义点的归纳

如果说，"你看"、"你想"类短句标记语在语言交际中的关联功能运用，可以有效地对话语中的主题成分、关键成分、重要成分产生强化与提示作用，那么，继续加以分析就不难得知，就强化与提示而言，两者不仅有着具体功能的显现差异，还有着意义适用点的不同。就"你看"和"你想"而言，虽然两者在使用理论方面并没有什么明确的分界，但是仔细比较，还是可以发现它们存在着强化与提示的适用意义点的侧重差异。

强化与提示，可以说是提醒交际对象注意话语关联的两种基本手段。"你看"类短句标记语在语言交际中，往往主要承担对话语内容的

强化功能，其强调的侧重点在状态、结果及其程度、性质等方面。"你想"类短句标记语在语言交际中，往往主要承担对话语内容的提示功能，其提示的侧重点在理由、原委及其展现、阐释等方面。

这里再分别进行剖析。

1. "你看"及其强化功能

所谓强化，就是在不拓展新的思考角度的前提下，通过对原话语的补充、说明，突出说话人的观点、立场、认识或看法。需要指出的是，"你看"类标记语的强化功能，主要侧重于显现和密切前后话语之间的逻辑关系，以实现强化的目的。

强化功能主要表现在以下两个方面：

（1）状态、过程及其程度的强化。

例 140　"这几天简直就是忙得不可开交。你看，我都快成陀螺了，连轴转！"

例 141　"她办事情那可真叫个利索。你看，才多大会儿工夫，鱼不惊虾不跳的，一桌饭菜就端上来了！"

对比：

例 142　"这几天简直就是忙得不可开交。我都快成陀螺了，连轴转！"

例 143　"她办事情那可真叫个利索。才多大会儿工夫，鱼不惊虾不跳的，一桌饭菜就端上来了！"

注意"你看"对前后话语的关联效果。例 140 和例 141 中，"你看"之前为状态、过程的描述，之后为强化程度的补充说明，借助"你看"的插入与关联作用，突出了二者逻辑方面的主从地位，强化了二者之间说明与被说明的关系。

（2）结论、结果及其性质的强化。

例 144　"这个人行动诡秘得很。你看，这几天又是连影子都看不见，谁也不知道他到哪里去了！"

例 145　"市场需求对人才价位的影响真是越来越明显了。你看，去年的人才招聘会上，计算机专业的，月薪 3 000 元以下的工作无人问津，今年呢，好家伙，月薪 1 500 元的工作也出现了竞争！"

对比：

例 146　"这个人行动诡秘得很。这几天又是连影子都看不见，谁也不知道他到哪里去了！"

例 147　"市场需求对人才价位的影响真是越来越明显了。去年的人才招聘会上，计算机专业的，月薪 3 000 元以下的工作无人问津，今

年呢，好家伙，月薪 1 500 元的工作也出现了竞争！"

注意"你看"对前后话语的关联效果。例 144 和例 145 中，"你看"之前为结论、结果，之后为结论、结果的补充说明，借助"你看"的插入与关联作用，突出了二者逻辑方面的主从地位，强化了二者之间说明与被说明的关系。

2. "你想"及其提示功能

所谓提示，就是借助新拓展的思考角度，围绕说话人的观点、立场、认识或看法进行充实完善。需要指出的是，"你想"类标记语的提示功能，主要侧重于对话语内部关联方式的显现，以实现提示的目的。

提示功能主要表现在以下两个方面：

（1）理由、原委及其提示的直接的因果关系。

例148　"他是不会把家搬出去的。你想，市政府的文件已经颁布了，这一块地年内就将进行开发，眼下别人是想进还进不来呢，他却搬出去，会那么傻吗？"

例149　"事情肯定不会这么简单。你想，这些日子他一直是在步步紧逼，恨不得一天 24 小时在这里纠缠，现在突然无声无息，风平浪静，只怕是其中另有原因……"

对比：

例150　"他是不会把家搬出去的。（因为）市政府的文件已经颁布了，这一块地年内就将进行开发，眼下别人是想进还进不来呢，他却搬出去，会那么傻吗？"

例151　"事情肯定不会这么简单。（之所以这么说，是因为）这些日子他一直是在步步紧逼，恨不得一天 24 小时在这里纠缠，现在突然无声无息，风平浪静，只怕是其中另有原因……"

注意"你想"对前后话语的关联效果。例 148 和例 149 中，"你想"之前为说话人的认定、判断，之后为认定、判断的理由和依据说明，借助"你想"的插入与关联作用，突出了二者逻辑方面的主从地位，强化了说明话语与被说明话语之间的因果关系。对比例 150 和例 151 可知，两例中的"你想"分别被"因为"、"之所以……是因为"替换后，原语意几乎没有什么变化，由此可以更加明确其插入的关联作用。

（2）事理、依据及其提示的非直接的依托关系。

例152　"我怎么能一退休就什么事都不干了呢？你想，过去是人生七十古来稀，如今是人生七十小弟弟。我还早着呢，要是从此万事皆休，哪里还能有什么几度夕阳红，不是只剩下夕阳黑了！"

例 153　"你认定东西就是他拿的，其实理由并不充分。你想，虽然他是进过房间，但是，在此期间进过房间的还有好几个人，而且几个人中他逗留的时间最短……"

对比：

例 154　"我怎么能一退休就什么事都不干了呢？过去是人生七十古来稀，如今是人生七十小弟弟。我还早着呢，要是从此万事皆休，哪里还能有什么几度夕阳红，不是只剩下夕阳黑了！"

例 155　"你认定东西就是他拿的，其实理由并不充分。虽然他是进过房间，但是，在此期间进过房间的还有好几个人，而且几个人中他逗留的时间最短……"

注意"你想"对前后话语的关联效果。例 152 和例 153 中，"你想"之前为说话人的立场、态度，之后为围绕其立场、态度的事理、依据说明，借助"你想"的插入与关联作用，突出了二者逻辑方面的主从地位，强化了说明话语对被说明话语之间的依托关系。

（三）说明

本部分在文章起始就曾写到，"你看"、"你想"类短句标记语，在语言交际中，"不仅可以出现在话语之始或之中，还可以出现在话语之末"。由于此类标记语无论是在话语的什么部位，其语用功能都基本相同，如果分别按照其处于不同部位举例，则又必须论证其功能基本相同。这样一来，如果要举出现在话语之始的例句，就要同时录入处于上文的对方话语；如果要举出现在话语之末的例句，就要同时录入处于下文的对方话语。显然，如此行文不利于思路的清晰，故而，本文在举例时，全部举了位于话语之中的例证。特此说明。

五、《红楼梦》中人物对话运用标记语实例举枚

《红楼梦》是我国古代"四大名著"之一，不但真实地展示了封建等级制社会的现实生活，而且其人物对话也贴切生动，栩栩如生。为了更有效地感受在汉民族等级森严的社会环境、交际语境中，各种不同身份的人曾经是如何说话的（时至今日，这些特点仍然没有完全消失），这里试以三类标记语为例，从小说中选取实例进行分析。

透过这些实例，我们还可以发现一个有趣的现象：如果说，人分三六九等的封建社会曾经迫使人们在说话时不得不大量使用标记语来"自我保护"，那么今天我们却可以说，现代汉语中仍然保留着的大量生动的标记语，是汉民族文化源远流长的特点之一。

（一）以"不是我说"之类的话语作为标记语

"不是我说"类标记语，从语义的角度来检查，常常会出现与当时的语境、场合不相吻合的情况，明明是自己在说话，却偏偏说"不是我说"；明明是自己在说这样的话，却偏偏说自己说的不是这样的话。这种有话不直接说，非要绕个圈子说出来的表达方式，常常可以有效地瓦解话语中"不得体"成分的干扰。

试举几例进行剖析：

例156　小说第七十七回中，晴雯被赶出大观园后，移住在她的哥嫂家里，宝玉去看过她一次。见面时，晴雯说了这样一段话："只是一件，我死也不甘心的，我虽生的比别人略好些，并没有私情蜜意勾引你怎样，如何一口死咬定了我是个狐狸精！我太不服。今日既已担了虚名，而且临死，不是我说一句后悔的话，早知如此，我当日也另有个意思……"

分析：在晴雯的这一段话中，明明是她自己要说一句后悔的话，却偏偏先说一句"不是我说一句后悔的话"。其语用价值不但在于提醒宝玉注意下面正是自己要说一句"后悔的话"，而且有效地瓦解了其中"不得体"的成分。

宝玉与晴雯，虽然在大观园里一直是平等相处，但是，两人之间的主仆身份差异，使得他们不可能以相爱的身份交往。不要说晴雯在大观园时，以奴婢的身份主动向主人宝玉作这样的表白是不得体的，就是在此生死离别之时，也未必就得体。但是，此情此景，有了"不是我说……"这一"双重否定句"的介入，"不得体"的成分就被有效地瓦解了。

例157　小说第八十四回中，贾母等人谈起宝玉的亲事来，凤姐笑着说道："不是我当着老祖宗太太们跟前说句大胆的话，现放着天配的婚姻，何用别处去找？"

分析：明明是自己在面对面地向贾母、王夫人等人说话，一贯快人快语的凤姐为什么偏要说"不是我当着……"这一句显然与眼前事实不相符合的话？

凤姐之所以如此说话，与其要说的话题内容、眼前的语言环境有着很大关系。其一，宝玉的亲事，决定权在长辈，凤姐作为宝玉的平辈，原本无权提出主张；其二，正当几位长辈在对几家的提亲进行一一分析时，凤姐却要向他们提出改"外选"为"内定"的新主张，确实难免有干涉长辈决断的"不得体"之嫌。故而，凤姐一开口，先说一句"不是我当着老祖宗太太们跟前说句大胆的话"，不仅是为了淡化自己

作为晚辈提出一个大胆主张的"越权"色彩，同时也在弱化自己的建议对长辈们的否定力度。设想一下，如果凤姐面对贾母等人的议论分析，插话一开口就是："现放着天配的婚姻，何用别处去找？"岂不有指责长辈们"有眼无珠"之嫌？

这里我们应当看到的是，凤姐如此说话，完全是在一种自觉意识的控制之下。小说中随后写到，贾母明白了凤姐所指后，笑着问她为什么不早说，凤姐回答说："老祖宗和太太们在前头，哪里有我们小孩子家说话的地方儿？"

例158　小说第一百〇一回中，贾琏因故在家里发脾气、摔东西，直闹得凤姐眼泪涟涟。平儿在旁边帮凤姐出起气来："爷也不知是那里的邪火，拿着我们出气。何苦来呢，奶奶也算替爷挣够了，那一点儿不是奶奶挡头阵。不是我说，爷把现成儿的也不知吃了多少，这会子替奶奶办了一点子事，又关会着好几层呢，就是这么的拿糖作醋的起来……"

分析：明明是平儿在说话，平儿却偏偏说"不是我说"，为什么要绕这么一个圈子？"不是我说"一句中包含着好几层意思：第一层是，你们是夫妻两口子闹口角，原不该我做小妾的插嘴，但是到了这一步，不是我想说，而是我不得不说话了；第二层是，无须我说，事实就在每个人的眼里，平时多是奶奶替爷办事，爷坐享其成，奶奶倒是从来不摆什么威风，而现在，爷刚办这么一点事，"就是这么的拿糖作醋的起来"，所以我就不得不说话了。这两层意思合而为一，借助"不是我说"一句，既大大强化了对贾琏发脾气的不满，又有效地弱化了自己对主子的冒犯，显得自然得体。

如果将平儿的话语中略去"不是我说"后重读，不难发现，全段话语的意思就完全变了，变成平儿为凤姐帮腔训斥贾琏，而且言辞犀利，平儿也就难免要染上一层比凤姐更悍更泼的色彩，那可就是实实在在的"不得体"了。

例159　小说第六十六回中，尤三姐向兴儿打听宝玉："除了上学他做些什么？"兴儿回答说："三姨儿别问他，说起来，三姨儿也未必信……成天家疯疯癫癫的，说的话人也不懂，干的事人也不知。外头人人看着好清俊模样儿，心里自然是聪明的，谁知里头更糊涂，见了人，一句话也没有。……"

分析：通读兴儿回答尤三姐的话语，我们可以看出他的应答态度很积极，应答话语也很翔实。但是兴儿既然完全没有劝阻尤三姐打听宝玉的意思，为什么一开口说话却是"三姨儿别问他"？

兴儿的回答其实也是有着两层意思：第一层是针对尤三姐的提问形式，因为尤三姐用的是了解正常人的提问形式，而兴儿说"三姨儿别问他"，意思就是你别像打听正常人的方式来打听他，他这个人怪得离奇；第二层则是，你要是这么问，问了只怕也是白问，因为他的怪我就是告诉了你，你恐怕也难以相信。这两层意思合而为一，其实还是为了让尤三姐相信自己即将对宝玉作出的描述。于是，紧随此话语之后，兴儿详细地向尤三姐介绍了贾宝玉。

如果略去"三姨儿别问他……"一句，改为由兴儿直接说出对宝玉的评价，奴仆如此放肆地在背后评价主子，不但显得非常不得体，而且就是说了出来，尤三姐恐怕也会认为，小孩子说话口无遮拦，当然也就真的不会相信了。

从上述四则实例中，我们不难看到，"不是我说"类的话语在具体运用中，选用者多数属于交际双方有着身份地位差异当中身份地位较低的一方，话题内容如果失去此类标记语的修饰，就可能出现"不合身份"、"不合语境"等方面的问题。此类标记语，以其"兜个圈子后再说正题"的特有形式，对话语主体内容的"不得体"成分进行了有效的瓦解。

（二）以"俗话说"之类的话语作为标记语

"俗话说"之类的话语和所选用的俗话等，对于说话人所要表达的观点、立场、态度、情感倾向，常常具有一种类比作用。从使用角度来看，它的出现，多是说话人在已经将话题内容完整表达的基础上，再针对自认为比较抽象的部分，或者自认为比较关键的部分作出一种说明。从语用角度来看，这类标记语，同样还是以"绕个圈子说话"的方式，淡化其中的"不得体"成分，使得通篇话语更加妥帖得体。

试举几例进行剖析：

例160　小说第六回中写到，刘姥姥经周瑞家的引见，与凤姐见了面。凤姐说起了客套话："亲戚们不大走动，都疏远了。知道的呢，说你们弃厌我们，不肯常来，不知道的那起小人，还只当我们眼里没人似的。"刘姥姥忙念佛道："我们家道艰难，走不起，来了这里，没的给姑奶奶打嘴，就是管家爷们看着也不像。"凤姐儿笑道："这话没的叫人恶心。不过借赖着祖父虚名，作了穷官儿，谁家有什么，不过是个旧日的空架子。俗话说的：'朝廷还有三门子穷亲戚'呢，何况你我。"

分析："俗话说的……"一语，本身并没有什么实际意义。"朝廷有没有穷亲戚"，与这场谈话没有任何关系。此句俗话的出现，其作用却不可低估。

　　这是凤姐与刘姥姥的第一次对话，双方原先互不认识，因而客套的成分难免比较多，从语用角度进行分析，在此番客套过程中，双方都比较明显地在运用谦逊准则。刘姥姥的意思是，自己穷，一是走动不起，二是来了也不像是府上的亲戚，给府上丢人。凤姐的意思则是，我们也不过就是个空架子，哪里谈得上什么富。话说到这里，这句"俗话说"的类比作用就凸现了："朝廷还有三门子穷亲戚，何况你我"，这里，"何况你我"一句，独具魅力。其意就是，朝廷还有穷亲戚呢，我们当然也可以有你们这样的亲戚，但是，"可以有"并不等于确认"我们今后就保持亲戚往来"。就这样，凤姐借着一句"俗话说"，向刘姥姥表示了既不冷淡（拉近了双方的距离）又不热烈（话语说的却是朝廷）的欢迎。

　　需要注意的是，如果抽去"俗话说的：'朝廷还有三门子穷亲戚'呢"一语，听话人在理解上固然也不会发生什么问题，但是，在情感含量上就明显不同了。例如，抽去后，凤姐的这段话就成了："这话没的叫人恶心。不过借赖着祖父虚名，作了穷官儿，谁家有什么，不过是个旧日的空架子。"让人听来，尽管同样还是自谦的话语，但却几乎不再含有任何与刘姥姥续亲戚的意思，几乎就是在请刘姥姥"走人"了。

　　例 161　小说第十六回中写到，贾琏与凤姐两口子聊天，贾琏说起香菱被薛蟠收为小妾一事，并感叹说，可惜香菱的标致被薛蟠的粗俗给玷辱了。凤姐当即回讽道："嗳！往苏杭走了一趟回来，也该见些市面了，还是这么眼馋肚饱的。你要爱她，不值什么。我去拿平儿换了她来如何？那薛老大也是'吃着碗里看着锅里'的 。这一年来的光景，他为要香菱不能到手，和姨妈打了多少饥荒……"

　　分析：凤姐的这段话里，前一半在挖苦贾琏好色，后一半借着"吃着碗里看着锅里"一语，将贾琏与薛蟠在"对女色的占有"这一点上作了类比，借助"也是"二字，明指薛蟠，暗讽贾琏，嘲讽贾琏和薛蟠也是一个德性。那么，凤姐为什么不直接指责贾琏，而要借薛蟠来打比方？从语用角度进行分析，还是得体准则在发挥着调节作用。从凤姐的个性角度进行分析，她心中的不高兴肯定是要发泄出来的，当然她也不是不敢发泄，但是此时，仅凭贾琏这么一句话就撒泼，似乎在理上也欠缺了一点。而她的这一番指桑骂槐，显然既有助于发泄心中的不满，又弱化了对贾琏的正面贬斥，当然也就有助于避免伤害夫妻之间的感情。

　　值得注意的是，如果抽去"也是'吃着碗里看着锅里'"这一句，凤姐全段话语的意思就变成了一种意义单纯的、等待丈夫表态的询问：

199

"薛蟠也是费了很大的周折才把香菱弄到手的。你要是也爱上了香菱，用不着像他那么费劲，我用平儿去换了她来，你看怎么样？"真要是这么说，对贾琏"吃着碗里看着锅里"的"贪色"讽刺就完全不存在了。

例162　小说第九十四回中写到，宝玉身上的那块玉丢了，王夫人提出合府上下认真追查，决不能没有了宝玉的这个命根子。此时凤姐提出了不同的看法，说道："咱们家人多手杂，自古说的，'知人知面不知心'，那里保得住谁是好的。但是一吵嚷，已经都知道了，偷玉的人要叫太太查出来，明知是死无葬身之地，他着了急，反要毁坏了灭口，那时可怎么处呢……"

分析：凤姐此番话，客观上是身为小辈对长辈王夫人的意见的否定，稍有不当，就难免产生"不得体"的效果。而加上了"自古说的，'知人知面不知心'"，则不仅具体清晰地陈述了自己的理由（"只能了解外表，却无法了解他的内心活动"），更增加了"从古至今，历来如此"的警醒的权威性，当然也就更增强了说服力。果然，王夫人听进了这一劝说，立即决定，此事不再张扬，改为暗中查访。如果将"知人知面不知心"一语从此段话抽去，王夫人也不会对凤姐的这一段话产生任何错误理解，但是，这段话就成了凤姐以小辈身份在直接否定"当家主事"的王夫人，就算王夫人不予计较，给这番话以"不太得体"的评价也并不过分。

例163　小说第四十六回中，鸳鸯的嫂子前来劝说鸳鸯嫁给贾赦作小妾，被鸳鸯当着袭人与平儿的面骂道："……怪道成日家羡慕人家女儿作了小老婆，一家子都仗着他横行霸道的，一家子都成了小老婆了！看的眼热了，也把我送在火坑里去……"她的嫂子感到非常难堪，说道："愿意不愿意，你也好说，不犯着牵三挂四的。俗话说'当着矮人，别说短话'。姑奶奶骂我，我不敢还言，这二位姑娘并没惹着你，小老婆长小老婆短，人家脸上怎么过得去？"

分析：试抽去"当着矮人，别说短话"一语，听话人中，无论是鸳鸯，还是袭人、平儿，几乎都不会对鸳鸯嫂子的这番话语产生任何误解，并且"该不该在矮子面前说短话"，与她要劝说鸳鸯同意嫁给贾赦作小妾并无内在联系。而加上"当着矮人，别说短话"一语，则是鸳鸯的嫂子在利用平儿与袭人两人同时还有着的小妾身份，以"矮、短"的"贬义色彩"刺激来转移目标，进而掩饰自己的难堪与尴尬。结果，三个人都听出了这一意思，并当场回击。袭人、平儿则是利用宝玉、贾琏与贾赦相比，有着不同的辈分，立刻说道："你倒别这么说，他也并不是说我们，你倒别牵三挂四的。你听见那位太太、太爷们封我们做小

老婆？况且我们两个也没有爹娘哥哥兄弟在这门子里仗着我们横行霸道的。他骂的人自有他骂的，我们犯不着多心。"鸳鸯则立即接过话头回击道："他见我骂了他，他臊了，没的盖脸，又拿话挑唆你们两个，幸亏你们两个明白。原是我急了，也没分别出来，他就挑出这个空儿来。"结果，鸳鸯的嫂子自觉无趣，转身走了。

鸳鸯嫂子的失败，仔细分析，是因为她违反了得体准则。她原是来劝说鸳鸯的，可是，她在遭到鸳鸯抢白时，不是考虑如何进一步劝说，不是考虑如何调动平儿、袭人一起帮着劝说，而是对平儿和袭人以"矮、短"的刺激来转移目标，直接伤害平儿和袭人，以致事与愿违，尴尬而去。

对上述四则以俗语作为标记语的实例剖析，虽然只能算是管中窥豹，但是也能够基本说明，以"俗话说"之类的话语作为标记语，在语言交际中，多从主题话语的侧面对说话人的目标追求起到推进作用。由于"俗话"自身具有独立的语意，在语用中，对于主题话语中可能含有的"不得体"成分具有一定的转移、消解功能，因而有助于说话人落实对"得体准则"的遵循。与此同时，也应当看到，以此类话语作为标记语时，要注意一个"类比是否得当"的问题，如例163就是一个类比不当、反受其害的实例。

（三）以"依我说"之类的话语作为标记语

在语言交际中，"依我说"、"你听我说"并不含有因为对方"不依我说"、"不听我说"，所以希望对方"依我说"、"听我说"的请求。用作标记语时，其作用可以大致一分为二：一是对随后的话语语义在力度上予以强化；二是对随后的话语语义在力度上予以弱化。至于究竟是强化，还是弱化，则需要进行具体分析。而无论是强化还是弱化，都含有对话语原语义因为过强或过弱，以致显得"不得体"的部分进行"消解"，使其更加趋向"得体"显现的作用。

试举几例进行剖析：

例164　小说第七十二回中，贾琏准备答应奴仆旺儿的请求，替他的儿子说合一个使女彩霞为妻。林之孝家的听了，向贾琏提出不同看法。她说道："依我说，二爷竟别管这件事。旺儿的那小儿子虽然年轻，在外头吃酒赌钱，无所不至。虽说都是奴才们，到底是一辈子的事。彩霞那孩子这几年我虽没见，听见说越发出挑的好了，何苦来白糟蹋一个人。"

分析：林之孝家的虽然在贾府中的地位高于一般奴仆，但是在贾琏面前，仍然是奴仆。她说的这一番话，也是要以"以下劝上"的方式

说服贾琏改变主意，因而，话语的分量与力度是否适中，或者换句话说，是否得体，则非常重要。"依我说"一句的插入，使得全部话语完全没有要求对方务必照办的意思，而只是强调这是自己的一点建议，听取与不听取，皆由对方决定。

反之，若没了"依我说"一句，林之孝家的所说的话就变成了一种对主人贾琏的否定、批评，甚至是指责。其话语分量就要强硬得多了，其语用效果很可能就会因为"不得体"而大不一样了。

例165　小说第九十二回中，宝玉以贾母每年十一月初一都要办消寒会为理由向家学里请了假，不料到了前一天，仍不见"办消寒会"的通知。袭人劝他还是应当去上学，她说："据我说，你竟是去的是。才念的好些儿了，又想歇着。依我说也该上紧些才好。"小丫头麝月却有不同看法，她说："这样冷天，已经告了假，又去，叫学房里说既这么着就不该告假呀，显见的是告谎假脱滑儿。依我说，乐得歇一天。就是老太太忘记了，咱们这里就不消寒了么？……"

分析：在此段文字中，袭人的话语中两次使用了标记语，一为"据我说"，一为"依我说"。而麝月用了一次"依我说"。这三个标记语的作用基本相同，都是在弱化自己的话语的分量。以袭人为例，她与宝玉之间，尽管有着情感亲近的一面，但主仆之间客观存在的身份差距，决定了她对宝玉说话，固然可以表示自己的看法，但却不能指示他该怎么做。至于麝月，在三人中其地位最低，在提出自己的主张时就更不能强硬了。三个标记语较好地实现了这一语用目标追求。反之，如果略去这三个标记语，两个人的话语不但态度过分强硬（违反"得体准则"），而且袭人与麝月之间，则几乎像是在进行一场辩论（违反"一致准则"），其语用效果也就可想而知了。

例166　小说第三十四回中，宝玉被贾政一顿狠打，王夫人心中很难过。袭人借机劝王夫人也应当对宝玉加强管教，王夫人闻听此言，说道："我的儿，亏了你也明白，这话和我的心一样，我何曾不知道管儿子，……只是有个原故：如今我想，我已经快五十岁的人，统共剩了他一个，他又长的单薄，况且老太太宝贝似的，若管紧了他，倘或再有个好歹，……"

分析：在此段话中，"如今我想"一语也无实际语义，只有强调下文、提醒对方注意之意。略去似乎对全段语义无损，但略去后，下文（针对袭人）的情感力度则难免会有所削弱。

值得注意的是，"如今我想"一语含有尊敬对方（与对方以"你、我"平等相称）的意思，而从王夫人与袭人的身份关系来看，两人一

主一仆，主子在对奴仆说话时，原本无须加上此插入语来表示礼貌，但王夫人为什么加上了？仔细分析，其原因在于，王夫人面对宝玉的挨打而无力保护，心理上难免产生一种虚弱感，而袭人与宝玉的关系特殊，再加上她说的话正中王夫人的心病，又使得她在心理上产生一种亲近感，这两种心理感受使得王夫人对袭人以"你、我"平等相称，并使用了"你听我说"类插入语予以强化，充分显现了她"自我降等"，对袭人进行情感笼络的"得体性"。

例167　小说第三十六回中，凤姐对王夫人说道："自从玉钏儿姐姐死了，太太跟前少着一个人。太太或看准了那个丫头好，就吩咐，下月好发放月钱的。"王夫人想了一想，说道："依我说，什么是例，必定四个五个的，够使就罢了，竟可以免了吧。"

分析：在这里，凤姐是在向王夫人表示关心，要按照贾府的定例给她补上一个丫头。王夫人表示婉拒。按照两人之间的长幼辈分差别，王夫人对凤姐说话也无须加上"依我说"一语，但是在贾府，因为凤姐主管家政内务，两人之间其实还有着另一层"管理与被管理"的关系。王夫人在此使用"依我说"一句，既是从"被管理者"的角度向"管理者"提出一点建议，向管理者表示了充分的尊重，同时也强调这只是自己的一点看法，并非明确拒绝之意，这样，语用效果就甚佳了。而且，若删除"依我说"，原话语意义固然无损，但是在语用效果上，则不仅产生了批评对方、反驳对方，或者抢白对方的成分，甚至还可能产生"责令凤姐废除定例"的"不得体"的不佳效果。

从上述四则实例中，我们不难看到，此类标记语在具体运用过程中，往往起始于遵循谦虚准则，但是最后还是落实在"得体准则"上，以确保目标意图的实现。"依我说"一语对于后续话语的语义强化或弱化，同时表现为一种调适功能。而说话人对自己的话语进行调适的目的只有一个：使自己的话语显得更加"得体"。

（四）结语

为了探讨汉语交际的语用特点，以上文字不吝笔墨，从中国历史与文化发展的角度，进行了多角度的思考和论证，其中心是为了说明这样一个问题：中国人在语言交际过程中，为什么会被认为尤其强调遵循谦虚准则？其中，自有其历史的、政治的、经济的、文化的等多方面原因，但是归根结底，可以说是印证了一位伟人的论断："不是人们的意识决定人们的存在，而是人们的存在决定人们的意识。"我们不能不看到，中国人长达数千年地生活在等级体制森严的社会环境中，不能不"谦虚"，也不敢不"谦虚"，由此形成了一整套的显现谦虚的谦辞、客

套、礼仪、礼节。

但是，这并不意味着中国人就不在意自己能否以及是否在"得体"地说话，恰恰相反，中国人在由极不利于得体说话的等级体制构成的社会里，不仅敢于说话、善于说话，还善于借助多种手段，其中包括生动地创造并灵活地运用多种形式的标记语，进而使得自己的话语中，那些可能会使对方产生不得体感觉的成分转而以"得体"的形式出现。

另外，从"存在决定意识"的观点中，我们也可以得知，无论哪一个民族，只要它的社会环境，或者说社会经济基础发生了改变，那么，这个民族原先在语言交际中形成的传统或风格，也就必然会发生相应的改变。笔者之所以选择《红楼梦》所描写的在当今中国已经不复存在的等级体制、社会环境来进行标记语的语用特点研究，绝不是为了研究而研究，而是希望通过这一总结，揭示出汉语的语言交际，包括标记语的运用在当代的语用新特点。从历史发展的角度来看，这是为了在语用学的研究中，将旧的一页更彻底地翻过去，而不是历史已经翻到了下一页，我们的研究却仍然在上一页的字里行间里足不前。

这里需要强调的是，任何民族的语言，只要它还有生命力，就应当是动态的并伴随着人们的生存环境和生活方式的变化而不断向前发展的。当然，作为意识形态领域的一个有机构成，人们说话特点的变化，与经济基础的变化相比，难免会表现出一种滞后性。但是，《红楼梦》所代表的社会环境、等级体制既然已经不复存在，那么，在那样一个环境和方式中形成的言语及其语用，也就很自然地会发生相应变化。当然，这种变化并不是全盘否定式的，它必然表现为一种否定之否定式的，即二重否定式的扬弃，"扬"其对当今时代仍然合用的成分，"弃"其对当今时代无用的废渣。在"弃"的这一部分，我们看到，中国人不但早已抛弃了"愚、贱、窃"等过于自卑的谦辞，而且运用"过奖、不敢当"之类客套话的范围也在缩小。

值得注意的是，我们的语言学家已经注意到了这一扬弃式的变化。例如，何自然先生在他的著作《语用学与英语学习》中，写下了这一结论："'贬己尊人'是最富有中国文化特色的礼貌现象，汉民族听到别人的赞扬，往往会自贬一番，以表谦虚有礼。"但是，该书的同一页，在针对这番论述所作的注解说明中，何先生又写道："据近年的资料，汉民族中'贬己尊人'的礼貌现象已出现变异：当受到称赞时，既不做过多自我贬抑，也不爽快接纳褒扬；往往视称赞内容和所处环境，分别表示明确接受、含蓄接受、间接拒绝、直接拒绝（贬己）等情况。"这样的研究视角，从动态的、发展的角度展开，具有实用性的指导

意义。

　　应当看到，如果说改革开放使中国人在经济领域和社会生活方面已经经历了深刻的变化，已经使得中国人的语言交际表现出了新时代的新特点，那么不难想象，随着中国加入世界贸易组织（WTO），随着中国日渐一日地步入国际大家庭的游戏圈，中国人语言交际的特点必将发生更大的变化。这一变化从总体上看尽管可能是相对缓慢的，但是从历史角度来看，却是必然越来越彻底地废弃那些产生于等级体制社会的谦辞客套及其语用。具体地说，也就是中国人当然仍将保持谦虚的心态与人交往，仍然会在语言交际中遵循谦虚准则，但与此同时，中国人必然越来越多地以平等的心态畅所欲言，也必然能够越来越得体地畅所欲言。

第十章 汉语交际中应当如何"用词"
——汉语交际构成认知之三

人们在语言交际中，通常是以成句、成段，乃至成篇的话语，而不是以一个一个的单词来和对方进行思想交流的。但是，任何话语，无论其构成是复杂的还是简单的，都是由一个个单词组合而成的。因此，语言交际中如何用词是一个直接关系到语言交际成功与失败的大问题。

"如何用词"，并不是在如何说话的原则思考之外的标新立异。从本质上说，如何用词原本就属于如何说话的思考内容，既然如此，为什么还要单独提出如何用词的问题呢？

提出如何用词的问题，与下一章中提出的如何造句的问题，都在于追求使语言交际实现体系化、学科化的推进。因为从系统论的角度来看，在语言交际中，如何选择用词、如何构建句型（以更为妥帖地显现说话人的思想意图），与如何集句成段、如何集段成篇（以更有助于说话人实现目标追求）之间，是有所不同的。为了明确两者之间的差异所在，笔者在此特提出如何用词（以及下一章中的如何造句）的问题。

根据语言交际的研究主旨，它所关注的是，在特定情境中的特定话语，特别是研究在不同的语言交际环境中如何理解和运用语言。本章注重研究的是，在不同的交际环境中，如何在同类词中准确选择最佳的词语。

同样需要指出的是，以汉语语料为研究对象所总结出的一些结论，在其他民族语言交际中也同样适用。

如何用词的原则研究，这里以四个类别分别进行：①人称词；②动词、形容词、副词；③量词；④指示词。

第一节 人称词的主要类别

所谓人称词，这里主要指在语言交际中，对交际对象使用的称呼用词。一般来说，人称词可以分为 10 个主要类别。

一、正称

所谓正称，即指一个人的法定称呼，也就是中国人通常所说的"姓甚名谁"。它一般由做父母的给子女选定，并呈报给有关管理部门备案。中国人的名字一般由前姓后名两个部分合成，名的选择具有任意性，而姓则一般沿袭父亲（或母亲）所用的姓。近些年来，随着人口的增多，为防止与他人的姓名雷同，有的人在给孩子起名字时，已开始使用将父母的姓氏合并作为孩子姓名的方式。

一个人对于其正称的专有权与正称对其拥有者的认定功能，与其他称呼用词相比，具有更大的权威性。法律条文中所谓保护公民的姓名权，保护的就是其正称权。

世界各国各民族的姓名正称的构成方式虽各有不同，但在使用中却表现出某种一致性，即正称。它往往只应用于较为严肃的、不太具有私人情感交流成分的场合，而在非公务的、具有较为明显的私人情感交流的场合，其使用率明显偏低。

例如，在司法裁决（如判决）、行政管理（如表彰）、公务往来（如邮件送达）等方面的语言交流中，对人的称呼就多使用正称，而在日常的语言交际中，即使是同事之间的工作交往，人们也一般不对交际对象使用正称；反之，如果使用正称，则可能意味着要与对方进行性质比较严重或气氛比较严肃的谈话了。

从上述分析中，我们已经可以发现，在语言交际中，正称的使用率与情感交流度之间存在着一种反比例关系，也就是说，在交际过程中，双方的情感交流度越高，对正称的使用率就越低；反之，对正称的使用率越高，情感的交流度就越低。

二、敬称

所谓敬称，是指在语言交际中向对方表示礼貌、敬意，显现礼仪的称呼。在汉语中，常用的敬称类词语有阁下、大驾、尊驾、令尊、令

堂、令爱等。

敬称的使用，在语言交际中，往往只是为了向对方表示礼貌与敬意，并不含有对对方某种资历或地位的认定。如"阁下大驾光临，顿觉蓬荜生辉"之语，往往就只是表示对对方到来的欢迎，并不真的就认定对方的地位如何高贵，而自己的家居真的就是如何简陋。

值得注意的是，敬称的使用也有条件制约。例如，敬称在语言交际中，往往适用于与自己地位、资历大致相当，并且私人情感交往原本不够密切的交际对象。反之，对私人情感交流比较密切的交际对象，在语言交际中使用敬称，往往反而会使对方产生情感疏远的感觉。如果对身份、地位明显比自己低的交际对象使用敬称，有时则可能使对方产生受到了讥讽嘲弄的感觉。

敬称，在语言交际中，有时也可以表示贬斥、否定的情感，尤其是将其与含有贬斥、否定色彩的动词、形容词等连用时，具有强化此类情感色彩的作用。例如，大家商定某时间在某处会合，有人迟到后被责问："阁下何故姗姗来迟？"此时，责问人虽使用了敬称"阁下"，但并不含有"礼貌、敬意"的成分，其话语已近乎责难，心中的不满情绪已难以压抑了。

三、尊称

所谓尊称，也是在语言交际中向对方表示礼貌、尊重，显现礼仪的称呼，和敬称在语用上有所不同的是，这类称呼较多地使用于交际双方在地位、资历方面有差异的交际对象之间，并且往往为地位、资历低的一方所用。

在汉语中，常用的尊称类称呼大致可以分为两类：

一类可称为亲情类尊称，例如叔叔、阿姨等称呼。在交际过程中，尤其是在前面冠以对方的姓氏时，此类称呼往往就只表示对对方的尊重，而并不意味着双方之间真的就有这种亲缘关系。鲁迅先生当年对其夫人许广平女士以"广平兄"相称，很显然，他们之间是不可能建立兄弟关系的，一个"兄"字，实际上充分体现了鲁迅先生对许广平女士的尊重、敬重。

另一类可称为社交类尊称，例如先生、女士等称呼。此类称呼在语用中还有一种"共生现象"，即当说话人觉得如此称呼对方仍未能充分表达尊敬之意，于是就再对自己附加上某种地位、资历偏低的称呼，例如，在称对方为"先生"、"老师"的同时，自称"晚生"、"学生"，显然，这个"先生"、"老师"中所包含的尊敬之意，就比原先更浓了。

四、爱称

所谓爱称，多指乳名、小名、无恶意的绰号等，多用于家庭内部、朋友之间，用于体现亲近情感的称呼。

例如，我国古典文学名著《红楼梦》中，贾母对王熙凤的喜爱，仅通过贾母对王熙凤的多种称呼就可以看得非常清楚。略加统计，就有以下 6 个：

（1）"泼皮破落户儿"、"（凤）辣子"。小说第三回里，贾母笑道："你不认识他，他是我们这里有名的一个泼皮破落户儿，南省俗谓之'辣子'，你只管叫他'凤辣子'就是了。"

（2）"猴儿"。小说第三十五回里，贾母听了，笑道："猴儿，把你乖的！拿着官中的钱你做人。"

（3）"凤哥儿"。小说第三十五回里，贾母听了，便答道："我如今老了，那里还巧什么。当日我像凤哥儿这么大年纪，比他还来得呢……凤儿嘴乖，怎么怨得人疼他。"

（4）"凤丫头"。小说第四十回里，贾母笑道："凤丫头别拿他取笑儿。他是乡屯里的人，老实，那里搁得住你打趣他。"

（5）"促狭鬼"。小说第四十回里，贾母笑道："这定是凤丫头促狭鬼闹的，快别信他的话了。"

爱称的使用，在语言交际中，较多地受到场合的制约，越是在正式场合或公开场合，爱称就越不宜使用。

19 世纪挪威著名剧作《玩偶之家》中，当娜拉劝即将升任银行经理的丈夫海尔茂不要开除银行职员柯勒克斯泰时，海尔茂曾这样解释自己急于开除柯勒克斯泰的原因："如果有必要的话，他品行上的缺点，我倒也许可以不计较，并且我听说他的业务能力很不错。问题是，他在大学跟我同过学，我们有过一段交情，当时我不小心，现在很后悔，这种事经常有。我索性把实话告诉你吧——他随便乱叫我的小名儿，不管旁边有人没有人，他最爱跟我套亲热，托伐长托伐短的叫个没完，你说让我怎么受得了。要是他在银行呆下去，我这经理实在当不了。"——柯勒克斯泰对海尔茂以小名相称，原为"套亲热"，结果场合不当，差一点儿被敲掉了饭碗。

海尔茂的这种心理反应，其实是一种人的共性。就说我们自己在生活中，谁没有一点自尊心呢？不妨设想一下，当你穿上庄严的法官服，即将步入法庭时；当你手握讲稿，即将面对众多学生开始讲学时；当你胸佩大红花，即将登上劳模领奖台时……突然有人当众直呼你的小名：

209

"阿毛"、"阿咪"、"黑蛋"、"毛丫"……此时,你的心中会激起什么样的感受呢?

五、昵称

昵称,是一种比爱称在感情上更显得亲密的称呼,其使用范围也相对更小,往往只在两个人之间使用,并且其使用还具有一定的"隐蔽性"。

不妨仍以《玩偶之家》为例。剧中,海尔茂在表示自己对妻子娜拉的喜爱时,就喜欢大量地使用昵称,例如"我的小鸟儿"、"小松鼠儿"、"不懂事的孩子"、"会唱歌的小鸟儿"等。在感情没有破裂之前,娜拉对这些昵称还是非常乐意接受的。

由于中国长期受到封建礼教与"男尊女卑"观念的制约,所以,在中国,昵称的使用似乎应当是五四运动以后,在"西学东渐"的影响下首先在知识分子中出现的。例如,1926年6月1日,鲁迅先生给许广平的信中,就称呼对方为"小莲蓬而又小刺猬"、"我的有莲子的小莲蓬"。不难想象,此类称呼显然是不宜在大庭广众使用的。

再如,已故的周恩来总理对夫人邓颖超的称呼"小超",也应当属于昵称。只是,这一昵称被全国人民得知,却是在周总理去世后,邓颖超以原本只在两人之间使用的昵称在向他敬献的花圈上署名,其目的正在于用这种独特的方式表达自己的丧夫之痛。

六、公称

所谓公称,是指可为某一类人所公用,但并不专属于某一类人,因而具有一定的"公用性"的称呼,例如同志、师傅、先生、小姐等。公称多用于陌生人之间的初次交往,因而,此类称呼的感情内涵往往比较淡薄,使用时往往只具有招呼对方或特指某个交际对象的作用。例如:"女士们、先生们、各位来宾们:首先,让我代表××对各位的到来,表示最热烈的欢迎……"

需要指出的是,在运用公称类称呼时,无论说话人在情感表达方面使用了多么热烈的词语,都应当看到,具体到交际双方的个人之间,情感交流的程度还是很低的。以上例为证,无论说话人使用什么方式来显示自己"最热烈的欢迎",事实上,双方之间就个人关系而言,可能还是完全陌生的,根本谈不上什么感情联系。

在汉语的公称中,还有一些带有感情色彩的称呼语,如大爷、大

娘、大姐、大哥等，此类称呼也和女士、先生的性质相似。此类原本用于表明亲缘关系的称呼，被转用于非亲缘关系的语言交际，尤其是陌生人之间的语言交际时，往往只具有一种套近乎的功能，而并非谋求建立某种亲缘关系。

七、共称

所谓"共称"现象，是"咱们"、"我们"等人称代词的一种特殊语用，它是在语言交际中，说话人借助"咱们"、"我们"等复数人称词的使用，将自己（或是对方）引入对方（或是自己）所处的某种情境，以这种虚拟的"共同处境"来密切情感，进而有助于自己更好地实现语言交际的目标追求。

常见的"共称"现象大致可以分为三种类型：

第一种共称现象为，借助"共称"将对方引入自己一方的情境。例如，一方向另一方作某个事业、项目、计划的合作劝说，说到兴浓时，可能就会这样说：到那时，咱们将如何如何……仔细分析说话人，其目的原本在于向对方展示，如果对方肯与自己合作，己方将会如何如何。而相比之下，"咱们将如何如何"一句，在语言交际中，显然比"我将如何如何"更增加了一种亲切感，当然也就更有利于实现目标追求。

中国民间有这样一个笑话：有一个穷人拾到一个鸡蛋，兴奋不已，回家就向妻子描绘起"将这个蛋孵出鸡，鸡再生蛋，蛋再生鸡……"由此而家中财富剧增的前景，直至说到家财万贯时，他的妻子都听得兴致勃勃。可是他得意之际，说了一句："到那时，我还要讨几房小老婆……"一下子惹恼了他的妻子，拿起鸡蛋摔在了地上，"家当"就这么完了。从语言交际角度来看这场夫妻间的话语交流，这个穷人何以在接近成功时突遭失败，其原因在于，他的前一部分的"成功"，始终是以"夫妻共有"的"共称"形式描绘的，而最后一句"我还要讨几房小老婆"，则排斥了共称，立即引发了对方的情感对立。

第二种共称现象为，将自己引入对方的境况之中，这种现象也较常见。例如，在思想教育工作中，教育者在对教育对象进行思想分析时，有时会说："我们来看看这样做将会怎样……"这样说显然比"我来帮你分析一下问题出在哪里……"更有亲切感。再如，某领导到群众家中访问，谈话中说道："咱们家今年情况怎么样？"这也显然比"你们家今年情况怎么样"更有亲切感，当然也更有助于语言交际的成功。

第三种共称现象为，将自己引入既非自己的，也非对方的另一类共

称词，以强化情感色彩。这种语用的主要特点为，将人称词"我"换成了自己所具有的某一种身份。

例如，某学生毕业后事业有成，回母校看望老师，送上礼物，并附上一句："这是学生的一点心意。"这显然比"这是我的一点心意"更显得情深意浓。

值得注意的是，有时，牙牙学语的孩子也会运用这种共称来强化自己的话语感染力。例如，他会说这么一句："妈妈，宝宝饿了。"对于做母亲的来说，这显然比"妈妈，我饿了"更增加了一份压力。

值得注意的是，在其他民族的语言中，也存在着这种共称现象。例如，何自然先生在《语用学与英语学习》第二章中写道："如果语境是这样：说话人是一位学生，他问另一位学生关于作业的事情，这里的 we 当然是学生们的共称。如果换了一个语境，当学生的这句问话不是向他的同学提出来，而是代表学生们向他们的老师提出来，征求有关作业问题的意见或建议，那么，句中的 we 就不包括第二人称的对方了。在语用学上，前者称为'包括对方的 we'，而后者称为'不包括对方的 we'。"① 从字面上看，共称现象在汉、英两个民族语言中的这一用法是相同的，但是，仔细比较，恐怕还是汉语的三种"共称"用法在情感表达上显得更细腻一些。

八、贬称

所谓贬称，是指在语言交际过程中，说话人对于指称对象使用的带有贬斥性质的称呼。贬斥性的称呼，主要是从说话人自身的情感角度发出的，与指称对象自身的实际状况有时并没有什么必然的联系。

比较常见的贬称诸如：

小子："这小子真不是个玩意儿！"

家伙："那家伙怎么又来了！"

东西："他算个什么东西！"

贬称在语言交际中的出现，往往与说话人对于指称对象的贬斥类情感的程度密切相关，与说话人自身的文化程度、文明程度的内在联系不大。因此，贬称的使用，一般只能视为说话人对指称对象的贬斥情感度的标志，而不能视为说话人违反文明礼仪的失态。

---

① 何自然. 语用学与英语学习. 上海：上海外语教育出版社，1999.29.

九、鄙称

所谓鄙称，是指在语言交际过程中，说话人对于指称对象使用的带有鄙视性质的称呼。在现实生活中，人们相互之间客观上存在着社会地位的高低差异，而鄙视性的称呼，多出自社会地位较高或者自视层次较高的人之口，并且用来指称社会地位较低的人。鄙称多出自说话人的某种自觉或不自觉的主观心态，并且多指向指称对象的社会职业、社会地位，与指称对象自身的道德水准等其他方面的情况基本没有什么必然的联系。

鄙称不同于贬称的是，它的产生虽然基本上缘于社会职业、社会地位两大方面，但是孤立地看，有时很难认定就是鄙称，要结合所用称呼前面附加的修饰词加以辨析，有时还需要结合说话人的社会职业、社会地位以及说话心态，也要结合语境才能予以具体感知。

例如：

开车的、教书的、打杂的——比较难以认定是否鄙称；

破开车的、穷教书的、臭打杂的——比较容易认定属于鄙称。

再如科长、处长、教授、副教授等，孤立地看，诸如此类的头衔与鄙称虽然并无必然的联系，但是，一结合具体语境，就既可能是尊称，也可能是鄙称。

例如：

语境背景：某人被上级提拔为科长，科室同事纷纷祝贺，但也有人不以为然。

祝贺者："前途无量，可喜可贺。今后还望科长多多关照！"（"科长"一词无鄙视之意。）

鄙视者："熬到今天，才不过是个芝麻大的小科长，就连东南西北都认不清了！"（"芝麻大的小科长"系鄙称。）

十、痞称

所谓痞称，是指在语言交际过程中，当说话人处于一种特定环境中，所选用的一种特定称呼。

痞称，往往具有一种双方连用性，即说话人在对指称对象使用痞称的同时，对自己也使用痞称，有时还会伴随着一系列的势态动作。此外，还应当看到，因为痞称与交际双方的自身状况并没有什么内在联系，具有临时使用的特点，因而，一旦语境场合发生变化，说话人即对

该痞称不再使用。

痞称使用于自身的情况有男性自称为"老子"、女性自称为"老娘"等。与此相应，用于指称对方时，往往就会使用"小子"、"泼妇"等诸如此类的贬称，有时话语中还会相应地出现较多的秽语词。

我国古典名著《红楼梦》第六十五回里，写到贾珍、贾琏来到尤三姐的房里对其轻薄调情，尤三姐"以痞克痞"，终于"以弱胜强"，成功地保护了自己。

当时，尤三姐一听贾琏的话语，心里顿时明白。只见她"跳起来，站在炕上，指着贾琏冷笑道：'你不用和我花马掉嘴的！咱们清水下杂面——你吃我看。提着影戏人子上场儿——好歹别戳破这层纸儿。你别糊涂油蒙了心，打量我们不知道你府上的事呢！这会子花了几个臭钱，你们哥儿俩，拿着我们姊妹两个权当粉头来取乐儿，你们就打错了算盘了。我也知道你那老婆太难缠。如今把我姐姐拐了来做了二房，偷来的锣鼓儿打不得。我也要会会这凤奶奶去，看他是几个脑袋？几只手？若大家好取和儿便罢；倘若有一点叫人过不去，我有本事先把你两个的牛黄狗宝掏出来，再和那泼妇拼了这命！喝酒怕什么？咱们就喝。'说着自己拿起壶来，斟了一杯，自己先喝了半盏，揪过贾琏来就灌，说'我倒没有和你哥哥喝过，今儿倒要和你喝一喝，咱们也亲近亲近。'"这还不算，"只见这三姐索性卸了妆饰，脱了大衣服，松松地挽个髻儿；身上穿着大红小袄，半掩半开的，故意露出葱绿抹胸，一痕雪脯。底下绿裤红鞋，鲜艳夺目。忽起忽坐，忽喜忽嗔，没半刻斯文……"

尤三姐的这一番出人意料的、显得流气痞气的话语行为，竟然就这么镇住了贾琏与贾珍，使自己免除了被侮辱、被玩弄的厄运（这大概也是当时能够达到自我保护目的的最佳方案了）。但是与此同时更值得注意的是，这番痞言痞行与尤三姐本人的道德品质并无内在联系，例如后来故事发展到当她的道德品质受到自己挚爱的柳湘莲的怀疑时，她当着柳湘莲的面抽剑自刎，其情感的坚贞、性格的刚烈不能不令人赞叹。

第二节　人称词的使用规则

人称词的使用在语言交际中，一般来说，应遵守以下三个原则：

一、人称词的使用应符合语境要求

语言交际中对对方的称呼，无不是在某一具体的语言环境中进行

的，因而，人称词的使用首先应符合语境要求。这一点主要体现在以下两个方面：

（一）人称词使用要符合时代特点

语言应用，其实也与大自然中的动植物一样，有其诞生、发展直至死亡的过程。例如，在旧中国，社交称谓有"老爷、少爷、先生、小姐、夫人、太太"等；新中国成立后，因为此类称谓含有剥削阶级的思想意识，故而曾被彻底清除。在社交场合，不论是否熟悉，一律称"同志"。"文革"开始后大抓阶级斗争，对"同志"一词的使用又变得谨慎起来，唯恐混淆了阶级阵线。"文革"结束后，重新恢复对"同志"这一称谓的使用。同时又开始使用"先生、小姐、夫人"等称谓，但也只是取其尊意而用之。而那些明显含有表明社会地位的称谓如"老爷"，就罕见使用，也无人肯接受。这就告诉我们，在语言交际中选择称谓语，要符合时代特点。

（二）人称词使用要符合场合规范

人称词使用要符合语境要求是通过具体的交际场合来落实的，这同时也提醒我们，人称词的使用要符合场合规范。

场合规范大致分为三类：公务行为场合、亲情友谊场合、社会交际场合。

在公务行为场合，人们对对方的人称用词，一般以其在此场合中的身份或职务相称。如在司法诉讼中，人称用词往往选择原告、被告、证人等，并且在使用这类称呼时，完全不考虑对方的身份、地位，而只以其在此语言交际过程中的"角色定位"为据。再如，在企事业单位内部的公务行为语言交际中，对交际对象（尤其是上级）也往往以其职务，如厂长、经理等相称。

在亲情友谊场合，人们的人称用词一般以与对方的亲情友谊关系来确定。亲情场合如夫妻之间，年轻夫妻往往喜欢用两人之间专用的昵称来表示情感的亲密；老年夫妻之间，即使没有第三人在场，也往往会排斥昵称，而选用情感色彩较淡的称谓，如老头子、老太婆等，以此来显现情感的稳定。友谊场合如朋友、同学、同事、部队战友之间，人称用词则往往会自觉不自觉地向亲情类用词趋近，如朋友之间互称哥们儿、姐们儿，同学之间互称学长、学姐等，其意在显示双方友谊的深厚。

在社会交际场合，则表现为上述两种人称用词的混合。例如，在具有社交性质的聚会、酒宴上，既可能有厂长、经理之类的职务类人称用词，以示对对方社会地位的尊重（此类用词往往适用于双方社会地位有差距时，并且往往多出自地位较低的一方之口）；也可能有"大哥"、

"大姐"之类的亲情类人称用词（此类用词往往适用于双方社会地位相当或相差不大时。当双方地位有差距时，也可出自地位较高一方之口，以强化自己对对方的亲情倾向，同时淡化自己与对方的地位差距）。

二、人称词的使用要适应目的需求

任何语言交际，都无不有其目的需求，从根本上说，无目的需求的语言交际在现实中是不存在的。这就决定了人称词在语言交际中的使用，应能适应其目的需求。这一点主要体现在以下两个方面：

（一）人称词的使用要能满足情感交流的需求

语言交际的主要目的之一，在于成功地实现交际双方的情感交流。不言而喻，人称词的使用应能适应其情感交流的变化与发展。情感交流从其类型上，可以分为友情交流与亲情交流，这种分类首先要求人称用词要能适应其情感交流的类型与情感度。不同的人称词在情感交流上，实际上是有差异的，不但友情类交流有时不宜使用亲情类人称词，而且，即使在同类型的情感交流中，也有着情感度的差异，例如同学、老同学、学兄、学姐，均为友情类人称词，但在情感度上是有着明显差异的。

需要指出的是，情感交流的分类把握，从本质上说，只能是一种静态的定性认识。在语言交际过程中，情感交流其实是发展变化着的，人称词也很自然地要随其发展变化而发展变化。例如，异性同学、同事发展成了恋人、情人关系，或者夫妻离异、兄弟反目等，其人称用词也就很自然地随之出现变化。

仍以易卜生的《玩偶之家》为例，在夫妻之间没有发生矛盾冲突时，海尔茂对娜拉的称呼全部都是昵称，如"我的小鸟儿"、"我的小松鼠儿"等。然而，当海尔茂收到了威吓信，发现娜拉的"冒名签字借钱"（尽管这一过失是为了挽救海尔茂的性命而犯下的）可能危及自己的地位时，他对娜拉的称呼也立刻变成了"伪君子"、"撒谎的人"、"犯罪的人"、"下贱女人"。而当这场风波趋于平息时，海尔茂对娜拉的称呼随即又变成了"从鹰爪子底下救出的小鸽子"、"（她）不但是她丈夫的老婆，还是她丈夫的孩子"。从这些称呼语的变化中，我们不难准确感知这对夫妻之间所发生的情感变化。

（二）人称词的使用要能适应目标追求

人称用词要能适应语言交际的目标追求，这一点，在生活中是普遍存在的。人们在交际过程中，有时为了与对方"套近乎"，为了"迎合对方"，常常会同时运用多种手段，甚至"屈尊相求"。此时，人称用词

也很自然地显现了与目标追求相吻合的色彩，例如上述的"共称"现象中的第二类，借助共称"将自己引入对方的境况之中"，就是一种比较典型的例证。

三、人称词的使用要能满足显示心理

在语言交际中，人们的遣词造句，除了适应情感交流、实现目标追求之外，还有一项功能似乎尚未引起足够的注意，那就是还要能满足显示心理。这一点，在语言交际实践中，其实也同样有着较为明显的表现。

满足显示心理在人称用词中，主要体现在两个方面：一是显示身份地位，二是显示伦理亲情。

所谓显示身份地位，并不是指人们对自己或他人的身份、地位的介绍，而是指在语言交际中，尤其在相熟识的人们之间，人称用词往往就已暗含了显示身份、地位的功能，尽管有时这是在不自觉的情态下进行的。

例如，小说《阿Q正传》中的阿Q原是被未庄的上流人视同草芥的，然而"革命风波"的兴起，以及阿Q公开以革命党自居，使得未庄的上流人不敢再小瞧阿Q了。小说写到，连赵老太爷看见阿Q，也一改往日的傲慢，"怯怯地迎着低声的"称呼阿Q为"老Q"，而阿Q则因为自己的名字从未与"老"字发生过联系，结果，竟然被当面直呼"老Q"数次而全然不知道是在称呼自己。

显现对方的身份、地位，在语言交际中，下级对上级，多以其职务代替人称，以表达对其身份、地位的尊重，如"李局长"、"张处长"等。并且，在以其职务作为人称用词时，往往还爱取其上限。例如，某人在单位是副职，但是在语言交际中，"副"字就常常会被省去。正因为人称用词中这种显示心理的普遍存在，所以，生活中就常常难免出现一种特例现象，即某人姓郑身任副职，或者是某人姓傅身任正职，在某些交际场合，对其人称用语就难免显得"麻烦"，以致有时还不得不附加赘语说明才不至于产生误会。

借助人称用词显现自己的身份、地位，在上级对下级、长辈对晚辈，以及地位相同、辈分相同的人际交往中比较普遍。其人称用词多表现为对对方直呼其名，有时这种直呼其名还免去其姓，以示亲切、平等。

显示伦理亲情，似乎是中国传统文化在人称用语中的特定显现。中国人素来注重"长幼有序"，原本只体现在家族亲缘关系内部的人称用

词，随着当代社会交往范围的扩大，也随之应用于非家族亲缘关系的人际交往之中。

例如，邻里之间，往往就会依据年龄差异，相互之间冠以能够显现伦理亲情的称呼，而在称呼之前缀以被称呼人的姓氏，这样，既密切了双方的情感，又可以与自己的家人相区别。再如单位同事之间，一般情况下，以平辈或模糊长幼辈分的形式相处。但是，当某人的孩子也来到单位时，其父母很自然地就会引导孩子使用能对其同事显现伦理亲情的称呼，如叔叔、阿姨、爷爷、奶奶等。反之，如果让孩子也与自己同样称呼同事"老张"、"小王"，则不仅会使对方感到不快，还会使自己显得缺乏教养。

第三节　动词、形容词、副词的选用规则

动词、形容词、副词虽然各属于不同的词性，但是在语言交际中，却可发现其共同的语用规律。它们大多用于对人的行为描述与情感评价。这就为将三类词合并研究，探讨其语用原则提供了客观依据。

我们不难发现，动词、形容词、副词在语用中，不但具有褒贬色彩的对比差异，而且在同类词（褒义类词或贬义类词）中，还客观上存在着语用的分量差异。综合不同角度的考察结果，我们不难发现，动词、形容词、副词在对人的行为描述与情感评价方面，应当遵循如下原则，即褒义类描述评价的"上限不过度"，贬义类描述评价的"下限不失度"。

所谓褒义的"上限不过度"原则，即在话语表述时，在不违背其真实性的基础上选用"拔高"式的上限用词。这里，试模拟一场景，对动词类的用词进行对比展示：

例如，某甲去某乙家中，一进门，见其读中学的孩子正在看书，此时，某甲至少可以有三种"寒暄性"描述：

一为："哟，正看书呐。"（一般性的，或中性的评价，只评价了看书的行为，没有涉及，也无意去关注孩子看的是什么书，在以什么样的心境看书。）

二为："哟，正攻读呐。"（褒义评价，"攻读"，显然一般只适用于专业学习类书籍，同时也包含了对其学习态度的夸赞。）

三为："哟，正钻研呐。"（褒义的顶级评价，因为中学生中的佼佼者，已可能对某一专业方向的学问产生兴趣，并开始一些小的研究。而

一句"正钻研呐",实际上已将孩子归入"佼佼者"的行列,对其进行了顶级评价。)

对于这同一场景,还可以同时缀以形容词或副词,试作对比展示。

例如:

一为:"哟,正认真读书呐。"(一般评价,虽然用了含有褒奖性质的形容词"认真",但话中并不具有明显的褒奖含义。)

二为:"哟,正刻苦攻读呐。"(褒奖评价,"攻读"一词的前面再冠以"刻苦"一词,已对其学习行为与态度进行了褒奖。)

三为:"哟,正潜心钻研呐。"(褒奖的顶级评价,其中不仅夸赞了其学习行为、学习态度,同时还夸赞了其学习水平。)

需要指出的是,所谓"上限不过度"的"度",在语言交际中,并不是以不变应万变的。即以上述之例而言,其中不仅要注意到描述评价对象的实际水平,还要受到语境的制约。

"度"的把握还应注意到双方相处的既往水平与现状。如果双方交往密切且融洽,或者说还比较陌生,此时,"度"的偏高与偏低,问题其实都不大。但如果双方虽然相熟识却关系不太融洽,或者你也知道孩子的学习情况,偏偏你的弟弟、妹妹或孩子的学习又比较好,此时,"度"的高度就应该降低,随口启用"顶级描述评价",只怕反而会有副作用。

"度"的把握还应注意到对方的心境。如果你原本就知道孩子的学习水平确实不错,而且其父母也对此颇为自得,那么你即使运用了顶级评价,甚至再升级,例如:"哟,真是书山有路勤为径,学海无涯苦作舟啊!"对方虽然很可能应答的是"过奖过奖"之类的谦词,但心里还是很高兴的。但是,如果孩子的父母正在为孩子的学习问题而心焦,你的"顶级评价"在其心头激起的,只怕另有一番酸楚,其语用效果就不佳了。

"度"的把握还应注意到其家中的即时情境。如果恰逢气氛融洽,即使你对孩子的学习作了过高评价,也很可能就顺势转变为一种调侃或打趣,对方也很可能只是叹一口气:"真是这样就好了!"你也就可以无伤大雅地转入交际话题了。反之,如果恰逢对方家中发生口舌纷争,甚至起因正是孩子的学习时,你的"过高评价"岂不是成了火上浇油?

所谓贬义的"下限不失度"原则,其意在于在不违背真实性的基础上,选用"降低性质严重性"的词语,以淡化或避免与交际对象之间的对立与冲突。

例如,教师在对犯有盗窃行为的学生(尤其是中小学生)进行思

想教育时，往往其批评的措辞是："你怎么能拿别人的东西？"大家都知道，"不告而取"谓之"偷"，教师在这一关键词的选用上，略去"不告"的前提，只保留了拿取的行为认定，这使学生行为的性质严重性降低了。与"你怎么能偷别人的东西"的训斥相比，显然更有利于实现批评教育的目标追求。即使是对屡犯偷窃行为的学生，也还是可以将"偷"的行为改为"拿"："你怎么又拿了别人的东西？"把"屡次偷窃"改为"又拿了"，就是贬义的下限不失度原则的具体体现。

褒义词语的"上限不过度"原则与贬义词语的"下限不失度"原则，在汉民族的语用中，有对他人与对自己的语用差异。其具体表现为，对同样的思想与行为：

褒义：自己对自己的描述评价应低于他人对自己的描述评价，这也就是中国人常说的"谦虚谨慎、戒骄戒躁"；

贬义：自己对自己的描述评价应高于他人对自己的描述评价，这也就是中国人常说的"严于律己、宽以待人"。

汉民族的这一用词习惯在与其他国家、民族的人进行语言交际时，尤其是双方事先了解不够时，常常会成为引发语用冲突的重要原因。

第四节　量词的选用规则

量词在汉语语言交际中的使用，在绝大多数情况下，是和数词结合在一起的，因此，汉语中常常将数词与量词统称为数量词。数量词的丰富多彩不但可以表示事物的数量，而且也可以表示动作的数量。例如一件、两团、三包、四捆、两次、两回、第二次、第二回等。

汉语的量词中有一部分是关于度量衡方面的，这一部分在其他民族的语言中也有所表现，例如吨、公斤、克、公里、米、厘米等。但是，汉语中的绝大部分量词的存在，却是汉语中独有的现象。

根据量词在语用过程中的不同表现，可以将其分为两大类别：非人称类量词和人称类量词。

一、非人称类量词

非人称类量词的使用，基本上是依照其个体主要形状或总体形状特点的显现来确定的，在这一点上，无论指量对象是有生命的动物，如猫、狗、鱼、鸟，还是无生命的物体，小的如笔、墨、桌、床，大的如山、岭、江、川等，其语用状况大致相同。根据这一基本规则，我们也

可以反过来，根据量词的选用，大致判断出指量对象的主要形状。

例如：

一条鱼、一条狗、一条河；（个体主要形状呈条状）

一粒糖、一粒子弹、一粒花生米；（个体主要形状呈圆形或无棱角）

一块肉、一块糕、一块砖头；（形体上有直的边沿和棱角）

一堆土、两团线、三包书、四捆铁丝。（总体形状特点）

有时，也根据形体的大小或多少来确定量词。

例如：

一座大山、一间偏房、一粒小米；

一头牛、一匹马、一只羊；

一包棉花、一堆棉花、一朵棉花。

有时，量词的选用在依照形体特点或大、小、多、少之间会出现交叉使用或界限模糊的情况。但是，应当看到，这种交叉使用或界限模糊情况，仍然限定在其形体特点或大、小、多、少的范围内，只是选用角度有所变化而已。

例如：

一只老虎、一只鸡、一只麻雀、一只蝴蝶；

一条狗、一只狗；

一根绳子、一条绳子……

二、人称类量词

人称类量词的使用，基本上以"个、名、位"为表现形式。其中，"个"、"名"表现出一种中性特点，适用于不含情感色彩，而且主要是不含表示尊重、尊敬的情感色彩的情况。

例如：

街上走过来三个小学生；

两个警察抓住了三个小偷；

在这场车祸中，有五名乘客受轻伤；

五名长期作恶乡里的歹徒，今天终于受到了审判。

对"个"、"名"的使用情况加以比较，不难看出，"个"往往用于比较随意的非正式的语言交际场合，而且在规范的书面文字中出现的概率相对比较低；"名"往往用于比较正式的场合，而且在规范的书面文字中出现的概率比较高；而"位"则明显带有表示尊重、尊敬意图的特点，一般不宜与贬义类称呼搭配使用。

例如：

三位客人、五位嘉宾。

因为人称类量词"位"与"个"在使用中客观存在的情感差异，所以有时它们的不同用法不仅表明说话人的情感态度，还可能暗含着指量对象的身份差异。

例如：

同行的人中，当时还有三位小姐；（与同行人身份平等的女性）

同行的人中，当时还有三个小姐。（与同行人身份可能不平等，三个小姐可能成了服务人员）

人称类量词在使用时明显受制于具体的语境。总体分析，语境从三个方面对人们使用人称类量词发挥着制约作用。

（一）人物之间的身份尊卑关系的显现制约

人们在社会地位、职业身份等方面客观上存在着一定的尊卑差异。在汉语交际的过程中，人们并不会时时显现此类差异。但是有时，例如在公开场合或职业语言交际场合，尤其是处于社会地位、职业身份较低的一方，出于自己的某种目的，往往会有意识地显现这种差异。

例1

语境背景：某职员向主管领导汇报工作后，主管领导向其征求意见。该职员表示谦虚。

职员："您二位是领导，方案决策你们拿，你们怎么说我们就怎么干。"

"位"字的使用是向领导表示尊敬之意，同时显现自己与对方的地位差异。如果改成"你们两个是领导"，则使得说话人好像是处于更高的领导位置上，以这样的语气说话，原话语难免就会显得不伦不类了。

例2

语境背景：周末的街头，某教师迎面碰见自己工作所在学校的正副校长一道走了过来。

教师："哟，二位领导，星期天也不休息啊！"

"位"字的使用是向领导表示尊敬之意，同时显现自己与对方的地位差异。如果改成"两个领导"，原话语同样显得有点不伦不类了。

（二）说话人对于对方的情感倾向的显现制约

在汉语交际过程中，对于交际对象，不但客观上存在着情感方面的褒贬性质的不同，而且即使在同类情感之间，还存在着程度差异。对于交际对象的情感，又可能会在交际的过程中发生性质的改变和程度的变化。这种情感倾向，往往也会通过人称类量词的使用予以显现。

这种显现在人称类量词"个"与"位"的使用上，有着同样的表现。

例3

语境背景：某职员背后议论自己的同事。

某职员："就他那样，也想竞争个处长干干？除非老天瞎了眼。"

将"个"字与"处长"联合使用，显示了自己对对方的蔑视态度："如果他能当上处长，这个处长也就不值价了。"

例4

语境背景：某职员与领导当面发生口角。

某职员："别看你是个局长，我是个小职员，告诉你，在我眼里，你那两下子，不怎么样！"

将"个"字与"局长"联合使用，显示了自己对对方的蔑视态度："别看你的地位比我高，我还就是看不起你。"

当说话人注重于从礼节、礼仪角度向谈及的对象表示尊敬时，往往将"位"字与对方的身份联合使用。

例5

语境背景：演讲报告厅外，某人打听台上作报告的人的身份。

某人："哎，听说这位作报告的是位院士，真的吗？"

将"位"字与"院士"联合使用，显示了自己对院士的敬意。如果换成"个"字，不仅对作报告的人，连对"院士"这一称呼的尊重、尊敬感也会立即消失。

例6

语境背景：某小学的教室里，老师正在做游园会前的动员。

介绍人："同学们，明天参加我们游园会的，还有一位发明家……"

将"位"字与发明家联合使用，显示了对发明家的敬意。如果换成"个"字，对发明家的敬意就会立即消失。

（三）交际场合特点的适应要求

汉语交际过程中的用词，同时还受到交际场合的性质制约，这一点，人称类量词也不例外。例如，在交际场合和高雅场合，人们不但会对与自己的情感交往不太深的交际对象使用"位"，而且对与自己情感交往较深的交际对象，往往也会使用"位"。

例7

语境背景：商务谈判桌前，一番推敲争让结束后，主方邀请客方共进午餐。

主方："怎么样，二位经理，我们是不是该换个地方进行新的交

流了?"

将"位"字与"经理"联合使用,显示了自己对对方的敬意。如果换成"个"字,不但对对方的尊重、尊敬感立即消失,而且也使说话人无形之中流露出了一种傲气,这显然不符合社交礼仪的要求。

例8

语境背景:某个人画展大厅,作者陪同同行朋友参观自己的作品。

作者:"诸位,二楼还有展室,请!"

这里,说话人免去了"位"字后面的"同行"、"朋友",更显示了自己对众人的亲近感。

三、量词的省略用法

作为汉语中特有的一种词类,量词在实际应用中还存在着被省略的现象。结合具体的语境进行考察,此类现象多使用于两类情况。

第一类:为了突出数词的用语效果尤其是对比效果,有意识地省略量词。例如:千钧一(根)发;五(匹)马分尸;三(个)人行,必有我师焉等。

第二类:为了音韵方面的朗朗上口,有意识地省略量词。例如:千(名)军(士)万(匹战)马;生意兴隆通四(个)海,财源茂盛达三(条)江。

四、结语

通过上文关于量词的功能分析,我们不难理解,量词在汉语语言交际中的功能显现,既不侧重在语法方面,也不侧重在语义方面,主要侧重在语用方面。

从上文对非人称类量词的语用功能分析中,我们不难看出,此类量词的使用,基本上是用以标记其个体主要形状或总体形状特点(如条、块、只等)。如果我们将上述分析看作针对"可数名词",那么,此类量词中还有一些可以看作针对"不可数名词"的(如堆、包、捆等)。无论是针对可数名词还是不可数名词,我们都可以从量词的选用上,大致判断出其谈及对象的主要形体特点。这正是非人称类量词的功能的具体体现。

从上文对人称类量词的语用功能分析中,我们同样不难看出,此类量词的使用,主要用于显现说话人对谈及的人物对象的情感倾向(褒贬色彩与情感度差异)。尤其是通过对汉语交际中使用率较高的"个"、

"位"的对比分析，我们不难把握"个"、"位"对说话人的情感倾向的鲜明的标记功能。

量词的上述功能，可以称为汉民族语言的特点之一。例如，钱冠连先生在他的《汉语文化语用学》的"导论"中就曾谈到这样一个实例：1995 年 11 月 6 日上午，广东人民广播电台新闻台节目主持人介绍以色列总理拉宾遇刺时说了这样的话："这位世界人民尊敬的政治领袖……这位犹太青年阿米尔……"

后面的"这位"是一个明显的语用失误。阿米尔是刺杀拉宾的凶手，指称他不宜用表示尊敬意图的"这位"，而应该用强调憎恨意图的其他指称，至多也只能用一个感情色彩为中性的"这个"。

量词的使用，尤其是量词中人称类量词"位"与"个"的这种语用差异，是汉语语言交际所独有的。正如钱冠连先生在紧接着上面这段文字后面所指出的："在引用这个例子时，若照搬到英语，就没法找到类似区别的两个成对的指示词语。我们可以用 this 来代表'这个'（还可以用定冠词 the 代换），但是，this 也可以代换'这位'，这样，就找不到与 this 成对的可用来指代具有尊敬意图的'这位'的词了。"①

第五节　指示词语的选用规则

何自然先生在他的《语用学与英语学习》第二章"指示语"中写道："指示语直接涉及语言结构和语境之间的关系。语言中指示词语的指称和它们在构成语言时的含义，往往取决于话语的语境和说话人的信念和意图。所以说，指示语的研究是语用学的一个重要组成部分，它甚至被认作是狭义的语用学。"②

一、指示词语的两种功能

指示词语包括语言在语境中有所指的词和语。它们用来表示谈话的参与者、谈话所处的空间、谈话发生的时间和谈话的社交环境。因此，指示词语可能是语法上的人称代词（如你、我、他等）、指示代词（如这、那等）、某些表示运动义的动词、副词、表示地点或时间的短语、话语中的逻辑联系语等。此外，其他一些表达各种各样社会信息的语言

---

① 钱冠连. 汉语文化语用学. 北京：清华大学出版社，1997.1.
② 何自然. 语用学与英语学习. 上海：上海外语教育出版社，1997.24.

手段，也属于指示词语的讨论范围。

指示词在语言交际中的功能总体上体现在两个方面：

第一，人们在语言交际的过程中，除了出于某种特殊的目的之外，一般来说，总是追求语言交际中说话的简洁明确。而指示语在语言交际中的运用，使得话语得以有效地利用双方的共知成分，减少话语量，因而显得简洁明确，有助于有效地消除啰唆、重复等赘语现象。

例如："这一下，我看你怎么办？"（这一下）

第二，指示词是在话语与语境之间构建最佳关联的桥梁，它使得原本只具有显性内容（语义）的语言产生了隐性内容（含义），并且使得听话人得以借助这一桥梁，准确把握语言的隐性内容。

例如"你把它吃掉"一语，孤立地听到这一句话，难免会产生一系列的疑问：谁吃？吃什么？

可是，一旦结合语境，听话人（包括旁观的第三者）立刻就明白了。如：

语境一：一位母亲面对剩了大半碗饭不肯再吃，想去玩游戏机的孩子说道："你把它吃掉！"（你——孩子，它——剩下不肯再吃的大半碗饭）

语境二：象棋盘前，一方对于自己该不该吃掉对方的马，游移不决。旁观者沉不住气了，脱口说道："你把它吃掉！"（你——游移不决者，它——已落入一方的"车"之口中的对方的"马"）

语境三：军事作战演习的沙盘前，指挥官指着沙盘上标志着敌方某部队所在的位置，给属下下达命令："你把它吃掉！"（你——属下，它——敌方某部队）

何兆熊先生认为："语言中存在着指示这一语言现象充分说明了语言和使用语言的语境之间的密切关系。"[①] 他还指出："不少话语在典型的交际情景中是很好理解的，但一旦被游离于交际情景之外，其意义就会变得难以捉摸。试想闭上眼睛'看'电影或者'看'电视剧，我们一定听到许多不睁开眼睛就听不懂的对白，有些对白如果只听不看，便会不知所云。"[②]

二、指示词语的两类用法

在已有的语用理论中，指示语分为手势用法和象征用法。

---

① 何兆熊. 语用学概要. 上海：上海外语教育出版社，1989. 36.

② 何兆熊. 语用学概要. 上海：上海外语教育出版社，1989. 38.

所谓手势用法，就是在说话过程中，说到指示词语时，需要辅之以手势或眼神的用法；所谓象征用法，就是在说到指示词语时，无须或者无法借助手势或眼神来指明的用法。

在汉语交际中，指示语同样可以分为手势用法和象征用法。

（一）手势用法

我们可以重提一下本书前面已经提及的实例。

一百多年前，美国传教士亚瑟·亨·史密斯在他的《中国人气质》一书中曾特地举出这样的例证：

"……与一个没有受过教育的中国人交谈，最常见的情形是极难确知他究竟是在说什么。他的话时常只是一些错综复杂地编排在一起的谓语，整体上就像一种'悬棺'，悬在空中，上不着天，下不着地。说话者心想，有没有主格并不重要，他清楚自己在谈论什么，但是从没想到过，按照这种语言结构，是不能使听者凭直觉了解谈话的大略要领的。"

为了说明他的这一结论，他特地举例加以论证道：

"……单音节的他（Ta），从整体意义上足可以看作一个关系代词、一个指示代词和一个指示形容词。在这样的情况下，一个中国人的谈话，就像英国法庭上的证人出示证词一样，按以下方式描述一场殴斗：'Ta（他）有一根棍子，Ta 也有一根棍子。Ta 狠命地打 Ta，Ta 也狠命地打 Ta。如果 Ta 打 Ta 像 Ta 打 Ta 一样的狠命，Ta 就杀了 Ta，而不是 Ta 杀了 Ta。'"

其实，史密斯用这段话语来指责汉语语法规则的欠缺，甚至进而指责中国人的"智力混沌"、"智力滞塞"，是有失公允的。这段话语看起来有道理，其实似是而非。因为他将该段原本只适用于特定语境（法庭作证）的话语与原语境作了剥离。其实，任何一个民族的语言，只要将其需要借助语境才能完成理解的话语与原语境剥离，都会出现意义理解方面的困难。而只要将其与语境重新结合，例如，只要说话人借助指示语的手势用法，原先似乎显得混沌的语意，立即就明确无疑了。

不妨仍以这一段法庭指证为例（假定说话人同时运用指示语的手势用法）：

"Ta（说话人以手指甲）有一根棍子，Ta（说话人再以手指乙）也有一根棍子。Ta（以手指甲）狠命地打 Ta（以手指乙），Ta（以手指乙）也狠命地打 Ta（以手指甲）。如果 Ta（以手指乙）打 Ta（以手指甲）像 Ta（以手指甲）打 Ta（以手指乙）一样的狠命，Ta（以手指甲）就杀了 Ta（以手指乙），而不是 Ta（以手指乙）杀了 Ta（以手指甲）。"

227

不难看出，说话人即使是一字不识的文盲，完成这样的指示动作也绝无困难。同样不难看出，在运用指示语的手势用法明确话语含义这一点上，汉语与其他民族的语言相比，其实并无逊色之处。

（二）象征用法

在汉语交际中，这种用法更是大量而普遍地存在。例如，在成语和俗语中：

不入虎穴，焉得虎子？（虎穴、虎子）

明知山有虎，偏向虎山行。（虎、虎山）

君子一言，驷马难追。（君子、驷马）

我不入地狱，谁入地狱？（我、地狱）

上述成语和俗语，只要在运用时并无具体的特定对象，其指示词就表现为象征用法。

上述两类用法也可以理解为指示用法和非指示用法。

何自然先生指出："指示词的所指和它在语句中的含义是以语境为转移的。在明确的语境提示下，指示词的指称对象和它在语句中的含义才可以确认，这就是指示词的指示用法。但是，不是所有指示语都要靠语境来确定其所指和含义的。有一些指示词在话语中无须有特定的指示对象，它们表示的是普遍适用的泛指，这是指示词的一种非指示用法。"①

指示语的这种非指示用法和指示用法有时分得并不清楚。一般来说，当指示语要根据语境来确定所指，它就是指示用法；当指示语是适用于任何场合的泛指，它就成了非指示用法。

例如：

君子一言，驷马难追。（君子、驷马）

当该语作为成语或俗语，在运用时并无具体的所指对象时，"君子、驷马"就属于非指示用法。但是，当该语在运用时有着具体的所指对象时，例如，说话人用以表示对于自己的某一承诺决不会改变时，"君子、驷马"就成了指示用法。

再如，在公交车上，往往标有"老弱病残、孕妇"的专座标示，此类标示应视为非指示用法，但是，当有人指着该标示，要求某占座者给一孕妇让座时，该标示就成了指示用法。

又如"女士优先，是社会交往中男士应有的文明行为"。无具体对象时，应当属于非指示用法。而在某交际场合，某男士示意同行者中的

---

① 何自然. 语用学与英语学习. 上海：上海外语教育出版社，1997.26.

女士先上车："女士优先，请！"此时，就应当属于指示用法。

三、指示词语的三种类型

指示语按其指代性质及与语境结合的不同情况，可划分为三大类型，即人称指示、时间指示和地点指示。

（一）人称指示

人称指示词语大致可以分为两类，第一类由与说话人的关系确定，直接关系如我、我们、你、你们等，间接关系如他、它、她、他们、它们等。这一类的人称词多用于一般语言交际之中。第二类由人物的身份性质确定，例如对方、知情人、当事人、原告、辩护人、病人、顾客等，这一类的人称词多用于职业语言交际之中。

人称指示词中同样存在着非指示用法和指示用法。

例如：

教师对学生说："'你'，是第二人称代词。"（非指示用法）

教师对学生说："你到办公室去给我拿几支粉笔来。"（指示用法）

医生对病人说："医生的职责就是解除病人的痛苦。"（非指示用法）

医生对病人说："你现在是病人，就应该服从医生的治疗。"（指示用法）

（二）时间指示

时间，是一个极为抽象的概念，既无开始，也无结束，但是，为了实现交际意图的需要，人们不得不人为地给时间刻上标记。这些标记，由大的年代，例如"公元×年"、"民国×年"等，到小的分秒，例如"北京时间15点38分"、"格林尼治时间2分25秒"等。这些时间指示，已经在人们语言交际中反复运用而约定俗成，成为公认的时间的标记性词语。因而，人们无论是在什么地方、什么时间运用这些时间指示词语，在理解上都不会产生语用差异。

但是，还有一些时间指示词语则是以说话人自定的说话时刻为标准的，这些时间指示语所表达的指示信息往往因为多方面的原因，表面上虽然相同其实内涵可能各异，因而可能产生语用差异。例如这个星期、上个月、明年、现在、然后、以前、随后、昨天、今天、明天……对于这一类含有一定模糊性的时间指示词的准确使用，往往需要满足两个条件：

条件一：需要交际双方（或多方）在交际过程中，对于此类词的理解务必保持同一性，哪怕这种同一性有时自身仍然有一定的模糊性。

例如：

某公司，董事长对其秘书交代事务。

董事长：我明天必须去北京，通知对方原先约定的那场会谈暂时取消。

秘书：是。

董事长：我明天必须去北京，你去给我订一张明天上午9点35分的飞机票。

秘书：是。

对于董事长两次告知明天要去北京，秘书两次回答"是"，不难看出，秘书对于董事长是明天，而不是今天或后天要去北京，在理解上是明确的，双方的理解也是一致的。但是，在第一次回答"是"的话语交流中，秘书对于"明天"一词具体时间的理解，例如是上午动身还是下午动身，可能就还存在着一定的模糊性。而只要诸如此类的模糊现象不会对语言交际形成干扰，那么就不必，也无须去设法明确。

条件二：有时在具体的语境中，为了确保理解无误，需要对此类词作出明确的限定。

例如：

大战开始前夕，一方的最高指挥部内，既定方案已经宣布最高指挥官要求其部下："现在对表！现在的时间是……"（见部下均已对好表）指挥官说道："55分钟以后，一场伟大的战役就要开始了！"

指挥官所说的"（从现在开始计算时间）55分钟以后"，就属于临时作出的限定，而这是双方语言交际不至于出现理解差异以致引发语用冲突的保证。

（三）地点指示

就像时间没有始端、没有终极一样，空间其实也应当是没有界限的。因此，要表示人或物在空间的位置，常常需要，也必须以其他的人或物为参照点，才能确定某人或某物的相对位置。

相对位置的确定依赖语境提供的信息，具体来说，有四种吸取语境信息的方式。

第一种是：以说话人或与说话人有关的物为参照点。在此方式中，首先要确定的是，说话人或与说话人有关的物的具体位置。例如，"在我的左边"，先要确定说话人的具体位置；"在我的书橱顶上"，先要确定说话人的书橱的具体位置。

例如：

学生上体育课，正在分散做着各种运动，教师通知全体集合。

体育委员立即举起手臂："全体集合！"全体学生立即停止了自己的运动，首先判定体育委员的具体位置，然后，根据列队集合的既定秩序，确定自己应在的位置，很快地，全班集合列队完毕。

第二种是：以听话人或与听话人有关的物为参照点。在此方式中，首先要确定的是，听话人或与听话人有关的物的具体位置。例如，"在你左手边的座位底下"，听话人先要确定自己的具体位置；"在你的书包夹层里"，听话人先要确定自己的书包的具体位置。

第三种是：以交际双方或与双方有关的物为参照点。从严格的意义上说，在语言交际过程中，交际双方永远不可能处于同一空间位置。但是，当交际双方忽略这种差异，把双方的位置看作一个整体，从而有利于语言交际目的意图的实现时，人们往往就会以交际双方或与双方有关的物为参照点。例如，"三路汽车站见！"听话人也必须知道说话人所说的"三路汽车站"的哪一站及其具体位置。

例如：

一对恋人周末约会，在电话里，一方对另一方说道："老地方，不见不散！"

显然，另一方必须明确"老地方"的具体位置，否则，该语言交际只怕难免会产生语用差异和语用冲突。

第四种是：以交际双方以外的第三方或临时设定的物为参照点。在此方式中，所选定的"第三方或临时设定的物"必须是"交际双方共知"的，或者交际对象根据已知条件可以逐步推知的。例如，"他现在在广州，住在他姑妈家。"听话人必须首先知道"广州"、"他姑妈家"的位置。又如，"他正在训练。"听话人必须首先知道"训练场地"的位置。

例如：

某人去某地某大学看望朋友，到了某地后，向宾馆服务员打听去某大学的路线。

宾馆服务员：出（宾馆）门以后向右拐，过第一个十字路口一直向前走，过第二个十字路口时向左拐，在接近第三个十字路口时就到了。

显然，该人必须根据已知条件（宾馆大门），逐步推知下一个必要条件（第一个十字路口），再逐步推知第三个必要条件，才能最后找到目标的确切位置。

第十一章 汉语交际中应当如何"造句"

——汉语交际构成认知之四

　　本章注重思考的是，在不同的交际环境中，如何以说话人的目标追求为主旨，把握并结合语境诸类要素的内在要求，准确、妥帖地遣词造句，并集句成段、集段成篇，以便成功地实现说话人的目标追求。

　　话语应用与文字应用的又一重大差异就是，书面文字的撰写，可以保持一种相对稳定的结构框架或者形式显现；口头语言的表述，常常会因为话题性质、场合特点以及语境诸类要素的影响，又因为说话人自身的具体情况，而出现种种后果反差对比明显的变化。

第一节　影响造句的多方面因素

　　在语言交际中，吐字流畅、表意准确、反应敏捷与拖沓、卡壳、断句等语病频生，而且常常会在同一说话人身上共存，这种现象的普遍存在，使得人们不得不去注意导致这种种变化发生的原因。在这里，笔者试从以下三个方面进行探索。

一、目标追求因素的影响

　　目标追求的不同，使得人们在语言交际中的遣词造句方面具有不同的表现。这一点，通常受到三个方面的不同影响。

　　（一）目标追求重大与否的差异影响

　　所谓"重大与否"，是一个相对概念，是从说话人个体的微观角度来分析的。也就是说，当说话人觉得自己的目标追求事关重大时，在表述过程中，强调性语句、说明性语句必然会相应增加，有时甚至可以达到"千叮咛、万嘱咐"的程度。而这种"啰嗦",有时既可能使听话人倍感温暖关心,又可能使其不胜其烦。而说话人之所以反复强调,其实只因为事关重大。

(二)目标追求功利大小的差异影响

"功利大小"一语也是一个相对概念,是从说话人个体的微观角度来分析的。中国有句老话叫作"无欲则刚",将其转用到语言交际中,就是说,当一个人在语言交际中,并无个人的私欲追求,或私欲追求的成分较少(例如仗义执言或打抱不平时),即使谈及的是比较重大的话题,说话人的遣词造句能力显现,也能处于最佳状态;反之,"欲有所求",则往往直接影响语言表述的思维主控,使得说话人措辞谨慎、字斟句酌。在某些重要的场合,有人还干脆依赖事先写好的讲稿,以照本宣科替代口语表述。

(三)目标追求急迫与否的差异影响

语言交际目标追求如果在时间上比较宽裕,说话人自然就会从容不迫,不紧不慢,遣词造句也比较易于达到"心口如一"的水平;而一旦时间紧迫,表述的节奏自然就会加快,尤其是在"十万火急,分秒必争"的情况下,时间压力常常使得说话人使用短句的次数增多,断句、句子成分残缺的现象也相应增加。

二、场合构成因素的影响

中国有一句俗话,叫作"见什么人说什么话,到什么山上唱什么歌"。将这句俗话移用于解释人们遣词造句的变化,就可以理解为,场合构成因素对于人们的用句形式也往往会产生直接的影响。其具体表现为,人们在语言交际中,往往会自觉或不自觉地针对场合构成因素的不同,对自己的话语作出相应的调整。

例如,对于同一话题的话语表述,人们在非公开场合,显然比较容易袒露自己的真情实感;而在公开场合,则往往会有较多的顾忌,即使在必须袒露真情实感时,也常常会附加若干补充说明式的赘语,以免出现令人不愉快的结果。

又如,人们在正式场合对某一问题的态度、立场的表白,显然会比较谨慎,有时还会先作一番思考准备;反之,在非正式场合对某一问题的态度、立场的表白,虽然未必是不负责任的、随心所欲的,但往往其谨慎程度会有所降低。或者换句话说,在正式场合中,理性逻辑思考程度较高;而在非正式场合中,伴随着理性逻辑思考程度的降低,感性直觉应对的程度也会相应提高。

在职业场合，人们与他人进行语言交际，往往会较多地注意自己的职业形象与职业角色定位；反之，在非职业场合，就无须再作这一方面的思考。

在交际场合，人们往往会较多地注意自己的风度礼仪，注意自己应及时地向对方作出礼貌表示，并对对方的礼貌表示作出应有的回应；而在非交际场合，礼节程序以及礼仪程序类的语用比率，就会相应降低。

在高雅场合，人们往往会自觉不自觉地约束自己不够高雅的行为习惯，与对方交流时，也会在遣词造句过程中力求与交际场合应有的氛围相融洽；反之，在一般的语言交际场合，虽然未必就会使自己放松到不文明的程度，但伴随着自律的警觉程度的降低，其话语的高雅度也会相应降低。

在友情场合与亲情场合，人们的语用则往往随"情"的性质而变。例如，老同学、老同事之间的情谊，虽然人们不会去时时处处地予以公开，但其中往往并没有什么不可公开的内容。而"亲情"则往往具有一定的针对性、隐蔽性，要想维系双方的"情"的性质，就必然使得双方在语言交际中，遣词造句出现相应的变化与差异。

三、语境诸类要素的影响

在语言交际中，人们的遣词造句，无不时时受到具体的语言环境的制约。这一制约也可以具体理解为来自人境类要素、心境类要素、情境类要素、物境类要素等几个方面。有时，语境对于说话人可以表现出很强的制约力。

（一）人境类要素的影响

人境类要素对说话人的语用的强制约力，有时甚至会使得说话人改变自己曾长期坚持的观点与立场。观点、立场一旦发生变化，所说话语自然就发生了变化。

鲁迅先生的小说《离婚》中写到，女主人公爱姑嫁到夫家之后不久，丈夫又在外面姘上女人，逼其离婚。爱姑不能忍受被遗弃的命运，整整闹了三年。她大胆泼辣、敢说敢辩，在各种场合她都敢于坦然自若地陈述自己的理由。小说中写到，她还让父亲带着自己的六个兄弟打到夫家去，拆了他们家的锅灶。在爱姑的精神世界里，她可以说是一个"天不怕、地不怕"的泼辣女人，在她眼里，丈夫和老公公，不过是"小畜生"、"老畜生"；被丈夫家抬出来调解纠纷的慰老爷，她也"不放在眼里的，见过两回，不过一个团头团脑的矮子"。慰老爷劝了她四回，她也无动于衷。就在她即将面见七大人，并将接受由他主持的调停

时，她毫无畏惧地说道："要撤掉我，是不行的。七大人也好，八大人也好，我总要闹得他们家败人亡……"可是，当她真的面见了被众人簇拥着的七大人时，却不料自己先没了底气。后来，七大人只是"慢慢地"说了一小段"和气生财"之类的话，于是，"她满眼发了惊疑与失望的光"，随即，"打了一个寒噤，连忙住口"，"觉得心脏一停，接着便突突地乱跳，似乎大势已去，局面已变了"。尤其是当她看见众人对七大人俯首帖耳的神态，她"这时才知道七大人实在威严，先前都是自己的误解，所以太放肆，太粗鲁了"。结果，她最后说出的竟是："我本来是专听七大人吩咐……"于是，因为七大人的出场，不可开交地闹了三年的离婚纠纷，只是由男方加补了 10 块大洋，就风平浪静了。

（二）心境类要素的影响

心境类要素对人们在语言交际中的用句影响，往往不在于观点、立场的改变，而在用句形式与风格的色彩变化上。

《红楼梦》中的林黛玉美丽聪颖、情感高洁。然而，不得不寄居在外婆家中的压抑感以及与宝玉之间的情感纠葛，使得她心境多变。心境开朗时，才华横溢，遣词造句生动形象、贴切幽默；心境忧郁时，则变得寡言多愁，话一说出来，甚至常常有点尖锐、刻薄。宝黛之间的情感交流，顺延着黛玉心境或开朗或忧郁的变化，一日深似一日。

（三）情境类要素的影响

情境类要素对人们在语言交际中的用句影响，体现在两个方面：一是可能导致用句形式与风格的即时变化；二是最终可能导致说话人的观点、立场的改变。例如，交际情境融洽时，可能是"酒逢知己千杯少"；交际情境冷淡时，可能是"话不投机半句多"；交际情境长期冷淡时，则可能引发交际双方或其中一方出现观点、立场的改变。

（四）物境类要素的影响

物境类要素对语言交际目标追求的能动促进作用，常常是以直接进入说话内容构成的，或直接进入交际情境来实现的。

我国著名越剧《梁山伯与祝英台》的"十八相送"中，祝英台借助牡丹、鸳鸯、白鹅、独木桥、黄狗、水井、观音堂等物境类要素，又是比喻，又是暗示，希望梁山伯能从中联想到自己的女儿身份。尽管梁山伯始终都未能开窍，但是，祝英台走了一路，看见什么就说起什么，不断地将物境类要素引入说话内容，其目的是很明确的，那就是希望借助物境类要素，促进语言交际目标追求的实现。

《史记·廉颇蔺相如列传》中记载有"负荆请罪"的故事。老将军廉颇自恃功高，不满意在外交斗争中同样护国有功的蔺相如与自己官位

平等，后来他得知蔺相如的博大胸怀后，赤裸上身，背着荆杖，去向蔺相如赔罪。不难想象，同样是一番表示歉意的话语，"负荆"与"不负荆"，其效果是不一样的。也正因为这一场面感人至深，"负荆请罪"不仅成为中国文化史上的著名典故，还成为在现代社会语言交际中，一方向另一方表示诚恳歉意的代名词。

第二节 句型构建在语言交际中的三重"反比例关系"

在语言交际中的遣词造句，虽然受到诸多因素的交叉影响，但是透过现象看本质，我们还是不难发现，不同类型的句型构建虽然各有其特点，但是它们在语言交际中，实际上都遵循着相同的用句规则。而这个用句规则是以三重"反比例关系"来显现的。

一、句型构建完整与隐蔽目标追求的反比例关系

这一重反比例关系的意思是说，人们在进行语言交际时，往往持有一种"有必要才告知"的心理。也就是说，只有在必须告知某人才可望实现目标追求的情况下，才会主动去告知某人；而当告知与不告知某人都不会影响目标追求的实现时，则常常不会主动去告知某人。但这种"有必要才告知"的心理，导致了句型构建完整与隐蔽目标追求的反比例关系。

这种反比例关系具体表现为，在语言交际中，句型构建越是完整，"无必要告知"却得以知晓的人就可能越多。因此，在语言交际中，为了达到向"无必要告知"的人隐蔽目标追求的目的，说话人在构建句型时，往往会有意或无意地使句子的某些成分残缺，使得"无必要告知"的人难以了解，或难以全部了解。但这种句型的残缺限度，必须以保证"有必要告知"的人一听就能理解无误为前提。

例如，生活中并不少见这样的对话：两个人约会，一人向另一人说："老地方，不见不散。"另一人点头，示意已明白。此语对于不相关的第三者（也就是"无必要告知"者），就实现了"隐蔽目标追求"。反过来，如果一对恋人在大庭广众之下这样约会："明天晚上6点，老地方，就是艺术剧院门口，左边第三根门柱下，我等你，不见不散。"有完整翔实到这种程度的必要吗？不难想象，即使是初次约会而不得不完整翔实，两人也会很自然地选择在无他人在场的情况下才如此完整翔实。

这种"反比例关系"在某些特定的语言交际中，还可能表现为"以态势动作替代话语明示"，或"以暗语隐语替代话语明示"。

例如，在已经完全知晓目标追求的人之间，有时，在有"无必要告知"的人在场时，甚至可以完全不用话语明示，仅凭一个手势动作、一个眼神示意，就可以替代话语明示完成意图表达。

再如，在军事行动中，往往会较多地使用口令、暗号等。这些在本质上也是这种反比例关系的具体体现。其价值不仅在于使敌对一方无法理解，还在于使不相关的"无必要告知"者听不明白，甚至根本没有想到这是某种接头或传递信息的口令、暗号。

二、句型构建完整与情感交流程度的反比例关系

这一重反比例关系的意思是说，人们在语言交际中，句型构建越是完整，往往就意味着交际双方或多方在交际过程中的情感交流程度越低；反之，在语言交际中，双方或多方情感交流程度越高，其话语中的句型构建出现成分残缺的现象就越普遍。

例如，在日常生活中，我们不难看到，越是面向非特定对象的社会公众进行的职业交际语言，其句型构建就往往越是成分完备；越是面向特定对象进行的职业交际语言，其句型构建就越是可能出现成分残缺。我们试以火车上的播音员（或列车长、列车员）的职业语言的句型构建为典型，试作剖析：

首先，当列车从始发站开出时，列车播音室（或是由列车长、列车员直接面向车厢内乘客）说的话语是："旅客们，欢迎乘坐本次列车。本次列车是由某处开往某处的，途经××、××、××、××，全线总共要运行××小时……"此时，关于列车运行的情况介绍，其用句特点是：句型构建完整，成分要素齐备。尽管其中含有"欢迎乘坐本次列车"的语句，但其实并不含有任何的私人之间的情感交流成分。

然而，当列车开出后，列车长（或列车员）开始与乘客单个对话时，就可能出现用句的构建残缺了。例如：

列车员："您到哪?"乘客："（到）××。"（句型构建出现残缺。）

列车员："哟，那可是夜间了。"（句型构建出现残缺。略去了"本次列车到达××的时间"，但话语中已含有"提醒与强调"的意思，出现了为乘客服务的情感交流成分。）

当列车于夜间正点到站时，列车员发现该乘客熟睡未醒，再过去推醒他时，其话语成分就可能更残缺了。

列车员："嗨，到了。"（句型构建出现残缺。略去了"本次列车已经正点到达××"，但话语已转变成为特定对象服务的交际语言。）

被唤醒的乘客忙不迭地连声说道："谢谢，谢谢!"（因为列车员已对自己实施了服务，显现了服务的热情，乘客理应致谢以回应其热情服务。）

将列车员与乘客的对话，和列车刚从始发站开出时的列车员介绍相比，后者的句型构建成分齐备。但是，有哪位乘客会对这样的介绍表示一句谢意呢?

需要指出的是，在家人、朋友之间，语言交际的情感交流程度越高，其话语的句型构建就越是会出现成分残缺。例如，"不长眼的东西!"孤立地看这句话，可能谁也看不懂。可是一结合语境与场合，此句中的"东西"所指称的对象，不但听得明白是在说自己，而且不难准确理解此语究竟是表示了训斥，还是显现了亲昵。而如果只从句型构建的角度来检查，此语甚至还不是句子，而只是一个偏正词组。

三、句型构建完整与语用便捷要求的反比例关系

这一重反比例关系的意思是说，人们在语言交际中，往往同时会追求用句的便捷，并且，在确保目标追求不受阻碍的前提下，人们往往会尽可能地省略句子成分。当然，这些被省略的成分，往往是交际双方已经"共知"的部分。

我们不妨进行一次"省略共知成分"的比较。例如，某甲向朋友介绍自己的住宅："清晨，站在窗前，能看到极远的两山之间的凹处，那轮红彤彤的太阳缓缓升起。"很显然，这样的语句通常只会出现在书面文字（例如书、信）中，或者是在远离住宅的另外一个什么地方，由某甲向朋友作口头介绍。其中，时间、地点、近景、远景翔实完备，显然，这是在向对自己的住宅完全不知情的人作介绍。我们再变换一下场景，让这位朋友也与某甲一起，清晨，站在某甲住宅的窗前。此时，某甲想向朋友作同样的介绍，其话语则必然会出现省略，可能是："看那边!" "看，太阳出来了!"或者是："太阳!"甚至只是一个字："看!"之所以会出现这种省略，是因为"清晨"、"站在我的窗前"、"极远处两山之间的凹处"、"那轮红彤彤的"、"缓缓地升起"等（还可以包括"太阳"）均为身在现场的朋友"已经共知"因而可以省略的成分。如果可以省略而不省略，那么，除非这位朋友将某甲的话语视作"诗兴大发"，否则，只怕他会觉得某甲所说的全是废话。

在日常工作和生活中，同样不难发现这种反比例关系的显现。例

如，在某电视剧的拍摄现场，导演开始下令："（各部门）注意！"然后环视全场，见已准备就绪，遂一声令下："开始！"这时，如果有谁指责导演的语用成分残缺，并提出疑问："开始什么？如何开始？"只怕这个人当即就会被请出拍摄现场。反过来，如果这位导演每开始拍摄一个镜头，其语用的成分构建都是完整无缺的，都是："《××××》电视剧第×××号镜头的拍摄现在开始！"除非拍摄现场有不太知情的贵客正在参观拍摄，导演以此向其表示尊敬，否则，说话如此拖沓冗长，不知道省略"共知成分"，这导演的位子怕是保不住了。

第十二章　汉语交际遵守着什么样的"文化原则"

——汉语交际文化层面把握之一

本书在前面用较大的篇幅阐释了汉语语言交际必然具有与拼音文字、语言交际不同的语用特点。

汉民族语言在中国特有的五千年文明文化传统的影响下形成了自己特有的语用风格。中国文化与西方文化的特点差异，必然使得汉语语言交际显现出与西方文化背景下的语言交际不同的语用特点。

汉语语用原则的研究与制定，应当以世界各民族语言的共同特点为基础，同时重点针对汉语语用的个性特点展开。

第一节　关于"合作原则"等几项原则的对比综合思考

随着格赖斯、利奇等人的语用学理论在汉语语言研究中的影响日渐扩大，汉语文化语用的理论框架和体系构建任务日渐向我们逼近。

由于汉语独特的表述形式以及独有的文化背景，格赖斯、利奇等人以拼音文字和西方文化背景为对象创建的语用学理论，显然应当作为汉语文化语用的借鉴参考和研究基础，而不能视为绝对标准和绝对依靠。也就是说，我们应当以"拿来主义"的态度，借"他山之石"，来攻"自己的玉"。

一、关于合作原则的一点哲学思考

1967 年，美国语言学家格赖斯在哈佛大学的讲座上作了三次演讲，在演讲中格赖斯提出了他著名的"合作原则"。其"合作原则"认为：语言交际的双方都有相互合作、求得交际成功的愿望，为此，他们都遵守着四大准则：①量的准则；②质的准则；③关系准则；④方式准则。

格赖斯认为，如果在语言交际中，说话人一方的话语在表面上违反了合作原则，那么他可能是故意这样做的，听话人一方就要根据当时的语境，推断出说话人表面违反合作原则的目的，也就是要明白他表面违反合作原则的隐含意义。格赖斯把这种在语言交际中推导出来的隐含意义称作"会话含义"，并由此而形成了"会话含义理论"。

几十年来，格氏理论受到了语言学界的高度关注。合作原则的支持者认为：格氏理论是语用学的分水岭，在格氏理论出现之前，语用学属于语言哲学研究的领域；而在格氏理论出现以后，语用学才进入话语理解研究阶段。

但是，在此发展过程中，始终不乏对"合作原则"的质疑与否定。例如，有人指出：合作原则及各准则的性质和来源模糊不清。有人提出疑问：合作原则及其各准则是否具有普遍性？还有人批评说：整个理论框架显得较为松散、缺乏严密性等。在我国，也不乏对合作原则的批评者。

对于合作原则的批评性的看法，有相当一部分源于人们在语言交际实践中对合作原则诸项准则的"违反"现象。此类"违反"现象在语言交际中普遍存在，格赖斯本人在提出"合作原则"的同时就已指出，在语言交际的实践中，违反合作原则的现象至少可以总结出四大类别。那么，我们究竟应当怎样看待和评价合作原则呢？合作原则对于语言交际的指导作用不具有普遍性吗？应当怎样把握语言交际中的"违反"现象？

对语言交际中的各类语料进行综合研究的结果表明，作为一个从哲学的高度提出的语用原则，合作原则对于语言交际的指导作用具有全面覆盖和不可违反的特点。

当然，这一特点的确立是需要进行论证的。

要证明合作原则对于语言交际具有全面覆盖性，就必须首先证明合作原则完全适用于解释一切语言交际现象；而要证明合作原则对于语言交际具有不可违反性，则还必须证明任何语言交际都无法在违背合作原则的前提下实际展开。只有在完成了这两点的论证以后，才可以认定：语言交际只能是在遵守合作原则的前提下才能正常进行。"违反合作原则"的情况一旦出现，语言交际立即自行消失。否则，"哲学高度"的

盛名之下，也就难副其实了。

对于哲学命题的思考，应当在哲学领域内进行。

语言交际对合作原则的遵守与违反总体上呈现为以下三种类型：

第一类，说话人在语言交际的过程中，双方都"严格地遵守合作原则及其四项准则"。例如，在注重诚信的商贸活动过程中，如果有一方违反"合作原则及其四项准则"，此类话语就只能最终导致商贸活动的瓦解；而在注重证据、注重摆事实讲道理的司法职业语言交际过程中，如果有一方违反"合作原则及其四项准则"，其说话就会立即受到阻止……诸如此类的语言交际材料，显然都是"语言交际必须遵守合作原则及其四项准则"的有力证明。

第二类，在语言交际过程中，某一方由于根本无意介入语言交际，于是全面违反"真实、充分、关联、清楚"等四项准则，也就违反了"合作原则"。

第三类，说话人在语言交际中，所说话语"只违反了合作原则中的某一项准则，但同时遵守其他准则"，此类现象在语言交际中的大量存在，是合作原则遭到批评和否定的根本原因。那么，能否根据此类现象来否定合作原则，甚至上升到"合作原则不必是原则"（钱冠连语）呢？其实是不能的。

首先，此类现象早已被格赖斯划入了合作原则理论指导下的会话含义理论研究的内容。与此同时，此类现象对于合作原则的确立，从哲学的角度进行考察，具有另一方面的价值，那就是：如果将全面遵守合作原则诸准则的话语行为看作语言交际中的"肯定类现象"（有能力合作，也愿意合作，于是全面遵守合作原则），将全面违反合作原则诸准则的话语行为看作语言交际中的"否定类现象"，那么，那些表面看来违反合作原则的某一项准则而同时又遵守其他准则的语言交际行为，就可以看作语言交际中的"另类现象"，即有意合作但无能力合作，或应该合作也有能力合作但心理或感情上不愿意合作，或愿意合作但双方采取的方式和态度有所不同等。于是某一方以局部违反的方式来遵守合作原则，由此来显现自己的真实态度和目的意图。

这些另类现象，恰恰鲜明地显现了合作原则对于语言交际的指导所具有的"全面覆盖和不可违反"的特点。我们还可以换一个角度理解。如一棵大树，从理论的角度进行分析，它或者是生命力旺盛而呈现一片葱绿，或者是已经死亡而只剩下枯枝败叶。但是在现实生活中，大树并非只有这两种生存状态，更多的情况是，在理应葱绿的部位时不时地出

现一两片或一些枯叶，或在整体葱绿中出现大片的枯枝败叶，究竟应当如何看待这种情况？其实，在绝大多数情况下，这些局部的枯枝败叶并不能推翻"这棵大树仍然是活着的"的结论（这正属于量变质变规律的研究范畴）。

同理，如果我们能够认同，在语言交际过程中，只有同时违反四项准则的"无言无语"（同时也没有哑语或态势语等其他言语要素）才能称得上严格意义上的"违反合作原则"，那么，在语言交际中，某一局部（或枝节）方面出现的"违反合作原则中的某一准则的现象"，也并非时时处处都在宣告"合作原则被违反"，更多的时候，还是表现为"表面上违反某一准则，实质上仍然遵守合作原则"；换一个角度则是，"从局部角度看，某一具体环节出现了违反，但是，从整体角度看，双方仍然遵守合作原则"。会话含义理论也正是在对诸如此类的"表面违反某一准则而本质上仍然遵守合作原则"的各种语料的研究中，显现了无尽的生命力。

因此，合作原则在语言交际中，确实具有全面覆盖和不可违反的普遍指导意义。

二、关于合作原则的哲学内涵的再思考

在上一小节中，我们已经总结出，语言交际实践对合作原则的遵守与违反总体上呈现为三种类型，对于第一类的"全面遵守"和第二类的"全面违反"，无须再作进一步探讨，问题在于第三类，即说话人在语言交际中，所说话语"只违反了合作原则中的某一项准则，但同时遵守其他准则"。此类现象在语言交际中大量存在，它们既是格赖斯在合作原则理论指导下的会话含义理论研究的主要内容，同时又是合作原则遭到批评和否定的根本原因。

因此，准确地把握此类语言交际现象及其产生的原因，是准确把握和深刻认识合作原则哲学价值的前提和基础。

我们不妨先从格赖斯本人总结的四类违反准则的现象①试作如下分析。

（一）怎样准确把握格赖斯总结的四类现象

根据格赖斯的总结，第一类为，说话人根本就不愿意遵循合作原

_____

① 何兆熊. 语用学概要. 上海：上海外语教育出版社，1989. 150.

则，无论你说什么、问什么，他都不愿意接过话头，"无可奉告"、"我不想谈"便是典型的表示。

此类现象表示说话人"无意进行语言交际"的信息。需要指出的是，只要说话人开了口，即使是"无可奉告"、"我不愿说"之类的拒绝，也是遵守了合作原则，也不能简单地认定说话人已经违反了合作原则。从哲学的角度进行考察，这是遵循合作原则的一种特殊形式，我们不妨称之为"零信息形式"。此类话语的特点是，有问即答，形式上是合作的，但是对方需求的信息含量却为零，内容上对对方的要求不予满足，因而"迫使"对方与自己终止关于此话题的交谈。

第二类为，说话人可以悄悄地、不加声张地违反一条准则，例如"说谎"。其实，谎言欺骗，无论是欺骗成功，还是欺骗被识破遭训斥，双方都不约而同地遵守着"合作原则"。只不过欺骗的成功属于对谎言的"肯定形式"——被骗者相信了说话人的谎言，采取与其"合作"的态度；而谎言被识破则表现为对谎言的"否定形式"——行骗者接受被骗人的训斥，甚至因此而受到某种压力，不得不以终止行骗的方式与被骗人"合作"。

第三类为，说话人可能面临一种"冲突"的情况，即为了维护一条准则而不得不违反另一条准则。例如，他可能满足了"量"的第一条次准则（所说的话包含为当前交谈目的所需要的信息），却违反了"质"的第二条次准则（所说的话要有足够的证据）。

从纯理论的角度来分析此类情况也就并不难明白，说话人为什么要满足"量"的准则？显然，这是因为说话人想通过语言交际求得对方与自己的合作。而违反另一准则的目的，其实很可能只是自觉或不自觉地追求更准确地显现自己的情感、态度、倾向、立场而已。

第四类为，通过故意违反或利用某一准则来传递会话含义。说话人故意不遵守某一条准则，即说话人知道自己违反了某一条准则，同时还使听话人知道自己违反了该条准则。

在此类现象中，说话人为什么希望对方知道自己在违反某条准则？显然，其目的并不是中断语言交际，而是借助使听话人知道自己违反了某条准则向其传递一种新信息——会话含义，并且希望对方能够认同自己的含义（与自己进行更为有效的合作），否则说话人没有必要多此一举。

在上述诸种类型中，还有一种特例现象也应当予以关注，那就是争辩。小至个人之间的口角纷争，大至两国之间的外交论战，常常表现为

言辞激烈，而且"不礼貌"的话语频频出现。其实，尽管如此，双方仍然无不同时在遵循合作原则：双方以激烈的话语指斥对方，所致力的无不是希望对方能够迫于自己一方的话语压力，按照自己一方的原则或要求进行"合作"。

从哲学的角度来看，如果我们把"有问必答"，满足对方要求的话语，视为从"肯定方面"遵循合作原则，那么，口角纷争和论战，则是在"否定方面"遵循合作原则。这一点，选取实例对照合作原则的四准则进行分析，不难得出结论。

（二）关于"量的准则"等准则标准的完善思考

我们已经在前面指出，格赖斯所称的"表面上违反合作原则"，准确地说，并不是指对于合作原则的四项准则的同时全面违反，而是指某种"局部违反"的现象。要准确把握诸如此类的"局部违反"的现象，首先要准确把握合作原则四项准则的评价标准。

（1）"量的准则"：① 所说的话应包含交谈目的所需要的信息；②所说的话不应包含超出需要的信息。

不难看出，在语言交际中，是否有违反"量的准则"的现象，"量"的"适中度"（到什么程度为实现交谈目的所需要的，到什么程度为超出需要的）的准确把握非常重要。

关于"量"的"适中度"的确定，具体的判断标准，需要由交际双方综合调整。首先，说话"量"的确定受制于"目的意图"的需求例如，想进行语言交际一方的话语量必然多于不太想进行的一方。

（2）受制于说话人的热情度。例如，说话人在语言交际中的表现，一般总是"酒逢知己千杯少，话不投机半句多"，热情度较高一方的话语量必然多于热情度较低一方的话语量。

（3）"量的适中度"应当以说话人认为对方应当共知的成分为基础来确定。例如，说话人之所以用英语与对方交流，显然是因为他认为对方是懂英语的；再如，说话人突然只是告诉了对方一句："我不干了。"而没有同时告诉对方自己不再干什么事了时，显然是说话人认为对方明白自己在干的是一件什么事情，否则他这么说只能是自找麻烦。

（4）在说话人认为对方应当知道，对方也确实知道的情况下，说话人的"量的适中度"还难免会受到听话人对于实际共知成分的"可运用部分"的限制而及时加以调整。例如，老同学见面，"自我介绍姓甚名谁"，一般来说，属于"超出（对方）需要的信息"。但是，当你发现对方因分离过久，一时忘记了你的姓名时，原本在此语境中属于

"超出需要的信息"的"自报姓名"就进行了调整，进入了"适中度"的范围以内。

顺应上述的"综合调整"要求，我们来看下面这样一则在语用学著述中被广泛采用的实例①：

某哲学教授为某谋求从事哲学研究工作的学生写了这样一封推荐信：

亲爱的先生：

　　某君精通英语，经常出席导师主持的讨论会。

某某签名

在这样一则实例中，我们不难感受到这位哲学教授在"量的适中度"方面所作的自觉把握。此例应当属于"教育职业语言交际"的范畴。作为哲学教授，这位教师有为自己的学生求职写推荐信的义务，但是，可能是由于学生水平比较差，也可能是由于师生之间相处有点问题，他在为这名学生写推荐信方面的"热情度"不够，"话不投机半句多"或"不愿意推荐而又不得不推荐"，学生接过信后一看也就应当"心知肚明"：老师之所以为自己写了这样一封足以使自己终生找不到哲学研究工作的推荐信，是因为他内心实质上不愿意推荐，所以只作了"表面形式上的推荐"。

但是，此类现象并不能一概而论。因为在语言交际过程中，"话语的量"实际上常常表现为一种动态的因需要而被随时加以调整的过程，也就是说，有时候，说话人在语言交际中即使一再违反了量准则，也并不一定会产生会话含义。

生活中常可见到这样的谈话：

甲：你认识老张吗？

乙：哪个老张？（回合一）

甲：就是上个月刚调进我们公司的那位。

乙：上个月调进来的人里，姓张的有三位呢，不知你说的是哪一位？（回合二）

甲：就是个子高高的，胖胖的，大概四十岁吧，说话带点山东口音的……

乙：啊，认识认识。（回合三）

很显然，在研究中提取语料时，如果只提取"回合一"（局部考

---

① 索振羽. 语用学教程. 北京：北京大学出版社，2000. 61.

察），或者再延伸到"回合二"，我们都不难认定，甲的话语中"信息量不足"，所以，乙始终没有听明白。但是，如果再延伸到"回合三"（整体考察），结论就变了：甲并没有通过违反"量的准则"来表达什么"言外之意"的意图，他只是对"量的适中度"原先没有把握准确而已。

我们再来看关系准则。关系准则的要求是：有关联。

我们不妨也先看一则实例：

在某高雅的茶会上。

A：×夫人是个老丑八怪。

B：今秋天气清爽宜人，对吗？①

从双方话语的表面意义来看，听话人的答话似乎与上一句话毫不相关。但是，一结合语境并运用推理，B的话语含义就显现了。B说这句话的含义是，A所说的话在这样的场合中，"太不文明，应另换话题"。在听到这样一句后续话语以后，A如果不是被"非要在此场合下坚持指斥×夫人"的目的意图所控制，一般而言，也就很自然地转换话题了。

语言交际的话语必须遵循关系准则，这是一个谁也无法否认的普遍事实。因为违反关系准则的说话，是不能构成语言交际的。但是，现实生活中为什么会有那么多使我们感到"关系准则被违反"的实例呢？正如上文已经谈到的，就某一具体的语言交际而言，参与者往往抱有不同的目的意图，并且在态度热情方面也存在差异。此外，更有不同的立场和利害关系的干扰。这些都难免会导致"顾左右而言他"等诸如此类的和"有话不能直说或不愿直说"情况的出现。但是，尽管如此，人们只要是在进行语言交际，他们的前后语就必然都是有关联的，所不同的只是有的关联是显而易见的，听话人只要凭借常识和一般理解就可以把握。而有的关联则是需要经过思考（运用推理，包括从语境中提取相关信息）才能理出头绪。因而，从总体角度来理解，我们就有必要将人们在语言交际中前后语的关联形式分为两类：直接关联和间接关联。

所谓直接关联，也就是前后语（或上下文）之间存在着明显的逻辑联系。直接关联的前后语（上下文），往往只具有一般语义，并不具有会话含义。

所谓间接关联，也就是前后语（或上下文）之间，从字面意义上看，有时好像毫不相关，但是交际双方又确实是在正常交谈着同一话

①　索振羽. 语用学教程. 北京：北京大学出版社，2000.64.

247

题。此时，答话就具有了特殊含义，特殊含义的正确理解，只能是通过推理，但有时还需要通过从语境中提取补充信息才能完成。

再来看方式准则。方式准则的具体要求是：①避免晦涩；②避免歧义；③简练；④井井有条。

方式准则和关系准则存在着同样的情况。就某一具体的语言交际而言，参与者往往抱有不同的目的意图，并且在态度热情方面也会存在差异。此外，还有不同的立场和利害关系的干扰，所以人们在语言交际中往往会一方面避免晦涩，另一方面又有意识地制造晦涩。例如古今中外关于"上厕所"的种种说法，对于不理解者或说话人不希望其明白者来说，说话人就是在制造晦涩；再如秘密工作者的接头暗号等，对于不理解者或说话人不希望其明白者，这也是在制造晦涩。同理，人们在"避免歧义"的同时，有时也会有意识地制造歧义。例如说话人利用话语的谐音"故意曲解"、"打岔"等。

至于在什么情况下有意识地制造晦涩和歧义，取决于话题、语境等多方面的因素。例如法庭审讯，被审讯者不愿意如实招供时；陌生人问路，被问者不愿意如实告知时。

简练和井井有条，是一个需要交际双方共同认定，并且主要应当由听话人一方作出的评价。当一个大学教授把话说到让一个文盲老太婆都听得清楚明白时，文盲老太婆可能并不感到啰嗦，可是对于同时在场的教授的学生听来，恐怕早已非常啰嗦繁杂了。至于"井井有条"也是同一道理，只有交际对象认同的井井有条，才是方式准则认同的井井有条。如果说话人自认为井井有条，听话人却觉得并非如此，那么，方式准则恐怕也难以得到认同。

（三）关于"质的准则"实践指导价值的辩证思考

在完成了对于合作原则中的三项准则的辩证思考后，我们再来看最后一项准则——"质的准则"。"质的准则"的具体要求是：①不要说自知是虚假的话；②不要说缺乏足够证据的话。

究竟应当怎样认识和把握"质的准则"？"质的准则"究竟应当是一个道德准则，还是一个功利准则？

首先提出这一准则的格赖斯认为，这一准则属于道德范围内的准则。何自然先生曾指出："（格赖斯）把真实准则看得特别重，说如果违反这个准则，按西方的文化标准足以构成道德问题云云。"①

---

① 何自然. 语用与认知. 北京：外语教学与研究出版社，2001.275.

熊学亮在《认知语用学概论》中也写道：

"利奇认为，类似的原则或准则与伦理道德有关。比如，"说真话"，就是一条道德标准，在语言使用中起着调整的作用，这点和起"构建"作用的语言规则是不同的。"①

但是，对于格赖斯和利奇的这一观点，很多人持有不同看法。只是，他们大多数人并不是从"说假话对不对"的道德角度来进行评价，而是从其重要性角度来进行分析的。例如，提出了关联理论的斯波伯和威尔逊就不承认有这条准则。他们认为，关联才是交际中最基本的一条准则。对于"质的准则"，中国学者也持有不同的看法，并且大多不是从"道德评价"角度来展开的。

一个人在语言交际中能不能坚持说真话，不说假话，在很多情况下，确实是一个与道德有关的问题。但是，如果将"说不说真话与道德有关"等同于"说真话就是讲道德"，似乎不但偏离了"质的准则"的本意，而且也有悖于语言交际的实际状况。这一偏差至少体现在两个方面：

第一，"说不说真话与道德有关"，在语言交际中具体表现为两大类别：说真话在具体的话题、语境、场合中，既可能是讲道德的，也可能是不讲道德的；说假话在具体的话题、语境、场合中，既可能是讲道德的，也可能是不讲道德的。将"质的准则"认定为一条道德标准，并具体化为"只有说真话才是讲道德"，这与语言交际的实际状况不符。

第二，人们为什么要进行语言交际？究竟是为了实现自己的目的意图，还是只为了显示自己的道德水平（自己是讲道德的）？答案显然只能是前者。当然，也存在说话人的目的意图追求与显现自己道德水平的追求"有所重合"的情况。

质的准则和其他几条准则相比，在语言交际过程中，更显现了一种随机应变性和不确定性。只有在不说真话就不能成功的情况下，人们才肯定"不说自知是虚假的话"、"不说没有证据的话"。除此而外，为了实现目的意图，人们在说话时并不在意是不是违反了"质的准则"，并且也不会以此标准来自律。应当指出的是，有时候，对于自己所说的话究竟是真是假，人们在说话时，并不是时时都能自觉把握的。例如，"随机应变"、"走一步看一步"、"以其人之道还治其人之身"、"针锋

---

① 熊学亮. 认知语用学概论. 上海：上海外语教育出版社，1999.48.

相对"等成语、俗话，其实都说明了这一道理。

为了说明这一点，这里赘笔试举一例：

柳宗元的《童区寄传》里讲了这样一个故事：11 岁的放牛孩子区寄被两个人贩子劫持，他趁其中一个外出联系买主，而另一个醉卧之时将醉卧者杀死。正要逃跑，外出的那个回来了，见状，便要杀他。于是他说："做两个主人的奴仆，哪有做一个的好？他待我不好，我才杀了他；你如好好待我，我就听你的。"这个人贩子一想，觉得有道理，卖了孩子可以独得赃款，便将孩子捆好带到集市。半夜，区寄靠着炉火烧断绳子，并将熟睡的人贩子杀死，然后大叫。叫声惊动了整个集市后，区寄便又大声说道："我是区家的孩子，不要抓我做奴仆。两个人贩子绑架了我，我把他们杀了，请把这事报告官府。"官吏得知后，表扬了他，并将他送回了家乡。

关于区寄对第二个人贩子说的话，从理论分析的角度来看，其谎言性质是很明显的。但是，这只能属于一种"旁观者清"的总结性的评价，语言交际能否成功，其实并不取决于这种"旁观者清"的总结性评价，而完全取决于说话人的表现实践和听话人的即时判断。即以《童区寄传》为例，如果人贩子在听了区寄的话并觉得有道理之后，就将其捆绑起来，连夜带回自己几百里甚至上千里外的偏僻的家乡，就像当今社会拐卖妇女儿童的做法一样，区寄该怎么办？岂不是只有服服帖帖地听人贩子的？并且，也许时间长了，与人贩子相处得也还不错，对自己父母的情感也就渐渐淡了，家在哪里也就无所谓了，原先并不真的准备兑现的承诺——"你如好好待我，我就听你的"，也就慢慢地成为真的了。

如此观之，区寄的话究竟是真是假，从语言交际是一个发展变化过程的角度来考虑，其实是不确定的，既可能真也可能假：难以逃脱或不再想逃脱时，可能为真；可以逃脱或想逃脱时，则为假。

从区寄与人贩子的对话的具体环节来看，区寄话语的"质的真假"的认定权又只能属于听话人——"人贩子"，因为只有他的认定，以及随后采取的反应态度，才决定他是否遵守"合作原则"，决定区寄的目的意图能否实现，决定区寄的语言交际是否能够获得成功。

从《童区寄传》一例中，不难看出，对于人们在语言交际中的"话语的真"的判断，其实也同样存在着两个标准。一个是公理式的，例如"人总是要吃饭的"，人们（无论是身为交际对象的听话人还是身为旁观者的非交际对象）凭借经验和知识就能完成判断；另一个则是随机的，例如区寄对人贩子说的"你如好好待我，我就听你的"，其实就区寄本人而言，在说出此话的当时，究竟是真是假，其自身也是不确定的，既可能为真也可能为假。

"随机的真"在语言交际中其实是大量存在的。例如，我国在"打击拐卖妇女儿童"斗争中破获的案例里，也曾多次出现这样的情况：被拐卖的妇女在被拐卖之初，也是对买主以谎言欺骗，时时寻机脱逃，可是在相处的过程中，或是屈从于现实，或是与买主渐渐地有了感情。后来，甚至连公安人员前来解救时，她们尽管对被拐卖一事痛哭流涕，深感痛苦，但是自己却不愿意再回家乡。我们能仅因为她们不愿意随前来解救的公安人员返回家乡，就简单判定她们的痛哭流涕是"假"的吗？再如，在司法审讯过程中，有的被审讯者先是老实交代，后来又翻供；有的则是先以谎言欺骗，后来老实交代。在商贸职业语言交际过程中，一方先以谎言刺探虚实，后来见对方为人坦诚，遂也坦诚相待；或者一方起先也是想真诚合作，后来因为自己出现经济亏空，遂生欺骗之心等。诸如此类的话语的"真"的随机变化都是并不罕见的。

大概也正因为在司法和商贸两类职业语言交际中，话语的"真"的不确定性普遍存在，所以，为了保证语言交际双方对于"质的准则"的遵守，往往还要采取特别附加的制约手段。例如，在司法职业语言交际中，通行的做法是"谁主张，谁取证"；而在商贸职业语言交际中，则非常注重签订合约，然后"按文字合同办"。

如果说我们认同"合作原则"是一个哲学命题，那么，其中"质的准则"就可以说是"哲学命题的典型标志"（"真"本身就是一个哲学命题）。从语言交际研究的角度来考察，"真"的内涵也就由此可以分解为两种类型：表象的真与本质的真。

表象的真是指所说话语在语言交际过程中当即获得对方确认的"真"，它以交际对象的认同为标准；而本质的真是指所说话语与其话语涉及命题之间保持的一种"同一性"。在语言交际过程中，两者之间表现为一种"可能统一，也可能对立"的关系。

表象的真这类话语包括说话人自己也知道其为假，但是却能使得对方"信其为真"的话语，例如谬误与谎言。同时还包括说话人自己信以为真，而对方虽然将信将疑，但是没有公然表示否定，并且最终还是以"合作态度"推动语言交际成功的话语。此类话语，只要听话人"信其为真"，那么，无论其是否具有本质的真，都具有推动语言交际双方"合作"的内在动力。

也许有人会以"谎言"类例证来进行反驳。目前，在语用学研究中，一般都认为谎言"违反了质准则"，并从语用角度加以分析。因为谎言正属于"自知是虚假的话"、"缺乏足够证据的话"。

这种分析无疑是正确的，但是在实践应用中，却往往并不具有现实的指导意义。因为这一认定是研究者从"专家"的旁观角度，在内容真伪已经获得证实以后才得出的结论。这一结论与语言交际的实际进行往往没有关系。因为谎言在语言交际过程中，只要还没有被戳穿，或者只要交际对象不认为其为谎言，哪怕已经开始将信将疑，只要没有被断然否定，谎言就具有推进语言交际成功的价值，就仍然具有表象的真的价值。反之，即使说话人说的是真话，但只要交际对象不认为其为真，那么，这番尽管具有本质的真的"真话"也就不具有推进语言交际成功的价值，也就不具有表象的真。

这里不妨举一个特例来说明。上海出版的《报刊文摘》在 2002 年 5 月 12～14 日版上刊登了一篇题为"北京的哥回报社会之举遭冷落，免费的士没人敢上"的报道，说的是 2002 年 5 月 1 日，"10 名北方创业出租汽车公司的'文明标兵'司机为回报社会，开着红色富康车在四环路内免费送乘客，然而乘客宁愿等车，也不愿上'免费出租车'。一位女士看了看出租车上的免费字样，半信半疑地说：'出租车，免费的？'……司机们无奈地从驾驶室里走出来，试着向站在街边要坐车的人吆喝：'坐车吗，免费的。'不料，好几拨人听到后立即躲开，上了旁边的出租车"。

由此例不难理解，在语言交际过程中，"质的准则"的落实首先在于要使话语取得被听话人认同的表象的真，否则，就不能得到听话人的"合作"；反之，即使是谎言，只要能得到交际对象的相信和认同，只要具有了"表象的真"，就能取得语言交际的成功。

如是观之，格赖斯当初以"不要说自知是虚假的话；不要说缺乏足够证据的话"确立的"质的准则"，在语言交际实践中竟然表现为"首先要具有表象的真"（首先要使听话人认为是真的），甚至进而可能还会出现"假作真时真亦假"，这恐怕多少有点违背了格氏当初确立"质的准则"的初衷吧！

"表象的真"具有暂时性（当时为真）、待验证性（例如对方将信将疑）、可否定性（例如谎言被戳穿）的特点。

"本质的真"以交际双方共同相信其为真为标准，同时，其具有长效性、可验证性、不易否定性的特点。

（四）关于会话含义五个特点的修正思考

格赖斯在提出指导会话含义理论的合作原则的同时，还总结出了会话含义的五个特点：可取消性、不可分离性、可推导性、非规约性和不确定性。[①]

为了更有利于人们把握会话含义理论，对其特点加以总结是非常有必要的。所谓"特点"，①应当是除了自己拥有之外，别人没有的；②应当是能够准确显现自身的确切状况的。否则，就不能称其为特点。

语用学研究的目的，是发现规律、研究理论，以便更好地指导我们的语言交际实践，而不仅仅是作出对与不对、当与不当的评判，或者是为理论而理论地总结出一些条条框框。因此，语用理论的研究不能只是像评判似的站在语言交际外部作总结，而应当深入到语言交际的内部，从说话人或者听话人的角度去考察语言现象。

顺应上述对于特点总结的原则要求，以及对会话含义理论的理解，笔者试对格赖斯的会话含义的五个特点进行如下修正思考：

1. 可取消性

对于此特点的修正思考有两个角度。第一个角度是，"可取消性"是不是就真的可以"被取消"，如果并不是真的被取消了，而是在原话语含义的基础上形成了新的含义，那么，这个"可取消性"更为准确的说法应该是"可转换性"。第二个角度是，如果会话含义具有"可取消性"，那么话语的一般含义是否具有"不可取消性"？如果话语的一般含义也同时具有"可取消性"，那么"可取消性"就表现为语言交际的"共性"，而不宜再称之为会话含义的特点。

我们试以何自然先生在《语用学与英语学习》中的例子为例：

"问：想来点儿咖啡吗？

答：咖啡会让我睡不着觉的。"[②]

语用含义不是揭示人们说了些什么，而是告诉人们这句话可能意味着什么（或者参照何自然先生"根据不同的语境假设"的说法）。答话至少可以有三种含义：

（1）答话人不想让自己睡不着觉，所以不要咖啡。

（2）答话人不想喝咖啡，以睡不着觉为托辞。

（3）答话人需要保持不打瞌睡的状态，所以想要咖啡。

---

① 何自然. 语用学概论. 长沙：湖南教育出版社，1988. 89.

② 何自然. 语用学与英语学习. 上海：上海外语教育出版社，1997. 55.

其实在任何一种具体的语境中，"咖啡会让我睡不着觉的"的答话，只可能有一种含义。

何自然先生为了解释"可取消性"的特点，选取了含义（1）。他写道："会话含义可以取消，或者说可以废除。如果我们在原来话语的基础上添加一些话语，或者附加了某些前提，从而改变了语境，则话语原来具有的隐含意义就可能消失。……如果原答话再补上一句：'（咖啡会让我睡不着觉的）我正好需要保持有精神'，这一来，答话人不要咖啡的隐含意义就变了，成了很需要咖啡。"

何自然先生的这一句话是至关重要的："这一来，不要咖啡的隐含意义变了，成了需要咖啡。"话语的"隐含意义变了"，是"被取消了"，还是"被转换了"？显然，是"被转换了"。

我们再看第二个思考角度：话语的一般意义是否也可以被转换。

问：想来点儿咖啡吗？

答1：不要。

答2：不要，我喝茶。

对比答1和答2，不难看出，话语的一般意义，其实具有与话语的特殊意义相同的特点：前言的话语意义同样可以被后语的话语意义"转换"。

如此观之，"可取消性"不应作为会话含义的第一特点，应当改为"可转换性"。因为增加话语或追加前提，并不是真的使得原话语意图消失，而只能是使得原话语意图转换为一种新的话语意图。

话语一经出口，其含义实际上就已经具有了"不可取消性"的特点。对此，汉语中早已有了大量的说明性话语，例如"君子一言，驷马难追"、"过头的饭不好吃，过头的话不好说"等。

话语含义的"可转换性"特点，汉语中也同样有着大量的说明性话语，例如在司法职业语言交际中为了防范这一不确定性而常提出的"谁主张，谁取证"、在商贸职业语言交际中常出现的"口说无凭，立字为据"等。

2. "不可分离性"

建议改为"整体理解性"。

关于"不可分离性"，何自然先生认为："会话含义与预设（前提）不同，它不是依靠话语中的某个词语或某种句式产生，而是依靠整个话语传达的内容来作出判断。因此，改变话语中的某些词语或句式，并不

改变整个话语的隐含意义。"① 何兆熊先生则认为："不可分离性也就是说一句话所具有的含义是以这句话的整个语义内容为基础的,而不是以句中的某一个单词或语言形式为基础的。这使会话含义有别于另一种语用推理——前提,前提是依附于某个单词、词语或某一种语言形式的。"②

对于此特点的修正思考是:会话含义理解与语义理解的重大区别之一是,会话含义是结合语境对话语进行整体理解,所以,个别词语的改变,只不过使得单句意义发生了改变,但是,从整体理解角度来考察,其语用意义并没有发生根本改变。

为了更为准确地理解这一修改,不妨打一个比方。

例1 "你认识张三这个人吗?"

例2 "你了解张三这个人吗?"

上述二例中,例1在某种意义上,就接近于"语义的一般理解",因为认识者在回答这一问题时,既可以从整体了解的角度介绍张三的特点,也可以从多种不同的角度加以介绍:

答话1:"认识,他可是个出了名的好人。"(整体评价其为人的角度)

答话2:"认识,喏,就是那个小矮个。"(针对其最有特点的长相局部)

答话3:"认识,一个好打抱不平的北方汉子。"(针对其性格局部)

对于例2,显然,了解者对于这个问题的回答,就不仅应当从张三的言行整体,有时可能还要从张三的个性特点、文化素质乃至家庭背景等多个方面进行整体把握性的介绍。

答话1:"我们在一起工作这么多年,当然了解了。好人啊,一个少有的好人!"

答话2:"我太了解他了。小时候家里穷,没条件读书,今天在事业上能走到这样一种地步,不容易啊!"

对比上例中的两类话语,不难看出,无论哪一类话语,在介绍张三时,都没有必要(而且谁也不会)抛开张三作为一个人的整体,去单独分析他的耳朵长得如何(这是针对另一类问题,例如"他的长相有什么特点"之类的问话而作的答复),脚趾头长得怎么样(这也是针对

---

① 何自然. 语用学概论. 长沙:湖南教育出版社,1988. 174.
② 何兆熊. 语用学概要. 上海:上海外语教育出版社,1988. 159.

另一类问题，例如"他的身体有什么特点"之类的问话而作的答复）。反过来说，当我们对张三作为一个个体，其身体的各个部分是不可分离的这一点形成共识后，在向人打听张三时，就没有必要提醒对方，他的头、四肢和身体是不可以分开来进行介绍的。

从这样一则实例分析中，我们知道，"不可分离"其实不是特点，而是会话双方的共识。

在认识到"不可分离"只能是共识，而不应视为特点后，再来对比"你认识张三吗"和"你了解张三吗"这两个问题，我们不难看出，对于第一个问题，答话人不仅可以只选取张三的某一部分的特点来作答，还可以"只介绍一点，不涉及其他"。而对于第二个问题，显然，如果只涉及某一点或某一部分，而不是从"整体"的角度来进行理解，则难免失之偏颇。

因此，对于"你了解张三吗"之类的问题，我们可以说，"整体理解性"是其特点。

再转回来理解会话含义理论，我们既然已经知道，说一句话所具有的含义是以这句话的整个语义内容为基础的，而不是以句中的某一个单词或语言形式为基础的，那么，"不可分离性"，应当是在会话含义产生并正确理解的过程中，交际双方的一种共识，因此"整体理解性"才应当视为其特点。

3. "可推导性"

建议改为"必须借助推导"。

关于"可推导性"，何自然先生的解释是："一般含义指说话人在遵守合作原则的某项准则时，在话语中通常带有的某种含义；特殊含义指在谈话中，有一方明显地或有意地违反合作原则的某项准则，从而迫使另一方推导出话语的含义。特殊含义是根据特定的时间、地点和人物而做的一种推断。所谓可推导，就是听话人一方面根据话语的字面意义，另一方面根据合作原则的各项准则，推导出相应的语用含义。"①

此改动是逻辑意义方面追求更加贴切的改动。因为从单纯的逻辑角度来理解，"可推导性"一语中，已经同时隐含着"可不推导性"。而"可以不借助推导"即可完成意义理解的，只能是话语的一般含义，绝不是特殊含义，特殊含义是"必须借助推导"的。

例如：

---

① 何自然. 语用学概论. 长沙：湖南教育出版社，1988. 87.

说话人问："从上海到北京怎么走？"

答话："可以乘火车。"（显然也可以不乘火车）

但是，如果答话是："必须乘火车"，则排斥了利用其他的交通工具的方式。而在可以利用其他交通工具的情况下，为什么不准问话人利用，显然另有其原因，话语的"特殊含义"于是就产生了。

所以，如果会话含义的该项特点意在涵盖"一般含义"和"特殊含义"两类用法，那么，该特点就不应排斥一般含义"无须借助推导"的现实存在。这样一来，该项特点就只能写成"（既）可推导（也可不推导）性"，不难想象，这样的特点总结，说了等于没说。

当然，会话含义原本包括一般含义和特殊含义两大类，特点概括当然应当体现全面。但是，由于被会话含义理论所关注的会话含义，其实是排除了一般含义的，它关注的只是其特殊含义。因此，在描述会话含义的特点时，理应尽可能准确贴切地反映出会话含义理论所关注的会话含义的特点，因而"可推导性"就难免显得有点不够贴切了，因为一般含义"无须借助推导"。

4. "非规约性"

建议改为"具体规约性"。

关于"非规约性"，何自然先生的解释是："会话含义是通过合作原则中各项准则，通过话语的字面意义，结合语境推导出来的……字面意义在话语中是不变的，而语用含义却可能各式各样……可见，会话含义是非规约性的。"[①]

会话含义"必须借助推导"才能完成，并不意味着语言交际中的话语推导可以是任意的、散漫的，其实它仍然受着"规约"。规约的产生，可能受制于民族文化、语境场合等，但它一定是双方共知的，同时也是"具体的"。

5. "不确定性"

建议改为"具体的确定性"。

关于"不确定性"，何自然先生的解释是："指具有单一意义的词语在不同的语境中可以产生不同的含义。"[②]

从严格的逻辑意义上说，"不确定性"是对事物所处状态的描写，而"确定性"才是对性质或特点的描写。

---

① 何自然. 语用学概论. 长沙：湖南教育出版社，1988. 93.

② 何自然. 语用学概论. 长沙：湖南教育出版社，1988. 94.

　　会话含义随语境的改变而改变，并不意味着它就具有了不确定性的特点。根据会话含义理论，任何话语，只要是在具体的语境中进行，都必然有着确定的含义，而不可能表现为一种"既可能是此也可能是彼"的不确定状态。语法结构上完全一样的话语，在不同的语境中可能产生完全不同的语意，这些语意，没有一项不是具体的、确定的。

　　因此，会话含义并不具有抽象理解意义上始终难以琢磨的"不确定性"，而是具有只要结合语境，就往往立即清晰明白的"具体的确定性"。因而，会话含义的"不确定性"特点更为准确的表述应当为"具体的确定性"。

　　以上是本书对于格赖斯的合作原则的哲学内涵所作的一点哲学思考。

三、关于礼貌原则的一点应用思考

　　自格赖斯提出合作原则之后，人们开始重视语用原则的研究。1983年，英国著名学者利奇认为，在语言交际中，由于语用不当或出言粗鲁无礼，引起相互间的误解，从而导致交际上失败的情况十分常见。而通过语言来表示礼貌是最常用的手段，于是，他效仿格赖斯的合作原则而提出了另一条语用原则——礼貌原则。

　　应当如何看待"礼貌原则"？利奇指出，他是把它作为合作原则的"救援"原则而提出来的。他认为："礼貌原则不能被视为添加到合作原则上去的另一个原则。而是为援救合作原则解决一系列麻烦的一种必要的补充。"①

　　利奇提出的礼貌原则共包括六条准则，每条准则各有两条次准则。其具体内容为：

　　A. 得体准则：a. 尽量少让别人吃亏，b. 尽量多使别人得益；

　　B. 慷慨准则：a. 尽量少使自己得益，b. 尽量多让自己吃亏；

　　C. 赞誉准则：a. 尽量少贬低别人，b. 尽量多贬低自己；

　　D. 谦逊准则：a. 尽量少赞誉自己，b. 尽量多赞誉对方；

　　E. 一致准则：a. 尽量减少双方的分歧，b. 尽量增加双方的一致；

　　F. 同情准则：a. 尽量减少双方的反感，b. 尽量增加双方的同情。

　　礼貌原则和合作原则一样，引起了学者们的广泛关注。这些关注同

---

① 索振羽. 语用学教程. 北京：北京大学出版社，2000. 89.

样引发了肯定和否定等不同意见。何兆熊先生指出："有些语义学家认为，人类社会的一切冲突和争斗，包括政治上的分歧和争端都是由于语言使用不当导致误解而引起的。这种说法虽然过于偏激和极端，但并不全然无理。"①

但是，钱冠连先生、索振羽先生却持不同程度的否定态度。

从形式上看，"礼貌原则"和"合作原则"一样，不但都以"原则"命名，而且均有着相对应的数项准则，再加上利奇本人对礼貌原则的定位："为救援合作原则解决一系列麻烦的一种必要的补充"，两者似乎已经处在了一种同等的地位上。其实不然，从哲学的角度来看，礼貌原则对语言交际实际现状的涵盖和统领，大大小于或弱于合作原则。

我们已经知道，合作原则的哲学地位的确立，主要依赖于它对语言交际实际现状的全面覆盖和不可违反的特点：全面遵循四项准则的，表现为从肯定方面遵循合作原则，显现的是话语的一般意义；违反其中某一项准则，但同时遵循另外诸项准则的，表现为从否定方面遵循合作原则，显现的是话语的特殊含义；全面违反四项准则的，语言交际不复存在。

礼貌原则却并没有这样的哲学气质。这一点，可以从以下四个方面得到证实：

第一，遵守礼貌原则确实可能有助于语言交际获得成功，但是，语言交际的实践证明，遵守礼貌原则充其量只是"可能有助于"语言交际获得成功，而并不"必然"使语言交际获得成功。

第二，礼貌原则在力图覆盖语言交际的实际状况时，却放弃了对于不礼貌言行的研究，而不礼貌言行在具体的语境中，有时也同样有助于语言交际获得成功。

第三，礼貌原则尽管仿照合作原则，也列出了六项准则，但是，这六项准则充其量只是"如何遵循礼貌原则"的一种行为规范，因而，违反了六项准则，只能得到"（言行）不礼貌"的评价，并不能由此而产生新的"会话含义（言外之意或弦外之音）"。

第四，遵守礼貌原则并不具有全面性和普遍性的意义。何自然先生认为："人们并非在任何时候、任何地方、对任何人交际都要恪守礼貌原则的，例如在紧急或意外事件中，在激烈的争辩或紧张工作的场合，或者在十分亲切友好的朋友间不拘礼节的谈话中，礼貌原则可能会让位

---

① 何兆熊. 语用学概要. 上海：上海外语教育出版社，1989. 164.

于谈话的内容，屈居次要地位。"①

因此，将"礼貌原则"置于与"合作原则"并列、并重的地位，是有失精当的。

四、关于礼貌原则应用思考的再思考

仔细阅读礼貌原则所涵盖的六项准则，文字在总体上显得比较拖沓，其实这六项可以分成 A 和 B、C 和 D、E 和 F 三组，而与"通过语言来表示礼貌"关系最直接密切的，应当是 C 和 D、E 和 F 这后面两组。这两组（赞誉准则和谦逊准则、一致准则和同情准则）在内容和要求上比较接近，不但表现出话语运用方面的具体可操作性，而且也比较明确地显现了礼貌原则的功能和价值。因为一般来说，说话越是间接，说话人就越是显得有礼貌，礼貌性和间接性之间，存在着某种正比关系。对于礼貌原则的理解，学术界对这两组准则似乎没有什么不同意见。

分歧意见较多地出现在 A 和 B 这一组。关于这一组准则（即"如何使别人得益，如何使自己受损"），其内容与要求之间，似乎存在着一定程度的不够统一的地方。例如得体准则，如何仅仅凭借得体的话语，就能够"少让别人吃亏，多使别人得益"呢？再如慷慨准则，又如何仅仅凭借态度的慷慨（而无须慷慨的行动），就能够"少使自己得益，多使自己吃亏"呢？

关于这一点，何兆熊先生在其《语用学概要》中曾为礼貌原则作了如下阐释：

关于"惠与损"的概念的理解——"指令越是直接，听话人就越是难以拒绝，指令越是间接，说话人留给听话人的余地越大，听话人拒绝指令越方便。从这个意义上说，指令越是直接，听话人受损（的可能性）越大，说话人受惠（的可能性）越大。礼貌的程度和语言的间接程度一致，这个现象我们早已有所觉察，但这仅仅是个表面现象，礼貌的程度和'他人'受损（或受损的可能性），或者说和'自身'受惠（或受惠的可能性）成反比，这才是这个现象的实质。"②

尽管何兆熊先生勉为其难地对"礼貌原则"作了以上详尽的解释，但是，我们仍然不能不看到，人们说话"讲礼貌，留有余地"和"不

---

① 何自然. 语用学与英语学习. 上海：上海外语教育出版社，1999. 108.

② 何兆熊. 语用学概要. 上海：上海外语教育出版社，1989. 172.

讲礼貌,不留余地"相比,对于交际对象来说,确实提供了更大的"避免损失"的可能性。但是有这样两点不能不予以注意:①不能把"(提供了拒绝的)可能性"简单地等同于"(已经拒绝吃亏的)现实性";②向对方提供了可能的拒绝机会,不等于就是给了对方现实的好处。

值得注意的是,就在这一段文字之前,何兆熊先生以"借钱"为例进行了这样一番分析:"不管说话人的话语礼貌与否,听话人如果同意的话,总是借给他同样数量的钱。这样看,(无论采取什么样的礼貌手段)一方所受的损和另一方所受的惠没有变化。"也就是说,在利奇的礼貌原则中,"得体准则"和"慷慨准则"实际上已经表现出了一定的空泛性。

在语言交际过程中,无论说话人怎么运用礼貌原则,礼貌给交际对象带去的,充其量只不过是一种心理感觉方面的好处,它并不可能带给对方任何实际方面的好处。正如何兆熊先生所举的例子,甲向乙借钱,除非甲或减少所借数额,或提高借款利息,或另外赠送礼物等(附之以实惠的"损己利人"行动),否则,无论甲的话语如何遵循礼貌原则,在借钱这个话题上,他都没有办法仅仅凭借"空口说白话"就可以做到"少让对方吃亏,多使对方得益;或者少使自己得益,多让自己吃亏"。

既然礼貌原则的六项准则实际上都不能"少让对方吃亏,多使对方得益;或者少使自己得益,多让自己吃亏",也就难怪随其之后不断有人要提出修正性的意见了。

对于这两条准则,国内不少学者提出了修正意见。例如顾曰国先生认为其应当修改为:

"得体准则:①行为动机层:尽量减少他人付出的代价;②会话表达层:尽量夸大他人得到的好处。

慷慨准则:①行为动机层:尽量增大对他人的益处;②会话表达层:尽量缩小自己付出的代价。"[1]

顾曰国先生所作的修改,仍然未能产生实质性的变化,因为无论是夸大,还是缩小,如果仅仅发生在言语层次上,就还是空泛的。

索振羽先生的修正步伐,显然比顾曰国先生的这一步走得更大一些。他在自己的《语用学教程》中,将礼貌原则中的得体准则上升到原

---

① 何自然. 语用学与英语学习. 上海:上海外语教育出版社,1999. 116.

则的高度，并重新进行内涵界定，在他的"得体原则"的界定中，礼貌原则降格为"礼貌准则"。

钱冠连先生在对待礼貌原则的态度上似乎比顾曰国、索振羽两位先生走得更远，他在《汉语文化语用学》中不但提出"合作不必是原则"，而且对于礼貌原则干脆只字未提，就直接转入了自己的主张："目的意图原则"。

礼貌原则之所以会引起众多的学者开始对其修正，并且不断提出新的原则，其根本原因在于礼貌原则的提出，固然是"为援救合作原则解决一系列麻烦的一种必要的补充"，但是同样命名为原则，礼貌原则却没能达到合作原则所达到的哲学高度；而且，作为合作原则的补充，礼貌原则过于关注对话语行为的规范要求，而弱化了客观描述功能。

五、关于得体原则的功能思考

北京大学的索振羽先生是中国学者中坚持对礼貌原则的"原则"地位持"否定"态度的代表人物之一。他认为，人们在语言交际中，只凭"合作原则"不能圆满地解释交际中出现的种种复杂现象。例如，人们为什么有时遵守"合作原则"及其四条准则，以直截了当的方式说话，有时却故意违反"合作原则"的这一个或那一个准则去产生"会话含义"，以拐弯抹角的方式说话？他认为，若想对这些问题寻求科学合理的解释，就需要提出一个新原则，即"得体原则"。于是，他把为适应不同语境的需要，采用拐弯抹角（间接）的方式说话，从而使得交际效果最佳的这种情况叫作"得体"①。

那么，索先生对于"得体"关注和强调的独特性又显现在哪里呢？

索先生认为，"礼貌原则"作为救援"合作原则"的一个原则，其涵盖力较弱，覆盖面欠广，因为在"礼貌原则"之外，还必定得有其他一些原则，如"反话原则"、"开心逗笑原则"等从不同的方面去救援"合作原则"。这样一来，就失之于"救援"原则太多。利奇的"得体准则"应该重新定义、定位，把"得体"提升为高于并包容"礼貌原则"的一个名副其实的、能与合作原则相补益的高层次的原则，即"得体"原则。依据这一思路，利奇的"礼貌原则"就得屈尊降格为我们提出的"得体原则"中的一个准则，即"礼貌准则"②。

---

① 索振羽. 语用学教程. 北京：北京大学出版社，2000.85.

　② 索振羽. 语用学教程. 北京：北京大学出版社，2000.90.

为了确立"得体原则",索先生摘录了《牛津英语词典》对"得体"的释义:"合适地、恰当地跟别人打交道,避免冒犯,或赢得善意的快悦和微妙的感觉,跟人们交往或协调艰难的局势或微妙的情境的技巧或判断力;在适当的时间说适当的事或做适当的事的本领。"①

根据《牛津英语词典》的这一解释,索先生认为,"得体原则"与"合作原则"的关系是:分工合作,相互补益。"合作原则"及其四条准则适用于直截了当的语言交际(适量、质真、相关、清楚明白、有话直说、达到最佳交际效果);"得体原则"适用于拐弯抹角的语言交际(适合特定语境,有话曲说,达到最佳交际效果)。一旦有了"得体原则",解释会话含义就不必再去烦琐地考虑是违反了"合作原则"的哪一条准则了,因为我们可以运用"得体原则"及其相关的准则和次准则作出合理的解释。这样,"合作原则"和"得体原则"两个原则结合起来,协调运作,就完全能保证人们的语言交际正常地、顺利地、效果最佳地进行。

索先生提出的"得体原则"中有三个准则:礼貌准则、幽默准则、克制准则。

索先生以"得体原则"援救"合作原则",两者之间,既分工合作,又相互补益。这一思路是正确的,但是这一论述有两点不足。

第一点,"得体"要求最早其实是由利奇通过"礼貌原则"提出的。在利奇的理论中,礼貌和得体实际上是互通的。在语言交际中讲礼貌,是为了使自己的话语显得得体,而说话得体,则是为了使自己显得有礼貌。况且,在提出礼貌原则的利奇那里,"得体"处于第一准则的地位,受到重视的程度原本就不低。因而,要将其提升到"原则"的统领地位并获得大家的认同,关键点在于务必清楚阐释,为什么一定要将其从"第一准则的重要地位"提升到"原则"这个更为重要的地位,其必要性何在?

第二点,既然认定礼貌原则"不能涵盖语言交际的全貌",而要将其下降为"准则",就应当充分展示"下降"的理由,其中关键点在于要对"礼貌要求为什么不能作为原则"作翔实阐释,而不能只是下一个简单的结论。

作为索先生观点的赞同者,在这里,笔者试就上述两点作如下补充。

---

① 索振羽. 语用学教程. 北京:北京大学出版社,2000. 91~92.

　　从纯理论的角度来看，"礼貌"与"得体"两者之间在内涵方面确实有着一定的交融，得体的往往肯定就是礼貌的，而礼貌的往往也肯定就是得体的。但是，"礼貌"的要求往往只是侧重于说话人对所说话语的一种主观约束，而"得体"的要求往往是从"说话人"的主观（角度）和"语境"的客观（角度）交叉进行的双向调适。例如，判断说话人的话语是否"礼貌"，仅从其话语构成就可以完成认定；而判断说话人的话语是否"得体"，常常还需要从话题意图、语境场合、听话理解等多个方面结合语言交际的实际状况进行综合分析。也就是说，对其话语"是否礼貌"（从话语构成的单一角度）的认定的完成，不能等同于对其话语"是否得体"的认定的完成（还有待于从语境场合等多个方面进行综合分析）；反过来说，对其话语"是否得体"的认定的完成，则可以视为对其话语"是否礼貌"的完成（"从语境场合等多个方面进行综合分析"已经包括"从话语构成的单一角度的分析"）。从这一角度来看，"得体"足以涵盖"礼貌"。

　　转而结合语言交际的实际状况进行考察，在看到礼貌与得体两者之间存在着一定交融的同时，还应当看到另一面的"不交融"现象。这种"不交融"的具体表现是，凡不得体的几乎可以肯定就是不礼貌的，但是，不礼貌的有时却可以是得体的（虽不礼貌，但是切合话题意图、切合语境场合、切合听话理解）。也就是说，"得体"的要求，实际上包含着"礼貌话语"和"不礼貌话语"。从这一角度来看，"得体"的内涵在包容了"礼貌"的同时，也包容了"不礼貌"。

　　例如，我国古典名著《儒林外史》里写到，范进一生读书，却一直考到54岁才中了举人。喜报传到时，范进家中早已断炊数日，他抱着家中唯一一只下蛋的鸡到集市上，想卖掉换米。贫困交加的范进，在一眼见到喜报后，难以承受这意外的惊喜，竟然疯了。最后，由他平生最怕的老丈人胡屠夫，当众一个耳光再加上一句臭骂："该死的畜生，你中了什么？"才算把他打得清醒过来。

　　胡屠户的一耳光、一臭骂，无论怎么分析，都显然不能属于"礼貌言行"，但是，具体到当时的场合中，恐怕还不能指责这一言行是"不得体"的，因为这在当时很可能是唯一有效的紧急救护手段了。这是不礼貌的言行在具体的语境场合中，却可能是得体的一则实例证据。

　　"礼貌"在语言交际中，实际上还存在着一个"度"的把握问题。正如中国有句老话所说的："谦虚过分就是骄傲"。同理，"礼貌过分（度）就是不礼貌"。判断说话人的礼貌是不够、适中，还是过度，标

准尺度只有一个：是否得体。得体在这里，也就是礼貌符合话题意图、符合语境场合、符合听话理解的意思。凡是不合话题意图、不合语境场合、不合听话理解的礼貌，几乎都可以肯定是不得体的。从这一角度来看，"得体"仍然足以涵盖"礼貌"。

19 世纪俄国文学名著《死魂灵》中，讲述了乞乞科夫在俄罗斯乡间向农奴主们收购死亡农奴户口的故事。其中写到，他前去拜访的第一位主顾名叫玛尼罗夫。这是一个过分讲究交际礼貌的人。他一见到素不相识的乞乞科夫，立即热情欢迎，单是握手就是 15 分钟，为了谁先进门相互退让了老半天，最后是两个人侧着身子，同时跨进门槛。他除了对任何人都使用尊称之外，还常常要加上"非常可敬"、"非常可爱"等赞誉类的字眼。可是效果如何呢？小说评价道：初见面，你也许会觉得他很可爱，但下一分钟里，你便会觉得无话可说了。再过一分钟，你简直会在心里骂："呸，鬼知道他是个什么东西！"

玛尼罗夫作为作者从生活中提炼的文学形象，是"礼貌过度"以致"不得体"的实例。

因而，将"得体"的地位上升到原则的高度，而将"礼貌"的原则往下降，这一思路是符合语言交际的实际状况的。

以上是笔者以赞同者的立场对于索先生的论述所作的补充。

需要说明的是，笔者所主张的"得体原则"，其内涵界定与索振羽先生的主张有着较大的差异，笔者认为应当将"礼貌"在得体原则中的位置继续下降，直到"次准则"的位置。

第二节　关于汉语文化语用(总)原则制定的思考

一、对于否定"合作原则"意见的想法

关于格赖斯的合作原则，笔者坚定地认为，对语言交际中的各类语料进行综合研究的结果表明，合作原则作为一个从哲学的高度提出的语用原则，对于语言交际的指导作用具有全面覆盖和不可违反的特点。

正因为合作原则自身所具有的哲学气质，所以，合作原则同样适用于汉语的语用实际状况。

作为合作原则的拥护者，在研究过程中当然就不能不正视"对合作原则持否定态度者"，尤其是国内的研究专家。例如，钱冠连先生就对合作原则从根本上持否定态度。

钱冠连先生认为"格赖斯的合作原则可以不必是原则，而且，在会话中根本无须考虑合作与不合作，如果说话人心中已经有了说话目的的话……"，"语言交际是受目的意图牵引的，要达到目的，你就得采取包括合作态度在内的一切手段，用不着单独强调合作是原则。事实上，不遵守所谓合作原则的交谈是大量的——如果不是比遵守四准则的交谈更多的话"。为此，钱先生在他的《汉语文化语用学》一书中正式提出了"目的意图原则"。

笔者认为，钱先生的"合作不必是原则而目的意图才是原则"的认定，在某种意义上，并没有完成论证，至少有两点难以自圆其说。

第一，前面已经说明，语言交际发生的前提，是双方都持有合作的态度，并且双方也都愿意合作，否则，双方无话可说，也不愿意找什么话说。合作，其实是语言交际发生的基础或前提。无论是"酒逢知己千杯少"的浓情蜜意，还是"话不投机半句多"的恶语相向，只要双方的语言交流还在进行，双方就是在遵守着合作原则。即使双方在语言交际中出现话语对抗，例如吵架、辱骂、争辩等种种表面现象上的对立，也只是说话人在以强硬的态度迫使对方按照自己的目的意图来进行合作，或者是对对方违背自己一方的目的意图表示不满，它并不能否定双方均存在着希望借助自己的话语，说服、制服甚至是压服对方不再与自己对立，进而使对方服从自己，与自己由对抗转为合作的动机，这一动机决定了"合作必然是原则"。

第二，我们讨论合作原则时，都知道语言交际中还同时普遍存在着不合作的种种表现；讨论礼貌原则时，都知道语言交际中还同时普遍存在着不礼貌的种种表现；讨论得体原则时，都知道语言交际中还同时普遍存在着不得体的种种表现。正是这些种种负面表现的普遍存在，时时从否定角度推动我们强化对"合作原则"等诸种原则的理解和认识。

但是，当我们探讨目的意图在语言交际中的地位和作用时，却不能不看到，违背目的意图的话语（包括"无目的意图的话语"）在语言交际中几乎是不存在的。因为，除非说话人受到某种蒙蔽，或是处于一种非清醒的状态，否则，谁会愿意"搬起石头砸自己的脚"，自己揪着自己的头发向后退呢？进而言之，在语言交际过程中，既然人们只要是在说话，就无不是在努力实现自己的目的意图，并且绝对不会以"反目的意图的话语"、"无目的意图的话语"来进行语言交际（偶尔的口误，或脱口而出地说错话应当视为例外）；既然人人都是在围绕着自己的目的意图说话、行事，那么，我们再将目的意图定为一种原则，并提醒大家其在语言交际中有多么重要，是否显得多此一举？

　　况且，语言交际原本就是由语言因素和非语言因素有机合成的。非语言因素的补偿、纠正、证实、澄清等诸方面的功能，恰恰说明我们不能仅仅从双方的交际话语内容中是否具有对立、对抗等不合作成分，就判定"合作不必是原则"，而应当结合诸多非语言因素与语境诸要素进行综合考察。一旦进行综合考察，结论也就随之而出："合作必是原则"。

　　此外，笔者还认为，将目的意图定位为语言交际的原则，看起来挺有道理，其实不妥。简单地说，将目的意图与合作原则、礼貌原则、得体原则等诸如此类的原则并列讨论，不但没有突显其重要地位，反而使得"目的意图"在语言交际中原有的重要地位下降。

　　从表面上看，要证明钱先生的这一"目的意图是原则"的观点，进而论证钱先生"说话如不遵守目的意图原则便引起交际失败"（钱冠连关于何谓语用原则的"定义"语）的主张，似乎并不困难。因为几乎所有成功的语言交际，都无不是在目的意图的指导下进行的。同理，要想反驳钱先生的这一主张，也并不困难，因为几乎所有失败的语言交际，也同样是在目的意图的指导下进行的。例如，求职失败、求婚失败、求助失败、诉讼失败、谈判失败、游说失败、鼓动失败、调解失败、劝说失败，以及将事实真相告知对方但对方却不相信等，诸如此类的言语在交际过程中遭遇失败时，说话人哪一个不是始终有着明确的目的意图，并且严格遵循自己的目的意图在说话呢？

　　不妨再做一个逻辑思考游戏：如果确实可以将目的意图视为一种原则，那么根据"说话如不遵守它们便引起交际失败"的功能制约，说话人只要按照目的意图说话，就不应当失败，而事实却是，失败的实例至少和成功的实例同样多，甚至可以说更多。因为在有的语言交际中，一方的成功同时就已经意味着另一方的失败，如法庭辩论。既然即使按照目的意图说话，也是既可能成功，又可能失败的，将目的意图硬性定位于"如不遵守它们便引起交际失败"的原则地位上，显然既不妥当，也没有什么意义。故而，"目的意图不必是原则"。

　　不妨将此剖析继续向前延伸，如果一个人在语言交际中，不再按照目的意图的要求说话（暂且假定此类情况在语言交际中存在），也就意味着放弃了目的意图的追求。既然目的意图都没有了，说话人还进行什么语言交际，又依据什么来判定他的语言交际是否成功或者失败呢？

　　显然，说话人的目的意图在语言交际中，不应当被置于"原则"的地位上。

　　当然，这绝不意味着目的意图在语言交际中就不重要。明确目的意

图在语言交际中的地位和作用，是非常有必要的。但它不应当被视为一种原则，而应当是被置于"轴心"地位——一切话语的"说（写）与不说（写）"，以及"如何说（写）"都围绕着目的意图的实现展开。

二、对于"礼貌"和"得体"地位的辩证关系的辨析

作为索振羽先生"得体原则"的拥护者，笔者在这里对索先生的"得体原则的内涵界定"提出不同的理解。

首先，应当将"礼貌"的地位，从"准则"的高度继续往下降，一直降到"次准则"的位置。

那么，为什么要这样设定？

前文已经阐明，在语言交际中，任何人的话语，"说（写）与不说（写）"以及"怎样说（写）"，都无不受到说话人的目的意图的强烈主控。也就是说，目的意图是语言交际发生和进行的基础和推动力，但却不能是语言交际成功的保证。因而，目的意图不应当被视为"语用原则"，而应当被置于"轴心"的地位。

在围绕目的意图展开的基础上，遵守"合作原则"，可以说是对成功的语言交际的有效总结，或者说，是对想取得成功的、有合作诚意的语言交际的一种客观性提示。例如，市场经济活动中在诚信原则指导下的商务谈判话语，显然就应当遵守"适量、质真、相关、清楚明白、有话直说"的原则，甚至有时还需要把"丑话说在前头"，以"先小人后君子"的方式求得语言交际的最佳效果。

但是，无论说话人认为自己已经如何做到了适量、质真、相关、清楚明白，最后是否能达到最佳交际效果，其实还有待于对方的理解、质疑、认同，直至最后接受。在对方可能不理解、不认同，或者部分理解、部分认同的情况下，说话人如果只是单方面地保证自己的话语适量、质真、相关、清楚明白，是不够的，说话人还要采取必要的手段以保证语言交际的成功。这一保证手段就是如何使自己的话语"得体"——以说话人的目的意图为轴心，以"合作原则"、"得体原则"环绕之。

关于"合作原则"与"得体原则"的语用关系，索先生已经作出了明确的界定，笔者在此再次提出，其必要性何在？笔者与索先生的提法相同，但内涵界定不同。

笔者认为：合作主要表现在动机方面，得体主要表现在效果方面，两者恰好可以实现互补。

在索先生的"得体原则"之下，有三个准则：礼貌准则、幽默准

则、克制准则。

笔者要提出的问题有两点：①这三项准则是否足以涵盖"得体原则"的全部内容，或是主体内容？②"礼貌"是否还有资格保留"准则"的地位？

在现实生活中，由于言语不当或语言粗鲁而引起不必要的误会的现象是不少见的，这足以说明在语言交际中讲礼貌的重要性。但是，遵循礼貌原则充其量所能达到的，其实只是调适交际氛围，而要调适交际氛围，正如索先生所指出的，不仅需要"礼貌"，还需要"幽默"（活泼俏皮地说）、"克制"（说出来如果不利就暂时不说），还应当包括"委婉"（柔和迂回地说）。这一点，在生活实践中，其实是大量存在的。

进一步思考又不难明白，"礼貌、幽默、克制、委婉"的共同功能，仍然只在于"调适交际氛围"而已，它们远远不能涵盖"得体"的全部内容或主要内容。在"得体"的内涵中，至少还应当包括"切合"要求。

所谓切合，也就是说话要"切合自己的角色身份、切合话题的性质内容、切合对方的理解承受、切合语境的场合氛围"，这四个方面分别要求说话人：要说符合自己角色身份的话，不要说不合自己角色身份的话；要说与话题性质内容相关的话，不说与话题性质内容无关的话；要说有利于对方理解承受的话，不说不利于对方理解承受的话；要说与语境的场合氛围相吻合的话，不说与语境的场合氛围不相吻合的话。

此外，"得体"的内涵还应当包括"逆反"的要求。逆反，同样也是生活实践中大量存在的"得体"现象，因而也是不应当被弃之不顾的事实存在。其具体表现为，在某些语境场合中，说话人有意识地使用不合自己的角色身份、不合话题的性质内容、不合对方的理解承受、不合语境的场合氛围的话语，以及不礼貌、不幽默、不委婉、不克制等各种话语表现。

我们不妨先从名人、伟人谈起。

孔子是个高雅的君子，思想深邃，超凡脱俗。季氏僭越，擅用天子之乐，使六十四人跳舞，子曰："是可忍，孰不可忍？"这还算是抗议。有人用桃木俑殉葬，子曰："始作俑者，其无后乎？"这就是骂人了，而且骂得很厉害，断子绝孙啊！作为一位名传千古的大教育家，孔子在《论语》中留下大量的经典名言的同时，也留下了他的另一面形象：开骂。他的学生宰予大白天睡觉，孔子骂道："朽木不可雕也，粪土之墙，不可圬也。"孔子的上述几次骂人，在中国早已成了"千古名骂"了！

圣贤尚且骂人，一般人自然也就不在话下了。骂得精彩、骂得经

典、骂得投入又因此而传世者，骆宾王的《讨武曌檄》算是一例。檄文中写道："泊乎晚节，秽乱春宫，潜引先帝之私，阴图后宫之嬖。入门见妒，娥眉不肯让人，掩袖工谗。狐媚偏能惑主。"连被骂的武则天，看到此文，也激赏不已："有才如此，而使之流落不偶，则前此宰相之过也！"

被称为"国之瑰宝"的宋庆龄，温文尔雅，大家闺秀，接受过良好的东西方教育，谁也想不到她也会骂人。粉碎"四人帮"以后，她在给友人的信中，轻蔑地骂道："江青这个无耻婊子……"不到极端愤怒，她不会轻出此言。

上述名人、伟人的骂人话语，如果单纯从礼貌原则的角度来检查，显然是有悖理论的。但是，如果转而结合话题、结合语境等多方面因素综合进行考察，这些话语又无不是"得体"的。而且，在他们当时"骂人"的环境中，如果他们不骂，或者居然还能保持"礼貌、幽默、委婉、克制"，只怕反倒是"不得体"的了。

不妨再转过来看看平民百姓的日常语言交际。

夫妻共度一生的过程，在某种意义上，也可以视为两人在语言交际方面长期"合作"的过程，父母对子女的教育也同样是如此。在汉语中，"夫（妇）唱妇（夫）随"或"父慈子孝"都可视为对这两种"合作"关系的理想化描写。但是，作为这种描写的对立面，"不吵不闹不成夫妻"、"棍棒底下出孝子"的古话，则足以证明，在这两种关系中，以虽然"不礼貌"但是"得体"的言语来保证"合作成功"的事实的普遍存在。

如果说在语言交际中，"克制"是防止不得体的话语干扰语言交际的准则之一，那么，"狗急跳墙"、"兔子急了还要咬人呢"，则又是说话人不再克制，甚至转而为尽情宣泄的一种形象化总结。

综上所述，我们不难看出，逆反不但是语言交际中的一种客观存在，而且是说话人为了实现目的意图的一种必要手段。从理论角度来考察，逆反准则应当视为"得体原则"涵盖下的一种"得体"的变体，适用于语言交际过程中的特殊情况，它是在语言交际中出现了不利于实现目的意图的成分，尤其是当"调适准则"中的"礼貌、幽默、委婉、克制"等诸项次准则一时难以消解交际过程中出现的"不合作"的氛围时，说话人针对对方不利于语言交际的言语行为而有意为之的举措，其目的在于瓦解、消除这些不利成分，进而营造有利于实现目的意图的环境氛围。一言以蔽之，逆反只是手段而已，逆反的目的是为了不逆反。

"切合"、"调适"、"逆反"等三个方面的合成，足以涵盖"得体原则"的全部内容，或者是主体内容。

这样一来，索先生提出的视"礼貌"与"幽默"、"克制"、"委婉"的语用功能相同并且使其同处于"准则"层次面上的"得体原则"的内涵界定发生了动摇，"礼貌"就只能降低到次准则的地位上去了。

由此可以认定，"得体原则"应包括三大准则：切合准则、调适准则、逆反准则。

所谓切合准则，如上所述，含有"切合自己的角色身份、切合话题的性质内容、切合对方的理解承受、切合语境的场合氛围"四个次准则。这四项次准则分别要求说话人：要说符合自己角色身份的话，不要说不合自己角色身份的话；要说与话题性质内容相关的话，不说与话题性质内容无关的话；要说有利于对方理解承受的话，不说不利于对方理解承受的话；要说与语境的场合氛围相吻合的话，不说与语境的场合氛围不相吻合的话。

所谓调适准则，含有"礼貌次准则、幽默次准则、委婉次准则、克制次准则"四个次准则。该四项次准则的主要功能在于防范交际过程中出现不合作的趋向，保持交际过程中的"合作"氛围。之所以将"礼貌原则"降到"调适准则"之下的"次准则地位"，不但是因为礼貌在语言交际中，所承担的充其量也只是调适交际氛围的功能，而且即使语言交际过程中说话人出现"不礼貌"现象，其实也和出现"不幽默、不委婉、不克制"的现象一样，只要交际对象持以"漠视"、"宽容"或"可以理解"的态度，语言交际即可望达到与说话人表现"礼貌"时的相同效果，因而只能将"礼貌"一直下降到"次准则"的地位。

所谓逆反准则，是针对切合准则、调适准则作出的必要逆反。例如，当"调适准则"中的"礼貌、幽默、委婉、克制"等诸项次准则一时难以消解交际过程中出现的"不合作"的氛围时，针对对方的不利于语言交际的言语行为而有意地采取"不再礼貌、不再幽默、不再委婉、不再克制"的话语手段。当然，其目的只是在于瓦解、消除对方的不利于语言交际的种种表现，进而营造有利于实现目的意图的环境氛围。一言以蔽之，逆反是为了不逆反。

由此看来，三项准则的有机综合，共同构建成了"得体原则"。

以说话人的目的意图为轴心，以"合作原则"、"得体原则"环绕之——这就是本书所要提出的"汉语语言交际的语用（总）原则"。

第十三章　汉语交际中的语境调控与用语保证
——汉语交际文化层面把握之二

成功的语言交际应当能够适应语境的要求，这一点是非常明确的。但是，这种适应不是消极的、被动的，而是积极的、能动的，适合则用，不适合则加以调控以期适用。这种适应与调控总称为把握。

可是，当我们转而考察理论界对于语言交际和语境关系的认识时，读到的却是另外的结论。

例如，钱冠连先生在《汉语文化语用学》中就有大段阐述："语言的实质是什么？钱钟书在《管锥篇》中论及祸从口出时说，'文网语阱深密乃尔'。文字与语言本身织就了一张密密的网，也形成了一口深深的井，人陷其中，横竖不能自拔。他说的是语言对于社会组织政治制度的作用，简明却透彻。这论点其实可以原封不动地用在语境上，就是语境的隐性部分！'语言乃存在的家园，人则居住在其深处。'（海德格尔）这不是说人身陷语阱中么？卡西尔指出：'人从自身的存在中编织出语言，又将自己置于语言的陷阱之中。'他们都说了人受语言制约的一面……人确实有受语言制约的一面。'你以为自己在说话，其实是话在说你。'（福柯）'话在说你'就描写了话在'治你'的情形。它有这样三层意思：一，是话控制你；……二是话表白了你；……三是你必须在语境中说话……"①

囿于篇幅，这里不再继续摘引。笔者只是想以这一小段摘录引发这样的思考。本书中已经引用了大量的事实来证明，语言交际对于语境其实是一种能动的适应关系，但是，为什么有那么多学者名家把语境看得如此不可抗拒呢？

这一点其实源于语境的功能显现的特点。

---

① 钱冠连. 汉语文化语用学. 北京：清华大学出版社，1997. 175.

在语言交际中，语境是以整体形式发挥作用的。之所以要将语境分解成四类要素的有机合成，就是为了更好地认识和发挥语境在语言交际中的能动作用。从四类要素有机合成的角度来考察，可以看到，语境在语言交际中是以有机统一的整体构成来发挥作用的。这一特点主要体现在以下两个方面：

一、整体适应性

所谓整体适应性，是指人境、心境、情境、物境四类要素之间存在着紧密联系，从其中任何一个方面入手，都可以观察到四类要素在某一语言交际过程中的相互作用，即所谓"牵一发而动全身"，而适应语境是指以四类要素为代表的方方面面都要适应。

试举一例：

后汉时，东莱太守杨震路经昌邑，县令王密是其故友，夜间前来拜访，以十金相赠，并说"暮夜无知者"。杨震回答："天知、地知、你知、我知，何谓无知？"王密深感羞愧，持金而去。

从这一例子中，不难看到，适应语境与适应四类要素是一致的。其一，是人境类要素的主控性与稳定性，我们看到，杨震的金钱观念主控着他的话语和行为，并且不因为没有他人在场而有所动摇。其二，是心境类要素的求适应性，杨震几乎是在强迫对方适应自己的心境。其三，语言交际要求情境氛围的融洽，而这场语言交际的情境氛围，以拒绝方坚持主张，被拒绝方放弃主张而达成一致。其四，物境类要素也以融情为特点，能动地增强交际效果。如原本无知无觉的天地被融入人类的情感，并以一种强震撼力有效地促进了拒金的成功。

二、整体违反性

所谓整体违反性，是指四类要素原本就是一个有机联系的整体，在语言交际中，不可能违反某一类要素的要求而不违反另一类要素的要求。就是说，在语言交际中，只要违反了某一类语境要素的要求，往往就同时违反了整体语境的要求，进而可能影响交际效果，甚至导致语言交际的失败。

试举一例：

据民间传说，有一次，一个小太监与慈禧太后下象棋时，小太监出于提醒之意说了一句："老佛爷，我要吃您的马了。"结果老佛爷竟龙颜大怒，砍了小太监的脑袋。

小太监为了拍马屁，提前向慈禧表示了吃马的意图。然而，这一提醒却破坏了慈禧的心境（自己连马被吃的危险都未能事先发现），干扰了"主奴同乐"的情境，以致引发了"太后至高无上，不可抗逆"这一人境类要素的显现，于是小太监掉了脑袋。

从上述例子中还可以看到，语境的整体适应与整体违反多显现在语言交际的结局中，而在起始与发展阶段，则往往表现为对四类要素中某一类的未能适应。因此，语言交际中语境的应用调适应当是具体而有针对性的。

由此，只要我们能够注意，以理性思考的态度对待语境，我们就能更加能动地对待语境。即使是语境要素中处于主控地位的人境类要素，也是可以巧妙应对的。

第一节　怎样在语言交际中避免观点对抗

在语言交际中，人境类要素的主控性对于目标追求的实现有时会产生某种干扰和阻碍。这种干扰和阻碍一般表现在三个方面：一是说话人的人境类要素对心境的自我封闭。例如，巴尔扎克的小说《贝姨》中的贝姨，鲁迅先生的小说《故乡》中的成年闰土，他们在人际交往中对于心境都作了严密的自我封闭。二是说话人的人境类要素对交际情境的压抑，它多出现在交际对象之间有着长幼、尊卑等多方面差异时，人境类要素的显现会直接干扰交际情境融洽氛围的形成。三是人境类要素显现与人境类要素显现的对抗。这一点多表现在双方地位、身份等条件相当或相近之时，人境类要素的主控性要求会推动说话的人力求成为语言交际的主控方，使交际向有利于实现自己目标追求的方向发展。此时，双方的人境类要素同时显现，就难免会出现对抗。

综上所述，在语言交际中，为了更有效地实现目标要求，人们往往会让自己的人境类要素处于隐蔽状态，这种隐蔽通常以三种形式进行，一是弱化，二是旁置，三是取消。

一、人境类要素的弱化

所谓弱化，就是在语言交际中，面对交际双方或多方客观存在的人境类要素，有意识地持以漠视态度，明明存在却视作并不存在，以此逐步减弱其对语言交际顺利进行的干扰和阻隔，并最终实现自己的目标追求。需要指出的是，弱化往往是语言交际中一方有意为之的主动做法；

而对交际的另一方来说，则需要主动方坚持不懈地努力，才可望同样达到弱化的效果。

例1　《水浒全传》第二十八回至第三十一回中写到，武松帮助施恩夺回快活林后，不过一个多月，张都监即派人来请打虎英雄武松。因为张都监是施恩父亲老管营的上司，施恩只好同意武松前去。武松进了都监府，刚开始也是很警觉的，深知自己是个正在服刑的囚犯。但是，张都监似乎并不在意，对武松以"打虎英雄"相敬，整天酒肉款待，还安排他住在府内，进出自由，并表示要收他为亲随体己，而且武松每有要求都无不答应。武松也就认为自己遇上了一个好人，慢慢地，戒备之心也就松下来了。直至中秋节晚上，张都监又请武松参加内院鸳鸯楼的家宴，并安排武松同座同饮，席间又当场许诺，要将养女玉兰许配给武松为妻。天性刚直的武松怎么能预先猜中这一切竟全都是陷阱？结果，当天夜里，张都监后院有人叫嚷有贼，武松毫无提防，立即奔进后院捉贼，却被早已埋伏在那里的众人一拥而上，当作盗贼捆绑起来。随即，又有人从武松的衣箱中搜出早已偷放在内的赃物。至此，张都监摆出了一副"好心善待武松，却被武松所害"的义愤面孔，而武松此时只能心中叫苦却无可奈何。

故事中的张都监与武松本来并不相识，却能诱使武松毫无戒备地落入圈套。他在与武松的交际过程中，所采用的就是对武松的服刑囚犯身份置若罔闻的人境类要素的弱化调控技巧。

例2　美国小说家马克·吐温在其小说《哈克贝利·费恩历险记》中写到白人少年哈克贝利·费恩的一段历险故事。费恩由于不堪忍受酒鬼父亲的毒打，毅然离家出走，逃到了一个荒无人烟的小岛上，在那里遇到了也是出逃至此的黑奴吉姆。吉姆出逃的原因是反对奴隶买卖，希望能逃到不买卖黑奴的自由州去工作，等将来挣够了钱，再来"赎出自己的老婆和孩子"，让他们也过上自由的生活。他们两人虽然走到了一起，但是在费恩的心中，与吉姆的关系却一直受到人境类要素的干扰。这是因为他成长在一个实行奴隶制度的国家，身为白人，在很长的时间里，他总觉得自己帮助黑奴逃跑是一件大逆不道的事情，所以，在两人乘坐木筏顺着密西西比河逃亡的过程中，费恩心中不时升起一种想告发吉姆的念头。但是，吉姆的诚实忠厚、善良无私感动了他。费恩病了，吉姆对他悉心照顾；费恩遇险归来，他高兴得流下了眼泪。在密西西比河上漂流，轮流值班时，他常常超时值班，以便让费恩能多睡一会儿。费恩与吉姆的情感越来越融洽，最后，他撕掉了自己已写好的、准备上岸告发吉姆的信件。当吉姆被人偷偷卖掉后，他设法探知下落，不顾一

275

切地前去营救，最终救出了吉姆，并弄到了吉姆主人的遗嘱。按照遗嘱，吉姆成了自由人。费恩的人境类要素就这样被吉姆的诚实忠厚、善良无私一点一点地弱化了。

二、人境类要素的旁置

所谓旁置，就是在语言交际中对人境类要素有意识地搁置一旁，使得此人境类要素尽管存在但似乎已经消散，以减弱其对语言交际的干扰和阻隔。在语言交际中，旁置有两个方面的要求，一个是对交际对象，自己有意识地不再触及，使得对方认为已经不复存在；另一个则是对自己，出于时机尚未成熟等方面的原因，有意识地暂不考虑。

例3　勾践是春秋时期的越国国君。一次，吴国与越国交战而越国大败，为了实现复国的理想（人境类要素），勾践采纳了范蠡、文种之计，留下文种在国内，而自己由范蠡作陪，与妻子一道去吴国服侍吴王夫差。勾践夫妇在吴国期间，住在石洞里，为夫差驾车养马，言语谦卑恭顺，如此过了整整三年。有一次，夫差患病，勾践前去问候，竟口尝夫差的粪便，从其粪便的味道中分析其病状，使夫差深为感动，以至拒绝了伍子胥要求杀掉勾践的建议，赦免勾践夫妇回国。勾践回国后，不忘石室作囚之耻，一方面，搜集国内财物进贡于夫差；另一方面，卧薪尝胆，暗中修城郭，练兵马，增强"军事实力"，重耕织，倡孕育，发展经济实力，使越国日渐强大。勾践卧薪尝胆十五年，终于趁吴国与齐国交战之际向吴国宣战。其后吴国屡战屡败，至勾践二十一年，勾践围困夫差于姑胥之山，迫其自杀。

从语言交际的角度来看，勾践在大败之后，志在复国，却能在夫差身边为奴为囚三年，专心侍奉自己一心要杀掉的敌人，这是比较典型的将人境类要素旁置的表现。

例4　法国作家维克多·雨果的长篇小说《悲惨世界》中的主人公冉·阿让，出身贫穷，是个修剪树木的工人。一年冬天，他找不到工作，又不忍心看着姐姐一家忍饥挨饿，就偷了一块面包，结果被判了五年苦役。后来四次越狱，被加刑至十九年苦役。残酷的现实使他对社会充满了敌意。出狱后，在回家途中，他到处受歧视。因为有被释苦役犯的身份，他替人干活后工资被克扣，晚上连睡觉的地方都找不到。当他精疲力竭地找到米里哀主教家中时，主教收留了他，让他吃饱睡好，而且不收他的费用。然而，主教的真诚相待并没有融化冉·阿让对社会的仇恨情绪，睡到半夜，他悄悄离去，并偷走了主教家的银餐具，但他上路不久就受到了警察的怀疑。警察把他抓住后又送至主教家中对证。此

时，如果主教证实冉·阿让身上的餐具是从他家中偷去的，冉·阿让就将被判终身苦役。但是，米里哀主教却告诉警察，银餐具是他送给冉·阿让的，并且故意问冉·阿让，同时送给他的还有一对烛台，为什么不一起带走呢？这样一来，警察对冉·阿让就成了一次误抓，冉·阿让也就获得了自由。临离开主教家时，主教对他说："我的兄弟，您现在已经不是恶一方面的人了……我赎的是您的灵魂，我把它从黑暗的思想和自暴自弃的精神里面救出来，交还给了上帝。"米里哀主教为了挽救冉·阿让，运用的就是人境类要素的旁置技巧。这对于冉·阿让的弃恶从善产生了极大的推动力。

三、人境类要素的取消

所谓取消，就是在语言交际中，通过某种方式，使可能产生干扰和阻隔的人境类要素消失后再进行语言交际，进而实现目标追求。取消一般有两种，一为暂时取消，一为永久取消。暂时取消，包括说话人临时从语言交际的语境中撤出等言行表现；永久取消，则表现为一种改变，借助某种手段使得某种人境类要素不复存在。

例5　《红楼梦》中的贾母，是一个很聪明的老太太，她虽然位居"老祖宗"的地位，但在各种交际场合却从不摆出至尊至贵的架子，而是十分平易近人（人境类要素的弱化）。她不但不苛待丫鬟，而且对村妇刘姥姥认假亲戚视为认真亲戚（人境类要素的旁置），使得刘姥姥在大观园开心尽兴，满载而归。作为贾府的老长辈，诸多重要场合自然都需要她到场，然而她深知适时进退。在贾府的诸多欢宴中，她多适时称累退出，"使子辈们玩得畅快而无所顾忌"。如第八回中，凤姐请贾母看戏，"贾母虽年高，却极有兴"，应约前往，但也只是"至晌午，贾母便回来歇息了"。于是，对老祖宗礼节已经尽到了的王熙凤"坐了首席，尽欢至晚"。又如第三十八回中，一大家人齐聚吃螃蟹，贾母也在场，吃了一回，又一次及时退出，结果宝玉、宝钗、湘云等人重新摆起桌面，又是吃蟹又是作诗，连丫鬟婆子们也另聚一处，"只管随意吃喝"，大大地热闹了一回。又有第四十一回中，贾母陪着刘姥姥玩大观园，欣赏了一个又一个的笑语与热闹，但不久就又称累离去。于是，宝玉、湘云、鸳鸯等人立刻又自由自在起来，领着刘姥姥，让她到处出洋相，以至"众人笑得拍手打脚"。贾母在交际场合的适时退出，就是人境类要素的暂时取消。

例6　英国小说家夏洛蒂·勃朗特在其作品《简·爱》中，写到了人境类要素对简·爱与罗切斯特先生爱情的阻隔。简·爱从小失去父

母，寄居在孀居的舅母家中，受尽舅母和表兄、表姐的虐待，后来被送到劳渥德慈善学校读书，又备受"惩罚肉体以拯救灵魂"的折磨。但恶劣的环境不仅没有使她屈服，反而养成了她的反抗精神和要求平等的个性。她在罗切斯特先生庄园内任家庭教师的初期，即以其不卑不亢、自尊自爱的独特个性吸引了罗切斯特，而她自己也逐步了解到罗切斯特和她在内在气质方面有许多相似之处。于是两人相爱了，然而婚礼仪式被中断，因为她意外得知，罗切斯特早已结婚，而且由于罗切斯特的妻子是疯子，所以他不能提出离婚。这也就意味着，如果简·爱和罗切斯特在一起，依照法律她永远只能是他的情妇。于是她于婚礼的当夜毅然离去，历经坎坷，饱受磨难，最后又回到罗切斯特身边。此时罗切斯特先生的庄园已被疯女人烧毁，疯女人也已坠楼身亡，原先阻碍她与罗切斯特结合的人境类要素均已被取消，他们幸福地结合了。

第二节　怎样在语言交际中避免情绪对立

心境是说话人以其个性、气质为基础，在语言交际中所显现的特定心态。心境如何显现，直接影响着语言交际目标追求的成功与否。然而，在语言交际中，心境的开放是有条件限制的，心境开放得不足或开放过度，都会对语言交际效果产生负面影响。从总体上说，心境的开放要符合适度、得体、合理三项标准。

一、心境的开放要适度

在语言交际中，心境开放是一种总体要求。但开放与不开放，如何开放，开放到什么程度，既受到人境类要素的制约，也受到话题因素及语境、场合等多方面因素的制约。语言交际的实践告诉我们，能够保持心境类要素的适度开放，往往语言交际就易于取得成功；反之，尽管不至于导致语言交际失败，也会给语言交际的圆满成功增加难度或留下缺憾。

例1　《三国演义》中的关羽是一个心境收放有度的人。小说第二十五回至二十七回中写到，刘备兵败，关羽与其失散，经故友张辽相劝，同意暂且投降，但却提出了"降汉不降曹"的条件。按照此商定条件，关羽在曹操营中也可不时地显现这一心境，且不为曹操效力。但他进了曹营后却审时度势，适度封闭了心境。在曹操与袁绍交战时，他斩颜良，除文丑，立下了大功。此外，曹操送给他战袍、赤兔马，不管怎么说，他也都接受了。曹操为他三日小宴，五日大宴，他也没有拒绝。曹操表奏朝廷，封他为汉寿亭侯，他也接受了大印。直至得知刘备的确切消息后，他立即挂印封金，当面去向曹操告辞。曹操回避不见，他随即留下书信，袒露心境。至此，他才公开亮出当初"降汉不降曹"的条件，并以此为依据，护送着刘备的两位夫人，从大路而去。接着是过五关斩六将，千里走单骑，急盼与刘备会面的心境愈见明显。试想，如果他在不知刘备下落，屈居曹操身边时，时时处处都不看时机，不分场合地显现"降汉不降曹"的心境，拒不替曹操出力，曹操怎么能那样厚待于他？

例2　法国作家巴尔扎克在《高老头》等一系列小说中，成功地塑造了伏脱冷这一人物形象。他来自社会下层，在《高老头》中，他是苦役监逃犯，但同时又是三处苦役监囚犯银行的老板和经理，他有大批门徒，是黑社会的后台和领袖。后来，在《贝姨》等作品中，他进入了警界，成了公安处长、秘密警察厅厅长。他也算是个成功者，而在他得以成功的多方面原因中，有一点是至关重要的，那就是他有着很强的心理自控能力。在与他人的交往中，他那开放适度的心境，使得他不但能够事业兴旺发达，而且能够逢凶化吉。例如在《高老头》中，他当时还是被警察厅悬赏3 000法郎通缉的逃犯，隐藏在伏盖公寓中，不幸被另外两个房客米旭诺和波阿莱告发。由于他被捕后只要一送进监狱，很快就可以重新出来，所以警察与宪兵希望他在被捕时进行反抗，这样就可以当场将其击毙。小说中写到，当警察包围了伏盖公寓，宣布对伏脱冷逮捕的一刹那，伏脱冷因为发现被人出卖，"全身的血涌上他的脸，眼睛像野猫一般发亮。他使出一股犷野的力抖擞一下，大吼一声，把所有的房客吓得大叫"。然而，当他看见暗探们"一齐掏出手枪"，立刻就变了，"仿佛一口锅贮满了足以倒海翻江的水汽，一眨眼之间被一滴水化得无影无踪"，"好比火山的熔液与火舌突然之间窜了出来，又突然之间退了回去"。"他向那些宪兵点点头，把两只手伸了出来：'请在场的人作证，我没有抵抗。'"

在某种意义上，可以说，伏脱冷正是凭着这种惊人的心境自控力，获得了人生的成功。

二、心境的开放要得体

所谓得体，就是在语言交际中，说话人只能开放与自己的角色和身份相一致的心境。这一点在具体的实践中其实并不容易把握。正如前面所分析的，人们在语言交际中常常会有"交际角色"和"社会角色"

两者之间的矛盾冲突，从某一角度看到的"得体"，一转换角度就可能显得"不得体"。心境的开放得体所要求的，正是如何在诸如此类的矛盾中实现一种动态的有机统一。

例3 《红楼梦》中有个花袭人，她的语言交际水平其实是很高的。她以丫头的身份生活在大观园这样一个复杂的环境中，能够步步为营却谁都不得罪，她的这种交际成功在很大程度上得益于心境的开放得体。在该显稳重的时候她能显稳重，宝玉为在外面交朋友的事挨了贾政的打，她却在王夫人面前趁机告了园内的众姐妹们一状，连黛玉、宝钗都没有放过："如今二爷也大了，里头姑娘们也大了，况且林姑娘、宝姑娘……虽说是姐妹们，到底是男女之分……由不得叫人悬心。"这番话就大大讨得了王夫人的欢心。但在该显柔情时她又能大显柔情，早在向王夫人表示自己对宝玉的道德行为的关心之前，她就与宝玉发生了性关系，成了他的第一个性伙伴。而在该显谦卑时她又非常谦卑，她的"内定为宝玉之妾"的特殊身份，使得黛玉、宝钗这两位至尊至贵的小姐，有时都要通过她来与宝玉交往，但她却始终以仆人自居而不恃宠而骄。该服从时她又极显服从。查大观园时，她主动配合，"先出来打开了箱子并匣子，任其搜拣一番"。她那堪称完美的心境自控能力，使得她在大观园这个复杂的交际圈里获得了相当大的成功。

例4 英国戏剧家莎士比亚在其作品《威尼斯商人》中，成功地塑造了鲍西娅这一动人的女性形象。鲍西娅在语言交际中所表现出的心境开放得体，对观众和读者富有启迪。例如，她与巴散尼奥的婚姻虽然美满幸福，但实际上是有不稳定因素的，因为巴散尼奥虽然仪表堂堂，其实却是个欠了一屁股债的败家子。他之所以向安东尼奥借钱去向鲍西娅求婚，一个很重要的目的，就是得到她的巨款来还债。而鲍西娅之所以选中巴散尼奥，是因为按照父亲的遗嘱，她只能在应征的人中挑选，而巴散尼奥虽不是最理想的，却也能算是应征者中最好的。用在金、银、铅三匣子中选一的方式定亲，使得她对这种赌来的婚姻不能不存有戒心。但是，如果不看时机、不分场合地时时处处都显现戒心，这样的夫妻关系也是维持不下去的。法庭辩论获胜后，巴散尼奥没有认出律师是妻子改扮的，欲对其表示感谢，鲍西娅趁机索要巴散尼奥手上的戒指。这实际上是一场即兴的检验，因为巴散尼奥曾因戒指是爱情信物而发誓永不送给他人。巴散尼奥果然不愿给。虽然后来在安东尼奥的劝说下，巴散尼奥又去追鲍西娅，把戒指给了她，但应当说，在这场即兴检验中，他的表现已经"合格"。至于等巴散尼奥回到家中，换了衣装的鲍西娅再以妻子身份索要戒指，并乘机警告巴散尼奥不要当面一套、背后

一套，否则他就会"当上王八"，虽然不无恶作剧成分，其实也是以真情相告。鲍西娅以轻松的话语谈严肃的事，并且及时收场，转移话题，心境的开放就很得体。

三、心境的开放要合理

所谓合理，是指心境的开放不仅要合乎情理，还应合于事理。所谓情理，既包含着一般意义上的情理，也包含着交际对象之间独有的情感之理；所谓事理，则往往主要指合乎逻辑的一般事理。就心境的开放要合理而言，在某种意义上，事理的要求应当重于合于情理要求。

例5　《红楼梦》中，宝玉的母亲王夫人的贴身丫鬟金钏儿，因为被赶出大观园却又不愿离去而跳井身亡。如果说晴雯的遭遇是因为聪明美丽却身份卑下，心气甚高又过于外露，那么，金钏儿的遭遇则几乎可以说是纯属偶然，仅仅缘于一次心境开放的不得体。小说第三十回中写到，一天，王夫人正在睡午觉，金钏儿替她捶腿，宝玉突然来到，差不多纯粹是一时冲动地对她说："我明日和太太讨了你，咱们在一处吧？"她回答的话语竟是："你忙什么？'金簪儿掉在井里头——有你的只是有你的'，连这句俗语难道也不明白？"细读小说便可知，她的答话既有悖情理，又不合事理。首先，金钏儿与宝玉并无深厚的交往，凭宝玉的一贯行为，对她不可能一见钟情。然而，她回答的话在第三人听来，几乎等于说："你急什么，我人就在这里，迟早还不就是你的！"这样说，岂不有悖情理？其次，说此话时，她正在给王夫人捶腿，王夫人视宝玉如命，怎么能容一个小丫鬟当着自己的面与宝玉公然调情？这就又不合事理。正因为金钏儿在答话中的心境开放得不合理，王夫人把她撵出大观园了。

例6　法国作家福楼拜的作品《包法利夫人》中的主人公爱玛，出身于一个富裕农民的家庭，13岁时被父亲送入专门训练青年女子进入贵族社会的修道院学校接受教育。贵族式的教育和浪漫主义文学的影响，使得她对生活充满了不切实际的渴求。她与乡村医生包法利结婚，成了包法利夫人。不久，她就对生活与丈夫失望了，因为包法利医生不会游泳，不会比剑，不会开手枪。有一天，她看一部传奇小说，遇到一个骑马的术语，问他，他瞠目结舌，不知所对。而爱玛本人却又会画画，又会弹琴，相貌美丽且情感丰富。应当承认，包法利夫妇之间确实存在着较大的文化与气质的差异，包法利夫人对婚后生活的失望也是一种人之常情，但同时也必须看到，小说中，她刻意寻求浪漫情调的心境，就开放得不合理。她将自己与乡下地主罗道尔弗的偷情视为"巴黎

281

式的爱情"，而对方对她却只不过是一种玩弄，罗道尔弗抛弃她后，她又投向赖昂医生的怀抱去寻求浪漫，结果，一番放荡使她在经济上陷入了绝境。包法利夫人一心追求浪漫，把幻想与现实生活等同起来，最终走上了自杀身亡的不归之路。

第三节　怎样在语言交际中实现气氛和谐

情境贯穿语言交际的全过程，是人境类、心境类、物境类等诸类要素有机融合状态的具体显现，因人物、话题、场合的不同而形式各异，风格多变。总体上，情境类要素的调控与对策可以归纳为以下几类：

一、人境类要素同时显现的冲突与协调

语言交际的双方或多方，无不各有其人境类要素的构成。综合起来，可以分为相同（或相似）和相异（或对立）两大类。若彼此相异的人境类要素（例如观念不同）同时显现，便会导致冲突的发生；若彼此相同（或相似）的人境类要素同时显现，则又可能因由谁主控的问题而引发冲突。因而，一般情况下，语言交际的双方，往往会有一方（或双方同时）对自己的人境类要素采取弱化、旁置或取消的处理，否则，语言交际的成功难度将会大大增加。

例1　《水浒全传》第十二回中写到，杨志在开封街头卖刀，遇到泼皮牛二纠缠，不得不将其杀死。这是语言交际中双方人境类要素显现引发对抗的结果。杨志流落开封汴梁街头，穷困之际，欲将祖传宝刀卖掉，换钱应急。不料迎面碰上专在街上撒泼行凶的牛二，装作要买刀。杨志不识牛二，按其所求，当场展示刀的质量。先是一刀将二十枚垛起来的铜钱齐劈成两半，接着又接过牛二自拔的头发，照着刀口上一吹，将头发一齐断为两截。只是对第三点"杀人刀上无血"，杨志提出以狗代替，牛二偏要以人检验，双方便争执起来。牛二此时竟提出，要么杨志杀了他，要么把刀白送给他。杨志虽是个刚硬汉子，但是此时处境狼狈，实在不想多事。可是，牛二一贯横行街头，连官府都奈何他不得，既然缠上了杨志，盯上了他的宝刀，又怎肯自行离去？于是，他显现出泼皮无赖的本相（人境类要素），先是一头钻进杨志怀里，抢夺宝刀，接着又挥起右手一拳打来。此时，杨志那"眼里揉不进沙子"的本性发作了（人境类要素显现），一刀杀死牛二，到官府自首去了。

例2　在挪威剧作家易卜生的剧作《玩偶之家》中，娜拉与其丈夫

海尔茂曾有过八年美满的夫妻生活。海尔茂疼爱娜拉，成天"小松鼠"、"小鸟儿"地叫个不停；而娜拉也衷心爱着自己的丈夫。因为太爱自己的丈夫，所以早在几年前，海尔茂生了一场重病，急需去国外疗养时，娜拉走投无路，伪造父亲的签名借了债，全家得以去了意大利，把海尔茂的病医好了。回国后，她对海尔茂一直瞒着借债的事，独自俭省家用，又去干绣花、编织、抄写等各种工作，一点一点地攒钱还债。然而，在债务即将还清时，海尔茂因为想解雇手下一名职员，反被其以手中持有的、娜拉伪造签名的借据触犯法律相威胁。直到这时才了解真相的海尔茂并没有理解娜拉，反而认为她影响了自己的前途。他大骂娜拉是"伪君子、撒谎的人，不信宗教，不讲道德，没有责任心"。正当海尔茂大发雷霆，娜拉也心灰意冷，准备去投海自杀时，那名职员因故送还了借据，风波顿时平息。于是，海尔茂又重新称呼娜拉为"小鸽子"，并表示"已经饶恕您了"。娜拉此时感到，自己多年来与丈夫在家庭中的地位原本应当是平等的，人格上也应是互相尊重的，而海尔茂不过是把自己当作玩物。于是她坚持退还了戒指，离家出走了。走前她表示，要等到"在一块儿过日子真正像夫妻时再见"。我们可以看到，双方人境类要素显现之日，竟是八年"恩爱"夫妻分手之时。

二、人境类要素与心境显现的冲突与调控

当我们对具体的语言交际进行剖析时，常常可以看到，对情境氛围有着重要影响作用的人境类要素与心境类要素，二者在显现上存在着一种近似对立的关系，也就是说，在交际情境中，人境类要素越是显现，心境类要素就越是封闭；反之，人境类要素越是隐蔽，心境类要素就越是开放。这种对立关系又大致分为三个层次：人境类要素的必要显现与心境类要素的必要压抑，人境类要素的适度显现与心境类要素的适度调适，人境类要素的隐蔽与心境类要素的开放。这三个层次之间又有一种相同的关系，即情感与理智的对立统一。

例3　《水浒全传》中，梁山泊一百单八将的总头领宋江，有着浓厚的封建礼教思想和强烈的忠君思想（人境类要素），由于这种思想，他最终接受了招安，葬送了梁山泊的事业，自己也未能幸免于难。如果只从这方面来看，宋江不应该，也不可能成为深受梁山好汉拥戴的领袖。但是，宋江又有着为人仗义的另一面。他精明强干，不甘居人之下，想依靠自己脚踏实地的努力创造自己的幸福而理想难成，这就又使他不满社会的黑暗和贪官污吏的丑恶行径，使他尽管在主观上认为晁盖等人智取生辰纲的行为"于法度上却饶不得"，是犯下"弥天大罪"，但从内心深处，他又佩服这些江湖好汉敢于反抗的精神，愿意与他们结交，向他们提供帮助。正因为他肯为人排忧解难，仗义疏财，所以才深得人们的爱戴，并获得"及时雨"的美称。在小说中，他是个自我控制能力很强的人，他之所以上了梁山，是因为以囚犯之身在浔阳楼上吃醉了酒（即在人境类要素暂时失去对心境主控的情况下）题了一首"反诗"，结果被官府定成死罪。后来，梁山好汉劫了法场，他实在走投无路时才上了梁山。不难想象，如果不是酒醉题反诗（心境突破了人境类要素的主控而显现），宋江只怕是到老死也不会上梁山的。

例4　法国古典主义作家高乃依所著悲剧《熙德》中写到，古代西班牙卡斯提尔王国的老臣狄哀格之子罗德里克和另一老臣高迈斯之女施曼娜相爱。高迈斯因嫉妒狄哀格升任太子太傅，在争吵中打了狄哀格一记耳光。这样一来，狄哀格之子罗德里克就面临着维护家族荣誉（人境类要素）和个人爱情（心境类要素）的冲突和抉择。他经过了痛苦的思想斗争后，毅然决定压抑个人爱情，前去与高迈斯决斗，并杀死了他。结果，同样的冲突和抉择又落到了施曼娜身上。此时的施曼娜，一方面前往王宫，跪在国王脚下，哭诉着要求国王为自己报仇；另一方面，她又克制不住地向自己的奶妈倾诉："我到现在还没法恨他……我控诉一个罪行，我却爱着犯罪的人。""我要他的头，我又怕得到手，他死了我也活不了，而我又要惩罚他。"罗德里克随后在保卫国家的战斗中立了大功，成为熙德（意为民族英雄）。国王为了解决罗德里克的问题，决定安排他与另一个青年决斗，并劝施曼娜嫁给获胜者。施曼娜当即同意，因为她很清楚，另一个青年根本不是罗德里克的对手。后来，罗德里克战胜了对手，但点到即止，并没有伤害对手。施曼娜又一次面临着维护家族荣誉和个人爱情的冲突与抉择。此时，国王作出决断：国家的利益高于一切，罗德里克既已是民族英雄，对他的问题应宽容处理，他与施曼娜的婚礼定于一年后举行。而施曼娜则必须放弃为父复仇的要求，因为她的父亲是因为反对国王的决定而死亡的。在此剧中，人境类要素与心境类要素的关系最后得到了较好的调适。

三、人境类要素与情境显现的冲突与协调

语言交际的情境氛围，既由多类要素有机合成，又会受到人境类要素与心境类要素的多种结合关系的影响。同时，情境氛围又直接受到人境类因素，包括非交际参与者的人境类要素的影响，这就使得人境类要素与情境显现之间往往会形成或对立冲突或协调融洽的关系，这种"或对立冲突或协调融洽"的关系还同时有着多变的特点，需要及时把握，

随机应对。

例5　我国越剧经典作品《梁山伯与祝英台》中，祝英台归家不久，就被父亲做主许配给了马文才。梁山伯如约前来，见到女儿装扮的祝英台，欣喜难禁。而祝英台却是悲压心头，因为父母之命已将她心目中的爱情梦彻底粉碎。她之所以在已被许配给马家之后还能与梁山伯在楼台单独会面，并非其父母之命不够坚定，而是她父亲权衡利弊的结果。同意梁祝相会，目的是让他们将此事了断，以换取祝英台对与马家婚姻的更大顺从。从这一点来看，祝父的目的应当说完全达到了，祝英台终于坐上了马家前来迎娶的花轿。试想，如果不是马文才同样作了利弊权衡的考虑，同意坐在花轿上的祝英台去悲伤至死的梁山伯坟上哭祭，如果不是梁山伯的坟墓奇迹般地裂开，如果祝英台跳入时，能有人在旁边及时拉住，那么祝英台最后不是只能在父母之命（人境类要素）的主控下，服服帖帖地去当马家的媳妇了吗？

例6　英国小说家哈代在《德伯家的苔丝》中讲述了苔丝不幸的爱情悲剧。她是个美丽单纯的农村姑娘，为了帮助父母摆脱贫困，到一个暴发户德伯家认了亲戚，并给他家养鸡。后来她被主人诱奸怀孕后，离开了那里。孩子夭折后，她又去另一家牛奶场当挤奶工。在那里，她遇到了安玑·克莱，随后两人便相爱了。但是，苔丝的心中还有着往事留下的深深伤痕，她写信给克莱，坦白了自己的这段经历，但这封信克莱一直未收到。新婚之夜，苔丝下定决心要把这段历史如实告诉克莱，不料克莱却先请求苔丝饶恕。原来他以前曾因前途渺茫、诸事不顺，跟一个素不相识的女人过了两天的放荡生活。听了克莱的话，苔丝如释重负，不等克莱说完，就紧紧抱住了他。然而，听了苔丝的陈述，克莱却立刻变了脸："不要说了，苔丝，身份不一样，道德观念不同，哪能一概而论，我只好说你是个乡下人。"苔丝跪在他的脚下求他："你也像我饶恕你那样，饶恕我了吧！我饶恕你了，安玑。"虽然如此，安玑·克莱与苔丝还是在新婚之夜分了手。本来应当十分融洽、欢乐的新婚之夜就这么不欢而散了。其中的原因并不是苔丝在语言交际方面有什么不当之处，而是安玑·克莱脑中有着"女人绝不可以婚前失身"的人境类要素的显现。

四、双方心境显现的冲突与协调

在语言交际中，伴随着话语交流，双方的心境一般都会逐步显现，并希望能获得对方对自己心境要求的适应。然而，立场、态度、情感、理解等多方面存在的差异性，常常会使双方心境的显现发生冲突：有时是一方得到适应的满足而另一方未能得到，有时可能是双方均未得到，这时就需要加以协调。这个任务有时在内部即可完成，但有时还得借助外部条件。

例7 《红楼梦》第三十回中，宝玉在外面淋了雨，浑身湿透奔回怡红院。偏巧袭人等人正在笑闹没有听见，等到听见敲门声忙去开门时，宝玉早已憋了一肚子气。听得门响，也不看人，一脚就踹在了来开门的袭人身上，袭人当晚就吐了血。宝玉见状，不由得心中后悔难当。袭人一见，赶紧破涕为笑，忙说自己没有什么，以宽慰宝玉。这个情况就属于受伤害方（地位低的）向伤害方（地位高的）主动作出的心境调适。紧随其后，在第三十一回中，晴雯失手跌断了扇子骨，被宝玉训斥："蠢才！蠢才！"晴雯受不得委屈，反唇相讥，直把宝玉气得浑身乱颤。可是风波过后不一会儿，宝玉气消了，又转过来与晴雯好说好笑，向她赔起笑脸，见晴雯气似仍未消，又将手中的扇子递给她，让她撕，并连声说："响的好，再撕响些！"又从恰好经过的丫鬟手中夺过扇子让她撕，终于逗得晴雯大笑，说自己已经累了，不想再撕了，事情才算了结。这一过程又表现为，无过错方（主子身份）向有过错方（奴才身份）主动作出的心境调适。

例8 法国剧作家莫里哀在《伪君子》中写到，伪君子答尔丢夫以种种欺骗手段蒙骗了奥尔贡，奥尔贡在给他种种厚遇之外，还将自己的女儿玛丽亚娜许配给他。消息传出，先在玛丽亚娜与其未婚夫法赖尔之间引起了风波。法赖尔听说此事赶紧前来询问，并酸溜溜地建议，玛丽亚娜应当嫁给答尔丢夫，想以此作为试探。不料玛丽亚娜一听，赌气地说："好吧！你的劝告我接受就是。"双方的话语顿时变得刻薄起来。偏偏法赖尔还不肯改口，说："可是我恼了起来呀，就兴许赶在你前头另找一位，我晓得到什么地方去找的。"玛丽亚娜更是反唇相讥："啊！我相信找得到，像你这种人品，不愁恋爱……"正当两人越说越僵的时候，奥尔贡家的女仆桃丽娜站了出来，把两个都已作出要走开的动作却实际上都不愿离去的有情人硬是拖回到一起，把两个人的手又握在了一起。如果没有她，这一对恋人的婚姻可能真的就要出现危机了。桃丽娜这一外部因素的干预调适，很快就转变了情境氛围。玛丽亚娜不一会儿就对法赖尔表白道："要我嫁，我就嫁给你。"法赖尔则幸福之极、兴奋之极地说："什么也比不上这话叫我开心！哪怕天塌下来……"

第四节　怎样在语言交际中实现情境交融

物境类要素的调控与对策，主要表现在说话人如何利用物境的能动促进作用，强化语言交际效果，促进目标追求的实现。对物境类要素进行分析可知，融情性是其基本属性，可改造性是其外在特点，而能动促进性是其功能显现。

在语言交际中，物境的这三个特点根据目标追求、话题内容、交际双方人际关系的不同情况，从三个方面加以综合显现，其具体表现为：要能有助于淡化人境类要素，要能有助于开放双方心境，要能有助于融洽情境氛围。

一、理想的物境要能有助于淡化人境类要素

人境类要素的主控性质一旦显现，常常会对语言交际及其目标追求产生某种干扰作用。而在语言交际过程中，人境类要素无论是处在显现状态，还是隐蔽状态，都表现为一种客观存在，因而，为了确保语言交际的成功，人们就要优选或改造物境。而理想的物境则要能有助于淡化人境类要素。

例1　《水浒全传》中，宋朝皇帝对梁山好汉共进行过三次招安，前两次均因故而夭折。在此过程中，朝廷的武力征讨损兵折将，屡战屡败，朝廷与梁山好汉之间，已经愈来愈明显地出现了对立。此时，宋江等人焦心的是如何绕开皇帝身边奸臣的阻挠，直接将自己盼望能被早日招安的心情使皇帝知晓。第八十一回中，浪子燕青提出了通过京城名妓李师师与皇帝搭桥的计策。燕青与京城名妓李师师有过交往，而李师师又是"天子心爱的人"，皇帝还特地挖了地道，以便能与其幽会。燕青获允前去办理此事。到了京城以后，燕青以金银财宝开路，买通了妓馆上下人等，住在妓馆里等待时机。终于，李师师以表兄妹关系将他引见给皇帝。燕青先给皇帝吹唱淫曲，逗得皇帝高兴之后，才逐步转入正题，使皇帝明白了梁山好汉们以"忠义"为名，替天行道，不扰官府，不害良民，且盼望早受招安，为国出力的心情。燕青又说明了奸臣从中作梗，隐瞒实情，以致前两次招安均未能成功的实情，致使皇帝知道自己受了蒙蔽，而"嗟叹不已"。燕青此行，不仅说服了皇帝，推动了第三次招安的迅速实现，还借李师师之力讨得了皇帝亲笔御书，认定其无罪，各级官府均不许拿问的赦免权。

287

例2 文艺复兴时期的英国戏剧大师莎士比亚在悲剧《哈姆雷特》中，写到了王子哈姆雷特为被害父王复仇的故事。哈姆雷特从鬼魂口中得知，父亲老王是被叔父新王所害，且鬼魂又嘱咐他为其复仇。他感到鬼魂所言不能不信，又不能全信，而且新王势力强大，一时也难以复仇，于是，他决定装疯，借此伪装验证鬼魂所言的虚实，等待时机。此时，双方开始互相试探，且不约而同地选择了有助于淡化人境类要素的物境。哈姆雷特借戏班子来宫中演戏的机会，叫他们演一场"捕鼠机"的戏剧，剧中再现了鬼魂告诉他的老王被害过程，他则在旁边观察新王的反应。因为看戏时，人们的戒备心理比较淡漠，哈姆雷特有可能从新王的下意识反应中获得真情。果然，当演到老王被害的具体过程时，新王坐立不安，中途退席。鬼魂所言得到了证实。而新王这边也在验证哈姆雷特究竟是真疯还是假疯。新王安排的是母子谈话。因为与王后母亲谈话，应是王子戒备心理最为淡漠之时，这样可以从言语中分析出实情。新王在哈姆雷特母子谈话时，让御前大臣波隆涅斯在帷幕后面偷听。但是，因为鬼魂单独向哈姆雷特显现，致使哈姆雷特说话怪异，吓得王后尖叫，连躲在帷幕后面的波隆涅斯也跟着高呼"救命"，哈姆雷特以为是新王躲在后面，一剑刺去，波隆涅斯毙命。这场安排虽然结局意外，但是，新王安排让母子对话的物境，还是比较合理的。

二、理想的物境要能有助于开放心境

由于心境的开放与人境类要素的显现之间具有一种对立性质，凡有助于开放心境的物境，往往就同时有助于淡化人境类要素。因此，此项要求与上一项要求之间就具有了一定的内在联系，也就是说，有利于淡化人境类要素的物境，常常也有利于说话人开放心境。同时还应当看到，对于不利于开放心境的物境，则需要改造或改换，以使新的物境能够有助于开放心境。

例3 《红楼梦》第七十七回写到，晴雯在蒙受着冤屈被赶出大观园后，病倒在其兄嫂家中，临死之前与宝玉有非常有利于过一次会面。这次会面虽然凄惨，但从语言交际角度来看，其物境却非常有利于开放心境。回想过去在大观园中，主尊婢贱（人境类要素）的强烈主控，使得晴雯无论多么痴情大胆，都绝不敢向宝玉敞开心境。然而此时此地，卧病在床且离死已不远了的晴雯，已不再有任何顾忌，心境完全敞开了。小说中写到，晴雯一见宝玉到来，"又惊又喜，又悲又痛，一把死攥住他的手，哽咽了半天，方说出半句话来：'我只道不得见你了。'"接着晴雯就开始哭诉："我虽生得比别人好些，并没有私情勾引你，怎么一口死咬定了我是个'狐狸精'！我今儿既担了虚名，而且临死，不是我说一句后悔的话：早知如此，我当日……"接着，晴雯又伸手取了剪刀，将左手上两根葱管一般的指甲齐根铰下，又伸手向被内将贴身穿着的一件旧红绫袄脱下，并指甲都与宝玉道："这个你收了，以后就如见了我一般，快把你的袄儿脱下来我穿，我将来在棺材内独自躺着，也就像还在怡红院一样了。"宝玉听完，忙宽衣换上，藏了指甲。晴雯又哭道："回去他们看见了要问，不必撒谎，就说是我的。既担了虚名，索性如此，也不过这样了。"不难想象，将此场面移到大观园内，晴雯即使同样也是死到临头，也绝说不出这番话来。

例4 法国作家巴尔扎克在《高老头》中，塑造了高里奥这一父亲的典型形象。高老头原是个富有的面条商，他用自己积累的全部财富，将两个女儿送进了上流社会，但自己的生活却一年不如一年，最后只能住在贫民窟般的伏盖公寓里。两个女儿的家也对他关上了大门，以致他空怀一腔对女儿的钟爱之情，想见到女儿都很困难。然而，当他发现和他同住在伏盖公寓中的青年拉斯蒂涅是小女儿但裴纳（银行家纽沁根的太太）的情人后，立刻动用自己的最后积蓄为穷光蛋拉斯蒂涅买了一所房子，作为他与但裴纳的幽会场所。而高老头则坦言，自己的这一做法也"自私得很"。当高老头、拉斯蒂涅与但裴纳第一次进入这所新居时，"整个黄昏大家像小孩儿一样闹着玩儿，高老头的疯癫也不亚于他们俩。他躺在女儿脚下，亲她的脚，老半天盯着她的眼睛，把脑袋在她衣衫上厮磨，总之他像一个极年轻、极温柔的情人一样疯魔"。当但裴纳被高老头的这一安排所感动，扑在他的怀里泪流满面地吻着他时，高老头首先感到的，是在此物境中心境开放的满足："噢！孩子们，噢，小但裴纳，你叫我快活死了！我的心胀破了！"不难想象，不论是在伏盖公寓，还是在银行家的府邸，还是在别的什么地方，高老头的心境都不可能如此开放！

三、理想的物境要能有助于调适情境

此项要求既是上述两项要求的综合，又是该两项要求的自然延伸。具体的情境调适既要有助于一方或双方心境的开放，同时又要有助于淡化双方的人境类要素。不仅如此，理想的物境还要有助于说话人以不变应万变地进行调适，以在人境类要素的显现度与心境开放度之间找到一个最佳契合点。

例5 《三国演义》第四十五回中写了"群英会蒋干中计"：赤壁大战开战前夕，曹操帐下幕宾蒋干自告奋勇前去东吴劝降周瑜，而周瑜却巧布物境使蒋干中计而返。当时,蒋干一到,周瑜就故意说蒋干是来为曹操当说客的,迫使蒋干辩解自己只来叙旧。周瑜则顺水推舟,请部将陪同,设宴招待,并设一监酒官,事先说明:"今日宴饭,但叙朋友交情,如有提起曹操与东吴军旅之事者,即斩之。"借助监酒官这一物境类要素,周瑜将与蒋干语言交际的主动权牢牢地主控在自己手中。随后,周瑜又以故友相会为由开怀畅饮。直至天晚,周瑜喝得大醉,又拉着蒋干在军帐(物境)内共寝。周瑜呕吐狼藉,昏睡不醒,引起了蒋干趁机探取军事秘密之心。桌上放着的是事先伪造好的一堆书信,其中有一封,恰是已被曹操收降的水军都督蔡瑁、张玧所写。这还不算,至四更天,又有事先安排好的人进来叫醒周瑜,将其唤至军帐之外秘密谈话,并让蒋干只能偷听到蔡、张二人的名字,却听不到具体内容。军帐的物境,环环相扣地预设情境,使得蒋干对桌上那封伪造的信件深信不疑。他揣入怀中,溜出军营,回到江北向曹操报告。曹操马上将蔡瑁、张玧处死。等到曹操意识到自己中了计时,蔡、张已经人头落地,让周瑜担心的这两个水军都督终于命归西天。

例6 法国作家都德在其作品《柏林之围》中,写到一位八十岁的老军人儒弗上校。他无比热爱法国,当他从报纸上得知法国吃了败仗的消息时,中风倒地。然而,这位整整三天不省人事的老人,却因为一个被错传的"法国打了大胜仗,俘虏两万普鲁士人"的消息,恢复了神志。当他的孙女儿获知了战况的实情之后,为了保住老祖父的性命和健康,决定把谎言维持下去。从这一天开始,她就不断地向爷爷报告法国军队获胜的消息。为了使自己的谎言能像是真的,她甚至弄来一张德国地图,把一些代表法国军队的小红旗在上面插来插去,以证实法军一场接着一场的胜利,这些胜利还必须努力与老人对战况的预测相吻合。而实际上,普鲁士人正在一天一天地逼近巴黎,谎言一直持续到普鲁士人对巴黎的包围之日。普鲁士人第二天就要攻入巴黎,老人却根据谎言认为第二天进城的将是凯旋的法国军队。为此,他居然穿上了他当年的军装,戴上了钢盔,佩带了军刀,准备向法国军队致敬。当老人硬撑着走上阳台,看见下面走着的竟是普鲁士军队时,高声叫道:"快拿武器!"立刻倒地身亡。小说中的这位可敬的孙女儿,借助一个与外界切断消息的房间(物境),同时借助德国地图、小红旗等物境类要素的调适,尽可能地延长了老人的生命。

第十四章 汉语交际中的用语差异与用语冲突
——汉语交际文化层面把握之三

所谓交际，是由说话人将需要与对方交流的话语信息，借助使用语言文字的应用规则，进行信息编码，同时借助发声器官，直接将声音符号作用于对方的听觉器官，再由对方按照自己的理解方式，对此音符系列进行"辨析破译"，随后作出如何处理与回应的判断。成功的汉语交际，要求"说"、"听"双方在"信息理解"过程中务必保持全方位的"同一性"，因而，在从"信息发送"到"信息接收"的全过程中，只要"说"、"听"双方在某一环节上出现了"不同一性"，用语差异就随即发生。

第一节 交际用语差异与用语冲突的理论界定

何谓用语差异？

笔者不揣浅薄，勉为其难，试作如下界定：

所谓用语差异，是指人们在交际中，因为各自的用语习惯不一致而引发的、影响交际目标追求的种种现象。

在汉语交际过程中，用语差异是一个较为普遍的客观存在，只是，当交际双方（或其中一方），或是对用语差异持理解、回避态度，或是将差异点淡化、隐蔽，或是用语差异本身不足以干扰交际的进行，此时，用语差异对语言交际的影响就可以忽略不计。

然而，当交际双方（或其中一方）对用语差异不能理解、未能回避，或是没能将差异点淡化、隐蔽时，这些差异就可能转化并发展成为冲突。也就是说，用语冲突的发生缘于用语差异，但用语差异的存在并不必然导致用语冲突。

何谓用语冲突？

所谓用语冲突，是指人们在交际中，各自坚持自己的用语习惯而引发的背离交际目标追求的种种现象。

由于用语差异是用语冲突的发生根源，因而把握了用语差异，也就把握了引发或消解用语冲突的关键。

第二节　导致交际用语差异的原因与分类把握

产生用语差异的根本原因是多方面的，其中最为重要的原因，是来自交际双方（或多方）的文化背景差异。

用语差异从地域角度来分析，可分为同域用语差异与异域用语差异。

所谓同域用语差异，是指在同一国家、同一民族内部，因方言不同等原因所引发的用语差异；所谓异域用语差异，是指由来自不同国家、不同民族的人，在同一语言交际过程中，因各自使用语言的不同等原因而引发的用语差异。

用语差异从"说"、"听"双方的实际情况与条件不同的角度来理解，又可分为外部差异与内部差异。所谓外部差异，是指差异虽然发生在"说"、"听"双方之间，但却不限于只发生在双方之间，具有一定的社会普遍性；所谓内部差异，是指差异只发生在"说"、"听"双方之间，因而往往较少或不具有社会普遍性。外部差异诸如：音义差异、文明差异、习俗差异、礼仪差异、观念差异等；内部差异诸如：目标（追求）差异、个性差异、气质差异、文化差异、情感差异等。

一、汉语交际中的用语外部差异

汉语交际中的用语外部差异，主要是通过交际双方使用语言种类的音义差异、文明差异、习俗差异、礼仪差异、观念差异等诸方面的原因而显现的。

（一）音义差异

所谓音义差异，是指用语中的同音不同义或同义不同音两大类现象。

一般来说音义差异，较多地出现在同域差异上。例如，我国是一个拥有多种方言的国家，在国家正式划定的八大方言区内，其实还存在着多种小方言区，这些都是用语出现音义差异的根源。

同义不同音主要表现在方言与普通话（汉民族共同语）的差异上，如果使用不当，则会引发用语冲突。

据报载，某市长在第一次向某市人民代表大会作报告时，说道："我要自觉接受人大监督。"但是，他那难以改变的粤语发音习惯说出的"普通话"则是："我要拒绝接受人大监督。"

又据报载，某领导向中央汇报工作时，曾说："某地的改革开放，一是靠警察，二是靠妓女。"一时，听者愕然，后来才总算弄明白了，原来他的本意是要说："某地的改革开放，一是靠政策，二是靠机遇。"他自己觉得说的明明是"政策、机遇"，而听的人却理解为"警察、妓女"，其原因在于说话人使用的是某地方音，而听话人却是用普通话的语音体系来理解，以致出现音义差异。

上述两例从用语角度来考察，应归入同地域语言（汉民族语言）中，方言同义不同音所引发的用语差异。同音不同义的差异在同域用语中也很常见。例如，"爹爹"一词，在安徽省南部为祖父之意，在安徽省北部则为父亲之意（同音不同义），一省之内差别就如此之大，推至全国就可想而知了。又如在中国（尤其是农村），开口称"大哥"，给人的感觉是很朴实、亲切的，但是在山东的某些地方，由于武松与武大郎的故事的影响，人们忌讳被称为"大哥"，而乐于被称为"二哥"。但是在安徽南部的某些城市里，"二哥"又成了贬称，与"乡巴佬"等意。据笔者调查，此贬称源头出自"文革"中"工人阶级老大哥"一语，按"工农兵"排列顺序，"农"居老二，故称"二哥"，此语至今仍有一定生命力，仍存在于当地的社交语言之中。

音义差异在异域差异中虽然较为罕见，但也不是没有。即以见面的"招呼语"而言，英语口语中有"Hi"，中文口语中有"嗨"。两者之间存在着同音不同义的现象。以英语用语而言，"Hi"既有打招呼，唤起注意之意，也有问候之意，有时相当于汉语中的"你好"之类。但是，"嗨"在汉语口语中的用语，不仅绝无问候之意，即使在唤起对方注意时，也显然含有鄙视、贬称的成分。例如，某单位守夜人员夜间巡视，发现黑暗角落处有一人影，远远地就会吆喝一声："嗨，干什么的？"其"嗨"的用语就绝无英语中同音词"Hi"的问候之意。

（二）文明差异

文明差异在同域用语差异中，往往表现为说话人之间各自文明水平的差异，或可称为"文明级别差异"。总体上表现为，说话人文化水平越高，其用语中粗鄙的用词就越少；反之，说话人文化水平越低，其用语中粗鄙的用词就越多。即以对妻子的称谓而言，粗鄙类的用词就有：

293

屋里的、做饭的、孩儿他妈、堂客、老娘们儿……此类用词往往多出自文明级别较低的所谓"大老粗"之口。而"妻子、爱人、太太、夫人"等较为儒雅的用词，往往多出自文明级别较高的所谓"文化人"之口。两者相比，粗鄙类的用词往往是从被称呼人的职能与地位方面来确定的（如做饭的、孩儿他妈等），其词义内含的情感显现成分较少；反之，儒雅类的用词往往是从双方的情感度和向对方表示敬意的角度来确定的（如爱人、夫人等）。

文明差异在异域用语中，往往表现为说话人双方所受的不同体系的文化传统影响的差异，或可称之为"文明体系差异"。例如中国人在人称用词上常常很注意"满足显示心理"。一是显示自己的或对方的身份地位，例如对对方以其职务官衔相称；二是显示与对方的伦理亲情。显示伦理亲情，是中国传统文化中，注意"长幼有序"观念的体现。即使在非家庭亲缘关系中的人际交往，如邻里之间，甚至在同一火车车厢的不相识的乘客之间，人们也会自己使用，或引导自己的孩子对交际对象使用能显示伦理亲情的称呼（如叔叔、阿姨、爷爷、奶奶、大哥、大姐等）。但是，在与使用英语的外族人交往时，这种人称用词就显现出一定的差异性，如不注意，就可能引发用语冲突。这一点，在何自然先生编著的《语用学概论》中有专门的介绍。书中写到，操汉语的人"对陌生的男人称为'老伯'、'叔叔'，对陌生的女人称为'阿姨'；甚至称为'解放军叔叔'、'护士阿姨'等，也是常听到的。这些称谓习惯一旦套用到英语，就会出现用语上的失误。什么'PLA Uncle'、'Aunt nurse'就可能会使操英语的外族人感到莫名其妙"。

《语用学概论》中还写道："我们有一位留学生，初到国外，当他对房东老太太称呼为'奶奶'时，就曾被对方明确拒绝，她宁愿那位留学生直接称呼她的名字（凯茜）。"反之，英语中的这种人称用词习惯，如果直接引用到汉语中，同样也可能引发用语冲突。例如，一个读初中的男孩，如果与其邻居家的老太太在家门口相遇，不称呼其"奶奶"，而直呼其名"秀英"、"桂兰"，老太太将会出现什么样的反应！而此类用语差异就属于"文明体系差异"。

（三）习俗差异

习俗差异在同域用语差异中也不罕见，尤其是在中国这个多民族的国家，不仅不同民族因习俗差异会出现用语差异，即使是同一民族也会因习俗差异而出现用语差异，即俗话所说的"百里不同风，十里不同俗"。这种差异主要表现为生活习俗差异。在用语中则又主要表现为"吉利语"与"禁忌语"两部分。当不同的习俗用语出现在同一交际语

境中时，如果使用不当，则可能因其用语差异而导致用语冲突。例如，同为迎接客人来访，主人同为站在房间门口盛情相邀："请进，屋里坐！"南北方就有不同的习俗。如果是在中国的北方，尤其是在农村，因为炕在日常生活中，不仅是卧床，同时还是接待客人的地方，因而，进屋后请客上炕是待客之礼。而在中国南方，例如在上海，客人被迎进房间后，多是被留在客厅，即使因住房拥挤，客厅同时就是主人卧房，客人一般也不宜坐到床上。即使主人邀你坐到床上，也应尽可能地以少占面积为佳。而在同域习俗差异中，更多的差异还可能是缘于传统的生产方式而产生的用语差异。再如，在我国山东沿海的一些渔村，不仅忌用"翻""沉"之类的词，甚至在岸上也不能用。更有甚者，当地学校的老师上课时叫学生翻书，也得改口说："把（上一页）书划过去。"①而在四川一些盛产竹笋的山区，采笋人则忌说"挂"字，而且，也不能把弯刀、蓑衣等挂起来，以免被枝杈挂住而跌伤。在东北，进长白山打猎、挖人参的人，见面只以"快当"相呼，以祝贺打挖人参快捷顺当。

习俗差异在异域用语中的表现，则主要见于生活习俗方面。例如，中国人见面打招呼，常会说："上哪去？""下班了？"其语言交际功能大概相当于英语的"How are you"，或者只相当于"Hi"。可是，如果在语言交际中没有注意到这种差异，将汉语的生活习俗中的招呼语以直译的方式用于英语交际，就难免会因其异域用语差异而导致用语冲突。这一点，在何自然先生编著的《语用学概论》中，均有很好的例证。例如，"一位来中国不久的留学生听到这类话语，就曾经因误解而不高兴地埋怨说：'你们为什么老问我吃了没有？我有钱。'他以为人们大概是怕他钱不够花才这样问他的"。"在汉语的道别话语中，人们除了说一声'再见！''一路顺风！'之类的话语外，很多时候会向对方说'慢走！''走好！'等表示关切、友好的话……特别是主人说的'慢走！'如用英语说出来更使操英语的听了感到困惑：为什么要慢走？快走就不礼貌吗？"② 但是，英语用语中如果以直译的方式进入汉语，也同样会有"差异引发冲突"的情况出现。例如，在交际场合，使用英语的人可以公开夸赞某女性（如朋友之妻）的美貌（beautiful）和性感（sexy），但同样的话语如果直译成汉语并当众用于交际，则难免会遭到对方的反感，甚至认为说话人道德水平太低。

---

① 岳桓兴. 中国民俗采英录. 长沙：湖南文艺出版社，1987. 127.

② 何自然. 语用学概论. 长沙：湖南教育出版社，1988. 217.

（四）礼仪差异

礼仪差异在同域用语差异中，主要表现在交际双方的社会地位、文化水平、文明素质等方面的用语显现不一致。

以中国而论，素称"礼仪之邦"的泱泱大国，曾拥有世界上任何民族都无法相比的完整有序的礼仪系统，这个系统不仅是中华文明的有机组成部分，还是保障社会秩序、调解人际关系的润滑剂。在这个礼仪系统的内部，又以人们的社会地位、资历和权势而分别遵从不同的礼仪程序与礼仪用语，使其上下有序、各就其位。《红楼梦》第十八回中写到，元妃获皇上恩准，于正月十五日回贾府省亲，小说中详细地描写了省亲程序，伴随着这种严格的礼仪程序，其用语也有了明确的形式。例如，元妃的父亲贾政只能站在室外隔帘向元妃问安，并且只能自称为"臣"。而平素无法无天的贾宝玉，此时也不得入内，直至元妃命太监引进宝玉，姐弟才得相拥而见。同样还是在《红楼梦》中，刘姥姥在大观园中之所以无规无矩、信口开河却能大受欢迎，主要是因为其用语的粗俗给大观园内的主人们带来了一种新鲜的刺激感。但这毕竟只能偶尔为之，以大观园内的礼仪之严格，是绝对不容她经常如此的。

礼仪差异在异域用语差异中，主要表现为交际参与者因其各自所受的文化传统等方面影响不同而表现出礼仪用语的差异。以中国与西方国家的礼仪用语相对比，就不难看到这种明显的差异性。例如，中国人在宴请宾客时的"劝食"，常常会使西方来客百思不得其解，主人在宴席上一而再、再而三地请客人多吃，甚至不征求同意就亲自将菜肴夹到客人的碗里。我们习惯上将其看作主人好客的表现，可是在外国客人的心目中，中国主人的这种宴客方式简直就是在强迫客人进食。

（五）观念差异

观念差异在同域用语差异中，主要表现在政治观念差异、信仰观念差异、伦理观念差异等诸多方面。

政治观念差异，主要表现在交际双方的政治态度的对立与对抗方面。这一点在自人类进入阶级社会以来的发展史中早已作了充分证明。由于双方政治立场的对立，一方认为是好的、进步的、理想的、应该追求的，而另一方则可能认为是坏的、反动的、虚幻的、应该抛弃的。由此，观念差异直接导致双方在语言交际中的用语差异。

信仰观念差异与政治观念差异有诸多相同、相似之处但又不完全等同。其中，宗教观念差异可以看作信仰观念差异的鲜明代表。此类差异所引发的用语冲突，最严重的往往伴随着很残酷的生死斗争。例如，欧洲中世纪的基督教会对异教徒的惩治，布鲁诺被焚于罗马百花广场等，

就都是很典型的例子。

　　伦理观念差异，更多地表现为一种"代沟"式的差异，这一点，在中国这样由传统的宗法制社会向现代化社会过渡的过程中，有着突出的表现。例如，传统的伦理观念认为，"父母在，不远游"，子女应当以在家"孝敬父母"为自己的第一天职，但年轻一代更渴望投身于社会，在大千世界里作一番闯荡，以实现自己的人生价值。再如，传统的伦理观念认为，女性应当"嫁鸡随鸡，嫁狗随狗"，而现代女性更倾心追求的是实现自身的价值，争取人格独立。

　　当然，如果只从汉语交际的角度来分析，观念差异所引发的用语冲突，也并不是时时都会伴随着残酷的生死斗争，尤其是中国在其现代化进程中，伴随着法制体系的建立与完善，即使是观念差异所引发的用语冲突，也将只会越来越表现为"用语冲突"，而不会伴随着其他的后遗症。但是，相比之下，因观念差异而导致的用语冲突仍将是最激烈的。

　　观念差异在异域用语差异中主要表现为价值观念的差异。人们生活在不同的文化环境中，形成了不同的价值观念，这些不同的价值观念很自然会显现出观念差异。当然，价值观念在这里是一个内涵极为丰富的，或者说是一个可称之为"全方位"的系统化观念。具体而言，观念差异可分解为：道德观念差异，例如东西方在"义"与"利"的价值取向方面所表现的差异；教育观念差异，例如东西方在教育功能、师生关系等方面的价值取向上所表现出的差异；家庭观念差异，例如东西方在夫妻、长幼关系等方面的价值取向上所表现出的差异；择业观念差异，例如东西方在择业标准、雇主与雇员关系等方面的价值取向上所表现出的差异等。

　　需要指出的是，在汉语交际中，因为"观念"（多属于语境诸类要素中的人境类要素）具有稳定性与主控性等特点，所以，此类差异所引发的用语冲突，往往也是最难以化解的。与此同时还应当看到，在诸种用语差异中，除音义差异外，其他诸如文化差异、习俗差异、礼仪差异等，往往都会伴随着稳定表现的时间的延长而形成种种"观念"，并因此而具有了"观念差异"的性质，在用语中引发冲突。

二、汉语交际中的用语内部差异

　　汉语交际中的用语内部差异，主要是通过交际双方个人目标追求差异、个性差异、气质差异、文化差异、情感差异等诸方面的原因而显现的。

（一）目标追求差异

一般来说，语言交际总是有所追求的，但是由于交际双方（或多方）观点立场的不同、利害关系的不同，常常表现出对交际话题目标追求的差异。

我国古典小说《三国演义》中，有一场"诸葛亮舌战群儒"的论战。当时，诸葛亮虽然力挫主张投降曹操的群儒，但并未真正打动深受群儒影响的孙权。幸得鲁肃借孙权上厕所之机，跟上孙权，向其点明了群儒与孙权本人在目标追求上的差异："适才众人所言，深误将军。众人皆可降曹操，惟将军不可降曹操……如肃等降曹，当以肃还乡党，累官故不失州郡也；将军降曹，欲安所归乎？位不过封侯，车不过一乘，骑不过一匹，从不过数人，岂得南面称孤哉！众人之意，各自为己，不可听也。将军宜早定大计。"结果，一番话推动孙权否定了主和派的意见，最终，吴蜀实现了联盟，并在赤壁之战中击败了曹操。

在日常生活中，因目标追求差异而导致的用语差异随处可见。例如，病人去医院求医，往往心情急迫，希望医到病除，立竿见影，而从医护人员的角度而言，无论多么严重的病人，都只是有待治疗的病人之一，而且治疗过程自有其由缓解病症、解除病因，最后至病人康复的规律，这就导致了医护人员对待病人的要求"急不得"，双方的交际过程很自然地就存在着用语差异。如果双方对这类用语差异处置不当，就有可能引发用语冲突。

（二）个性差异

在汉语交际中，说话人的个性直接影响其用语形式与风格。生活中常听到有人评价某人性子太急，说起话来像打机关枪；评价某人性子太慢，三棍子敲不出一个屁。话虽说得很粗俗，却形象地说明了说话人的个性对其话语的影响。

我国古典名著《水浒全传》中，武松、李逵、鲁智深三人都反对招安，在同一背景条件下，在同一语言环境中，三人将被招安的身份也相同，但其用语形式与风格则各不相同。例如，第七十一回中写到，梁山好汉齐聚，举办"菊花之会"。宴会上，宋江作《满江红》词一首，令乐和演唱。当乐和唱到"望天王降诏，早招安"时，只见武松叫道："今日也要招安，明日也要招安，冷了弟兄们的心！"黑旋风李逵的反应则是"睁圆怪眼，大叫道：'招安，招安，招甚鸟安！'只一脚，把桌子踢起，攧做粉碎"。至于鲁智深的反应，则是另一种"出家人冷眼旁观"的表现，他说道："只今满朝文武，多是奸佞，蒙蔽圣聪，就比俺的直裰染做皂了，洗杀怎得干净？招安不济事，便拜辞了，明日一个

个去寻趁罢。"

（三）气质差异

在汉语交际中，说话人自身的气质、胸襟也直接影响其用语形式与风格。《三国演义》第二十一回中，曹操曾与刘备"青梅煮酒论英雄"，当时的刘备势单力薄，投靠曹操，每天以种菜来掩饰自己，曹操却对刘备夸道："今天下英雄，惟使君与操耳"，将走投无路而投靠自己的刘备置于与自己同等的地位上，体现了其睿智的识人眼力与大度的胸襟。第四十九回中，诸葛亮"借东风"成功，联合吴蜀击败曹操明明是一大喜事，而身为吴国大将的周瑜，面对成功却顿生杀机，惊叹曰："此人如此多谋，使我晓夜不安矣！"显现了其人虽精明能干，但心胸狭窄，不能容人在己之上，以致后来竟被诸葛亮"三气"而死，临死前还留下"既生瑜，何生亮"的长叹与遗憾。

（四）文化差异

在汉语交际中，说话人自身的文化素质，也直接影响其用语形式与风格。例如，男女相悦至相爱，不同文化层次的人就有不同的用语方式。我国元杂剧《西厢记》中，张生对莺莺虽一见钟情，但从两人之间的身份、地位差异以及素昧平生等多方面因素进行分析，张生至多只能属于一种难有结果的、一厢情愿式的盲目冲动。但他以诚为先，想从红娘处打听情况，却先作一番详细的自我介绍："小生姓张，名珙，字君瑞，本县西洛人也，年方二十三岁，正月十七日子时建生，并不曾娶妻。"其书生气十足，以至憨态可掬，也正因为他本质淳朴，才得到红娘的鼎力相助，终于与莺莺喜结良缘。《阿Q正传》中，阿Q向吴妈求爱，两人之间并没有张生与莺莺那么多的礼教束缚与身份、地位的差异，何况，吴妈还是婚姻场上的"过来人"，阿Q在农村又属于"真能做"的一把好手，吴妈能与阿Q晚间在同一间屋子里"孤男寡女"地聊天，表明其对阿Q印象原本也还是不错的。如果阿Q求爱的方式得当，两人之间的成功概率应当是相当大的。然而，阿Q一个下跪，一句没头没脑的："吴妈，我要和你困觉……"不仅摧毁了一切可能，还给阿Q带来了一场灾难。

（五）情感差异

情感差异又可分为双方的情感度差异和情感显现方式的差异。在同域用语差异中，主要表现在交际双方或多方彼此对对方的情感度并不均等，导致双方或多方在遣词造句方面的情感显现差异。这种差异在交际中其实是很常见的。例如青年未婚男女相识未久，一方自以为对方对自己有意，并且已经达到了相当的程度，而另一方其实只是将其当作一般

朋友，在这种情况下，双方在交际中的用语就可能出现差异。自认为对方对自己有意的人，在交际中向他人介绍说："这是我男（女）朋友。"而对方则可能会不认同，补上一句："一般朋友（同事）。"如果双方各自坚持，互不相让，则可能引发用语冲突。再如，在社会交往中，一方出于某种目的，与对方谈感情、套近乎，而另一方或虚以应付，或措辞冷淡，甚至厌恶、反感乃至不耐烦，这里显然就已潜伏了用语冲突的危机。再如，我国计划经济时代，某些商业部门官商作风，笑口难开，而顾客为了买到自己需要的物品，反而对售货员赔笑脸。转入市场经济之后，顾客持币待价而沽，常议而不购，商家开始大赔笑脸，大做广告，综观这一变化过程，其情感，无论"热"在哪一方，"冷"在哪一方，双方在交际过程中情感度的差异性都是客观存在的。

情感差异在异域用语即不同国家、民族之间的用语显现中，主要表现为情感显现的风格不同。例如，中国人在个人情感显现上，往往比较含蓄，尤其是在男女情爱的公开显现上更是如此。据有关资料记载，福建泉州一带乡间，不但有"新婚之夜不可同宿"的民俗，而且做妻子的回到娘家时，可出面招待客人，但若丈夫来了，妻子反要回避不见。而据报载，法国青年男女当众接吻以致阻碍交通，汽车可以排成长龙等候接吻结束而毫无怨言。两相对比不难想象，如果让一位法国青年向一位福建泉州的乡间女子当众表示爱慕之情，会出现什么样的用语差异。

鲁迅先生与胡适先生，同为文坛巨匠，同为遵从母命而娶了没有文化的小脚女人为妻，鲁迅先生与其原配夫人朱安女士之间，实际上是一杯徒有其名而无其实，甚至无话可说的婚姻苦酒，尽管朱安女士甚至曾不顾自己裹的是小脚，努力学做广播操来"紧跟大先生鲁迅"，却最终也未能求得一夕的情感融洽。而胡适先生的夫人江冬秀，连写封短短的问候信都有困难，胡适也"曾试着劝她在读书写字上多下工夫"，但很快就发现不可能。尽管江冬秀对胡适的思想一无所知，也从未像朱安那样，尝试作出"努力紧跟"式的努力，但是，这一切都未能妨碍胡适与江冬秀成为一对白头到老的夫妻。

第十五章　汉语交际必须重视用语宽容

——汉语交际文化层面把握之四

用语差异与用语冲突导致语言交际偏离说话人的目标追求，以致语言交际难以成功，有的还可能产生严重的后果。那么，究竟应当如何调控用语差异与用语冲突呢？

第一节　关于用语差异与用语冲突的辩证思考

我们不妨对下面两个例子试作剖析，以期展开关于用语差异与用语冲突的辩证思考。

例1　《红楼梦》第六十六回写到，尤三姐单相思，倾心爱上柳湘莲，并立誓终身非他不嫁。当柳湘莲从薛蟠处得知此事后，也满心欢喜，并将传家宝鸳鸯剑交给薛蟠，托他转交给三姐作为定情之物。不料后来柳湘莲从尤二姐被贾琏娶为二房的事上，联想到三姐可能并不清白而生悔意，遂又去贾琏处索要鸳鸯剑。不料索要的话语被身在内房的尤三姐听见，遂持剑走出房来，借递还宝剑之际，抽出剑来割颈自杀。柳湘莲没有想到，出现在面前的尤三姐原来竟是这么美丽而刚烈，伤心至极，后悔莫及，便出家当道士去了。

例2　鲁迅先生的小说《祝福》中，祥林嫂因为是嫁过两个男人的寡妇而被鲁家视为不洁，祥林嫂因此而有了心理负担。后来她听从柳妈的劝告，倾自己所有，去土地庙捐了一条门槛作为替身，以免死后遭受被阎王锯开身体分给两个男人的苦刑。捐了门槛之后，祥林嫂心情舒畅，精神大增，干活也更加卖力。然而到了祭祖日，当祥林嫂很坦然地去拿祭祖的酒杯和筷子时，四婶的一句话："你放着吧，祥林嫂！"竟然彻底摧毁了祥林嫂的精神支柱，并最终导致了她的死亡。从四婶的角度而言，她原本也并无其他目的，只是不想让"不洁"的祥林嫂接触祭祖用品而已。然而，恐怕她自己也并未想到，因为她仍然视祥林嫂为"不洁"而脱口说出的一句话，竟摧毁了祥林嫂再活下去的希望。

从上述两例以及前文中出现过的多个例证中，我们不难看出，从任何一个具体的交际过程的微观角度来考察，用语差异与用语冲突客观上都阻挠着交际的成功。因此，用语差异与用语冲突就成了必须正视并认真对待、加以解决的问题。

但是，当我们转而从总体的宏观角度来分析用语差异与用语冲突时，又不难发现，用语差异与用语冲突并不能等同于用语失误与用语错误，两者之间有着本质的不同。后者在交际中是应当避免、消除或加以纠正的；而前者在交际中则是无法避免、无法消除的，当然也是比较难以纠正的。

柳湘莲因了解到贾府的若干情况后，虽对尤三姐也起了疑心，但他并未当面将疑心挑明，而是以母亲在家给自己另订了亲为托辞索要定情之物，此番话并无用语不当之处。尤三姐心中虽然想的是非柳湘莲不嫁，但在听到柳湘莲索要定情之物的话后，也并未作哭诉之类的表白或纠缠，而且在抽出定情之剑自刎之前，她对柳湘莲说的是"还你的定礼"，亦无用语不当。

就祥林嫂而言，她因为遵从捐门槛可以赎罪的规矩，为自己捐了替身，回来后又立即向四嫂作了汇报，从此认为自己已赎了罪，在东家祭祖时主动参与并无不当之处。而四嫂为保证祭祖的圣洁，不准祥林嫂插手，作为祥林嫂的主人，其用语也无不当之处。

用语差异及由其引发的用语冲突，不但在汉语交际中普遍存在，而且由于交际双方的言行各有其思想主导的合理性，实际上处于不可能消除的状态，因而只能正视、加以研究并制定成功的对策。转而从哲学的角度去思考，用语差异与用语冲突固然对具体的语言交际的成功具有一定的否定性，但从宏观的角度来考察，其存在又有着积极的、有价值的一面。

首先，不难想象，假定人们在交际中，真的消除了用语差异与用语冲突（尽管实际上是不可能的），大家在交际中说的都是无差异的话语，表达的都是无差异的思想与情感。例如，一方说："我们去吃饭吧"，另一方说："我们去吃饭吧"；一方说："睡觉吧"，另一方说："睡觉吧"……倘若出现了这种情况，语言还有存在的价值吗？正是用语差异及由其引发的用语冲突的存在，迫使人们对自己的用语形式及其立场、态度、情感、认识等多方面进行反思，扬己所长，补己所短，取

人之"合理处"，补己之"不合理处"，并最终达到思想认识的共同提高、观点立场的准确定位、情感态度的适度把握、语言交际的圆满成功。

其次，从人们对用语水平的提高需求来看，差异的存在，是用语研究的前提，而冲突的发生，则是用语研究的对象。如果语言交际中真的消除了用语差异与用语冲突，语言研究就会失去研究的前提，用语研究也就失去了具体的针对目标，交际研究也就失去了其存在的依据和价值，那么人类的语言功能、思维素质也就失去了进化与提高的具体目标。

当然，这种情况是不可能出现的，前提既然不存在，由此前提推导的种种后果自然也就不存在。之所以要写出这番话，意在说明用语差异及用语冲突在交际研究中的哲学意义与存在价值。

如果我们把语境适应研究、场合应对研究以及用语诸项原则的制定，看作交际研究中的"肯定"成分研究，那么，用语差异与用语冲突的对策研究，则属于交际研究中的"否定"成分研究，是用语水平提高实现否定之否定，即二重否定的哲学升华的重要内容，是引导、推动用语水平提高的具体方向与努力目标。

第二节　用语对策的制定规则

用语差异与用语冲突对于语言交际成功的否定性质与哲学价值，使交际研究必须将其作为对象，并制定相应对策，以消除用语差异、用语冲突所产生的负面影响，进而推动具体的交际成功。

用语对策的制定，应当遵循以下三大规则：

一、入乡随俗、用语守规

所谓"入乡随俗"，就是到了什么地方，就按那个地方的规矩说话、办事。这个原则的理解难度并不大。例如，男女相爱，如果是在巴黎、纽约、伦敦街头，一方可以任意选取自己认为是最佳的方式向对方公开表示"我爱你"，不但自然，而且平常。但是，如果把同一场景由中国青年再现于中国内地，或是西部小乡镇乃至农村，看看将会引起什么样的反应和评价？用语对策要求说话人"入乡随俗"，就是说，到了一个地方，就应当按那个地方的规矩说话、办事。

所谓"用语守规"，就是说，既然用某种语言进行交际，就应当遵守这种语言的规则，而不应当是，说话人的表述是一种用语规则，其思维理解所遵守的却是另一种用语规则。这一点，对于交际双方（听与说）均应统一标准。何自然先生在他的《语用学概论》中对这种用语"双重思维"现象就作了很好的例证说明："在汉语的道别话语中，人们除了说一声'再见！''一路顺风！'之类的话语外，很多时候会向对方说'慢走！''走好！'等表示关切、友好的话。此外，作为客人，在主人热情送别的情况下，往往说一声'请回！''请留步！'在相同的语境中，操英语的人是不会使用这类话语的，特别是主人说的'慢走！'，如用英语说出来更使操英语的人听了感到困惑：为什么要慢慢走？快点走就不礼貌了吗？"

汉语交际对于这种用语的"双重思维"现象显然是排斥的，但需要指出的是，这种"排斥"应当依据"平等"原则。例如，一个中国人既然用英语（或俄语、法语）与操英语（或俄语、法语）的人作交谈，大家就都应当一致遵守英语（或俄语、法语）的用语规则，那么，这个中国人在用英语（或俄语、法语）向对方道别时，就不应当把汉语的道别语（送别时说"慢走"之类）直译成英语（或俄语、法语），而应当用英语（或俄语、法语）送别时的通俗用语。同理，当操英语（或俄语、法语）的人与中国人用汉语作交谈时，双方也应当一致遵守汉语的用语规则，哪怕其中的某些规则有一方在用语习惯上是难以接受的，在交际时也应当自觉遵守（例如，中国人送别时常使用的"慢走"之类），这样双方才不会因"双重思维"而导致用语差异，进而引发用语冲突，以致语言交际失败。

"入乡随俗、用语守规"的原则在同域交际中也同样适用。例如，笔者曾亲历一件事。笔者的祖籍在安徽萧县（皖北），有一次，老父亲来看望儿子。在房间说话时，恰好有一位女同事来访，她是上海人，得知眼前的长者是笔者的父亲后，很自然地改用普通话问候了一句："几岁啦？"顿时老人便显得有点不高兴了，因为按照我国普通话的用语习惯，问候长辈，涉及年龄时应当是："您老高寿？"最一般的也应当是："您多大了？"而"几岁啦"则通常只用于对孩童的询问。但是，此类问候语在上海话中却无此分别，无论长幼，可一律用"几岁啦"相问。这位女同事使用普通话的语言（语音）规则和上海话的用语习惯，"双重思维"导致用语差异，也就在所难免了。

二、理解差异、消解差异

即使在汉语交际中，说话人努力遵循了上述的"入乡随俗、用语守

规"的原则，在交际过程中，仍不能完全消除用语差异。在这其中，至少有一种情况是普遍存在的，即"初入此乡"者对"俗"尚未尽知，"初用此语"者对"规"也尚未尽知，而此时他又不得不进行交际（此时的交际过程同时也表现为对"俗"与"规"的逐步了解，直至完全了解的实践过程），很显然，此时说话人很难做到严格意义上的"入乡随俗、用语守规"（所谓"用语失误"，也主要出现在这一阶段）。面对着说话人一方的种种难以避免的"差异"现象的存在，对听话人一方来说，应遵循理解差异、努力消解差异的原则。

　　所谓理解差异，则是听话人应尽力对说话人的意图、目的作出正确理解，也即应尽量地考虑到对方的具体情况，并作出正确的应对，尤其是当说话人囿于语言能力而不得不用"双重思维"形式进行语言交际时，听话人不妨对其种种失误持以理解的态度。例如，从有利于交际成功的角度，对说话人表现出来的用语差异（包括用语失误）可以"模糊应对，正确理解"，还可以用迎合的态度与对方作试探性的交流（如"您的意思是不是说……"）。这样显然有助于双方在"理解差异"的基础上，加速实现"消解差异"。

　　何自然先生在《语用学概论》中曾记录了这样一个例子："一位在加拿大进修的学者坐在他的美籍导师驾驶的私人小汽车里时，好心地叮嘱他的导师'小心点！'竟然使导师对他发了脾气。这位导师说，她不喜欢别人在她驾驶时指三道四、发号施令。"仔细分析这场用语冲突，其实责任并不一定全在说话人一方，从说话人的主观上分析，他不可能具有存心激怒导师的动机，而他的客观情况则是，刚从国内来加拿大不久，一时难以脱尽用语中的"双重思维"现象（用汉语用语规则思维，用英语语言规则表述），而对于其导师来说，应当理解学生的用语不当，即使听到后心中有些不痛快也不值得"发了脾气"。试问，作出如此激烈的反应，固然宣泄了心中的不快，但岂不因小失大，在师生关系上投下阴影？

　　所谓消解差异，是对听话人的更进一步的要求。理解差异，在某种意义上，多少含有一种消极含义，即听话人既然明白了对方的实际情况，就不再去追究其用语差异，同时也不予以纠正。而消解差异，则要求在理解差异的基础上，对对方加以纠正，借助消解差异，以推动对方用语水平的提高。

　　有一个在上文中已经出现过的例子："我们有一个留学生初到国外，当他对房东老太太称呼为'奶奶'时，就曾经被对方明确回绝，她宁愿那位留学生直接称呼她的名字（凯茜），而不愿领受这个'奶奶'的

305

尊称。"

从该书中提供的材料来看，这位房东老太太，看来比那位进修学者的美籍导师更高了一筹，至少她没有"发脾气"，而是在拒绝接受"奶奶"的称呼的同时，使这位留学生明白了，她更喜欢"凯茜"这个称呼。试想，这位留学生下次在与其碰面时，是直呼其"凯茜"，因而永远消除了这一用语差异呢，还是非要固执地坚持称呼她"奶奶"而去刺激她，使她感到不快呢？

在同域交际中，这一原则也同样适用。当语言双方有文化差异等方面的差异，文化低的一方（或有心理障碍的一方）一时或词不达意，或用错了词语，甚至是一时找不到可用词语时，听话方根据已知信息，以迎合的方式去代其将意思表明，显然有助于"消解用语冲突"。

三、宽容冲突、化解冲突

在汉语交际中，用语冲突与语言差异一样，是普遍存在的。当用语冲突发生时，"宽容冲突、化解冲突"则是保证交际成功的有效原则。

将这种"用语宽容"转用于检验汉语交际，更是不难发现其价值。例如，"不要在自己所爱的女人面前夸赞另一个女人"，似乎是男女之间情谊交际的一条金科玉律。然而在 20 世纪初期，当时还是青年的著名学者胡适先生在与其家乡的妻子江冬秀结婚后，却一封信接着一封信地向其美国女友韦莲司报告其新婚生活的幸福，并且，他与韦莲司夫妇之间也一直保持了多年的友好关系，在这当中，恐怕更多地显现出的还是韦莲司的宽容心态。

以宽容之心看待用语差异与用语冲突，尤其是因为双方的文化背景差异而引发的用语差异，显然将大大有助于交际获得成功。

2003 年 12 月 31 日的《报刊文摘》上，刊登了一篇题为"哈佛教授的第三天"的文章。其中写到，哈佛商学院的一位教授接到非洲土著人用电烙刻出来的请柬，邀请他到非洲讲授部落的竞争力战略。教授为了表示对土著人的尊敬，于是准备了好几套西服上路。土著人为了表示对文明国度知名教授的尊敬，准备按照部落至高礼节以迎之。讲课的第一天，教授西装革履地出现在土著人面前，讲了一整天，一直在冒汗。为什么呢？原来土著人以最高礼节在听课——男女全都一丝不挂，只带着项圈，私处也只遮盖着树叶，在下面黑压压地站成一片。第二天，教授的讲课同样也是一个冒汗的过程。为了入乡随俗，他也同样脱得一丝不挂，只带了个项圈，私处也只遮盖着树叶；然而，土著人为了照顾教授的感情，吸取了头一天的教训，竟然是全部西装革履！

直到第三天，双方作了很好的沟通，台上台下全穿西装，竞争力战略得以顺利地传授下去。

如果说是文化差异，大概这位教授所遇到的，应当算是一种相当明显甚至是对比强烈的差异了，可以这样说，当这位教授看到一群非洲土著人一丝不挂地站在自己面前听自己演讲时，无论他怎样发脾气或是提抗议，或者责令他们必须穿上西装自己才肯讲课，大概都不能说他"过分"，土著人也未必就会有多么大的不满。但是问题在于他让土著人接受现代文明的手段是非常巧妙的。关键在于第二天，教授自己赤身露体地站在那里作报告，显现了自己对于土著文化的尊重和宽容（当然，土著人也同时显现了对于现代文明的宽容）。显然，这种互相尊重为双方第三天的达成共识奠定了良好的基础。

20世纪90年代前后，笔者曾经读到香港的一次选美决赛报道，其中写到获得冠军的那位小姐被问到了这样一个问题："爱斯基摩人招待客人的最高礼节，是让自己的妻子和客人同床睡觉。假设你是爱斯基摩人的妻子，现在你丈夫要你陪一位陌生的贵客睡觉，你准备怎么办？"这位选手的回答是："我可以先陪他聊天喝酒，想办法灌醉他，然后再睡觉。"又问为什么要这样做。选手回答："我既然成了爱斯基摩人的妻子，就应当尊重爱斯基摩人的习惯，完成丈夫交给的任务。但我又是个中国人，应当维护中国的文化传统，所以我这样做。"由于这番答词所显现的是对两个异质民族文化的宽容，因此得到了评委的一致好评。

从上述的"宽容心态"观转回到何自然先生在《语用学概论》中所记录的那位去加拿大进修的中国学者与其美籍导师之间的一场用语冲突，我们可以推知其发生原因，恐怕还在于这位导师的心态不够宽容。退一步说，即使是她的本国同胞在其开车前说了一句"当心点"以致其心中产生不快的情绪，也不值得由此而发脾气，何况对方还是一位不远万里前来求教的国际友人。

能以宽容之心看待用语差异与用语冲突，就具有了一种主动去化解语言交际中的用语冲突的能力。在汉语交际中，一番话能说得对方"转怒为喜"、"破涕为笑"，其实常常就是对用语冲突被化解的一种褒奖与夸赞。

参考文献

1. 何兆熊．语用学概要．上海：上海外语教育出版社，1989．

2. 何自然．语用学与英语学习．上海：上海外语教育出版社，1999．

3. 何自然．语用与认知．北京：外语教学与研究出版社，2001．

4. 何自然．语用学概论．长沙：湖南教育出版社，1988．

5. 李庆余．一个美国人与现代中国．合肥：安徽大学出版社，1998．

6. 刘泽荣．俄汉大辞典．北京：商务印书馆，1960．

7. 吕叔湘．中国文法要略．北京：商务印书馆，1982．

8. 吕叔湘．现代汉语八百词．北京：商务印书馆，1980．

9. 苗兴伟．关联理论与认知语境．外语学刊，1997（4）．

10. 钱冠连．汉语文化语用学．北京：清华大学出版社，1997．

11. 邵敬敏．汉语语法的立体研究．北京：商务印书馆，2000．

12. 索振羽．请用学教程．北京：北京大学出版社，2000．

13. 熊学亮．认知语用学概论．上海：上海外语教育出版社，1999．

14. 岳桓兴．中国民俗采英录．长沙：湖南文艺出版社，1987．

15. ［美］亚瑟·亨·史密斯．中国人气质．张梦阳，王丽娟译．兰州：敦煌文艺出版社，1995．

后　记

屈指算来，笔者自 1990 年出版第一本书《演讲成功之路》以来，20 余年间，已经独立编写了不同学科的专著或带有专著性质的教材数十种。因为在向出版社交呈书稿时，基本上都是此前没有人涉足或少有人涉足的"第一本"，因而书稿写成以后如何命名常常是一个需要反复推敲思考的问题。

《汉语交际一本通——对外汉语教学高级读本》的原书名为《中华文化与汉语语用》，出版于 2004 年，距今已有 10 年。

这次更改书名后，对于原书《中华文化与汉语语用》作了两处重大改动。

首先，将《中华文化与汉语语用》中使用的"言语交际"尽可能地全部改为"语言交际"。

现代语言学的奠基者索绪尔在他的《普通语言学教程》里提出了"语言"和"言语"这一对概念。他提出，语言（language）是"一种表达概念的符号体系"，言语（speech）是"人们说的话的总和"。随着人们逐步接受这种区分，我们便开始这样来理解语言和言语：所谓"语言"，从结构上看是一个音义结合的符号体系，从社会作用上看主要是一种交际工具；所谓"言语"，则是人们运用这个符号体系、这个交际工具去说话（或写话）。汉语研究也基本上完全接受了这一界定标准。《辞海》的"语言"条就这样写道："人类最重要的交际工具，它同思维有着密切的联系，是人类思维和表达思想的手段……语言是以语音为物质外壳，以语调为建筑材料，以语法为结构规律而构成的符号体系。"而"言语"条则这样写道："指人们的言语实践，即个人运语用言的过程或产物……言语也有被用来专指语言活动、语言作品或言语作品的表达形式的。"

但是，《辞海》中，关于"言语"的释义还有一条这样写道：言语

"即语言"。认为语言即"言语",言语即"语言",恐怕就是汉语所独有的了。

这一问题的出现,显然和汉语的构成方式有着密切的关系。这一点,在本书第一章中已经作了一定的探讨。这里所要作出的一点说明是,汉语交际的个性特点,显然是在汉民族语言构成的个性特点基础上形成的,也就是说,既然要研究汉语交际,自然应当首先明确在汉语中,言语交际与语言交际的内涵与区别。

但是,这样一来,就可能导致本书转向一种过于理论化的探讨,这恰恰是笔者不愿意的。于是笔者借这次更名改版之机,借"语言交际"的概念(包容语言与文字)大于"言语交际"(往往注重于口头话语)的概念的特点,将原版中的"言语交际"尽可能地全部改为"语言交际",这样,无论研究进行到哪里,都在语言交际的范围之中了。

其次,本书对于原版中出现较多的"语用"一词,尽可能地作了删减。因为,就"语用"一词的本意而言,主要偏重于"语用"理论研究,所以,在原版中,出于全书需要强化理论色彩的目的,对于能够用得上"语用"一词的地方自然是用者不拒,多多益善。然而,既然此书已经更名,显然理论成分的需求已经大大下降,而读者的第一需求也是偏重于汉语教学与应用的需求,并不是语用理论的研究,所以此次改版,尽可能地删除了"语用"。有的地方改成了"应用",有的地方改成了"用语",目的在于淡化本书的理论色彩,推动其向应用性转型。

也正是为了推动本书向应用性转型,此次再版删除了原版中每章结束部分所附的"拓展性思考"。

刘伯奎

2014 年 4 月 9 日